Um adivinho me disse

Tiziano Terzani

Um adivinho me disse

Viagens pelo misticismo do Oriente

tradução:
Plinio Freire Gomes

Editora Globo

Título original:
Un indovino mi disse

Preparação: Beatriz de Freitas Moreira
Revisão: Ana Maria Barbosa e Otacílio Nunes
Capa: Andrea Vilela de Almeida
Foto de capa: Richard Jung / Getty Images
Mapa: Adilson Secco

Dados Internacionais de Catalogação na Publicação (CIP)
(Câmara Brasileira do Livro, SP, Brasil)

Terzani, Tiziano
Um adivinho me disse / Tiziano Terzani ; tradução Plinio Freire Gomes. – São Paulo : Globo, 2005.

Título original: Un indovino mi disse
Bibliografia
ISBN 85-250-3704-4 (Globo)
ISBN 88-304-1252-X (Ed. original)

1. Ásia - Descrição e viagens 2. Viagens - Narrativas pessoais I. Título

05-0496 CDD-915

Índice para catálogo sistemático:
1. Ásia : Descrição e viagens 915

Direitos de edição em língua portuguesa para o Brasil
adquiridos por Editora Globo S. A.
Av. Jaguaré, 1485 – 05346-902 – São Paulo – SP
www.globolivros.com.br

Sumário

1. Bendita maldição 11
2. Uma morte que não veio 22
3. Laos: em qual margem está a felicidade? 30
4. Os agarra-mortos de Bangkok 46
5. Birmânia, adeus! 63
6. Viúvas e potes quebrados 85
7. Os sonhos de um bonzo 103
8. Contra a AIDS? Alho e pimentões 123
9. O arco-íris enlouquecido 144
10. Chagas sob os véus 163
11. Os sussurros de Malaca 177
12. Uma ilha de ar condicionado 193
13. Com a voz de 2 mil anos atrás 213
14. Nunca contra o sol 232
15. O missionário e o feiticeiro 247
16. Viva os navios! 267
17. *Nagarose* 284
18. Camboja: a sobrancelha de Buda 299
19. Vietnã: o destino dos cães 319
20. Um navio no deserto 336

21. Com meu amigo fantasma *348*
22. Os sacoleiros da Transiberiana *372*
23. Melhor que trabalhar em banco *381*
24. O astrólogo sem rima *393*
25. TV para os cortadores de cabeça *401*
26. Ano-Novo com o diabo *413*
27. O meditador da CIA *430*

E agora? *447*

Para Angela,
sempre

GRÃ
BRETANHA
Londres
Hamburgo
Berlim
ALEMANHA
POLÔNIA
BELARUS
Moscou
Varsóvia
Oceano
Atlântico
ITÁLIA
La Spezia
Florença
Roma
Mar Mediterrâneo
LÍBANO
ISRAEL
EGITO
ARÁBIA SAUDIT
SUDÃO
ERITRÉIA
IÊME
DJIBUTI
SOMA
ETIÓPIA

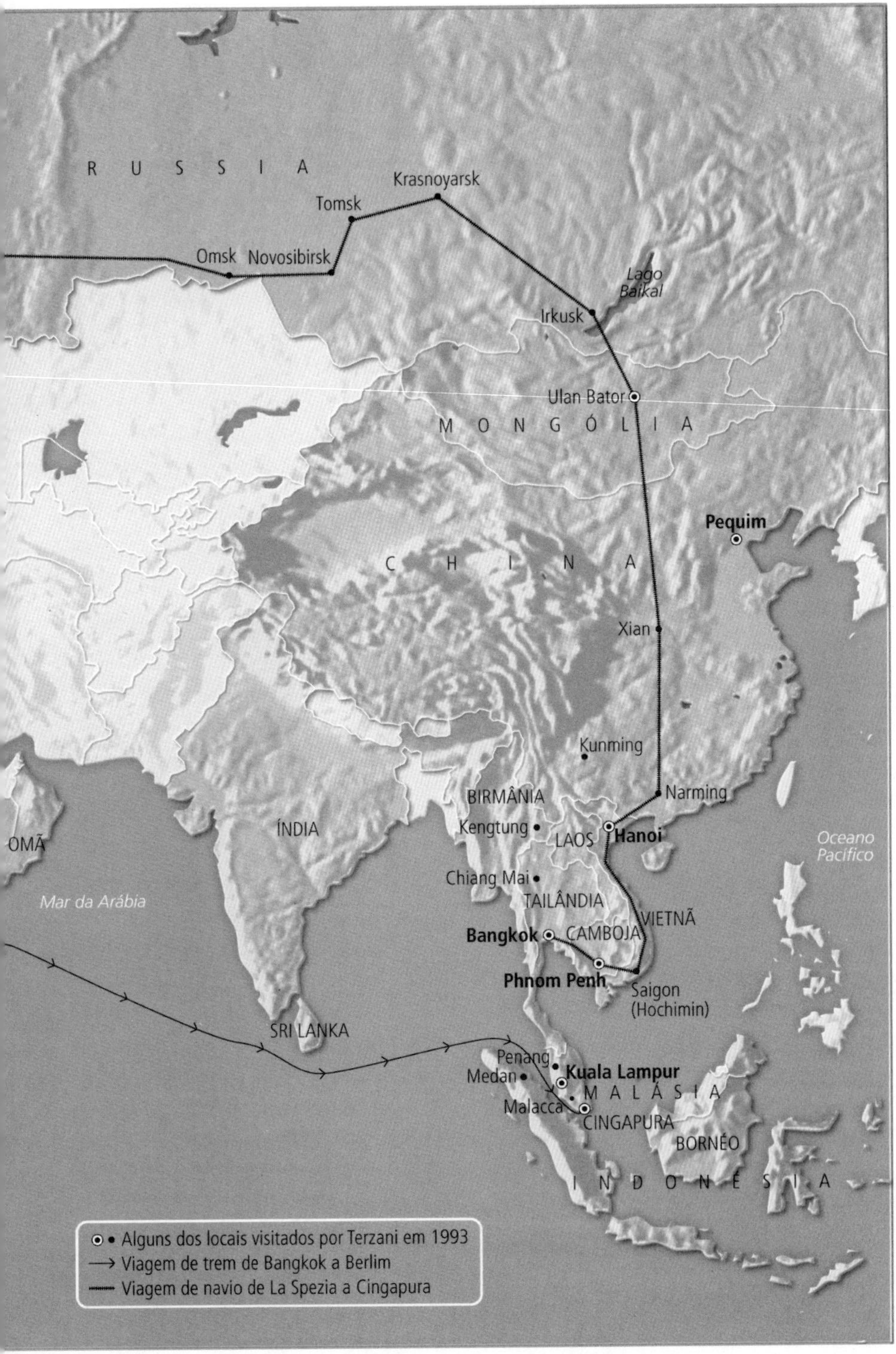

R U S S I A
Krasnoyarsk
Tomsk
Omsk
Novosibirsk
Lago Baikal
Irkusk
Ulan Bator
M O N G Ó L I A
Pequim
C H I N A
Xian
Kunming
Narming
BIRMÂNIA
Kengtung
LAOS
Hanoi
ÍNDIA
OMÃ
Oceano Pacífico
Chiang Mai
Mar da Arábia
TAILÂNDIA
VIETNÃ
Bangkok
CAMBOJA
Phnom Penh
Saigon (Hochimin)
SRI LANKA
Penang
Medan
Kuala Lampur
M A L Á S I A
Malacca
CINGAPURA
BORNÉO
I N D O N É S I A
Alguns dos locais visitados por Terzani em 1993
Viagem de trem de Bangkok a Berlim
Viagem de navio de La Spezia a Cingapura

1. Bendita maldição

Uma grande chance na vida se apresenta sempre. O problema é saber reconhecê-la, e às vezes não é fácil. A minha, por exemplo, parecia uma maldição. *"Atenção! Em 1993 você corre grande risco de morrer. Nesse ano não voe. Não voe de jeito nenhum"*, tinha me dito um adivinho. Aconteceu em Hong Kong. Encontrara aquele velho chinês por acaso. Naquele momento, tais palavras obviamente me chocaram, mas não dei grande importância. Era a primavera de 1976, e 1993 parecia ainda muito remoto. Entretanto, não esqueci o prazo. Ele ficou na minha mente, um pouco como a data de um encontro ao qual não conseguia me decidir se ia ou não.

1977... 1987... 1990... 1991. Dezesseis anos, especialmente se vistos na perspectiva do primeiro dia, parecem muitos. Como todos os anos, exceto os da adolescência, aqueles se passaram rapidamente e logo me encontrei no final de 1992. O que fazer? Levar a sério o velho chinês e reorganizar minha vida, levando em consideração a sua advertência? Ou fingir que nada havia acontecido e continuar em frente, dizendo-me: "Ao diabo com os adivinhos e suas fraudes"?

Àquela altura, tinha ininterruptamente vivido na Ásia por mais de duas décadas — primeiro em Cingapura, depois em Hong Kong, Pequim, Tóquio, e enfim em Bangkok —, e pensei que a melhor maneira de enfrentar aquela "profecia" era o modo asiático: não resistir, mas dobrar-me a ela.

"Então você acredita?", espetavam-me os colegas jornalistas, especialmente os ocidentais, gente inclinada a querer sempre um sim ou um não claros a todas as perguntas — inclusive às mal colocadas como essa. Não é preciso crer nas previsões do tempo para sair de casa com o guarda-chuva em um dia nebuloso. A chuva é uma possibilidade, o guarda-chuva, uma precaução.

Por que provocar a sorte se é ela mesma a nos fazer um sinal, a nos dar uma sugestão? Na roleta, quando o preto saiu três ou quatro vezes em seguida, há jogadores que, contando com a probabilidade estatística, apostam tudo o que têm no vermelho. Eu não. Reaposto no preto. Não foi nessa direção que a bolinha me piscou o olho?

E depois a idéia de não voar por um ano inteiro me agradava. Imaginar que um velho chinês de Hong Kong pudesse ter a chave do meu futuro me divertia enormemente. Era como dar o primeiro passo num terreno desconhecido. Estava curioso de ver aonde caminhar naquela direção me levaria. No mínimo me induziria a ter, por algum tempo, uma vida diferente daquela de sempre.

Durante anos viajei de avião e, indo a trabalho aos lugares mais malucos do mundo, onde estão em curso guerras, estouram revoluções ou se verificam desastres terríveis, aconteceu comigo mais de uma vez ficar com o fôlego suspenso, aterrissar com um motor em chamas ou com um mecânico que no último momento consegue, a golpes de martelo em um alçapão aberto entre as poltronas, fazer descer o trem de aterrissagem que se recusava a sair da fuselagem.

Se em 1993 tivesse ignorado a profecia e voasse como se não houvesse nada, teria experimentado uma dose a mais daquela típica inquietação que mais cedo ou mais tarde se apodera de todos aqueles — pilotos inclusive — que passaram grande parte do tempo no ar. Mas fundamentalmente teria continuado na minha rotina: aviões, táxis, hotéis, táxis, aviões.

Aquela divina advertência (é verdade: "adivinho", "divino", tão semelhantes?!) me dava a chance de — eu diria, me obrigava a — introduzir uma variante nos meus dias.

A profecia era desculpa. A verdade é que alguém aos 55 anos, tem uma grande vontade de acrescentar uma pitada de poesia na própria vida, de olhar para o mundo com novos olhos, de reler os clássicos, de redescobrir que o sol nasce, que existe lua no céu e que o tempo não é só aquele medido pelos relógios. Essa era a minha chance e não podia deixá-la escapar.

O problema era como fazê-lo: renunciar por um ano ao meu trabalho? Tirar longas férias ou continuar a trabalhar, mesmo com essa limitação? O jornalismo já está dominado, como muitas outras profissões, pela eletrônica. Computador, modem e velocidade têm um papel preponderante. A brevidade e a tempestividade das imagens televisivas transmitidas via satélite estabeleceram um novo padrão, e o jornalismo impresso, em vez de apontar para a reflexão e para o pessoal, não faz senão correr atrás procurando imitar o imbatível imediatismo, e com este também a superficialidade, da TV.

Nos dias do massacre em Tiananmen, a CNN transmitia ao vivo da praça no centro de Pequim, e muitos colegas preferiram ficar no quarto do hotel diante do televisor em vez de ir ver pessoalmente aquilo que acontecia a poucas centenas de metros. Era o modo mais veloz de se manter atualizado, de acompanhar os acontecimentos. Ainda por cima, os diretores e os redatores deles, a milhares de quilômetros de distância, viam pela televisão as mesmas imagens, e estas se transformaram, na verdade, na única. Inútil ir procurar uma outra.

Como teriam reagido meus diretores à idéia de ter na Ásia um correspondente que, por capricho, decide não voar durante um ano inteiro? O que teriam pensado de alguém que, em 1993, se transforma de repente num jornalista do início do século, um daqueles sujeitos que partiam no momento da eclosão de uma guerra e freqüentemente chegavam quando ela já tinha terminado?

A oportunidade de verificar isso veio em outubro de 1992. Um dos dois redatores da *Der Spiegel* passou por Bangkok, e numa noite, depois do jantar, sem maiores preâmbulos, contei-lhe a história do adivinho de Hong Kong e lhe falei da minha intenção de passar 1993 sem tomar aviões.

"Agora que você me disse isso, como quer que lhe peça para voar a Manila quando acontecer o próximo golpe de Estado, ou a Bangladesh, para cobrir o próximo tufão? Faça como quiser", foi a resposta dele. Aqueles meus distantes diretores, como sempre magníficos! Entenderam que daquela minha extravagância podia nascer uma história diferente, que poderíamos oferecer aos leitores algo que os outros não tinham.

A reação da *Der Spiegel* me tirou obviamente um peso, mas não foi ali que selei a decisão. A "profecia" começaria a valer no ano-novo, e optei por resolver a questão no último momento, ao soar da meia-noite do 31 de dezembro, onde quer que me encontrasse. Calhou de ser na floresta do Laos. A "ceia" tinha sido um omelete de ovos de formigas vermelhas. Para brindar não havia champanhe, mas, levantando um copo de água fresca, assumi formalmente comigo mesmo o compromisso de não ceder, por motivo algum, custasse o que custasse, à tentação de voar. Viajaria pelo mundo por qualquer meio possível, desde que não fosse avião, helicóptero, planador ou asa-delta.

Foi uma esplêndida decisão, e o ano de 1993 acabou por ser um dos mais extraordinários que já passei: devia morrer e renasci. Aquela que parecia uma maldição revelou-se uma verdadeira bênção.

Movendo-me entre a Ásia e a Europa de trem, de navio, de carro, e às vezes até a pé, o ritmo dos meus dias mudou completamente. As distâncias recuperaram seu valor e reencontrei ao viajar o velho gosto da descoberta e da aventura.

De repente, sem ter mais a possibilidade de correr a um aeroporto, pagar com um cartão de crédito, cair fora como um raio, literalmente, para qualquer lugar, fui obrigado a reconsiderar o mundo como um emaranhado complicado de países divididos por braços de mar que precisam ser atravessados, por rios que precisam ser superados, por fronteiras para as quais ocorrem vistos especiais que digam "via terra", como se esta via, especialmente na Ásia, tivesse virado tão insólita que se tornasse automaticamente suspeito quem ainda se obstine a usá-la.

Deslocar-me não foi mais questão de horas, mas de dias, de semanas. Para não cometer erros, antes de me pôr a viajar, tinha de olhar bem os mapas, de reestudar a geografia. As montanhas voltaram a ser possíveis obstáculos ao meu caminho, e não mais belos, irrelevantes refinamentos em uma paisagem vista da janela.

Viajar em trem ou em navio, por grandes distâncias, deu-me novamente o sentido da vastidão do mundo, e sobretudo me fez redescobrir toda uma parte da humanidade, a mais numerosa, aquela de cuja existência as pessoas, pelo hábito de voar, quase se esquecem: a humanidade que se desloca carregada de volumes e de crianças, aquela da qual os aviões e tudo mais passam, em todos os sentidos, por cima da cabeça.

Impor-me não voar virou um jogo cheio de surpresas. Quando alguém finge, por algum tempo, ser cego, descobre que, para compensar a falta da visão, todos os outros sentidos se afinam. A renúncia aos aviões tem um efeito semelhante: o trem, com suas comodidades de tempo e descomodidades dc espaço, faz renascer a desusada curiosidade pelos particulares, apura a atenção por aquilo que se vê em torno, por aquilo que escorre fora da janela. Nos aviões logo se aprende a não olhar, a não escutar. A gente que se encontra é sempre a mesma, as conversas que surgem são previsíveis. Em trinta anos de vôos acho que não me recordo de ninguém. Nos trens, ao menos nos da Ásia, não! A humanidade com a qual compartilhamos os dias, as refeições e o tédio não se poderia encontrar de outro modo, e certos personagens permanecem inesquecíveis.

Tão logo decidimos deixá-los de lado, percebemos quanto os aviões impõem uma limitada percepção da existência. E quanto, sendo um cômodo redutor de distâncias, acabam por reduzir tudo — inclusive a compreensão do mundo. Deixa-se Roma ao pôr-do-sol, janta-se, dorme-se um pouco, e ao amanhecer já se está na Índia. Mas um país é também toda a sua diversidade, e a pessoa precisa realmente ter tempo para se preparar para o encontro, precisa sofrer cansaço para gozar a conquista. Tudo ficou tão fácil hoje que não se prova mais prazer por nada. Entender algo é uma alegria, mas somente se há esforço. Assim também com os países. Ler um guia, saltando de um aeroporto a outro, não equivale à lenta, fatigante aquisição — por osmose — dos humores da terra, à qual, com o trem, fica-se ligado.

Alcançados de avião, sem o mínimo esforço de aproximação, todos os lugares ficam semelhantes. Simples metas separadas entre si apenas por algumas horas de vôo. As fronteiras, assinaladas na realidade pela natureza e pela história e enraizadas na consciência dos povos que vivem nelas, perdem valor, viram inexistentes para quem chega e para quem parte nas bolhas de ar condicionado dos aeroportos, onde a fronteira se torna um policial diante da tela de um computador, onde o impacto com o novo é aquele com a esteira que distribui as bagagens, onde a comoção de um adeus é destruída pela avidez consumista da passagem obrigatória pelo *free duty shop*, o mesmo em qualquer lugar.

Os navios se aproximam dos países entrando com lento pudor nas embocaduras dos rios. Os portos longínquos voltam a ser sonhadas destinações, cada qual com sua feição, cada qual com seu odor. Aqueles que numa época se chamavam campos de aviação eram também um pouco assim. Hoje não são mais. Os aeroportos, falsos como as mensagens publicitárias, ilhas de relativa perfeição na decadência dos países que os abrigam, já se assemelham. Todos falam a mesma linguagem internacional, que dá a cada um a impressão de ter chegado em casa. Na verdade, chegou-se apenas em alguma periferia, da qual é preciso partir de novo, em ônibus ou táxi, para um centro que é sempre remotíssimo.

Já as estações não, são verdadeiras, são espelhos das cidades em cujo coração estão plantadas. As estações ficam próximas às catedrais, às mesquitas, aos pagodes e aos mausoléus. Quando se chegou ali, chegou-se realmente.

Mesmo com essa limitação de não voar, não parei de fazer meu trabalho e consegui sempre chegar a tempo aonde quer que fosse necessário, das primeiras eleições democráticas no Camboja à abertura da primeira linha de comunicação — via terra! — entre a Tailândia e a China através da Birmânia.

No verão não renunciei à visita anual à Europa, à minha mãe, fazendo um histórico Bangkok–Florença de trem, mais de 20 mil quilômetros passando pelo Camboja, pela China, pela Mongólia, pela Sibéria e assim por diante. A viagem em si nada tinha de extraordinária, exceto que ninguém a fazia mais havia muitíssimo tempo. Um mês ao ritmo cadenciado das rodas nos trilhos, dos assobios das locomotivas de vários países, através daquela que sobre o mapa parece uma pequena parte do mundo.

Ao retornar, tomei em La Spezia, dessa vez com Angela, minha mulher, um decrépito navio do Lloyd Triestino, fazendo a grande e clássica rota através do Mediterrâneo, do canal de Suez, do mar Vermelho, do oceano Índico e do estreito de Malaca até Cingapura. Éramos os dois únicos passageiros a bordo. No mais, havia um carregamento de 2 mil contêineres e uma mais que italiana tripulação de dezoito homens.

Se eu não tivesse inventado a desculpa do adivinho, não teria feito nada disso, e 1993 teria sido um ano como tantos outros, passado sem um daqueles acontecimentos que dilatam o tempo.

* * *

A um jornalista, quantas grandes histórias podem acontecer na vida? Duas, tendo sorte! A minha dose de sorte eu já tive. Estava em Saigon na primavera de 1975 quando chegaram os comunistas, e terminei a Guerra no Vietnã, que para a minha geração tinha sido como a guerra na Espanha para a geração de Hemingway e Orwell. No verão de 1991 estava nas entranhas da URSS enquanto se despedaçava o império soviético e morria o comunismo. Um dia, talvez, se tudo correr muito bem, pode acontecer de eu ser testemunha de um outro grande acontecimento; mas, enquanto o espero, devo aguçar minha curiosidade por aquilo que é menos gritante, menos clamoroso.

Com a decisão de não voar, tinha tomado também uma outra, que era a lógica conseqüência do jogo. Tinha me proposto, aonde quer que chegasse naquele ano, a ir encontrar o mais conhecido adivinho local, o mago mais potente, o guru mais estimado, o vidente, o possesso ou o louco do lugar, para saber algo sobre o meu destino, para lhe pedir que desse uma olhada no meu futuro.

Obviamente ouvi todo tipo de coisa. Cada encontro foi uma aventura, e ao longo do caminho colecionei dezenas de advertências, de conselhos sobre como viver, junto com vários óleos, amuletos, pílulas, poções e prescrições aptas a me proteger dos diversos perigos. No final do ano estava carregado de bugigangas, vasos e rolos de papel que levava comigo. O poder de cada um estava ligado ao meu respeito por determinado tabu. Sinal de como, em cada sistema religioso, ou seja lá o que for, o consumo de um bem é sempre um prêmio inevitavelmente ligado a um esforço a ser feito, a um mérito a ser conquistado. Um belo princípio, me parece, mesmo que os meus "méritos" fossem necessariamente limitados.

Se tivesse dado ouvidos às advertências e a todas as proibições, teria tido uma vida bem mais complicada do que eu já a tornara, renunciando aos aviões. Em uma ilha da Indonésia, um *bomoh*, especialista em magia negra, disse-me para nunca urinar contra o sol. Um outro, para jamais fazê-lo contra a lua. Uma xamã em Cingapura, que me falava em rimas, em chinês antigo, com a voz de um sábio taoísta de 2 mil anos atrás, me aconselhou a não comer nunca mais carne de cachorro nem de serpente. Um outro vidente me disse para ficar longe dos bois. Outro ainda, para continuar estritamente vegetariano o resto da vida. Um velho lama em Ulan Bator, depois de ter lido meu destino nas ranhuras de uma escápula de cabra queimada em fogo lento, feito com excremento seco de vaca, entregou-me um rolinho com uma dose de erva seca e perfumada da pradaria mongol a ser usada em caso de perigo, como se usam os sais em caso de desmaio. Um monge budista, fora de Phnom Penh, fez-me tomar, todo vestido de negro, um banho completo com a mesma água com a qual curava os epilépticos locais.

Muitos dos videntes que encontrei eram simplesmente personagens pitorescos, às vezes verdadeiros impostores preocupados sobretudo em ganhar o próprio pão. Todavia, alguns eram realmente particulares. Tinham uma insólita compreensão da condição humana, tinham uma insólita capacidade psíquica que lhes permitia ler na mente alheia ou ver "cicatrizes" que o olho normal não percebe. Diante de alguns deles pensei que efetivamente tivessem um sentido a mais.

É possível? É possível que o homem, no curso dos milênios, tenha perdido, por desuso, certas capacidades que antes lhe eram naturais, e que hoje somente certas pessoas tenham condição de exercitar?

A história do mundo está cheia de profecias e de portentos, mas especialmente no Ocidente temos a impressão de que isso tudo é coisa do passado. Na Ásia, ao contrário, o oculto serve ainda hoje para explicar fatos tão correntes quanto a economia e, até pouco tempo atrás, a ideologia.

Na China, na Índia ou na Indonésia, aquilo a que chamamos superstição é ainda coisa do dia-a-dia. A astrologia, a quiromancia, a arte de ler o futuro no rosto de alguém, na palma dos pés ou nas folhas de chá de uma xícara desempenham papel importantíssimo na vida das pessoas e nos acontecimentos coletivos de vários países, assim como as práticas dos curandeiros, o xamanismo ou o *feng shui*, a arte do vento e da água, a geometria cósmica.

Na Ásia, o nome a ser dado a um filho, a aquisição de um terreno, a venda de uma carteira de ações, a reparação de um telhado, a data de uma partida ou a declaração de uma guerra são decisões vinculadas a critérios que não têm nada a ver com a nossa lógica. Milhões de matrimônios são ainda hoje organizados assim. Milhares de edifícios, como eram antes cidades inteiras, são planificadas e construídas desse modo. A maioria das pequenas e as grandes decisões políticas que dizem respeito a todo um povo são ainda hoje determinadas por alguma crença ou pelo conselho de personagens especializados em um entre tantos modos de consultar o oculto.

Desde sempre o homem procurou dar um sentido ao mistério da própria vida, encontrar uma chave do futuro, e esperou poder influenciar o próprio destino. Freqüentemente nos esquecemos disso, mas o chinês, como língua escrita, nasceu não como meio de comunicação entre os homens, mas como modo de consultar os deuses. "Devo ou não devo fazer a guerra ao Estado vizinho?", "Vencerei ou não a batalha?", fazia escrever um rei sobre um osso plano, em cujos furos se passava uma ponta de ferro incandescente. A resposta divina vinha das ranhuras produzidas pelo calor. Tratava-se de saber lê-las. Tais ossos com esses ideogramas, de 3.500 anos atrás, foram os primeiros "manuscritos" chineses que conhecemos.

Ainda hoje os chineses, especialmente os da diáspora no Sudeste Asiático, fazem infinitas perguntas a seus deuses, por exemplo jogando ao ar duas tábuas em forma de grandes feijões, e, pontualmente, recebem do céu os conselhos desejados. Dependendo de como as tábuas caem no chão — com a face para cima, para baixo, ou uma para cima e outra para baixo —, a resposta é "Sim", "Não" ou "Tente novamente"!

A profecia relativa ao meu caso me dava a possibilidade de explorar os vários métodos de obter tais conselhos, de percorrer novas vias do conhecimento e de enfrentar esse estranho mundo de mistério tantas vezes intuído, entrevisto, resvalado, mas nunca levado suficientemente a sério.

Este meu investigar a superstição era também um modo de reagir à Ásia que muda, de ver o que resta do "Oriente misterioso" que durante séculos, exatamente devido à sua diversidade, atraiu tantos ocidentais. Os jornais escrevem que a Ásia está em plena expansão, que o próximo século será da Ásia, e é fácil notar quanto isso excita os banqueiros e funcionários das sociedades de investimento, que vêem o mundo por meio dos gráficos produzidos nos seus sofisticados computadores.

Na verdade, a Ásia do milagre econômico não é apenas um continente em alegre crescimento. É também um mundo que está se suicidando ao perseguir um modelo de desenvolvimento que não é fruto de uma escolha própria, mas que lhe está sendo imposto pela lógica do lucro que hoje parece dominar inexoravelmente cada comportamento humano.

Cidades antigas inteiras são varridas para dar lugar a anônimos loteamentos "modernos". A cultura popular está sendo colocada de lado pela irreversível pressão dos novos modelos que, do exterior, via satélite, se difundem até a última cabana na floresta birmanesa ou na pradaria mongol. Uma assustadora onda de materialismo arrasa atualmente tudo e todos. E, de fato, talvez mesmo como reação a essa tendência, origem de imensa desorientação, existe na Ásia, inclusive entre os jovens, um renovado interesse pelas velhas crenças, pelo oculto e por todos aqueles estranhos fenômenos que têm raízes na tradição.

Talvez seja um dado geral. Agora que as relações de grupo ficam mais fragmentárias, que a natureza se retrai sempre mais na vida cotidiana das pessoas, agora que a solução de todos os problemas é exclusivamente delegada à ciência, agora que a morte se torna sempre mais um tabu removido da vida sem ser experimentada coletivamente (como ainda acontecia quando eu era criança), as pessoas ficam sempre mais incertas sobre o sentido do destino e procuram consolação, compreensão, esperança e amizade onde podem.

O Oriente, com sua carga de exotismo, voltou talvez por isso a ser uma atraente fonte de inspiração para tantos jovens ocidentais, que vêm procurar nas religiões e nas práticas orientais as respostas que parecem não encontrar mais nas escolas e nas igrejas de casa. O misticismo oriental, o budismo, os gurus asiáticos parecem, melhor que todos os nossos mestres filosóficos, poder ajudar quem quer escapar da prisão do consumo, dos bombardeios da publicidade, da ditadura da televisão.

Vindo de um mundo superorganizado, onde tudo é garantido e onde até os desejos parecem determinados por algum interesse que não o próprio, cada vez mais jovens ocidentais exploram vias orientais de espiritualidade. Várias vezes, viajando na Ásia, vi corpos europeus cobertos pela túnica alaranjada ou violeta dos monges budistas, mas nunca me interessara pela sua história. Aquele ano eu tinha uma razão para ficar, para escutar, e foi assim que conheci um florentino como eu, ex-jornalista, que fez os votos num mosteiro tibetano, e um jovem poeta holandês que escolheu a via da dura meditação em um templo ao sul de Bangkok. Ambos, de maneira diversa, vítimas da desorientação do nosso tempo.

É certamente devido a essa mesma desorientação que também na Europa as páginas amarelas das listas telefônicas dedicadas aos quiromantes, aos astrólogos e aos videntes estão ficando mais numerosas que nunca. Os clientes do oculto não são mais somente as mulherzinhas crédulas, os despossuídos, os solitários ou os incultos. Esta foi outra das descobertas que fiz. No curso do ano me dei conta de que a minha curiosidade por esse mundo de penumbra é compartilhada por muitas pessoas. Pessoas insuspeitáveis, pessoas que preferiam não falar no assunto e que, apenas diante de minha admissão e determinação de levar em conta minha "profecia", abriam-se, confessavam, contavam. É banal, mas o problema do destino, da boa ou da má sorte, e de como enfrentá-la, cedo ou tarde, surge na mente de todos.

As páginas que seguem são a história daquela estranha viagem, daquele meu ano com os pés no chão... Aliás, do ano com os pés menos no chão do que nunca, porque nunca voei sem asas como naqueles treze meses. Um ano de treze meses? Sim, mas esta será a mais fácil das explicações.

A conclusão?

"Nunca vou a adivinhos porque gosto de me fazer surpreender pela vida", respondeu-me, a seu modo muito sibilinamente, uma anciã de Bangkok a quem perguntara quantas vezes ao mês costumava ir consultá-los.

No meu caso as surpresas apareceram exatamente porque *fui consultar* um adivinho. Sua profecia abriu-me uma espécie de novo olho. Fez-me ver coisas, pessoas, lugares que não teria visto de outro modo. Obrigou-me a começar um ano sem precedentes, sentado no lombo de um elefante no Laos, e me fez chegar ao fim dele sentado numa almofada de meditação num retiro budista dirigido por um americano ex-agente da CIA.

Sua profecia também me... salvou de um acidente aéreo: em 20 de março de 1993, um helicóptero das Nações Unidas no Camboja foi abatido com quinze jornalistas a bordo. Entre eles estava um colega alemão que tomara o meu lugar.

2. Uma morte que não veio

O OCULTO E EU TIVEMOS sempre relações frias e distantes. As razões, como para tantas outras coisas, estão certamente na minha infância. O mal-entendido de fato começou muito cedo.

No fundo de uma bacia cheia de água, colocaram uma pequena fotografia. Cobriram minha cabeça com uma grande toalha e eu devia ficar ali, inclinado sobre a bacia, no escuro, fixando aquela imagem de meio-busto de um soldado que tremia na água. As mulheres estavam todas em volta, em silêncio, esperando.

A idéia tinha sido de minha avó. Dizia que era necessário um "inocente", e ao que parece eu cabia na definição. O filho de Palmira, nossa vizinha de casa em Monticelli, um bairro popular de Florença, desaparecera na Rússia durante a retirada do inverno entre 1942 e 1943, e eu tinha que descobrir se ele estava vivo ou morto, e procurar descrever o que fazia naquele momento.

Por mim, teria preferido dizer que o via comendo a uma mesa, em uma casa de madeira em meio à neve. Mas na verdade a única coisa que conseguia enxergar era seu rosto seriíssimo, sem um sorriso, mover-se bem de leve cada vez que eu respirava. A foto, pequena, em preto-e-branco, me fazia pensar naquelas que tinha visto sobre as cruzes de mármore do cemitério de Soffiano, mas isso não me parecia o caso de dizer.

Aquela cena é uma das imagens mais precisas que me restam da infância, e lembro muito bem da decepção quando me tiraram a toalha da cabeça, jogaram a água fora, Palmira recuperou sua foto, enxugou-a com um lenço, e uma das mulheres disse que se a sessão não havia tido sucesso era talvez porque, de algum modo, eu já tinha perdido a minha inocência. Improvável, dado que naquela altura eu contava apenas cinco anos. Mas, quer saber? Talvez a sessão *tenha tido* sucesso: o filho da Palmira não retornou nunca da Rússia.

Após aquele primeiro encontro, tive ao longo da vida apenas uma normal, cética curiosidade por aquele incerto mundo além das aparências, e instintivamente sempre encontrei alguma interpretação racional para me explicar o inexplicável que às vezes se passava diante de mim. Como mais tarde tive filhos, as explicações se tornaram sempre mais necessárias, porque crianças não dão trégua e pretendem continuamente "entender".

Uma vez, em Delhi, onde levei a família para celebrar meu quadragésimo aniversário (porque queria simbolicamente colocar uma semente na Índia e anunciar assim, formalmente, a minha intenção de ir viver ali um dia), um velho *sikh* se aproximou de Saskia e Folco, que então tinham oito e nove anos, dizendo-lhes: "Se quiserem, posso adivinhar o nome do avô de vocês". Incrédulos, deram-lhe algumas rupias, e o tipo, depois de uma série de perguntas, conseguiu escrever sobre um pedaço de papel a letra G, exatamente a inicial de meu pai, Gerardo. Folco e Saskia ficaram estupefatos e tive um trabalho danado para procurar convencê-los de que naquele, como em tantos outros "milagres" indianos, desde os sepultados vivos à corda que se levanta no ar, havia sempre um truque, e que aquela letra, de alguma maneira, eles próprios tinham sugerido ao *sikh*, respondendo às suas perguntas. Não! Eles estavam convencidos de que se tratava ao menos de transmissão de pensamento, e quando, uns dois anos depois, durante férias na Tailândia, fomos todos testemunhas de um episódio no qual poderia se excluir o truque, aquela convicção se reforçou.

Estávamos na ilha de Phi Phi, um daqueles paraísos tropicais ainda não contaminados pela luz elétrica, pelo fax, pelos hotéis de cimento e pelas piscinas, com o mar azul e a areia branquíssima, e as cabanas de bambu e de palha. Ao subir numa barca para ir ver as grandes e misteriosas grutas onde, há séculos, as pessoas do lugar recolhiam um dos alimentos que os chineses consideram entre os mais refinados — ninhos de andorinha —, Yin, a companheira de Seni, um velho amigo jornalista tailandês que nos hospedava, lembrou ter deixado a câmera fotográfica na cabana deles. "Esperem que vou telefonar para o Seni", disse. Telefone? Na ilha não havia nenhum, mas Yin colocou-se de lado, com a cabeça entre as mãos e os olhos fechados, como se fizesse um grande esforço de concentração, e poucos segundos depois Seni apareceu vindo de muito longe, como um pontinho negro correndo sobre a praia branca. "A câmera... Yin... você esqueceu a câmera fotográfica!" Coincidência? Claro. Para mim, então, não havia dúvida.

Já Folco ficou excitadíssimo. O barco, o mar, a misteriosa gruta com as varas altíssimas de bambu, sobre as quais os garotos nativos trepam para recolher os preciosos ninhos, não o interessavam mais, agora que existia aquela, para ele demonstrada, possibilidade de comunicar com o pensamento. Passou o resto do dia a "fazer exercícios". Depois, de noite, antes do jantar, anunciou que se poria a pensar na mãe que regressara há pouco para Florença. "O que ela está fazendo neste momento?", perguntou-lhe Saskia. "Dorme. Vejo-a dormir, toda circundada de luz azul", disse. Àquela hora na Itália era o começo da tarde, na nossa casa não havia luz azul e a mãe — todos sabíamos — não dormia nunca depois do almoço.

Uma semana depois, porém, Angela voltou de Florença, e contou que, naquele dia, tinha ido a "Il Contadino", a nossa casa de campo em um vilarejo chamado Orsigna, nos Apeninos tosco-emilianos, e que excepcionalmente, logo depois de comer, tirara uma soneca no quarto dos meninos, que tinha uma cortina azul na janela. Um filho paranormal? O que é isso? Uma brincadeira na certa!

Como tantos, também eu tinha ouvido e lido sobre profecias que se concretizaram, de pessoas capazes de fazer coisas incríveis, de voar, de levitar, de ver o passado ou o futuro, mas nunca dei muita importância a isso. "Se uma só dessas coisas fosse verdadeira", eu me dizia, "como poderíamos continuar vivendo normalmente? Se o destino está escrito na nossa mão, se a história depende das estrelas, como podemos continuar tomando condução, indo ao escritório ou pagando as contas da luz? Não seria o caso de parar a vida cotidiana e nos dedicar completamente ao estudo desses fenômenos?!" Mas como as pessoas vão para lá e para cá como sempre, os trens partem, o correio chega, os jornais saem todos os dias, quer dizer que aquele mundo é uma invenção de alguns — dizia a mim mesmo —, que é uma deformação da fantasia, uma expressão, como outras, da necessidade natural do homem de acreditar em algo além das aparências. Não era necessário ocupar-me disso.

Assim tinha vivido na Ásia, sem prestar muita atenção ao lado oculto das coisas. Tinha visitado templos, gurus, ouvido contar casos de todo tipo, mas nunca me deixei impressionar excessivamente. Cada vez que tive a oportunidade de verificar uma daquelas estranhas histórias, encontrava algo inexplicável. A realidade, como se apresentava a mim, não era nunca como a tinham descrito.

Em todos os meus anos de Ásia, nunca pedi para me fazerem o horóscopo e nunca fui consultar um dos inúmeros adivinhos. Por estes em particular sempre tive, desde a infância, uma instintiva repulsa. Quando era garoto, logo depois da guerra, passavam com freqüência diante da minha casa os ciganos que pediam para ler a mão da minha mãe. Ela se recusava, trancava a porta a sete chaves e dizia deles que eram todos ladrões, que nos hipnotizariam e levariam embora as poucas coisas que tínhamos. Aqueles seus desabafos obviamente me influenciaram.

Até mesmo no "fatídico" adivinho de 1976 não queria ir. Tínhamos acabado de nos mudar de Cingapura para Hong Kong, e lá, na colônia inglesa, encontrei um velho amigo chinês de Xangai, com o qual, nos anos 1960, estudara na Columbia University de Nova York. Sua mulher, neta do último senhor da guerra de Yunnan, era uma conhecida diretora de cinema que, como boa chinesa, adorava jogos de azar e era supersticiosíssima. De vez em quando ia a Macau e, como eu, passava dias inteiros nas mesas de *black jack*, bacará e sobretudo *fan tan*, o simplíssimo mas fascinante jogo no qual o crupiê esparrama na mesa uma vasilha cheia de fichas e depois, lentamente, com uma baqueta de marfim, os divide em grupos de quatro. Trata-se de adivinhar o número de fichas que sobram: zero, um, dois ou três? A graça do jogo é que se pode acompanhá-lo do alto, debruçado sobre um parapeito, e se aposta e se recolhe os ganhos mandando para cima e para baixo uma cestinha de vime ligada a uma corda.

A amiga chinesa, antes de tomar a balsa para Macau, consultava-se sempre com seu adivinho para saber se aqueles seriam para ela dias de sorte. "É um dos melhores adivinhos de Hong Kong. Você precisa conhecê-lo. Venha comigo!", tinha dito, vencendo enfim as minhas resistências.

O homem morava em um dos tantos conjuntos habitacionais caindo aos pedaços de Wanchai. As portas dos apartamentos ficavam escancaradas mesmo de noite, para deixar passar o ar, mas tinham na frente grandes grades acorrentadas contra os ladrões. Subimos a pé vários andares até chegarmos diante de uma entrada gradeada, como todas as outras. Vi no chão o halo vermelho de um pequeno altar, com uma cumbuca de arroz e algumas tangerinas oferecidas aos lumes tutelares e aos antepassados. Lembro-me de um bom perfume de incenso e, atrás de uma velha escrivaninha de ferro, um chinês lá pelos setenta anos, de camiseta sem mangas, com a cabeça raspada como um monge, e com mãos ossudas apoiadas sobre velhos livros e um ábaco.

O homem deu à amiga chinesa os conselhos que queria, depois, apontando para mim que estava à parte, disse em cantonense, um dialeto que não compreendia: "É ele que me interessa". E eu cedi.

Mediu-me com um fio do comprimento do antebraço, tocou-me os ossos da fronte, perguntou-me quando nasci e a que horas, fez certos cálculos com suas contas chinesas, olhou-me fixamente e começou a falar. Eu esperava o habitual, vagas fórmulas de adivinho, daquelas que a pessoa pode interpretar como quiser, puxando para cá e para lá como um elástico; daquelas que a pessoa, querendo, consegue sempre, mais ou menos, enquadrar na própria existência. Se tivesse dito: "Você é casado, mas há outra mulher na sua vida", eu poderia me dizer: "Ah, talvez seja aquela lá". Se tivesse dito: "Você tem três filhos", poderia me divertir brincando com a idéia de que, além de Folco e Saskia, semeei quem sabe outro em alguma parte do mundo. Mas quando a amiga chinesa começou a traduzir, fiquei estupefato. *"Há cerca de um ano você estava para morrer de morte violenta e se salvou sorrindo..."* Claro, sim, era verdade. Mas como fez ele, aquele velho que nunca tinha me visto, para descrever, com tanta precisão, um episódio que somente eu conhecia e do qual nem mesmo a chinesa jamais ouvira falar antes?

Aconteceu no Camboja, exatamente no ano anterior. Phnom Penh caíra em 17 de abril, e eu, que tinha deixado o país alguns dias antes, estava em Bangkok, naquela reconfortante ilha de luxo e paz que é o Oriental Hotel sobre o rio Chao Paya, roendo-me com a idéia de que alguns colegas e amigos haviam ficado naquela cidade, agora nas mãos do Khmer Vermelho, para ver o que aconteceria. Não estar com eles parecia-me uma terrível derrota pessoal, que não estava disposto a aceitar. Aluguei um carro, cheguei a Aranyaphathet, a cidade tailandesa na fronteira com o Camboja, e, na manhã de 18 de abril, atravessei a pé a ponte de ferro que a assinala. Na cabeça levava uma idéia doida, estúpida, inconsciente — prova do quão pouco tinha entendido dos khmer vermelhos —, a de que a partir dali encontraria um modo de ir até Phnom Penh. E naquela direção estava caminhando.

Correndo na direção oposta, vinham grupos de cambojanos tomados pelo pânico, carros buzinando, abarrotados de gente e de bagagens. Todos estavam aterrados e procuravam alcançar a Tailândia. Alguém me acenou para que eu voltasse para trás, mas não lhe dei atenção. Acabara de chegar ao centro de Poipet quando os khmer vermelhos, em fila indiana, começaram a entrar na cidade. Os soldados do governo largavam as armas, tiravam os uniformes e escapavam. Não havia resistência e ninguém disparava. Os primeiros khmer vermelhos passaram ao meu lado como se não tivessem me visto. Já os de um segundo grupo tiveram um sobressalto, apontaram para mim as metralhadoras, empurraram-me contra um muro na praça do mercado e, berrando algo que me parecia "CIA... CIA... American, American!", estavam para me fuzilar.

Até então, tinha visto os guerrilheiros do Camboja somente como cadáveres, abandonados à margem de uma estrada ou de um arrozal depois de uma batalha. Já aqueles eram os primeiros que via vivos: jovens, recém-saídos da floresta, com a pele seca, cinzenta, empoeirada, com os olhos avermelhados pela malária e com os semblantes duríssimos. "CIA... American", continuavam a berrar, caminhando um pouco para trás como se não quisessem estar demasiado próximos dos efeitos que teriam seus tiros. Tive certeza de que dispariam em mim, e daquela morte, que pensei seria rápida e indolor, me preocupou somente o modo como a notícia teria chegado em casa, o fato de que teria feito sofrer meus familiares. Assim, com um gesto instintivo, tirei do bolso da camisa o passaporte, naquela época verde, sorrindo com garbo e, vai saber por quê, falando em chinês, disse: "Sou italiano... italiano... Não americano: italiano".

Da aglomeração de gente que estava olhando, um homem com a pele clara, quase branca — certamente um comerciante chinês do lugar —, traduziu em khmer aquilo que eu dizia: "Sou um jornalista, não me matem... Esperem que venha um quadro político e deixem que seja ele a decidir... Sou italiano". E continuei a sorrir, a sorrir agitando o passaporte. Os khmer vermelhos abaixaram as metralhadoras, colocaram-me de lado e me confiaram a um jovem guerrilheiro que ficou de olho em mim durante horas, passando de vez em quando, com grande curiosidade, lentíssimamente, em torno do meu rosto, sobre o nariz, sobre os olhos, o cano da sua grande pistola chinesa.

À tarde, chegou um guerrilheiro mais velho, que parecia o chefe. Sem nem mesmo olhar para mim, dirigiu-se a seus homens e confabulou com eles por longos minutos. Depois se virou para mim e, em perfeito francês, disse que eu era bem-vindo ao Camboja liberado, que aqueles eram dias históricos, que a guerra terminara e que eu estava livre para ir embora.

Tarde da noite, eu já estava de volta, entre os belos e frescos lençóis de linho do Oriental Hotel de Bangkok.

"Se alguém apontar para vocês uma arma, sorriam", disse desde então aos meus filhos, e aquela me parecia uma das poucas lições de vida que era capaz de dar a eles.

Para mim, aquele episódio com os khmer vermelhos deixou algo mais que uma "lição de vida". Pois o medo de verdade, como sempre acontece, só me veio mais tarde. Durante meses, à noite, tive pesadelos, e várias vezes revivi aquela cena em câmera lenta, que nem sempre terminava bem. Obviamente, o episódio me "marcou".

Mas como fizera o velho adivinho chinês, em um apartamentinho decrépito de Hong Kong, para ver aquela "marca"? Claro, se tivessem me agredido com uma faca ou me ferido à bala, ficaria com uma cicatriz sobre a pele que qualquer pessoa poderia ver. Mas com qual olho o adivinho de Hong Kong tinha visto a cicatriz que os khmer vermelhos me deixaram lá dentro, onde nem mesmo eu sabia? Pura coincidência? Dessa vez era realmente difícil dizê-lo.

Depois de sondar o meu passado, o adivinho falou da minha relação com os cinco elementos da natureza: o fogo, a água, a madeira, o metal e a terra. "*Você ama a madeira*", disse. É verdade, sempre que posso me cerco de objetos de madeira. Entre todas as essências, prefiro a de madeira de sândalo. "*Você fica feliz quando vive perto da água.*" É verdade, em Cingapura e em Hong Kong vivemos sempre com vista sobre o mar. Na Itália, na casa de campo em Orsigna, sente-se o fragor de um riacho. Enfim, disse aquela frase que determinaria a minha vida de um ano: *"Atenção! Em 1993 você corre grande risco de morrer. Nesse ano não voe. Não voe de jeito nenhum"*. Depois, como uma consolação, acrescentou: *"Se você sobreviver a um acidente aéreo, viverá até a idade de 84 anos"*. Entre a precisa descrição de um fato do passado e a acurada previsão do futuro não há qualquer relação, mas é óbvio que uma tende a dar credibilidade à outra. Por isso — descobri depois —, quase todos os adivinhos têm como procedimento falar do passado antes de tudo; mas também por isso não consegui tirar de cima dos ombros aquilo que o velho de Wanchai me disse. Não era como dizer a uma mulher casada: "A senhora tem filhos", ou: "A senhora não tem filhos". Com aquela minha experiência em Poipet, eu estava absolutamente fora da média.

Se, de algum modo todo seu, aquele homem tinha acertado em cheio, e em 1976 tinha sido capaz de "olhar" para trás, em 1975, não podia talvez "olhar" para a frente, em 1993?

A pergunta, colocada assim, inclusive só por brincadeira, não era uma daquelas que o indivíduo pode descartar facilmente, e a idéia de passar um ano procurando uma resposta me atraía muito... especialmente a poucos dias de um prazo ligeiramente inquietante.

Em 18 de dezembro de 1992 voei de Bangkok para o Vietnã. No dia 22, a bordo de um pequeno e trêmulo avião de fabricação chinesa, cheguei em Luang Prabang, a velha capital real do Laos.

3. Laos: em qual margem está a felicidade?

No *Sidarta* de Hermann Hesse, entre as várias passagens belíssimas, acha-se aquela na qual o príncipe, que em breve se transformará no Buda, o Iluminado, está sentado sobre a margem de um rio e compreende que, sem ter mais a medida do tempo, o passado e o futuro estão sempre presentes. Como o rio que está lá onde o vemos, mas que, no mesmo momento, está também na nascente e na foz. A água que ainda está para passar é o amanhã, mas já existe, a montante; e a água que já passou é o ontem, mas ainda existe, mais abaixo, a jusante.

Sentado sobre a colina de Wat Pusi, em Luang Prabang, olhando na dourada paz do pôr-do-sol a comovente confluência do majestoso e grande Mekong com o Nam Khan, pequeno e impetuoso, a visão de Sidarta voltou à minha mente e me pareceu que aquelas águas limosas que se uniam e se confundiam eram mesmo como a vida, também a minha, feita de tantos fluxos. E que o passado, o presente e o futuro não fossem mais distinguíveis entre si e estivessem todos ali, naquele impiedoso escorrer: 55 anos já tinham sido passados para trás, como aquela corrente, rumo à foz do mar da China. Os demais, aqueles que ainda me restavam, já liberados das cordilheiras do Himalaia, e já a caminho, definidos e precisos, contados até a última hora ao longo do mesmo percurso. Se pudesse sentar-me ainda mais alto naquela colina, poderia enxergar mais rio, nas duas direções — e com isso mais passado e mais futuro?

Estava só e, como ocorre quando nos achamos em meio à natureza, sem outra presença humana por perto, a mente se liberou das limitações da lógica e a fantasia galopava, os pensamentos mais absurdos se apresentavam no limiar da consciência. Sim, talvez aquilo que chamamos futuro já tenha acontecido, e somente porque o nosso ponto de vista é limitado não conseguimos enxergá-lo. Talvez o futuro já tenha realmente acontecido, e é por isso que alguns conseguem "lê-lo" com a mesma facilidade com a qual todos vemos a luz de uma estrela que na verdade se apagou há séculos. O segredo todo reside em sair da dimensão do tempo. O tempo como estamos acostumados a concebê-lo, feito de anos, de horas, de segundos.

Laos foi psicologicamente uma perfeita preparação para a minha decisão de não voar e de colocar-me assim, de alguma maneira, fora do tempo.

Como país, o Laos, instintivamente, escolheu durante anos fazer o mesmo. Sem acesso por mar, protegido pelas impenetráveis montanhas que o isolam da China e do Vietnã, resguardado pelo Mekong que o separa da Tailândia, sem uma única ponte a unir as duas margens, o Laos, apesar das guerras, das invasões e das pressões de seus vizinhos, continuou no seu antigo e apartado ritmo de vida. O calendário também lhe diz que estamos no século XX, mas a cabeça dos laosianos permanece em uma época toda deles e da qual não têm intenção alguma de sair.

Os tailandeses, depois de construir grandes auto-estradas que chegavam até a margem do Mekong, sugeriram de mil maneiras aos laosianos que bastaria uma ponte para eles se inserirem no sistema viário tai, e terem assim acesso direto ao porto de Bangkok e um ponto de fácil ingresso para os turistas, portadores de dólares. Os laosianos não se deixaram convencer. "Não, obrigado. Não precisamos da ponte", respondiam sempre. "Queremos continuar a viver do nosso modo."

Infelizmente esse modo está em vias de desaparecer. Não porque os laosianos tenham mudado de repente de idéia, mas porque hoje um país, diante da alternativa entre a modernização-destruição e um isolamento que conserve a própria identidade, não tem escolha: os outros já escolheram por ele. Os homens de negócios, os banqueiros, os especialistas das organizações internacionais, os funcionários da ONU e os dos governos de meio mundo transformaram-se definitivamente em convictos profetas do "desenvolvimento", a qualquer custo. Todos acreditam em uma espécie de missão, muito semelhante àquela do general americano que, no Vietnã, depois de ter arrasado um vilarejo ocupado pelos vietcongues, disse com o orgulho de quem está convicto de cumprir uma obra louvável: "Tivemos de destruí-lo para salvá-lo".

Ao Laos está acontecendo o mesmo. Para salvá-lo do subdesenvolvimento, os novos missionários do materialismo e do bem-estar econômico o estão destruindo. O golpe mais duro foi dado pelos australianos. Com a idéia de fazer o bem, o governo de Camberra construiu, como presente, uma grande ponte sobre o Mekong, e o Laos com ela perde agora sua última virgindade. Com uma inata desconfiança por tudo aquilo que é novo e moderno, os laosianos já a chamam "A Ponte da AIDS".

Na alma, os laosianos são um povo do passado, e somente por puro acaso — o acaso de se encontrarem na Indochina — foram obrigados a viver fisicamente na violência do mundo contemporâneo. Pagaram por isso um preço altíssimo. Para abastecerem os guerrilheiros vietcongues no Vietnã do Sul, os comunistas de Hanói abriram através das florestas do Laos aquela que ficaria depois famosa como a "trilha de Ho Chi Minh". Para fechá-la, os americanos, entre 1964 e 1973, lançaram "secretamente" sobre o Laos mais bombas que sobre a Alemanha e toda a Europa ocupada pelos alemães durante a Segunda Guerra Mundial: 2 milhões de toneladas de explosivos.

É novamente devido à sua posição geográfica que hoje o Laos, mesmo com a paz, não pode fazer a vida que quer, e é obrigado a virar "moderno", a ser a ligação entre a China e a Tailândia, a servir como terreno de passagem entre esses dois potentes vizinhos, agora já tomados de vez pelo progresso.

Por enquanto ainda basta colocar os pés para sentir que no Laos há algo de único e de poético no ar. Os dias são longos e lentos e as pessoas têm uma calma doçura que não se encontra no resto da Indochina. Os franceses, que conheciam bem os povos de suas colônias, diziam: "Os vietnamitas plantam o arroz, os khmer o olham, e os laosianos o escutam crescer".

Pus ali meus pés pela primeira vez em 1972. Sobre uma das varandas do Hotel Constelation em Vientiane, havia uma garota hippie, loura, que fumava um baseado tão forte que se sentia o cheiro por toda a escada. Vendo-me chegar, como se quisesse confiar-me uma fórmula secreta para entender tudo, sussurrou: "Lembre-se, o Laos não é um lugar. É um estado de alma".

Claro que não tinha esquecido isso e queria rever o Laos antes que também ele, vinte anos depois, virasse um "lugar", um lugar como todos os outros, iluminado de néon, invadido pelo cimento e pelo plástico. Encontrei a desculpa jornalística em duas notícias: uma dizia respeito à abertura ao turismo da trilha de Ho Chi Minh; a outra era a realização da grande auto-estrada transasiática entre Cingapura e Pequim. O trecho laosiano, uma vez construída a ponte sobre o Mekong, passaria por Luang Prabang, cortando em duas a velha capital real, um dos lugares mais românticos e calmos da Ásia, um dos últimos refúgios do antigo fascínio do Oriente.

Chegando em Luang Prabang, encontrara-a ainda tão fascinante como nas minhas recordações, recolhida no seu vale verde e úmido, circundada de picos que parecem pintados por um pincel chinês, dominada pela colina de Wat Pusi, de onde todo o esplendor dos templos, construídos em sábia desordem sobre faixas de terra entre o Mekong e o Nam Khan, mostra-se como destinada à eternidade.

Na aurora tinha revisto o comovente espetáculo de centenas de bonzos saindo de seu monastério e desfilando ao longo dos paralelepípedos da rua principal para receber as ofertas de comida da população ajoelhada nas calçadas. Sim, exatamente aquela: a via que deveria se transformar em parte da Auto-Estrada da Ásia! Felizmente descobri alguns velhos residentes que tinham encontrado a coragem de se opor ao projeto, e o próprio governador se pronunciara a favor de uma alternativa: um acesso que passaria fora da cidade. Luang Prabang então se salvará? De jeito nenhum. Um outro projeto, que ninguém coloca em discussão, transformará a atual modesta pista de aterrissagem em um grande aeroporto, capaz receber jumbos repletos de turistas.

Que invenção horrível o turismo! Uma das indústrias mais maléficas! Reduziu o mundo a um enorme jardim-de-infância, em uma Disneylândia sem fronteiras. Em breve também na velha e remota capital real do Laos desembarcarão aos milhares esses novos invasores, soldados do império do consumo e, com suas máquinas fotográficas, suas implacáveis câmeras de vídeo, corroerão até o fim aquela natural magia que ainda está ali por toda parte.

Por que na Ásia, quando um velho se vê enquadrado por uma máquina fotográfica, gira o corpo, resiste, procura se esconder, cobre o rosto? Ele o faz porque pensa que aquela máquina leva embora algo de seu, algo de precioso que não pode reencontrar. Será que ele não tem razão? Será que não foi também na usura das dezenas de milhares de fotos tiradas por turistas distraídos que nossas igrejas perderam sua sacralidade, que nossos monumentos perderam sua capa de grandeza?

O Tibete, para proteger a própria espiritualidade, impediu por séculos a quem quer que seja de atravessar suas fronteiras, e é assim que manteve sua especialíssima aura. Lá, quem quebrou o encanto foi a invasão chinesa, outra aventura feita em nome do desenvolvimento. Uma das notícias mais desconcertantes que li recentemente é que os chineses, para facilitar (como era de esperar) o acesso dos turistas, decidiram "modernizar" a iluminação do Potala, o palácio-templo do dalai-lama, e introduziram o néon. Não o fizeram certamente por acaso: o néon mata tudo, até mesmo os deuses. E com eles morre sempre mais a identidade dos tibetanos.

O grande escritor japonês Tanizaki, em uma das passagens sobre o desaparecimento do antigo Japão, varrido pela modernidade, faz o elogio da sombra que contribuía tanto para criar a atmosfera, e com ela a alma, das velhas casas de madeira e de papel.

A penumbra de Portala, a catedral-residência do dalai-lama, tinha a mesma função. Era preciso entrar nos meandros daquele extraordinário palácio no escuro e só lentamente descobrir, na luz tremulante das lâmpadas ao óleo de manteiga, as caretas dos ogros e os sorrisos benévolos dos Budas. O néon agora impede cada descoberta, apara as asas de quem ainda queira abandonar-se aos vôos do espírito.

No início do século, Pierre Loti chegou a Angkor, no Camboja, com a reverência de um peregrino a bordo de uma carroça puxada por bois negros, pedindo hospitalidade aos bonzos que então viviam nos templos. Vinte anos mais tarde existia já a sociedade Cooks, que organizava excursões, espetáculos noturnos de dança em meio às ruínas e vendia pedras-suvenir aos turistas.

O homem que em 1860 "descobriu" Angkor para a humanidade (e para os turistas) pagou aquela sua conquista com a vida. Poucos sabem que sua tumba ainda está ali, a leste de Luang Prabang, e eu quis prestar uma homenagem àquele aventuroso cientista, Henri Mouhot, cuja história sempre me fascinou. Mouhot era um naturalista francês que viajou na Indochina recém-transformada em colônia. Antes de partir para sua expedição, com a idéia de subir o Mekong até a China, leu o relato de um frade que dez anos antes indicara estranhas ruínas na mata, a pouca distância da cidadezinha de Siem Reap. Mas não tinha idéia do que o esperava.

Um dia, penetrando na floresta onde fazia, como narra em suas cartas, companhia a si mesmo cantarolando a *Traviata*, Mouhot repentinamente, em meio à densa folhagem, sob árvores gigantescas, sentiu-se observado por dois, quatro, dez, cem olhos de pedra que lhe sorriam. Sempre procurei imaginar o que teria provado naquele momento, um momento que coroou a sua viagem — e causou a sua morte.

Depois de ter passado algum tempo entre as ruínas de Angkor, Mouhot, escrevendo ainda em seu diário, prosseguiu em direção ao norte. Chegou em Luang Prabang, a ultrapassou, e, marchando ao longo do rio Nam Khan, superando o vilarejo de Naphao, adoeceu. Em 19 de outubro escreveu: "Estou tomado pela febre". No diário, durante dias, não há mais nenhuma linha. Enfim, em 29 de outubro, as últimas palavras, escritas com mão trêmula: "Tenha piedade de mim, meu Deus...". Ele morreu em 10 de novembro de 1861. Tinha acabado de completar 35 anos.

Ir encontrá-lo foi para mim muito simples. Meia hora de carro de Luang Prabang, em direção a Ban Noun; depois uma dezena de minutos a pé descendo pela escarpa, sobre uma trilha agora invadida por arbustos. Ao chegar, tive a impressão de que Mouhot pudesse estar morrendo naquele momento. Nada tinha mudado. O mesmo rio escorria com o mesmo calmo fragor, a mesma floresta murmurava com as mesmas mil vozes de então, e uma mulher solitária passava ao longe com um cesto de vime sobre os ombros, uma mulher de hoje, mas com o mesmo aspecto de uma mulher de então, 132 anos antes.

A tumba ficava lá onde Mouhot morreu, em uma elevação da colina, a uns trinta metros sobre o leito do Nam Khan, como se seus companheiros o tivessem posto no alto para impedir que a corrente o levasse embora. Um túmulo de cimento como que abrigado sob uma grande árvore guardiã e, à esquerda, como um estandarte, um altíssimo, alegre e verde bambuzal.

Tinha razão Foscolo com seu elogio aos sepulcros!* Eles são muito inspiradores e certamente não é por acaso que me sinto sempre estranhamente atraído por estes simples e comoventes traços de vida deixados por ocidentais vagando pelo mundo. Quantas horas passei nos cemitérios dos estrangeiros mortos na Ásia! Desde aquele em Macau aos de Chiang Mai, Nagasaki ou Yokohama, imaginando, sentindo as vidas daqueles mortos longe de casa, procurando recuperar a história contida nas breves palavras de circunstância esculpidas nas lápides. Capitães de veleiros, ceifados aos vinte e poucos anos pela febre; jovens mães que pereceram nas dores do primeiro parto; marinheiros de uma mesma embarcação mortos a poucos dias de intervalo por uma repentina epidemia. Às vezes, um velho cuja vida, diz a lápide, serviu de exemplo a tantos outros e que filhos e netos pranteiam. Aventureiros, missionários, comerciantes — nomes desconhecidos.

O que atrai nas tumbas? Talvez o fato de que conservem realmente algo além de ossos? Talvez porque dos mortos reste, com a recordação, também uma marca da sua presença? Talvez porque a lápide fique impregnada com sua história? Era como se a tumba de Mouhot, silenciosa e solitária presença, esquecida sobre a margem do Nam Khan, parecesse falar de verdade. O simples fato de que eu a estivesse visitando era como se lhe desse vida novamente. Ou, quem sabe, sem a medida do tempo, aquele passado não continuasse sempre ali, presente, para quem quisesse se comover, se inspirar?

Escolhera o Laos como última destinação de 1992 porque sabia que, se tivesse decidido não tomar mais aviões, poderia voltar dali sem

* Ugo Foscolo (1778-1827), identificado com a passagem do neoclacissismo ao romantismo, foi um dos grandes críticos da invasão napoleônica na Itália. O ciclo de poemas *Dei Sepolcri*, de 1807, contestava implicitamente a adoção por parte das autoridades locais de restrições funerárias já adotadas na França. Entre outras medidas, impusera-se a censura oficial às lápides e a remoção dos cemitérios para fora dos muros das cidades. (N. do T.)

dificuldades, via terra, para Bangkok, e desde o primeiro momento a visita ocorreu sob o signo dos novos pensamentos que provocavam minha curiosidade. De algum modo, ter começado a me interessar pelo aspecto menos usual das coisas me fazia notar tudo aquilo que em outras épocas teria me escapado. Repentinamente, tudo me parecia marcado por uma ligação com aquele outro mundo. Pessoas das quais normalmente teria visto apenas a aceitável fachada social revelavam uma segunda natureza, muito mais em sintonia com aquilo que interessava também a mim. Obviamente era eu mesmo que, com minha nova atenção, fazia com que as coisas acontecessem assim.

No último dia em Luang Prabang, tomei uma embarcação e subi o Mekong rumo à gruta de Tham Ting, com seus 7 mil Budas. Durante a guerra, as famosas grutas na abrupta montanha sobre o rio ficaram sob a mira dos Pathet Lao. Os guerrilheiros comunistas controlavam a zona em torno delas e não consegui nunca ir até lá. Sabia que nesse meio-tempo grande parte das velhas estátuas tinham sido roubadas e vendidas aos antiquários de Bangkok, mas quis ir de qualquer maneira. Não seria talvez daquela corrente que descia simbolicamente o meu futuro? Queria ir ao seu encontro.

Na gruta principal, um grupo de laosianos, ajoelhados diante de um Buda de pedra, o interrogavam sobre o futuro. Fiz o mesmo. O sistema é simples: lentamente, com as mãos juntas, esquenta-se um cilindro até que uma das muitas varetas de bambu que estão dentro não caia no chão. Cada vara tem um número e a cada número corresponde a um bilhetinho de papel com uma mensagem. O meu era o número 11 e a mensagem dizia: "*Lança a tua flecha contra o gigante Ku Pan. Certamente o matarás. Em breve, não terás mais inimigos e teu nome será conhecido em cada ângulo da terra. Tua gente precisa de ti e deves continuar a ajudá-la. Se praticares o comércio, perderás todo teu dinheiro. Não terás doenças. Viajar é para ti um grande bem*".

A mensagem não me pareceu grande coisa. Mas quando contei a história, durante uma ceia de Natal na embaixada francesa, na qual era hóspede em Vientiane, aquele bilhetinho foi como a centelha que causa um grande incêndio. Em breve, em torno àquela formalíssima mesa, servida por silenciosos garçons em libré, todos falavam em adivinhos, profecias, magia. Cada um, sem o habitual pudor desse tipo de circunstância, tinha seu próprio episódio, sua própria experiência para contar. Talvez porque se comia à luz de velas, em uma casa muito branca, coberta por trepadeiras e orquídeas, imersa num misterioso jardim decorado com velhas estátuas de exploradores e dominada por uma grande bandeira tricolor. Talvez porque a Europa e sua lógica pareciam mais remotas que nunca, mas era como se meu bilhetinho tivesse aberto uma caixa de Pandora e aquela fosse a hora para insólitas confissões.

"Um adivinho mudou realmente minha vida", disse uma senhora, elegante, bela, com uns quarenta anos, recém-chegada de Paris e que estava sentada na minha frente. Ainda nos tempos da universidade tinha ficado grávida de um colega de estudos, que logo depois morreria em um acidente de esqui. Um amigo comum ficou muito próximo dela e entre os dois surgiu um grande amor. Um dia a mãe daquele amigo foi a uma vidente. "Seu filho está para virar pai de uma criatura que não é dele e não deve absolutamente fazê-lo. Seria a ruína dele." Quando a mãe contou aquela história ao filho, o jovem ficou tão assustado que renunciou a se casar. "... E foi assim que virei eu o pai daquela criatura!", disse um senhor sentado à direita do embaixador.

Para mim, a história parecia o típico caso da mãe que força a vidente a falar aquilo que ela mesma não consegue dizer ao filho e, assim, por meio da autoridade do oculto, faz acontecer o que bem entende. Mas os outros comensais ficaram bastante impressionados, e a senhora, atualmente uma conhecida advogada parisiense, estava absolutamente convencida dos "poderes" daquela vidente. Quanto ao meu adivinho de Hong Kong, todos estavam de acordo que eu deveria dar-lhe crédito e não voar.

Lá pela aurora, parti novamente, ainda uma vez de avião, para a Planura das Jarras, um estranho vale em meio às montanhas do Laos setentrional, pontilhada de enormes e misteriosos odres de pedra, alguns com mais de dois metros de altura, todos perfeitamente ladrilhados. Mas por quem? Para conter que tipo de coisa? Os antropólogos sustentam que se trata de urnas funerárias de uma antiga população de origem chinesa, hoje desaparecida, mas os laosianos preferem continuar a acreditar em suas lendas. "São ânforas para o vinho feitas pelos gigantes", dizem os habitantes. "Em cima da montanha há uma enorme mesa de pedra onde os gigantes se encontram de tempos em tempos para seus banquetes." Mas não se consegue ir ao topo dela.

Passei três dias naquela região. As papoulas do ópio tinham alcançado a maturação, começavam a perder suas pétalas vermelhas, violeta, brancas, e as mulheres talhavam os bulbos para coletar o preciosíssimo e viscoso suco negro em velhas vasilhas. Era também a estação na qual os Muong, os habitantes das montanhas, celebravam seu Ano-Novo, e jovens dos dois sexos se dedicavam ao esporte mais popular: buscar consortes. Em cada vilarejo, filas de meninas em costumes tradicionais ficavam diante de filas de meninos jogando bolas de pano e repetindo, por horas e horas, uma velha canção: "Se me amas, joga melhor... Se me queres, faze-te mais belo".

Estava acompanhado por um guia especialíssimo, Claude Vincent, um francês lá pelos seus cinqüenta anos, culto e que viveu no Laos desde menino. Tinha se casado com uma laosiana e ficou no país mesmo depois da tomada de poder por parte dos comunistas em 1975. Nos anos de guerra nos vimos com freqüência, mas nunca nos conhecemos direito. Eu era para ele um dos tantos jornalistas-abutres que desciam naquele país atraídos por seus mortos. Agora era diferente, e Claude queria ser compreendido em seu amor por um Laos que, sem a guerra, não dá mais notícias, um Laos sobre o qual ninguém escreve mais, mas a cuja bela e velha alma ele continua ainda tão ligado.

Dei-me conta disso quando, depois de uma tarde passada visitando a Planura das Jarras, nos retiramos cansados em um abrigo sem luz nem água para passar a noite. Falávamos de como os comunistas, onde quer que tivessem chegado, na China como no Camboja, trataram logo de abolir as tradições populares, de combater as superstições, de eliminar adivinhos, de proibir as velhas cerimônias; e eu lhe perguntei como tinham se comportado os Pathet Lao.

Claude respondeu-me com uma história que lhe acontecera poucos anos antes e que pela primeira vez contava a um... estranho. Ou talvez já não me considerasse mais assim.

Era 1985, no Vietnã. Um domingo Claude decide ir com toda a família fazer um piquenique nas margens do Mekong. Uma das sobrinhas dele está excitadíssima com o passeio, mas de repente começa a ter uma grande febre e a família pensa em deixá-la em casa. Ela se desespera dizendo que *deve*, *deve* de qualquer maneira ir ao rio. Impossível não levá-la. A família fica na margem, os grandes comendo, as crianças brincando próximas à água. Só quando chega a hora de partir, percebem que a menina não está mais lá. Procuram-na por toda parte, mas ela desapareceu. Desesperada, a família consulta uma famosa vidente, e esta, em transe, diz: "Na próxima sexta-feira, às 3h45 da tarde, tratem de ir até a curva do rio e, diante de um pagode, a encontrarão. Ela terá sinais roxos no corpo: um debaixo das axilas, outro sobre o peito". A família vai até lá e, na hora indicada, o cadáver da menina começa a boiar com as marcas descritas pela mulher.

A vidente — explicou-me Claude — tinha entrado em contato com o Espírito do Rio e tinha lhe pedido para devolver o corpo da menina em troca do sacrifício de sete frangos e um porco. O problema da família era como dar ao Espírito aquilo que lhe fora prometido. Eram os tempos mais duros do regime comunista. Havia informantes em cada bairro, e o próprio Claude, temendo problemas ao organizar a cerimônia, vai pedir conselho a um alto funcionário do partido. A reação é surpreendente. "Vocês devem sem dúvida fazer o sacrifício. Vocês prometeram ao Espírito do Rio e não podem lhe faltar com a palavra", disse ele e contou-lhe que, durante a guerra, toda vez que os Pathet Lao atravessavam um rio, o último da patrulha devia girar-se e chamar em voz alta um companheiro inexistente. O Espírito do Rio costumava levar embora o último de uma fila e, desse modo, os guerrilheiros pensavam poder enganá-lo.

"Aquele hábito tornou-se hoje uma ordem militar para todas as patrulhas que atravessam os cursos d'água", concluiu Claude.

Para mim, a idéia de que no Laos até os marxistas-leninistas tivessem permanecido sobretudo laosianos e, a seu modo, fora do tempo, agrada imensamente.

No dia seguinte, com um jipe, viajamos rumo ao norte. A zona em torno da Planura das Jarras foi uma das mais devastadas pela guerra americana. A velha capital Xianhuang literalmente não existe mais, varrida como foi pelos bombardeios sistemáticos dos B-52. A nova povoação, Phongsovane, é por ora somente uma extensão de casebres de madeira.

Para escapar das bombas, os moradores da região viveram por anos nas cavernas. Agora que voltaram a viver a céu aberto, refazendo os vilarejos, utilizam tudo aquilo que a guerra deixou para trás: os receptáculos das bombas de fragmentação — ovos gigantescos que se abriam no ar e largavam dezenas de pequenos e mortíferos explosivos — são utilizadas como estacas de cercados ou como manjedouras para os animais; os projéteis de artilharia servem como recipientes para a água.

"Quantos anos você tem?", perguntei a uma mulher no mercado de Phongsovane. Olhou-me perplexa. "Anos?", repetiu, como se aquela medida de tempo não lhe fosse familiar. "Quando você nasceu?", insisti. "Antes da guerra", respondeu. Qual dentre tantas guerras, não ficava claro. Na memória do ser humano, o Laos sempre esteve em guerra.

A 45 quilômetros de Phongsovane, a estrada se divide: um ramo vai para leste, rumo ao Vietnã e o porto de Vihn; o outro prossegue para o norte, rumo a Sam Neua, a velha capital da guerrilha e a fronteira com a China.

É na margem dessa estrada, a uma dezena de quilômetros da bifurcação, que se encontra a caverna de Tam Piú. Chega-se a ela somente a pé, costeando um riacho. Uma bomba não deflagrada jaz ainda em meio ao prado. O lugar é deserto.

Na metade da subida, na íngreme parede de pedra clara, há um grande buraco negro em forma de semicírculo. O prado exala perfume de flores frescas, mas os laosianos que nos acompanham dizem que é melhor não ir adiante porque eles sentem cheiro de morte. Subimos ao longo da intransitável trilha e entramos naquela boca de montanha. Nas paredes vemos negrume de um incêndio, traços de componentes fosfóricos e, por toda parte, sinais dos estilhaços de uma vasta explosão que abalou a caverna e fez cair grandes rochedos. Caminhamos entre as cinzas, os restos queimados de utensílios de cozinha, uma máquina de costura e os restos dos mortos de tantos anos antes.

Esta era uma das famosas cavernas nas quais os habitantes viviam durante a guerra. Aqui, nas vísceras de rocha da montanha, as bombas dos B-52 não podiam chegar. Mas em 1968, um T-28, um pequeno avião das forças do governo filo-americano, entrou no vale, aproximou-se da montanha, avistou a caverna e a atacou com um foguete incendiário. A explosão entre as paredes de pedra foi tremenda. Morreram mais de quatrocentas pessoas. Ninguém se salvou.

Depois de uns trinta metros, a caverna desce, torna-se escura e somente com a luz da minha lanterna de bolso consigo prosseguir. Logo me dou conta de caminhar sobre ossos, alguns pequenos como se fossem de crianças. Enfim estou só, e em total silêncio imagino escutar, como que abafados por um véu, os gritos de tantos anos antes. Na obscuridade, penso novamente nas diversas perspectivas daquele momento: a do piloto, tenso e excitado, que chega até ali e retorna eufórico à base; e a aflição dos mortos, os lamentos dos feridos que se arrastam rumo ao fundo da caverna, para nunca mais saírem dela.

Claro, é porque sei da história que me comovo, que "sinto". Mas uma tragédia do gênero ou qualquer outra grande dor não deixa, de certo modo, um traço de si no ar e na terra? O que queriam dizer os antigos referindo-se ao *spiritus loci* senão que no lugar onde ocorreu um fato excepcional continua a emanar algo?

"Vocês já estiveram naquela caverna?", perguntei, enquanto descia da montanha, a um grupo de meninos que, numa haste de bananeira, recortavam rodas para um automóvel imaginário. Todos juntos se afastaram como que aterrados. "Não! Não se pode ir ali. Dá medo. Ela está cheia de *piis*." Espíritos, fantasmas.

No Ocidente, aquela seria a Caverna dos Mártires e todos os anos haveria cerimônias de recordação. A história da caverna seria uma daquelas que se ensina nas escolas. Para os laosianos não é assim. Para eles a história não tem esse sentido, e naquela cavidade não estão os restos de seus familiares, mas apenas fantasmas que impregnaram as paredes com gritos, com sofrimento, com horror, dos quais é preciso simplesmente tomar distância.

Na sua visão do mundo, a relação de causa e efeito não obedece à nossa lógica. Pouco antes de mim, pela região da Planura das Jarras tinha passado um grupo de especialistas americanos em busca dos MIA (*Missing in Action*), os pilotos dos aviões abatidos durante a guerra cuja morte não foi jamais comprovada. Os americanos escavavam na floresta, peneiravam a terra para recuperar até o último fragmento de osso e passavam as noites em Phongsavane. Os laosianos não manifestaram em relação a eles a mínima hostilidade. Ninguém foi até eles para mostrar uma das tantas crianças que ainda hoje nascem deformadas por causa dos agentes químicos lançados na região há um quarto de século.

A mulher do fotógrafo de Phongsovane trazia nos braços uma delas, com três anos, com uma cabeça grande e quadrada, as mãos inchadas e com os dedos todos ligados entre si. "*Karma*", disse ela, atribuindo o horror daquele filho a alguma culpa na vida precedente, como fazem os budistas.

Para ir de Xianhuang a Paksé, no Laos meridional, tive ainda de tomar um avião. O habitual e trepidante Y-21 de fabricação chinesa, com piloto e co-piloto, dezessete lugares e bagageiro, onde fica o único toalete. Quando subi a bordo, o avião já estava lotado com misteriosos e flácidos saquinhos de plástico azul. Encontravam-se no corredor, nos lugares livres, empilhados até o teto no bagageiro-toalete e apoiados na saída de emergência. Até mesmo as duas bolsas quadradas de couro negro do piloto e do co-piloto estavam ali. Procurei levantá-las: eram pesadíssimas. Também elas, como os sacos azuis, estavam cheias de carne, carne de porco, carne de boi. Em Vientiane, a carne custa o dobro do que na Planura das Jarras, e era assim que os pilotos engordavam seus magros salários socialistas. Pensei em outro avião — dessa vez um Antonov de fabricação russa —, recém-chegado de uma revisão, que poucas semanas antes não tinha conseguido decolar e pegara fogo em uma pista ao norte do país. Todos os passageiros se salvaram jogando-se para fora da aeronave a tempo.

"Mas daqui, como se sai?", perguntava-me, percebendo que todas as vias de fuga estavam bloqueadas por aquelas pilhas de pacotes flácidos. Não me agradava pensar que, em caso de desastre, minha carne se confundiria com aqueles sacos e que ninguém conseguiria distinguir quem era eu. "Ah, claro, os americanos!", respondia a mim mesmo, para me dar coragem. Alguns dias antes tinha justamente ouvido dizer que nos laboratórios do Havaí, para onde mandam tudo que encontram em suas investigações sobre os MIA, os americanos já conseguem estabelecer se o fragmento de um osso pertencia a um de seus soldados ou não.

O céu se fez denso, cinzento, e o vôo, em meio a nuvens carregadas de chuva e de raios que serpenteavam entre as cadeias de montanha verde-escuras, com picos muito íngremes, fez-se ainda mais dramático. A paisagem era de uma extraordinária e primitiva beleza, mas não conseguia apreciá-la. Entre uma chocalhada e outra, jurei para mim mesmo que, se o avião chegasse a aterrissar em Savannaket, onde faria escala, sairia e prosseguiria de barco. Assim fiz.

O Mekong era calmo e sem dramas, a água densa, com a superfície às vezes movimentada por grandes bolhas de barro. Deslizava-se lentamente entre as duas margens que eram a essência daquela contradição que dentro de mim gostaria tanto de poder resolver: à esquerda a margem laosiana, com vilarejos de cabanas à sombra de coqueiros, barcos a remo ancorados sob simples escadas de bambu e, à noite, a claridade branda das lâmpadas a óleo no silêncio; à direita, na margem tailandesa, luzes de néon, música de alto-falantes e o ronco longínquo dos motores. De um lado o passado, do qual todos querem arrancar os laosianos, de outro o futuro, rumo ao qual todos crêem ter obrigação de correr. Em qual margem está a felicidade?

Em 31 de dezembro, eu estava em meio à floresta de Bolovens, um planalto a mil metros do nível do mar, entre o Mekong a oeste, a cadeia anamita a leste e a planura khmer ao sul. É a zona mais bombardeada na história do mundo, porque era ali que confluíam todos os abastecimentos provenientes de Hanói ao longo da trilha de Ho Chi Minh antes de serem distribuídos: uma parte para o Camboja em direção a Saigon, e uma parte para o Vietnã central. Nem sequer uma única construção da época colonial, nem um pagode, nem um vilarejo que seja, restou de pé. Tudo foi varrido pelo constante terremoto das bombas americanas. A própria natureza perdeu sua fisionomia. A floresta virou um descampado, e ainda hoje é raríssimo ouvir o canto de um pássaro. Somente aqui e ali, sobre a terra vermelha e fértil, algumas sociedades japonesas e tailandesas começaram a reativar as famosas plantações de café.

Ocupava uma cabana de madeira construída sobre uma cascata. O fragor das águas era ensurdecedor e passei a noite de Ano-Novo agradavelmente acordado imaginando aquele estranho 1993 que começava. O omelete com ovos de formigas vermelhas preparado para a minha solitária "ceia" pareceu-me muito adequado para marcar a excepcionalidade da ocasião. Quando o meu relógio assinalou, indiferentemente, a meia-noite, a decisão de não voar ficou óbvia. Aquele lento, antigo descer em barca ao longo do Mekong já tinha dado um novo ritmo aos meus dias. Ainda assim, pareceu-me estar fazendo uma coisa ousada, quase proibida. Após uma vida sensata, sob o signo da razão, me concedia agora uma decisão fundada na mais irracional das considerações e me impunha, assim, um limite sem sentido.

Na manhã do dia 1º de janeiro de 1993, para acrescentar simbolismo à minha decisão, quis dar os primeiros passos do novo ano no dorso de um elefante. A trilha para Pakson atravessa um vale que em tempos remotíssimos era a cratera de um vulcão. A vegetação era alta e muito verde, pontilhada aqui e ali pelos brilhantes penachos prateados do *lulan*, movidos suavemente pelo vento. A cesta do elefante era incômoda e oscilante, mas sua altura era perfeita para me fazer apreciar o mundo de uma perspectiva diferente.

4. Os agarra-mortos de Bangkok

O CARRO QUE ME ESPERAVA EM TAKECK, o posto de fronteira tailandesa diante de Paksé, era como uma máquina do tempo. Pegava-me na saída de um Laos antigo, remoto e ainda virginal, e em poucas horas me levava para a modernidade vulgar de Bangkok, suja, caótica, empesteada, onde a água é poluída e o ar cheio de chumbo, onde uma em cada cinco pessoas não tem uma verdadeira casa, uma em cada sessenta — inclusive os recém-nascidos — tem o vírus da AIDS, uma mulher em cada trinta se prostitui, e a cada hora alguém se suicida.

Chamam-na "Cidade dos Anjos", e talvez no passado o tenha sido. As casas estavam sobre palafitas, as ruas eram canais e as pessoas se moviam em barcos. As poucas ruas pavimentadas eram ladeadas por fios de grandes árvores, cujas frondes criavam túneis de sombra e de frescura sobre o escasso tráfico existente. Os pináculos dourados dos pagodes eram mais altos que todas as casas e todos os palácios, inclusive o do rei, que no início do século mandou vir um arquiteto italiano para construir a sala do trono.

Bangkok nunca foi uma bela cidade, mas tinha seu fascínio — era exótica. O calor tropical era às vezes sufocante, uma brisa leve levantava-se freqüentemente do mar, subia o rio Chao Paya e soprava sem encontrar obstáculos na extensão das casas.

Em meio aos seres humanos de carne e osso, dedicados a tantas atividades na cidade, desde sempre conhecida pelos seus deliciosos vícios e insolúveis mistérios, viviam tantos outros seres invisíveis criados pela fantasia do amor e do temor das pessoas. Também eles, como os demais povos da região, chamam estes seres de *piis*, espíritos.

Para que os *piis* estivessem contentes, tivessem paz e não amolassem os comuns mortais, em cada ângulo da cidade, em cada rua, diante de cada casa havia templos dedicados a eles, e as pessoas tratavam de deixar sempre comida, pequenos elefantes de madeira, bailarinas de gesso, um copinho cheio de álcool, e belos e perfumados colares de flor de jasmim.

Cada vez que se colocavam os alicerces de uma casa ou se escavava um poço, logo se fazia também um pequeno altar ao Espírito da Terra, como desculpa ao distúrbio dado a ele com as obras e para pedir-lhe proteção em tempos futuros. Com as ofertas que depois eram feitas regularmente ao altar, renovavam-se as desculpas e as preces. Se no curso de determinada obra era indispensável cortar uma árvore, fazia-se uma cerimônia especial, com a qual se solicitava ao *pii* da planta a permissão para usar o serrote contra ela.

O *pii* do local onde fora construído o velho Erawan Hotel ficou tão satisfeito de como o trataram que se pôs a fazer milagres, e seu pequeno templo ainda hoje é um dos mais freqüentados e populares de Bangkok. Uma de suas especialidades é ajudar na concepção de filhos homens, e milhares de mulheres estéreis passam por ali fazendo-lhe toda sorte de oferta. Algumas à noite, bailando seminuas em torno dele.

Nos últimos dez anos Bangkok foi atropelada pelo desejo de modernidade e gigantescas obras colocaram a cidade toda de cabeça para baixo. Os canais foram cobertos e transformados em ruas asfaltadas; magníficas árvores centenárias foram abatidas; ruas inteiras com casas antigas foram varridas por tratores, e dezenas de arranha-céus, com suas profundas raízes de ferro e cimento, foram construídos em seu lugar. A terra foi aberta, virada do avesso, crivada, sacudida e, embora aqui e ali se tenha tomado o cuidado de pedir desculpas aos *piis*, o distúrbio foi tamanho que muitos deles estão irritadíssimos e a cidade é agora percorrida por estas invisíveis presenças que, por vingança, enlouquecem as pessoas e provocam terríveis desastres. Os antigos habitantes de Bangkok, ao menos, estão convencidos de que as coisas sejam assim, e eu realmente acredito que eles não se enganam.

Tínhamos chegado a Bangkok há uma semana e, a pouca distância da nossa casa, em pleno centro da cidade, às sete da noite, em meio ao pior tráfico, um caminhão carregado com gás líquido tombou e uma nuvem de morte envolveu dezenas de carros e de casas. Uma centelha desencadeou a explosão, e uma centena de pessoas acabaram carbonizadas. Era setembro de 1990.

Alguns meses depois, ao início da tarde, ouvimos um grande estouro, e vimos uma densa nuvem negra levantar-se no céu sobre a zona do porto. Em Klong Toey um depósito de produtos químicos foi pelos ares, fazendo dezenas de vítimas no bairro dos favelados. De qual produto químico se tratava, nunca se soube. No entanto, desde então, as mais de 2 mil pessoas que se encontravam sob aquela nuvem empesteada sofrem de inexplicáveis doenças de pele, não conseguem mais respirar bem, e muitas crianças nascem deformadas.

Um desastre seguia-se a outro. Um dos mais dramáticos foi o das 190 meninas-operárias queimadas vivas em uma fábrica de bonecas. Aos primeiros sinais de incêndio, todas poderiam ter escapado, mas a direção, para impedir possíveis furtos, fechou a saída a cadeado e as meninas ficaram presas.

Bangkok é uma cidade assombrada, uma cidade com mau-olhado. Dizem que se construiu demais, que o peso dos arranha-céus a está fazendo afundar pelo menos dez centímetros por ano, e que em breve será engolida pelo mar. Faz já mais calor porque a brisa fresca de antigamente não chega da costa, bloqueada pelas novas construções. Falta água. Mas o que mais preocupa os políticos e editorialistas dos jornais locais? Que as pessoas pobres não tenham o que beber? Não! Que os *massage-parlours* — como na Tailândia são pudicamente chamados os prostíbulos — não tenham água suficiente para lavar as partes íntimas de seus numerosos clientes.

Para cada desastre que ocorre há uma imediata, óbvia explicação racional. O gás explode porque não é transportado respeitando as regras de segurança; as fábricas são armadilhas de fogo porque, em vez de gastar dinheiro nos sistemas antiincêndio necessários, os patrões preferem pagar propina aos funcionários que deveriam controlar a aplicação da lei. Ainda assim, a explicação dos *piis* é bem no fundo a mais verdadeira, a mais justa, porque compreende a essência daquilo que está acontecendo não apenas em Bangkok, mas em muitas outras partes do mundo. A natureza se vinga dos homens que não a respeitam e que, por pura voracidade, destroem todo tipo de harmonia.

Quando nos instalamos em Bangkok, na casa mais bela e auspiciosa em que já vivemos, um oásis do velho Sião em meio ao horror de cimento, nos demos conta de que não estávamos numa "casa dos espíritos".

"Aqui o espírito está vivo e realmente é preciso dar-lhe de comer todos os dias", nos assegurou Bill Warren, o escritor americano ao qual sucedíamos como inquilinos naquela residência de outros tempos. O "espírito" era uma enorme tartaruga carnívora com quase um metro de diâmetro, que vivia no brejo sobre o qual a casa fora construída.

Eu estava feliz. A casa ficava sobre a água, como o adivinho de Hong Kong sugerira que estivesse, e a tartaruga, para mim que tinha vivido tantos anos entre os chineses, era a quintessência simbólica de uma força positiva. De acordo com a lenda, a tartaruga pode viver séculos e é por isso que desde sempre os chineses costumavam colocar sobre o dorso de grandes tartarugas de pedra e de mármore as estelas com os éditos de seus imperadores. Além do mais, na tradição chinesa a tartaruga tinha um outro grande valor: é o símbolo do cosmo. A parte inferior da casca é um quadrado, a terra; a superior é um globo, o céu. A tartaruga, portanto, encerra em si a totalidade do espaço e do tempo, e, uma vez que quem domina esses dois elementos pode entender o passado e ler o futuro, a tartaruga é há muito utilizada na arte divinatória. A simples "forma da tartaruga" fascinou os chineses, que naquela misteriosa combinação de volumes e desenhos geométricos acreditaram ver sibilinas mensagens a eles dirigidas pelos deuses.

Também a nossa tartaruga era vítima do progresso. Vivera, quem sabe por quantos anos, no sistema de canais da cidade. Depois, quando os canais foram cimentados, e a água que antes escorria diante e sob a casa virou um brejo morto, ela ficou presa.

Na nossa chegada, a tartaruga escondeu-se; e, embora tivéssemos rebatizado a casa em sua honra como Turtle House, ela não apareceu mais. Sabíamos que estava por ali porque de vez em quando um dos nossos patos sumia. Mas era como se conosco não se sentisse à vontade. Simultaneamente, o pessoal que trabalhava na Turtle House começou a sofrer uma série de indisposições. O jardineiro tossia continuamente, a cozinheira não conseguia ficar em pé, e a minha secretária tinha sempre dor de cabeça. Alguns de seus parentes foram vítimas de acidentes de trânsito — dois deles morreram. Estava claro que a nossa vinda criou um desequilíbrio na ordem das coisas, e de algum modo era preciso restabelecer a harmonia.

Alguns amigos tai sugeriram que Angela e eu fôssemos nos apresentar ao Buda de Esmeralda, o *pii* de todos os *piis* de Bangkok, para anunciar-lhe que tínhamos chegado na Tailândia e que gostaríamos de permanecer por alguns anos. Outros nos aconselharam a exorcizar a Turtle House contra todas as possíveis influências negativas.

Não pensamos duas vezes. Numa manhã fomos a Wat Prakeo, o grande templo sobre o rio em frente ao Palácio Real, e nos prostramos diante da famosa estátua de Buda. Depois, em 9 de abril, aniversário de Angela, fizemos com que viessem em casa nove bonzos que, segurando com a mão a ponta de um longuíssimo fio branco estendido por um deles em torno da casa e do brejo, cantaram belas litanias, aspergiram sobre tudo e todos água santa, e comeram antes do meio-dia, como devem fazer, a comida vegetariana que tínhamos preparado.

Depois daquilo, e depois que um bando de abelhas selvagens veio fazer um enorme favo sobre uma árvore do jardim, símbolo de grande sorte para a casa, todos os problemas acabaram.

Para mim, porém, o ano prometia ser difícil. Estava certo de que conseguiria me mover, ainda que em câmera lenta, pela região de navio. Tinha me enganado redondamente!

Bangkok é um porto, centenas de embarcações atracam todos os dias, e várias vezes por semana os jornais locais publicam um volumoso suplemento com os nomes de todas as sociedades de navegação que ali operam, os nomes e as destinações dos navios de passagem e os horários nos quais embarcam carga.

Começamos a telefonar para nos informar sobre possíveis bilhetes para as Filipinas, para o Vietnã, para Hong Kong e para Cingapura. Era como pedir a Lua. Falei com chefes de escritório, diretores-gerais e presidentes. Em vão. Os mais corteses diziam-me ao menos: "Não, nós não. Mas tente uma outra companhia". E esta: "Sim... Antigamente trabalhávamos com passageiros, mas agora...". Impossível.

Os navios não transportam senão mercadorias, e de preferência fechadas em contêineres blindados que não correm o risco de ser arrombados, que permaneçam sem problemas ao sol e à chuva, e que nos portos sejam carregados e descarregados automaticamente por guindastes controlados por computador.

Para não me deixar tentar pela idéia de renunciar a todo o projeto (não podia contar somente com os trens!), comecei a falar a todos sobre o adivinho de Hong Kong e a minha decisão de passar um ano sem tomar aviões. Assim fazendo, reforcei meu compromisso — se tivesse dado para trás, teria realmente perdido o pé. Mas sobretudo atraí a simpatia dos vários amigos tai, que repentinamente se sentiram "compreendidos".

O fato de que eu tivesse acreditado seriamente na profecia de um adivinho chinês significava, para os tai com quem falava, que tinha mergulhado na lógica deles, que tinha aceitado a cultura da Ásia. Isso os lisonjeava, e se diziam dispostos a me ajudar, ainda que apenas com conselhos e sugestões. Um dos mais recorrentes era: "Não se preocupe. Adquira méritos!".

A idéia de fundo deste "adquirir méritos" é que o destino não é inelutável e que as previsões dos adivinhos devem ser tomadas como indicação de uma tendência, eventualmente como uma advertência; e nunca como uma condenação sem apelo. Um adivinho vê que você está prestes a adoecer gravemente? Que alguém na família está para morrer? Não é preciso se desesperar. Faça ofertas a um templo, ajude um desgraçado, ponha em liberdade animais engaiolados, adote um órfão, pague pela construção de uma *stupa* ou ofereça um caixão a um pobre e desviará aquilo que de outra maneira caberia a você. Obviamente é preciso ser "guiado" por um "profissional" na escolha da qualidade, da quantidade e do destinatário do "mérito" a ser adquirido. Mas, assim fazendo, o problema do destino se recoloca desde o início — ou seja, é devolvido às mãos do interessado. O fado é negociável: com o céu sempre se pode entrar em acordo.

Cada vez que falava sobre a minha profecia, todos me davam conselhos. Difícil, contudo, era ter uma resposta à simples pergunta: "Quem é o melhor adivinho de Bangkok?".

Tinha a impressão de que cada um queria guardar o seu em segredo, como a mulher que se recusa a dar às amigas o endereço de uma boa costureira. Além do mais — como descobriria ao longo do ano —, todos estão convencidos de que o melhor adivinho não está entre eles, mas em outro lugar qualquer. Os tailandeses dizem que os melhores videntes estão no Camboja, os cambojanos dizem que os melhores são os indianos, os chineses estão convencidos de que ninguém bate os mongóis, os mongóis só acreditam em tibetanos, e assim sucessivamente. É como se cada um, consciente da relatividade do que se passa em torno de tudo, quisesse cultivar a esperança que o absoluto fica mais adiante. "Ah, se pudesse ir àquele adivinho em Ulan Bator!", diz-se provavelmente um habitante de Java, e assim mantém viva a esperança de um lugar onde certamente está a chave da sua felicidade.

Meu caso era mais simples. Estava em Bangkok e queria ver um adivinho dali mesmo, onde sabia que existem milhares deles. Queria começar meu ano sem aviões verificando de novo a minha sorte, fazendo com que relessem o futuro. Afinal de contas, desde o encontro com o adivinho de Hong Kong, não tinha mais consultado ninguém.

A propósito daquele velho, aliás, tinha ouvido uma história que reforçou minha consideração por suas misteriosas capacidades. Retornando a Bangkok do Laos, telefonei a meu amigo de Hong Kong para lhe contar minha decisão de não vóar, que nasceu da visita feita com sua mulher àquele adivinho de Wanchai, dezesseis anos antes. "Você faz bem em seguir o seu conselho", respondeu. "Aquele homem é incrível! Ele cativa a gente."

Certo dia, querendo mudar de trabalho, meu amigo também foi vê-lo para um conselho sobre o momento mais oportuno para dar esse passo. O velho lhe fez as perguntas de hábito, "mediu", olhou, e depois, começando a falar de seu passado, disse: "Estranho, mas você não teve uma mãe. Teve quatro!". Era uma grande verdade. Meu amigo nascera em Xangai em uma típica família de ricos *compradores*,* na qual o patriarca, seu pai, tinha uma mulher e três concubinas, e ele

* O termo, em português no original, refere-se à comunidade de mercadores chineses que atuavam em parceria com navegantes europeus. O grupo ganhou força econômica, sobretudo entre os séculos XVI e XVIII, comercializando — *comprando* — especiarias indianas dos portugueses e prata americana dos espanhóis. (N. do T.)

passara a infância chamando de mãe todas aquelas quatro mulheres. Somente em 1949, quando o pai, escapando dos comunistas de Mao, foi para Hong Kong, meu amigo, que precisava se registrar numa escola inglesa, viu pelos documentos que sua verdadeira mãe era a "quarta mulher".

Visto que nenhum dos meus conhecidos tailandeses era capaz de me indicar um adivinho, veio-me à mente meu amigo Sulak Sivaraksa, o único filósofo vivo da Tailândia, já duas vezes candidato ao Nobel da Paz. Sulak, um convicto budista, é o único a criticar a fundo o modo pelo qual o país está se desenvolvendo, e não perde ocasião de atacar quem, segundo ele, abandonou a via justa: a da tradição. O *establishment* tailandês não o ama e, devido à sua fala franca, Sulak foi acusado de um crime que não existe mais em outros lugares — o de lesa-majestade —, e pagou por isso com a cadeia. A última vez que o prenderam, fui encontrar sua mulher, pensando que estivesse desesperada. De jeito algum: tinha consultado um adivinho que havia lhe assegurado que dali a poucos dias Surak seria libertado. Aconteceu exatamente assim. O sujeito tinha acertado o dia e a hora. Decidi ir até ele. Sabia onde estava e que era cego.

Precisava de um intérprete, mas não queria, claro, levar comigo a minha secretária, nem ninguém que de alguma maneira me conhecesse ou soubesse qualquer coisa sobre mim. Poderia, talvez mesmo inconscientemente, sugerir ao adivinho quem eu era, dar-lhe uma indicação sobre o meu trabalho, sobre a minha família. Telefonei assim a um Centro de Negócios que fornece secretárias aos empresários de passagem e, fingindo-me hóspede do Oriental Hotel, marquei um encontro com minha colaboradora no saguão do hotel. Chegou uma senhora com seus cinqüenta anos, gorducha, com grandes óculos, que achou logo divertidíssima a idéia de não ter de traduzir cláusulas de contrato e conversas de compra e venda.

O adivinho morava no coração da cidade chinesa, e a limusine creme do Oriental Hotel, com motorista em uniforme branco e divisas douradas, entrava lentamente naquele maravilhoso, caótico bairro de Vorachak, que permanece um dos centros mais barulhentos, vitais e, graças a Deus, inalterado de Bangkok, com suas mil lojas de ferro, de bombas d'água, de cortinas, de caixões, de doces. Com suas lufadas de mil odores, desde o incenso dos pequenos altares ao fundo de cada armazém de bugigangas ao bálsamo das farmácias; com a usual formigante multidão dos imutáveis chineses de além-mar, em calções negros e camisetas brancas sempre levantadas sobre a barriga, como para arejar o umbigo e fazer circular o *qi*, a força vital que na opinião deles teria seu centro justamente ali.

Tivemos que descer do carro, porque o adivinho estava no fundo de um emaranhado de ruas estreitas demais e somente a pé se conseguia chegar ao lugar. Ele não morava numa verdadeira casa. Através de uma grande grade de ferro aberta sobre o beco, entramos em um salão que servia ao mesmo tempo como ponto comercial e habitação. Um compartimento no qual as mercadorias e os deuses coabitavam.

De um lado, em meio a sacos de arroz, havia uma velha escrivaninha de ferro. Atrás, sobre uma poltrona de vime, um cego, que não estava sentado, mas empoleirado, massageava os próprios pés como fazem todos os chineses, convictos de que os órgãos do corpo, do coração ao pulmão, dos intestinos ao fígado, são controlados a partir dali. Basta conhecer os pontos a serem tocados.

Seus olhos eram vazios. No lugar das pupilas, eles tinham manchas brancas que me pareciam voltadas sempre para o céu. Sobre a escrivaninha havia um pequeno bule, um prato com tangerinas, símbolo da prosperidade, e a casca vazia de uma tartaruga.

O homem sorria. Todo o salão estava envolto num forte cheiro de incenso que vinha de um grande altar, colocado em um canto, cheio de estatuetas em madeira dourada, de deuses e antepassados, de gente morta representada não como teriam sido, mas como gostariam de ser. Trata-se de uma curiosa tradição dos chineses do Sul. Um tio falira no concurso imperial? Muito bem, quando morria passava a ser representado como mandarim. Alguém em vida sonhara muito em ser policial? Quando morria a família o colocava no altar dos antepassados em uniforme e com um fuzil a tiracolo. Entre as estátuas sobre o altar do adivinho, muitas tinham em mãos uma espada levantada, como a protegê-lo na sua cegueira.

Uma mulher velha, talvez a esposa, em um pijama de seda verde, acabara de comer numa mesa redonda. Colocou tampas de vime sobre as panelas com os restos da sua refeição, e começou a lavar os pratos sentada sobre um banco diante da bacia.

O cego, lento, como se não quisesse apressar o nosso encontro, pôs-se a sussurrar alguma coisa, e a intérprete que veio comigo começou a traduzir. Era a habitual pergunta à qual respondi com a habitual resposta: "Nasci em Florença, na Itália, em 14 de setembro de 1938". A hora? Perto das oito da noite.

O cego pareceu satisfeito. De mim, ouvira somente a voz pronunciando em inglês aquelas poucas palavras, mas pareceu-lhe o suficiente. Tirou as mãos dos pés e seus dedos começaram a fazer como que estranhos cálculos no ar. Os olhos vazios, sempre voltados para o céu, se iluminaram como se tivesse descoberto um grande segredo para capturar a minha atenção. Os lábios sussurraram uma espécie de rima, mas não disse nada de compreensível. Um velho relógio, na parede atrás dele, tiquetaqueava longuíssimos minutos. Tive a impressão de que ele procurava algo em sua memória e de que tivesse encontrado. Mas ainda passaria mais tempo, que para mim pareceu uma eternidade, antes que o velho falasse.

Uma garotinha chinesa vestida num pijama branco entrou correndo, entregou algo para a anciã e saiu novamente, saudando com as mãos juntas sobre o peito os impassíveis deuses do altar.

Finalmente a boca do adivinho se abriu, mostrando uma fila de dentes brancos e limpos — talvez uma dentadura! —, com um sorriso de compaixão e as palavras claras: "*O dia em que você nasceu era uma terça-feira*", disse como se esperasse me surpreender. Claro, muito bem! Com aquele cálculo, feito todo de memória, ainda há alguns anos ele teria impressionado muita gente. Agora, muito menos. Meu computador faz o mesmo cálculo em poucos segundos.

Esta consideração me distrai, sua satisfação me comove, mas estou decepcionado e penso que o cego já não é mais interessante. Desatento, continuo a escutá-lo: "*Você tem uma vida bela, um corpo sadio e uma mente ágil, mas um péssimo caráter. Você é capaz de grandes acessos de ira, mas é capaz também de se acalmar rapidamente*". Generalidades, 50% verdadeiras para qualquer pessoa que se sente diante dele, penso comigo. "*Sua mente não é calma... Todo o tempo você pensa em alguma coisa, o que não é bom... Você é muito generoso com os outros.*" Verdadeiro quase para todo mundo, digo a mim mesmo.

Coloquei sobre a mesinha um pequeno gravador, e ao mesmo tempo tomo notas, mas tenho a impressão de desperdiçar papel e fita. Depois ouço a mulher traduzir: "*Quando você era menino, esteve muito doente e, se seus pais não tivessem lhe dado a outra família, você não teria sobrevivido*". Minha curiosidade se reativou: é verdade, quando pequeno não era muito sadio. Éramos pobres, havia a guerra, comia-se mal, e eu sofria dos pulmões, de anemia, das glândulas. "*Entre os sete e doze anos, você estudou com bom aproveitamento, mas estava freqüentemente doente e teve de mudar de casa. Com a idade dos dezessete aos vinte e sete, você teve de estudar e trabalhar ao mesmo tempo. Seu cérebro é ótimo, capaz de resolver vários problemas, e em sua vida agora não há preocupações porque você estudou engenharia. O período entre os vinte e quatro e os vinte e nove anos foi o mais infeliz da sua vida. Depois tudo correu melhor*", disse o cego, e eu mentalmente lhe respondo. Sim e não. É verdade que quando menino adoecia com freqüência. Mas não é verdade que comecei a trabalhar aos dezessete anos. Também não é verdade que mudamos de casa. É verdade que o período entre os 24 e os 29 foi um dos mais infelizes da minha vida: fui admitido pela Olivetti, que queria fazer de mim um *manager*, e eu não pensava senão em escapar, sem saber como. Quanto à engenharia, o cego não poderia ter errado mais. Estudei direito.

O cego não me impressiona. Parece-me um típico caso no qual o que o adivinho diz pode ser 50% verdadeiro e 50% falso, e me distraio. Olho suas mãos que moveram a casca de tartaruga para o centro da escrivaninha e a acariciam. Observo seu contínuo, cego, murmurante calcular, como um computador que vai e que vem pela própria memória em busca de respostas. Obviamente segue mentalmente certos mapas, como um astrólogo, mas talvez sua verdadeira chave seja o instinto. Sendo cego, e não se deixando distrair pela visão das coisas que distraem a mim, consegue talvez se concentrar, consegue sentir as pessoas que estão à sua frente. E talvez seja o instinto a lhe dizer que estou distraído, que não o acompanho, que sua leitura do meu passado não me interessa, porque subitamente interrompe as suas rimas.

"*Tenho uma má notícia a lhe dar*", diz. Por um instante, me preocupo. Falará de aviões? Que nada! O cego continua: "*Você nunca será rico. Terá sempre dinheiro o bastante para viver, mas rico você não vai se tornar nunca. Disso pode ter certeza*", sentencia.

Não posso conter o riso. Estamos em plena cidade chinesa onde o sonho de cada um é o bem-estar, onde o mais freqüente pedido dirigido aos deuses é para se tornar rico, onde a pior maldição é justamente aquela que o adivinho me anunciou. Para as pessoas daqui é realmente uma notícia ruim. No meu caso não: ser rico nunca foi um desejo para mim.

Mas o que me interessaria?, pergunto-me com a mente que, em silêncio, continua a dialogar com o cego. Se não penso em me tornar rico, então o que quero da vida? E eis que a resposta a essa pergunta, que acabei de formular na minha cabeça, sai dele, que continua lendo seu cego computador. "*Famoso*", diz o cego. "*Sim. Não vai se tornar nunca rico, mas entre os cinqüenta e sete e os sessenta e dois anos você será famoso.*"

"E como?", pergunto-me instintivamente, dessa vez em voz alta. A tradução daquele "como?" tinha acabado de chegar a ele, e o homem levanta as mãos e, com os olhos vazios e um sorriso sempre maior na boca, põe-se como a bater numa imaginária máquina de escrever suspensa no ar. "*Escrevendo!*", acrescenta.

Extraordinário! O cego podia imaginar que quem quer que estivesse sentado ali teria prazer em virar famoso. Mas como lhe veio a idéia de que minha fama viria escrevendo? Por que não sendo ator de cinema? Será que não fui eu a lhe dizer isso? A lhe dizer mentalmente, não em uma verdadeira língua (não temos nenhuma em comum), mas talvez na linguagem dos gestos compreensíveis a qualquer pessoa... Isto é, se ele me pudesse ver?

No mesmo instante em que lhe perguntei "como?", inconscientemente, dentro de mim, respondi à pergunta e fiz mentalmente o gesto de mãos escrevendo. É possível que o cego tenha lido aquele gesto e o tenha refeito com suas mãos no ar? Como explicar de outro modo essa seqüência de fatos?

O cego sente ter capturado de novo a minha atenção e continua. "*Até os setenta e dois anos você terá uma boa vida. Depois dos setenta e três terá de repousar e chegará à idade de setenta e oito anos. De agora em diante não tente fazer negócios ou perderá todo o seu dinheiro. Se quiser iniciar algo de novo, se quiser viver em outro país, deve absolutamente fazê-lo no ano que vem.*"

Em dedicar-me a negócios, nunca pensei. Quanto a mudar de país, sei que gostaria de ir morar na Índia, mas certamente depois de 1995, quando termina o meu contrato com a *Der Spiegel* e o aluguel da Turtle House. E depois? Dependerá de várias circunstâncias saber se vou poder me transferir. Ir no ano seguinte seria de qualquer modo impossível.

"*Atenção, este ano não é bom para a sua saúde*", diz o cego. Depois se interrompe, refaz as contas com os dedos no ar: "*Não, não, o pior já passou. Todas as coisas ruins terminaram no início de setembro do ano passado*".

Nesse ponto me pareceu justo dizer-lhe por que fui até ele, e lhe contar a profecia do adivinho de Hong Kong. O cego dá uma gostosa gargalhada, joga-se para trás na poltrona de vime, coloca os pés no chão, levanta as mãos para o céu e, com os olhos vazios que agora também riem com ele, diz: "*Não, absolutamente não. O ano perigoso era 1991, ali, sim, você correu o risco de morrer por causa de avião*". Não está errado, o velho! E me vem um arrepio ao pensar em todos os terríveis aviões nos quais voei na União Soviética, precisamente no verão de 1991, para escrever *Boa noite, senhor Lenin*.

"*Para você os perigos acabaram em 8 de setembro de 1992*", conclui o cego, e, por um instante, fico meio decepcionado. Não vai ser por causa dessa afirmação que renunciarei agora ao meu projeto de não voar, que não me concedo a aventura de passar um ano de outra maneira! Além do mais..., talvez seja por saber da minha decisão de não voar que ele não vê nenhum perigo no futuro — digo-me, percebendo como a mente está pronta a dar qualquer cambalhota somente para sustentar aquilo que lhe parece mais conveniente.

Agradecemos, pagamos e saímos alegremente. Na pracinha encontramos a limusine com o motorista em seu belo uniforme branco. A mulher me perguntou: "E agora?". Não soube o que responder.

Reexaminando minhas notas, percebi que a coisa mais estranha que o cego tinha me dito era que, quando menino, meus pais verdadeiros tinham me dado uma outra família, e que só assim pude sobreviver. Que arriscado dizer uma coisa desse gênero! Na grande maioria dos casos, a afirmação não pode ser verdadeira. Assim como não era verdadeira no meu. Ou será que era? O carro do Oriental Hotel avançava lento e entediado no tráfego, e meus pensamentos iam ágeis e animados em todas as direções.

Não há dúvida de que sou filho de minha mãe. De quem teria vindo senão dela este nariz de batata, e que agora se encontra também tal e qual na minha filha? Mesmo assim, não deixa de ser verdade que, da família na qual cresci, em certo sentido, nunca fiz parte. Ouvi isso desde pequeno, sem falar nas alusões dos meus parentes que, brincando, diziam a meu pai: "Mas onde você foi pescar esse aí?".

O cego errou nos fatos, mas com aquela frase intuiu algo de profundamente exato na substância. Bastava interpretá-la, bastava não olhar para a própria vida somente em termos biológicos; mas perguntar de onde vem em nós aquilo que não reside no puramente físico. No meu caso, vem com certeza de uma "outra família", ou seja, de uma fonte diversa daquela dos genes que trago comigo, no nariz, nos olhos, e mesmo nos gestos que agora, quanto mais envelheço, mais reconheço como sendo de meu avô paterno.

Da vida que até agora tinha feito, não reconheço uma única semente na existência de minha mãe e de meu pai. Ambos vinham de uma gente pobre e magnificamente simples. Gente terrena, tranqüila, empenhada sobretudo em sobreviver, e de forma alguma inquieta, aventureira ou interessada em novidades como eu sempre fui, desde menino.

Do lado da minha mãe, eram camponeses que sempre trabalharam na terra de outros. Do lado do meu pai, trabalhavam quebrando pedra numa mina que ainda hoje tem o nome deles. Por séculos os Terzani cortaram as pedras de Florença, com certeza as da calçada e, talvez, dizia-se, também as do Palácio Pitti. Em ambas as famílias ninguém foi regularmente à escola, e a geração de minha mãe e de meu pai foi a primeira que aprendeu a ler e a escrever.

De onde vinha então a minha vontade de mundo, o meu fetichismo por papel impresso, o meu amor pelos livros, e sobretudo aquela ardente gana de deixar Florença, de viajar, de ir embora para muito longe? De onde vinha essa minha mania de estar sempre em outro lugar? Certamente não deles, nascidos, crescidos e radicados naquela cidade que deixaram somente uma vez para ir em lua-de-mel a Prato, a vinte quilômetros do "*Cupulone*", como eles sempre chamaram o Duomo.*

* O termo *Cupolone*, aumentativo de "cúpula", continua corrente em Florença ainda hoje. É um modo familiar e bonachão de chamar a obra de Brunelleschi que cobre a igreja de Santa Maria del Fiore, o Duomo. (N. do T.)

Entre todos os parentes, não havia um que pudesse olhar como fonte de inspiração ou recorrer para um conselho. Os únicos para os quais sentia ter um débito eram meu pai e minha mãe, que vi realmente tirar o pão da boca para me permitir estudar depois da escola primária. Aquilo que meu pai ganhava não bastava para chegar ao fim do mês, e me lembro bem como às vezes, por sugestão de minha mãe, que tentava evitar ser vista por pessoas conhecidas, íamos na rua Palazzuolo penhorar um lençol de linho do enxoval deles. Dinheiro para o caderno era uma preocupação de verdade, e as primeiras calças compridas, novas, de veludo, boas para o verão e o inverno, indispensáveis para poder me apresentar no ginásio, foram compradas a prazo e todo mês íamos ao vendedor pagar o que devíamos. Hoje algo do gênero é inconcebível; e ainda assim o prazer de vestir aquelas calças não provei mais com nenhuma roupa, nem mesmo com aquelas que em Pequim fazia para mim, sob medida, o alfaiate que vestira Mao.

Crescendo, desenvolvi grande afeto por aquela família, pela sua história. Mas não senti nunca afinidade alguma, como se tivesse mesmo sido colocado nela por acaso. O fato de que estudasse e que não fosse trabalhar jovem demais, como faziam todos, irritava os parentes, e um irmão de meu pai que passava toda noite antes do jantar para saber como estávamos, dizia: "O que fez hoje o peso morto?", e depois ajuntava a habitual brincadeira que irritava tanto minha mãe: "Se continua assim, vai mais longe que o Annibale!". Este Annibale era um primo de meu pai, ele também um Terzani, que tinha ido longe até demais. Desde garoto foi varredor de rua, e seu trabalho era caminhar, com pá e forcado num bastão de ferro, ao longo dos trilhos dos antigos bondes a tração animal, para remover o excremento dos cavalos.

Por que aos quinze anos escapei praticamente de casa para lavar pratos pela Europa? Por que, chegando à Ásia, me senti assim tão em casa que acabei ficando? Por que o calor dos trópicos não me cansa, e me sento com as pernas cruzadas sem dificuldade? Fascínio pelo exótico? Desejo de ir o mais longe possível daquele mundo de miséria da infância? Talvez. Ou talvez tivesse razão o cego, se entendesse dizer que, não o meu corpo, que nasceu sem dúvida dos meus pais, mas alguma coisa em mim vinha de outra fonte, com uma bagagem de velhos desejos e a nostalgia por outras latitudes conhecidas anteriormente — antes desta vida.

Sentado no banco de trás do carro do Oriental Hotel, deixava que os pensamentos fizessem na cabeça as suas piruetas e me divertia a segui-los como se não fossem meus. Será que acredito em reencarnação? Juro que nunca pensei nisso seriamente. Mas, por que não? Por que não imaginarmos a vida como uma corrida de revezamento na qual, da mesma forma que o bastão de madeira que passa de mão em mão, algo de não físico, de não definível, algo como uma soma de memórias, como um capital de experiências vividas em outro lugar, passa de corpo em corpo e de morte em morte, cresce, se expande, acumula sabedoria e avança rumo ao estado de graça que põe fim a todas as vidas — a iluminação, para dizer de maneira budista? Isso ajudaria a explicar a minha "diversidade" em relação aos Terzani, e a interpretar a visão do cego segundo a qual eu fora cedido de uma família a outra quando criança.

A todos nós acontece às vezes provar a inquietante sensação de ter já vivido uma situação que se está vivendo pela primeira vez, de já ter estado em um lugar onde nunca tínhamos colocado os pés. De onde vem essa impressão de *déjà vu*? De um antes? Seria certamente a explicação mais fácil. E onde estive eu, se houve um antes? Talvez em algum lugar na Ásia, a Ásia sem cimento, sem arranha-céus, sem auto-estrada, eu me dizia, vendo escorrer para fora da janela uma insignificante e cinza Bangkok sufocada pelo escapamento de milhares e milhares de carros.

A mulher que me serviu como intérprete morava na periferia, e me propus a acompanhá-la até sua casa. O motorista pegou um trecho de autopista que eu não conhecia. "É um trecho perigosíssimo, este", disse a mulher. "Aqui morrem pessoas continuamente. Vê aquele carro?" Na sombra de um viaduto, dois estranhos furgões com algo escrito em tai e homens vestidos de azul esperavam. "Os agarra-mortos!", disse ela. Era a primeira vez que em Bangkok ouvia esta palavra. A história que existia por trás dela era arrepiante.

De acordo com a crença popular, o espírito de uma pessoa que morre violentamente não repousa em paz. Se, além disso, no instante da morte, o corpo é mutilado, decapitado, esmagado ou despedaçado, o espírito fica particularmente inquieto. A menos que não sejam efetuados logo os ritos necessários, ele acaba se unindo ao enorme exército dos "espíritos vagantes" que, com os maus *piis*, constituem um dos grandes problemas da Bangkok de hoje. Essa a importância dos "agarra-mortos", os voluntários das associações budistas que circulam pela cidade recolhendo todos os mortos por morte violenta, para colocar novamente juntos os pedaços e oficiar os ritos que o caso exige, a fim de que suas almas vão em paz e não continuem por aí aprontando com os vivos.

Depois dos assassinados e dos suicidas, os candidatos mais óbvios a virar espíritos vagantes são as vítimas dos acidentes automobilísticos. Por isso as associações budistas posicionam seus furgões nos pontos mais perigosos das ruas, e por isso seus homens, sintonizados à rádio da polícia, estão sempre de prontidão para se precipitar sobre os cadáveres. Precipitar-se é a palavra, porque esse tipo de atividade virou tão lucrativa que as associações de caridade estão em concorrência entre si, e cada qual tenta levar embora mais cadáveres que a outra para obter do público doações maiores. "Os primeiros a chegar têm direito sobre o cadáver, mas os homens das várias associações não estão nunca de acordo, e é comum que se esbofeteiem para agarrar um morto", disse a minha intérprete. "Às vezes acontece inclusive de que na pressa acabem levando embora como morto quem ainda não está morto."

Para fazer propaganda desse "serviço público", cada associação organiza mostras especiais com macabras fotografias coloridas das vítimas recuperadas, colocando bem em evidência as cabeças arrancadas e as mãos decepadas, de modo a solicitar ofertas generosas.

Aquela noite Bangkok me parecia uma cidade realmente sem saída. Minha acompanhante estava de acordo. Apesar da eficiência e da competitividade dos agarra-mortos, o número dos *pii*, irritados e sem paz, que vagam prontos a criar desastres cresce continuamente, e de nada adiantou as milhares de garrafas de água benta, distribuídas oficialmente pelo Comando Supremo das Forças Armadas do Reino, para tirar o mau-olhado dessa cidade de onde todos os anjos parecem ter escapado.

5. Birmânia, adeus!

Em janeiro ouvi dizer que, no posto de fronteira de Tachileck, ao norte da cidadezinha tailandesa de Chiang Mai, as autoridades birmanesas, "para facilitar o turismo", tinham começado a dar vistos de ingresso no próprio local. Era preciso deixar o passaporte na fronteira, pagar certa soma em dólares e ficava-se livre para passar três dias na Birmânia e viajar até Kengtung, a antiga e mítica cidade dos Shan.

Era uma solução estranha, obviamente criada por algum comando militar para recolher moeda de valor. Mas era exatamente disso que eu precisava. Estava à procura de algo para escrever sem precisar tomar aviões, e este era um tema interessante. Uma região que por quase meio século fora inacessível e onde nenhum viajante estrangeiro tinha conseguido ir repentinamente se abria. Para mim era também a chance, fingindo ser turista, de colocar os pés na Birmânia, onde eu, como jornalista, havia sido incluído na lista negra.

Provavelmente em Tachileck os birmaneses não tinham ainda instalado um computador com a lista dos seus "indesejados", e assim, com Angela e um velho colega da agência France Press, Charles-Antoine de Nerciat, decidi tentar. Quando voltamos, tínhamos uma desconcertante história para contar: os prisioneiros políticos das ditaduras militares, condenados a trabalhos forçados, morriam às centenas. As fotos que tiramos de jovens acorrentados transportando troncos de árvores e quebrando pedras no leito de um rio eram dramáticas. Graças àquela viagem conseguimos chamar a atenção da opinião pública para um aspecto do drama birmanês que de outra forma teria passado despercebido. Cheguei até ali por acaso. Ou melhor... por causa de um adivinho que me disse para não voar.

Eis um aspecto do trabalho de jornalista que não pára de me fascinar e, ao mesmo tempo, de me inquietar. Os fatos não registrados não existem. Quantos massacres, quantos terremotos acontecem no mundo, quantos navios afundam, quantos vulcões entram em erupção e quanta, quanta gente é perseguida, torturada e morta! Se não há alguém para colher o testemunho e escrevê-lo, alguém para fazer uma foto que deixe traços em um livro, é como se aqueles fatos jamais tivessem acontecido! Sofrimentos sem conseqüência, sem história. Porque a história existe apenas se alguém a conta. É uma triste constatação. Mas é assim que funciona, e é talvez essa mesma idéia a me ligar à profissão — a idéia que com cada pequena descrição de algo visto pode-se deixar uma semente no terreno da memória.

Atravessando a pé, com Angela e Charles-Antoine, a pequena ponte que liga a cidadezinha tailandesa de Mae Sai à birmanesa Tachileck, tive de novo aquela bela mas sempre mais rara e trepidante sensação de entrar onde poucos já estiveram, de descobrir algo.

Antigamente aquela era uma fronteira proibida. Costumava-se ir até lá espiar para tentar ver uma refinaria de heroína, que conforme se dizia estava a poucas dezenas de metros em território birmanês. O que se via, com um bom binóculo, era um cartaz com uma frase em inglês: "Estrangeiros, fiquem longe. Quem ultrapassa este limite corre risco de ser fuzilado". Agora em seu lugar há outro que anuncia: "Turistas, bem-vindos!".

Assim também a Birmânia rendeu-se ao destino comum! Por trinta anos tentou isolar-se, seguindo um caminho próprio. Mas não conseguiu. Ninguém parece conseguir. Desde a China de Mao à Índia de Gandhi, e ao Camboja de Pol Pot, todas as experiências de autarquia, de desenvolvimento não capitalista com características nacionais faliram. A maioria, de resto, deixando milhões de vítimas.

A experiência birmanesa tinha pelo menos um belo nome. Chamava-se "a via budista para o socialismo". Quem a inventara havia sido o general Ne Win, que em 1962 tomou o poder, impôs a ditadura militar e procurou com ela poupar a Birmânia tanto da severidade do regime comunista que dominava a China como da influência materialista de patente americana que, justamente naquela época, começava a colocar raízes na Tailândia.

Ne Win fechou o país, nacionalizou o comércio e pôs na prisão os que se opuseram a ele. Para justificar-se, sustentou que apenas assim a civilização birmanesa podia ser protegida. Em certo sentido até tinha razão, e isso acabou por dar legitimidade à sua ditadura. Nas mãos de Ne Win, de fato, a Birmânia manteve sua identidade. As velhas tradições sobreviveram, a religião floresceu e o modo de vida de seus 45 milhões de habitantes não foi abalado pelos fenômenos da industrialização, da urbanização rápida e do insensato macaquear o Ocidente, que desenvolveram, sim, mas que também traumatizaram um país como a Tailândia.

Quem quer que fosse para a Birmânia com aquele único visto de sete dias que as autoridades de Rangoon concediam a conta-gotas, porque não queriam estrangeiros demais "contaminando a atmosfera", saía com a impressão de ter visto um país ainda intocado pelas influências do resto do mundo, um pedaço fascinante da velha Ásia. Um país onde os homens ainda vestem o *longyi*, uma espécie de saia tecida no lugar, e não calças. Um país onde também as mulheres fumam o *cheerot*, o verde e forte charuto enrolado à mão, e não o Marlboro. Um país onde o budismo é ainda uma fé viva e os pagodes, belos e antigos, são ainda lugares de cultos sentidos, e não museus para o passeio dos turistas.

Também esta Birmânia está agora em via de desaparecer. Após um quarto de século de incontrastado poder, Ne Win cedeu as rédeas do país a uma nova geração de militares, que impuseram à Birmânia (rebatizada como Myanmar) uma ditadura mais descarada, mais violenta, mais assassina e também mais "moderna" que o paternalista regime do passado.

Bastou entrar na cidadezinha de Tachileck e dar uns passos no mercado para percebermos que os novos generais, atualmente padrões de Rangoon (também esta rebatizada como Yangun), abandonaram qualquer pretensão de seguir uma "via birmanesa". Decidiram tirar o país de seu isolamento e tomaram como modelo de desenvolvimento aquele que há décadas bate insistentemente à sua porta, assim como bate à porta do Laos, dos khmer e agora dos vietnamitas — o modelo tailandês.

Tachileck perdeu já a sua aura birmanesa. A cidadezinha possui catorze cassinos e vários bares de karaokê. A heroína está à venda mais ou menos abertamente. O maior restaurante, duas discotecas e o primeiro supermercado são de propriedade tailandesa. Nenhuma transação acontece na moeda local, o *kyat*. Até no mercado o dinheiro que todos querem é aquele de Bangkok, o *baht*.

Os laços de todos os negócios estão nas mãos dos militares e dos policiais de ambos os países. São eles que organizam o visto de ingresso para os turistas, trocam os dólares, oferecem jipes, motoristas, intérpretes. Aliás, suspeitando que tinham me oferecido um espião e não apenas um "intérprete", tratei de me livrar de qualquer inconveniente oferecendo-lhe três dias de férias pagas. No mercado, um homem com uns cinqüenta anos tinha puxado conversa comigo e este, sim, me parecia mais confiável. Era um Karen, isto é, pertencia à minoria étnica que não ama os birmaneses. Era protestante, habituado portanto ao modo de pensar ocidental, e falava um ótimo inglês. Sem pensar duas vezes, ofereci-lhe o trabalho de servir como intérprete, e Andrew (nome que lhe deram os missionários americanos) aceitou. Foi a nossa sorte, porque Andrew era uma mina de informações e explicações.

"Por que as colinas são assim tão áridas?", perguntamos tão logo saímos de Taicheck.

"Foram desmatadas pelos tailandeses."

"De quem são aquelas casas?", perguntamos passando por um vilarejo onde algumas habitações, novas e ainda em construção, despontavam insolentemente entre as velhas e escuras casas de madeira.

"Pertencem às famílias cujas filhas trabalham nos bordéis da Tailândia."

"E aquela fila de carros sem chapa?"

"Vêm de Cingapura e vão para a China. Os Wa não são mais cortadores de cabeças. Fazem contrabando."

"Até de heroína?"

"Só em parte. Aqui no Sul estão em concorrência com Khun Sa, o verdadeiro rei da droga."

As montanhas nas quais estávamos entrando pareciam esconder ainda mil mistérios. Nas velhas cartas geográficas esta parte do mundo era indicada como "Estados Shan", porque os Shan, vindos da China no século XII para fugir do avanço mongol, eram a maioria da população. A região inteira era uma espécie de museu vivente da mais variada humanidade. Além dos Shan, viviam ali dezenas de outras tribos, cada qual com sua própria língua, seus costumes, suas tradições e seu modo de cultivar e de caçar.

O encontro com esses diversos grupos, dos quais os mais conhecidos se tornaram os Paó, os Meo, os Karen, os Wa, foi uma das grandes surpresas para os primeiros exploradores europeus naquela zona. E as longas colinas das "mulheres-girafa" dos Padaung se transformaram, junto com os pequenos pés disformes das chinesas, um exemplo das estranhas aberrações da Ásia.

Para os Padaung, ainda hoje a beleza de uma mulher depende do comprimento de seu pescoço. Desde o nascimento, as meninas daquela tribo carregam grandes círculos de prata colocados progressivamente à força sob o queixo, para que na idade matrimonial elas tenham uma pequena cabeça distante 45 centímetros dos ombros e sustentada por uma pilha dessas preciosas gargantilhas. Caso sejam retiradas, elas morrem sufocadas: a cabeça, incapaz de manter-se no alto sozinha, cairia de lado e bloquearia a respiração.

Os Shan, considerados de longe a população mais civilizada da região, resistiram a todas as tentativas birmanesas de dominá-los, e durante séculos conseguiram permanecer autônomos. Também os ingleses, quando no final do século XIX chegaram da Índia para estender ali os seus domínio coloniais, reconheceram a autoridade dos *sawbaw* (se pronuncia "sabuá"), os reis Shan, e deixaram que administrassem os próprios domínios rurais que tinham nomes como "Reino das Mil Bananas". Havia 33 *sawbaw*, cada qual com seu palácio e sua corte. Um dos mais importantes residia em Kengtung.

Em 1938, Maurice Collis, um velho administrador colonial que virou escritor, visitara os estados Shan tentando chamar a atenção do público inglês para esta desconhecida maravilha do Império Britânico. Kengtung, com seus 32 monastérios, era na sua opinião uma pérola, e ele achava um absurdo que em Londres ninguém jamais ouvira falar a respeito. O livro que escreveu, *Os senhores da aurora* (como eram denominados os *sawbaw* para se distinguirem dos "Senhores do pôr-do-sol", os reis da Birmânia Ocidental), é o último testemunho de um viajante neste mundo não contaminado dos reis camponeses, onde a vida permaneceu por séculos a mesma, ritmada por antigas cerimônias e regulada por relações feudais. Trouxera comigo, como guia, este livro publicado 55 anos antes.

A estrada que nos conduzia a Kengtung era, em alguns trechos, pouco mais do que uma pista para carroças, com apenas três ou quatro metros de largura, cheia de buracos, não raro perigosamente inclinadas sobre um riacho. Mas era claro que tinha sido feita há pouco.

"Quem a construiu?", perguntamos a Andrew.

"Vocês logo verão." Andrew já tinha percebido que não éramos turistas normais, mas a coisa não parecia preocupá-lo. Pelo contrário.

Rodamos ainda mais alguns quilômetros, então Andrew disse ao motorista para parar próximo a uma pilha de lenha à margem da estrada. Tínhamos acabado de descer do jipe quando ouvimos em meio aos arbustos um estranho, insólito, rítmico ruído de ferro, como correntes sendo arrastadas. Sim! Como correntes! Atadas aos pés de uns vinte homens, raquíticos, macilentos, alguns com ar febril, todos cobertos de trapos empoeirados, eles avançavam penosamente, em uníssono como uma enorme centopéia, transportando nos ombros um longo tronco de árvore. Aquelas correntes estavam ligadas com outros ferros ainda a outra corrente, que cada qual trazia em torno da cintura.

Os dois soldados que acompanhavam os prisioneiros nos fizeram sinal com os fuzis para que abaixássemos nossas máquinas fotográficas.

"São missionários. Não se preocupem", disse Andrew para tranqüilizá-los. Vai saber por que ser missionário corresponde a uma recomendação, mas funcionou. E um par de cigarros aumentou a convicção deles.

Uma vez depositado o tronco, os prisioneiros pararam. Um disse vir de Pegu, outro de Mandalay. Ambos tinham sido presos anos antes, durante as grandes manifestações pela democracia: prisioneiros políticos condenados a trabalho forçado.

É estranho estar diante de tal malvadeza. Ter de tomar notas mentalmente, tirar fotos sem dar demais na vista, procurar não se expor ao perigo nem causar àqueles desgraçados mais problemas do que já tinham — e o pior é perceber que não se tem sequer tempo para se comover, para trocar com eles uma simples palavra de humanidade. De repente você tem os olhos sobre um abismo de dor e tenta imaginar onde estaria o fundo, e a única coisa que lhe ocorre perguntar é: "E estas?", indicando as correntes.

"Eu as carrego há dois anos. Mais um e poderei me livrar delas", disse o jovem de Pegu. E, de resto, era um dos mais afortunados: seus pés eram cobertos por velhas meias que amorteciam o contato dos anéis de ferro com a carne. Os outros, sem aquela proteção, tinham feias chagas nas canelas.

"E a malária?"

"Muito forte", disse o jovem de Mandalay, e automaticamente se voltou para o vizinho, que tinha cara inchada, amarelada e tremia. Suas mãos ossudas estavam cheias de estranhas manchas como queimaduras. Os prisioneiros — uma centena no total — disseram viver em um campo não muito longe. Vimos seus companheiros logo depois, no leito do rio, quebrando pedras, eles também acorrentados, também vigiados por soldados armados que nos impediram de parar.

Após o golpe de Estado de 1988, do massacre dos manifestantes e da prisão de Aung San Suu Kyi, a heroína do movimento pela democracia, os ditadores de Rangoon continuaram a aterrorizar o país e a reprimir na raiz qualquer expressão de divergência. Dezenas de milhares de pessoas, especialmente jovens, foram aprisionados, enviados a trabalhos forçados, usados como carregadores no exército ou como cobaias humanas nos campos minados pela guerrilha. Prisioneiros políticos foram misturados a prisioneiros comuns. Para a ditadura eram todos criminosos, homens a serem acorrentados, vidas a serem desperdiçadas sem deixar traços naquele esquecido *gulag* tropical.

"Campos assim existem em toda parte", disse Andrew. "As empresas privadas licitam a construção da estrada e vão às prisões pegar os homens de que necessitam. Se morrem, voltam para pegar outros." Ele ouvira dizer que, para fazer os 172 quilômetros de estrada entre Tachileck e Kengtung, tinham morrido algumas centenas de prisioneiros. Um padre católico, que encontraríamos nos dias seguintes, confirmou esta cifra, e acrescentou outros particulares dramáticos.

Para fazermos aqueles 172 quilômetros empregamos sete horas, mas foi quando chegamos a Kengtung que o sentido daquela estrada ficou claro para nós: era a via da Birmânia do futuro!

Aberta inicialmente para financiar a ditadura e ligá-la com um cordão umbilical aos dois países vizinhos e cúmplices — China e Tailândia —, a estrada já vivia uma lógica própria e era usada por gente de toda sorte, para todo tipo de tráfico. Ex-guerrilheiros comunistas convertidos recentemente à cultivação do ópio a usavam para transportar seus carregamentos de droga. Os Wa, ex-caçadores de cabeças, a empregavam para o contrabando de automóveis, de jade e de antiguidades. Os gângsteres tailandeses, para se reabastecerem com jovens garotas birmanesas. Graças a seu isolamento, acredita-se que a Birmânia não sofra ainda com a epidemia da AIDS; e é por isso que as meninas da região, freqüentemente com apenas treze ou catorze anos, são requisitadíssimas nos bordéis. Contam-se já em alguns milhares as que trabalham na Tailândia. Em fins de 1992, uma centena delas, que resultaram ser soropositivas, foram expulsas e mandadas de volta para casa. Dizia-se que os militares birmaneses as recolheram em um hospital e as mataram com injeções de estricnina.

Chegamos em Kengtung ao pôr-do-sol, depois de uma interminável série de sobes-e-desces, numa garganta estreita em meio às monótonas montanhas onde o olhar não conseguia nunca ter a comodidade da distância. Repentinamente nos encontramos diante de um vasto e gracioso vale no centro do qual o perfil branco dos pagodes, o marrom das casas de madeira e o verde-escuro das árvores eram como recortes de papel contra um fundo de névoa que o último sol cobria ora de rosa, ora de dourado. Kengtung era evanescente, sem corpo, como a lembrança de um sonho — uma visão sem tempo. Paramos e assim, de longe, vimos a mesma Kengtung de séculos antes, quando os quatro irmãos da lenda drenaram o lago que ocupava o vale, construíram a cidade e erigiram o primeiro pagode no qual puseram os oito fios de cabelo que, passando por ali, Buda havia deixado.

A cidadezinha preparava-se para o jantar. Na fachada das casas, com cães nas soleiras, viam-se famílias sentar-se em torno da mesa, as lâmpadas a óleo criando grandes sombras contra as paredes manchadas com fotos, com calendários, com imagens sacras. As ruas estavam sem movimento e o ar estava cheio daquele calmo murmúrio da noite, feito de vozes isoladas e de ecos longínquos.

No pátio de um pagode organizou-se uma feira com muitas barraquinhas, onde as pessoas, à luz de pequenas lanternas de acetileno, compravam doces e jogavam com grandes dados, sobre cujas faces não havia números, mas figuras de animais. Na floresta de mãos que depositavam as apostas a toscos crupiês, brilhavam os olhos arregalados das crianças. Aos pés de três grandes Budas que sorriam timidamente no bronze, um grupo de fiéis estava recolhido em meditação na penumbra. Nas calçadas, algumas mulheres com cabelos longos amarrados num coque, que nunca está na parte mais alta da cabeça, acendiam fogueiras e cozinhavam arroz açucarado em grandes canos de bambu.

Não havia nada físico que tirasse o fôlego. Nem um monumento, nem um templo ou um palácio que pudesse impressionar de modo particular. O fascínio comovente de Kengtung estava na sua atmosfera, na sua paz, naquele antigo andamento sem nervosismo da vida.

É estranho achar tudo isso belo? É absurdo preocupar-se que esteja mudando?

Na aparência, tudo vai bem hoje em dia na Ásia. As guerras acabaram, a paz, mesmo aquela ideológica, reina com pouquíssimas exceções sobre todo o continente; e em toda parte não se fala senão em crescimento econômico. Todavia, é exatamente este antigo grande mundo de diversidades que está para sucumbir. O cavalo de Tróia é a "modernização".

Em vez de continuar na própria estrada e buscar soluções asiáticas para os seus problemas, a Ásia agora importa, sem qualquer discriminação, as fórmulas do sucesso alheio, e assim renuncia progressivamente à própria diversidade. O desenvolvimento acelerado sufoca a sua cultura, enquanto a pressão do novo materialismo dilacera as ligações tradicionais, destrói velhos esquemas de valor e tira a confiança em tudo o que não conduz ao dinheiro. Modernização quer dizer ocidentalização, e com isso a Ásia perde definitivamente consciência de si.

Existe para mim algo de trágico neste continente que está se matando assim tão alegremente. Mas ninguém fala nisso, ninguém protesta, muito menos os asiáticos. No passado, quando a Europa batia às portas da Ásia com os tiros de seus canhões pedindo para entrar, para negociar, para obter concessões e colônias, quando seus soldados saqueavam e colocavam fogo em monumentos como o Palácio de Verão em Pequim com um desprezo que para os chineses ainda queima na pele, os asiáticos tinham, cada qual a seu modo, resistido.

Os vietnamitas iniciaram a guerra de liberação no mesmo momento em que as tropas francesas desembarcaram em seu território. Uma guerra que durou mais de cem anos e que terminou apenas com a queda de Saigon, em 1975. Os chineses se bateram na guerra do ópio e por fim deixaram que o tempo agisse para se liberar dos estrangeiros, que se impunham com a força das armas. Os últimos pedaços de terra chinesa ainda em mãos estrangeiras, Hong Kong e Macau, voltarão para a soberania de Pequim respectivamente em 1997 e 1999.

O Japão, por seu lado, reagiu como um camaleão. Fez-se exteriormente ocidental, copiou do Ocidente tudo aquilo que podia — dos uniformes de estudantes aos canhões, da arquitetura das estações ferroviárias à idéia de Estado. Mas interiormente procurou sempre ficar mais japonês, inculcando na gente a idéia de uma unicidade.

Um após o outro, os vários países da Ásia acabaram por se liberar do julgo colonial e por colocar o Ocidente para fora da porta. Mas e agora? O Ocidente volta a entrar pela janela e conquista finalmente a Ásia, não mais se apossando de seu território, mas de sua alma. Faz isto já sem um plano, sem uma precisa vontade política, mas graças a um processo de envenenamento contra o qual ninguém encontrou até agora um antídoto: a idéia de modernidade. Convencemos os asiáticos de que apenas sendo moderno se sobrevive, e que o único modo de ser moderno é o nosso, o ocidental. Há alternativas? Nenhuma. Todas as tentativas de percorrer outras vias acabaram mal!

Projetando-se como único verdadeiro representante do progresso humano, o Ocidente conseguiu dar à imagem de quem não é "moderno" um grande complexo de inferioridade (nem mesmo o cristianismo chegou a tanto!), e a Ásia está agora atirando ao mar o que era seu para comprar tudo o que é ocidental, seja no modelo original, seja nas imitações locais, desde as japonesas às tai ou às de Cingapura.

Copiar o que é "novo", o que é "moderno" virou uma obsessão, uma febre para a qual não existe cura. Em Pequim se abatem as últimas casas com pátios; nos vilarejos do Sudeste Asiático, na Indonésia como no Laos, ao primeiro sinal de bem-estar os bens materiais locais são substituídos por sintéticos, os tetos de palha são trocados pelos de alumínio. Pouco importa se depois as casas ficam quentes como fornos e nas estações de chuva parecem tamborins onde o sujeito ensurdece!

Todos agora fazem assim. Até os chineses! Também eles, antes tão orgulhosos de ser herdeiros de uma "cultura com 4 mil anos", e por isso convencidos da própria superioridade espiritual, cederam e significativamente começam a se sentir embaraçados por ainda comerem com pauzinhos. Agora também eles se sentem mais apresentáveis quando têm garfo e faca na mão. Também eles parecem sentir-se mais elegantes vestindo terno e gravata. A gravata! Na origem, uma invenção mongólica para arrastar os prisioneiros ao arção de suas selas... literalmente com uma corda no pescoço.

Nenhuma cultura asiática está em posição de resistir, de confrontar-se com essa tendência. Não existem mais princípios ou ideais capazes de colocar em discussão essa "modernidade". O desenvolvimento é um dogma. O progresso a todo custo é uma ordem inapelável. Até mesmo o simples questionamento sobre seu rumo, sobre sua moralidade, sobre suas conseqüências virou impossível na Ásia.

Aqui não há nem sequer hippies, que, entre nós, tendo compreendido que algo não ia bem com o "progresso", gritaram: "Parem o mundo que eu quero descer!". Mesmo assim o problema existe, e é de todos. Todos devemos nos perguntar — e sempre — se aquilo que estamos fazendo melhora e enriquece a nossa existência. Ou perdemos todos, por alguma deformação antinatural, o instinto por aquilo que a vida deveria ser, ou seja, sobretudo uma ocasião de felicidade?

E então! São felizes, hoje, os habitantes de Kengtung, reunidos em família falando em torno da mesa de jantar ou vão sê-lo ainda mais quando também eles passarem a noite imbecilizados e mudos diante de uma tela de televisão? Bem sei que, se indagados, eles mesmos responderão: é melhor a televisão! E é exatamente por isso que queria ver um lugar como Kengtung, governado por um rei-filósofo, por um bonzo iluminado, por algum visionário que procurasse um meio-termo entre o isolamento-estagnação e a abertura-destruição; e com certeza não pelos generais que agora têm nas mãos os destinos da Birmânia.

A ironia é que foi uma ditadura a preservar a Birmânia e agora é uma outra ditadura que a destrói, para fazer também deste país, que até o momento escapou da voracidade do tempo, uma feia cópia da Tailândia. Fariam algo de diverso Aung San Suu Kyi e seus seguidores democráticos? Provavelmente não. Também eles já não podem mais querer senão o desenvolvimento: o único modelo disponível é aquele que impera hoje. Também eles, se por acaso chegassem ao poder, reconheceriam somente a liberdade de escolha com a qual todos esses povos acabam por não ter mais escolha alguma. Ninguém parece ter mais condições de os proteger do futuro.

A noite caiu, milenar, sobre Kengtung, com uma antiqüíssima coberta de escuridão e silêncio. Restava apenas um calmo tintilar de sininhos movidos pelo vento no topo da grande *stupa* dos Oito Fios de Cabelo. Seguindo aquele som, subimos a colina iluminada por uma lua quase cheia, que dava contornos prateados aos branquíssimos edifícios. Encontramos uma porta aberta e passamos horas a falar com os monges sentados sobre belas lajotas com motivos florais do Wat Zom Kam, o Mosteiro da Colina de Ouro. À tarde tinham chegado do campo alguns caminhões carregados de noviços muito jovens, acompanhados por suas famílias, e todos dormiam no chão, ao longo das paredes, aos pés de grandes Budas que, sorrindo misteriosamente, refletiam a claridade de pequenas chamas. Cada estátua estava coberta com a túnica alaranjada dos bonzos, exatamente como se fossem vivas e precisassem se abrigar da brisa noturna que soprava das janelas. Para todos aqueles meninos, com seus dez anos de idade, cabeças raspadas, enrolados em cobertas novas da cor do açafrão que os pais lhes presentearam celebrando a iniciação, o pagode seria para eles nos próximos anos a escola: uma escola de leitura, de escrita, de fé, mas também de tradições, de modos e de antigos princípios.

Que diferença, pensei, entre crescer assim, educado na ordem espartana de um templo, sob aqueles Budas, mestres da tolerância, ouvindo o tintilar daqueles sininhos, e crescer em uma cidade como

Bangkok, onde os meninos já vão à escola de máscara para se proteger do escapamento dos carros e com os fones do walkman no ouvido para sufocar com rock o barulho do tráfego! Qual é o melhor?

Os monges queriam falar de política. Eram todos Shan e odiavam os birmaneses. Dois deles eram grandes simpatizantes de Khun Sa, o "rei da droga", mas agora também campeão da luta de "liberação" desse povo que se sente oprimido.

Em 1948, sob pressão inglesa, os Shan aceitaram, como todas as outras populações minoritárias, tomar parte do novo Estado independente, a União Birmanesa, com a garantia de que, se quisessem, obteriam a secessão num prazo de dez anos. Mas os birmaneses aproveitaram para eliminar os *sawbaw* e reforçar o controle sobre os estados Shan. A secessão se tornou impossível, e desde então entre Shans e birmaneses vigora um estado de guerra. O exército de Rangoon é visto ali como sendo de ocupação, e muitas vezes se comporta enquanto tal. Em 1991, algumas centenas de soldados birmaneses ocuparam o centro de Kengtung e arrasaram o palácio do *sawbaw*. Os birmaneses disseram que precisavam de espaço para construir um hotel para os turistas. A verdade é que queriam eliminar um dos símbolos da independência Shan. Naquele palácio vivia o último dos descendentes diretos do fundador da cidade. Sua dinastia tinha setecentos anos. As velhas fotos daquele palácio circulam agora clandestinamente entre as pessoas, como as do dalai-lama em Lhasa.

Quando deixamos o pagode, faltavam ainda duas horas para a aurora. Mas ao longo da estrada principal de Kengtung já começava uma silenciosa procissão de personagens extraordinários que pareciam saídos de um velho livro de antropologia. Em fila indiana, em silêncio, passavam mulheres com enormes cestas apoiadas sobre os ombros e, sustentados por cangas de madeira em torno ao pescoço, homens com cachos de patos, e ainda outras mulheres que caminhavam com passos de dança ritmados pelo peso das hastes. Cada grupo tinha roupas de diversas cores e formas: as mulheres Akka de saiote com caneleiras negras e estranhas armações como capacetes de estilo espanhol, cobertos por moedas e bolas de prata; as mulheres-girafa dos Padaung com seus longos pescoços sustentados por gargantilhas de prata; as Meo, com seus coletes bordados em azul e vermelho; homens com longas e rudimentares espingardas. Era gente das montanhas que ia entrar em fila para a abertura, às seis horas, de um dos últimos fascinantes mercados da Ásia.

Sentados nas banquetas de madeira da casa de chá Honey, fizemos o desjejum banhando no leite os untuosos pastéis que um jovem, com as mãos nuas, tirava habilmente do óleo fervente de um caldeirão. Entre os militares e comerciantes sentados nas outras mesinhas espalhadas na calçada, Andrew viu um amigo, filho de um chefe local da tribo dos Luá, e o convidou a sentar-se conosco. Continuavam a desfilar pessoas na direção do mercado. Passaram homens completamente vestidos de negro. Cada qual trazia consigo grandes machados em um estojo de bambu. "São Wa, Wa selvagens", disse o jovem com certa aversão. "Não se separam nunca de seus facões."

Contou que, desde pequeno, seu pai lhe ensinara a ficar muito atento a estes Wa. Ao contrário dos outros Wa "civilizados", estes permaneceram fiéis a suas tradições e continuam a ser verdadeiros decepadores de cabeças. Pouco antes da colheita, quando seus campos estão cheios de arroz maduro, os Wa selvagens vão ao território dos vizinhos, agarram alguém, de preferência um menino, e o decapitam com a mesma foice com a qual ceifam a terra. "Enterram a cabeça em seus campos em homenagem à deusa do arroz. É assim que eles auguram a boa colheita", disse o jovem. "São perigosos somente quando saem do próprio território. Lá não fazem mal a ninguém. Quando se vai visitá-los, são muito gentis e hospitaleiros." Depois acrescentou: "É preciso apenas ficar atento ao que eles dão a você para comer!". Às vezes acontece, contou o rapaz, de o convidado dos Wa encontrar no prato um pedaço de carne tatuada! Enfim, os Wa seriam também canibais. Ao menos é o que dizem seus vizinhos, os Luá!

Pedi a Andrew e a seu amigo para me ajudarem a encontrar um adivinho. A Birmânia é um país onde a arte divinatória é praticada por muitos. Dizem que os birmaneses, situados geograficamente entre a China e a Índia, duas grandes fontes dessa tradição, foram particularmente hábeis em combinar a sapiência oculta dos vizinhos e que seus mestres ainda hoje têm grandes "poderes".

O papel da superstição na história de toda a região foi enorme. Basta lembrar que, cobiçando um de seus sete elefantes brancos — raríssimos e portanto "mágicos" —, o rei dos birmaneses moveu contra o rei do Sião uma guerra com praticamente trezentos anos de duração. Basta lembrar ainda que este conflito acabou por destruir Ayudhya, obrigando os siameses a criar uma nova capital, a atual Bangkok.

Também em tempos recentes a astrologia e outras práticas ocultas foram determinantes na vida de Ne Win e na sobrevivência de sua ditadura. Uma das primeiras coisas que se nota ao chegar à Birmânia é que a moeda local, o *kyat*, foi cunhada com valores estranhos: 45, 75, 90. Ne Win considerava esses números todos produtos do número 3 e de seus múltiplos, um ótimo auspício, e o Banco Central teve de se adaptar à sua crença.

Da mesma forma que os tai, os birmaneses acreditam que o destino não seja inelutável e que a predição de uma desgraça permita ao indivíduo encontrar um meio de evitá-la: não apenas com a aquisição de méritos, mas também fazendo acontecer algo que, na aparência, seja semelhante à desgraça prevista, e que desse modo satisfaça, por assim dizer, as exigências do destino. Ne Win foi um mestre nessa arte.

Certa vez, por exemplo, disseram-lhe que em breve o país seria afetado por uma tremenda carestia. Ne Win não perdeu tempo: ordenou que todos os funcionários do Estado e suas famílias, durante três dias, comessem apenas uma mísera sopa feita com brotos de banana. A idéia era que, fingindo uma carestia falsa, podia-se evitar a verdadeira. E esta obviamente nunca veio.

Outra vez, um de seus astrólogos de confiança disse a Ne Win para ficar atento contra um grave perigo: a direita subitamente se sublevaria e o derrubaria do poder. Ne Win então deu ordem para que, de um dia para o outro, na Birmânia, se guiasse do lado direito e não mais do esquerdo, como se fazia desde o tempo dos ingleses. Foi um tumulto nacional, mas com esta "sublevação da direita" a profecia, a seu modo, se concretizou, e ele evitou a revolta.

Em 1988 o mesmo astrólogo advertiu Ne Win de que o país vivia a vigília de uma grande catástrofe: as ruas da capital seriam cobertas de sangue e ele seria obrigado a fugir do país. Pouco depois, com o massacre de milhares de estudantes, as ruas de Rangoon se cobriram efetivamente de sangue, e Ne Win compreendeu que também a segunda parte da profecia em breve se concretizaria e que precisava encontrar uma saída. A sugestão veio do astrólogo: em birmanês, um pouco como no inglês, o verbo "fugir" é semelhante ao verbo "voar". O presidente não teria de "fugir" se, vestido como um dos grandes reis do passado, na sela de um cavalo branco, conseguisse "voar" nos pontos mais remotos do país. Fácil! Ne Win pegou um cavalo de madeira (com um verdadeiro seria demasiado perigoso), fez com que o pintassem de branco, o carregou sobre um avião e, montado sobre ele, vestido como um antigo rei, voou sobre os quatro cantos da Birmânia.

O estratagema funcionou porque Ne Win não teve de "fugir", e, ainda que uma jovem geração de generais tenha tomado o poder, ele continua ainda hoje a ser uma figura carismática por trás dos bastidores, a *longa manus* da nova ditadura.

Os novos governantes também possuem seus conselheiros-adivinhos. Há pouco tempo um dos generais foi advertido por um astrólogo que em breve seria vítima de um atentado. Ele fez com que publicassem imediatamente a notícia de que estava morto e assim ninguém tentou assassiná-lo mais.

É óbvio que a carestia, a sublevação da direita, a fuga do presidente e o atentado não aconteceram porque — como dizer? — não deviam acontecer, e não porque foram "evitados" graças a profecias. Mas esta não é a lógica com a qual os asiáticos — especialmente os birmaneses — vêem a vida. A previsão é em si mesma criação. Um evento, uma vez anunciado, existe, é verdadeiro; e, mesmo que ainda deva ocorrer, é mais real e mais significativo que um fato já ocorrido. Por isso na Ásia o futuro é considerado tão mais importante que o passado, e por isso tanta energia aqui é dedicada a produzir mais profecia que história.

Alguém em Bangkok me disse que em Kengtung havia uma velha missão católica, e que talvez existissem ainda freiras italianas vivendo lá. Lembrei-me disso enquanto subia a colina sagrada da cidade, onde se ergue uma árvore solitária com um tronco tão grosso que seriam necessários oito homens para abraçá-lo. Foi plantada ali em

1751 pelo rei birmanês que mais tarde destruiria Ayudhya, a capital dos siameses. Do alto, sobre outra colina a pouca distância, vi uma maciça construção de tijolos vermelhos com uma grande cruz no teto.

Subimos até a igreja ao anoitecer. Aos pés de uma Virgem de gesso estava acesa a lanterna noturna, e no refeitório jovens freiras birmanesas estavam colocando tudo em ordem entre as filas de mesas depois do jantar. A uma delas disse quem eu era, e ela saiu correndo e gritando: "Chegaram italianos... venham... venham!". De uma escada de madeira, desceram lentamente duas diminutas velhinhas, pálidas e excitadas. Suas túnicas cinzentas eram largas e longas até o chão. Na cabeça tinham um véu com uma pequena borda rígida. Estavam loucas de alegria: "É um milagre! É um milagre!", repetia uma delas. Já a outra dizia coisas que eu não entendia. Uma tinha noventa anos, a outra 86. Ficamos conversando umas duas horas.

A história delas e da missão católica de Kengtung é dessas que já se perdeu o hábito de contar. Especialmente nos jornais. Talvez porque os protagonistas são gente fora do normal e hoje parece mais interessante glorificar o banal e exaltar personagens comuns com os quais todos podem se identificar.

A história começa no início do século. O papado de Roma, percebendo que não conseguia converter os Shan, educadíssimos e fiéis seguidores do *dharma*, a via de Buda, viu a possibilidade de fazer prosélitos entre as tribos primitivas e animistas daquela região e de depositar assim uma semente cristã em terra budista. O primeiro missionário chegou em Kengtung em 1912. Era o padre Bonetta do PIME,* um milanês. Trouxe consigo pouco dinheiro, mas conseguiu comprar toda a crista de uma das duas colinas situadas sobre a cidade. É ali que nos dias de mercado se enforcam os ladrões e a terra não vale nada. Há *piis* demais, espíritos demais.

Em pouco tempo, Bonetta, ao qual logo se juntam outros missionários, constrói uma igreja e um seminário. Em 1916 chegam as primeiras freiras italianas, todas de Milão, todas da ordem de Maria Menina. Um asilo para órfãos e uma escola foram construídos, e pouco depois um hospital e um leprosário. Com o passar dos anos, Kengtung

* PIME — Pontificio Istituto Missioni Estere, organismo apostólico destinando a coordenar as missões católicas no exterior. (N. do T.)

foi envolvida nos acontecimentos políticos da região, e os soldados de diversos países entraram nela como conquistadores: os japoneses, os siameses, os chineses do Quomitang e depois os de Mao, e enfim vieram os birmaneses. Mas a missão italiana continua no mesmo lugar.

Nada mudou hoje na "Colina dos Espíritos". As construções estão todas lá, bem conservadas e cheias de crianças sem família. Padre Bonetta, junto a outros missionários que nunca retornaram à Itália, está no cemitério atrás da igreja, morto em 1949.

As freiras sobreviventes são cinco. Três delas moram no hospital, as duas mais velhas no convento, junto com as noviças locais.

"Quando cheguei, não se podia sair durante a noite, porque do lado de fora havia tigres", conta a mais velha, Giuseppa Manzoni, em Kengtung desde 1929, sem nunca ter voltado à Itália. Não consegue mais falar italiano com facilidade. Entende minhas perguntas, mas na maioria das vezes me responde em Shan, que uma jovem freira Karen traduz para o inglês.

Irmã Giuseppa nasceu em Cernusco. "Um lugar bonito, sabe? Fica próximo a Milão, onde eu ia sempre a pé, porque não havia dinheiro em casa." Os pais eram camponeses. Tiveram nove filhos, mas os homens, que eram sete, morreram todos pequenos e apenas ela e a irmã sobreviveram.

Já a Irmã Vittoria Ongaro chegou em Kengtung em 1935. "Dia 22 de fevereiro", disse com a precisão de quem lembra a data de um casamento. "As pessoas tinham pouco, mas estavam melhor do que agora, porque ainda não existia tanta diferença entre ricos e pobres como existe hoje."

A missão católica logo virou o refúgio de todos os desgraçados da região. Encontravam aqui teto e comida os aleijados, os mentecaptos, os epilépticos, as mulheres abandonadas pelos maridos, os recém-nascidos com lábios leporinos — abandonados à morte por uma sociedade que considera qualquer imperfeição física sinal de grave culpa na vida precedente a ser padecida sem a misericórdia dos outros. É o mesmo tipo de gente que ainda hoje cultiva o horto, custodia os estábulos e trabalha na cozinha dando de comer a 250 órfãos.

Era tarde e, levantando-me para ir embora, perguntei se havia algo que pudesse fazer para elas.

"Sim, ore por nós... Assim, quando morrermos, iremos nós também ao paraíso!", disse a mais velha.

"Se gente como vocês não vai ao paraíso, aquele lugar deve estar mesmo deserto!"

Minhas palavras fizeram elas rirem. E riam também, divertidas e excitadas, todas as freirinhas que estavam em volta.

Acompanhando-me ao portão, Irmã Giuseppa pegou-me ainda mais uma vez na mão, aproximou-se da minha orelha e, dessa vez em perfeito italiano, com o sotaque do Norte, me disse: "Mande lembranças minhas para a gente de Cernusco, lembranças para todos". Depois teve um momento de hesitação. "... Mas Cernusco ainda fica próximo de Milão, não é?"

Fiquei muito feliz de lhe dizer que sim.

Descendo da colina, tive a impressão de ter assistido a um milagre. Como era reconfortante ver aquelas pessoas que tinham acreditado e ainda acreditam com tanta firmeza em alguma coisa, ver esses restos de uma Itália de outros tempos que só a distância conservou intacta!

Durante minha primeira viagem à Birmânia, encontrei em Kalaw um pároco, padre Angelo, que tinha acabado de celebrar seus sessenta anos de missão. Era perfeitamente são e lúcido, mas não queria retornar à Itália nem sequer para uma breve visita. Sabia que, se deixasse a Birmânia, as autoridades de Rangoon não lhe dariam jamais um visto para voltar. Está ainda ali. Em Taunggyi encontrei um frade, Felice Tantardini, conhecido por todos como "o ferreiro de Deus". Chegara na Birmânia em 1922 de um vilarejo vizinho a Como, e fabricara todas as janelas, as lanternas, os vitrais, os candelabros e as cruzes das igrejas dos estados Shan. As freiras me disseram que tinha morrido no ano anterior.

Belos personagens, gente com uma tenacidade que hoje poucos parecem ter, distraídos em mil empenhos e, no fundo, sem ter mais empenho com nada. Eram personagens com uma única idéia, mas uma idéia firme, segura. Era também gente com poucas escolhas, e talvez por isso mesmo mais duras e no fundo mais felizes.

Nascendo no início do século em uma família de camponeses pobres em Cernusco ou em outro lugar qualquer na Itália, o indivíduo não podia sonhar com a Lua. Suas escolhas eram extremamente limitadas, e com isso tinha um "destino". Hoje as alternativas são muito mais numerosas, a mobilidade social abriu a todos a possibilidade de aspirar a qualquer coisa, ninguém mais é "predestinado" a nada. É talvez por isso que as pessoas estão sempre mais desorientadas e incertas sobre o sentido da própria vida.

Em Cernusco, hoje, as crianças não morrem mais como moscas, e à pergunta: "E você, o que quer fazer quando crescer?", ninguém responderia: "Missionário na Birmânia". Mas será que a vida delas hoje tem mais sentido do que as das crianças que antes podiam responder assim? As freiras de Kengtung não tinham nenhuma dúvida sobre o sentido das suas.

E o sentido da minha? Pergunto-me, como todos, com freqüência. Claro que ninguém nasce "para ser jornalista". Quando era criança, e meus pais me bombardeavam com esta habitual e estúpida pergunta que parece deva ser impingida a todos os meninos de todos os países e talvez de todos os tempos, regularmente os irritava porque respondia mudando sempre de profissão ou mesmo inventando outras que não existiam. É uma aspiração que continuo a ter.

Podíamos ter passado dias e dias em Kengtung seguindo os itinerários do meu Maurice Collis, o viajante dos anos 1930. Também ele tinha se comovido durante seus encontros naquela cidadezinha. Indo visitar o representante da Coroa britânica em Loi Mwé, a Colina das Névoas, enclave residencial próximo a Kengtung, Collis foi tomado de assombro ante os jovens ingleses de boa família, educados nos melhores colégios, que chegavam entusiastas nestes fortes longínquos para defender os interesses do Império e que lentamente se viam esquecidos, insidiados por doenças, e terminavam vivendo como se estivessem na Inglaterra, com os mesmos ritos, as mesmas mesas servidas para almoços e jantares, a mesma hora do chá. Deixados ali, morrendo de saudades.

A fé no Império não era obviamente menos forte que a fé no reino de Deus!

* * *

Estávamos em Kengtung há três dias e Andrew não tinha ainda encontrado para mim um adivinho. Talvez fosse a sua educação protestante a torná-lo reticente, ou talvez fosse verdade que os dois oráculos mais famosos estavam fora da cidade "para consultas". Finalmente, na última noite encontramos um deles jogando badminton com os filhos no pátio de sua casa. Mas, com grande gentileza, desculpou-se. Recebia apenas entre as 9h30 e as 11h30 da manhã, depois de meditar. Tentei convencê-lo a fazer uma exceção, mas foi totalmente firme. Fizera um voto e se impusera aquele limite "para evitar virar vítima da avidez do lucro". Se tivesse faltado com aquele compromisso, teria perdido todo o seu poder, disse. Aquela sua resistência me impressionou bem mais do qualquer coisa que poderia dizer a mim.

Deixamos Kengtung na aurora sem uma visão birmanesa do meu futuro, mas com a cabeça nas imagens comoventes de uma humanidade que parecia saída de um cofre do tempo: as freiras, as noviças e, no final, também aquele adivinho.

No caminho de volta, revimos os prisioneiros acorrentados e, dessa vez, como tínhamos nos preparado, conseguimos dar a eles um par de camisas, uma malha, cigarros e alguns punhados de *kyat*.

Quanto mais nos aproximávamos de Tachileck, mais Andrew parecia querer aproveitar a ocasião para ainda nos contar algo sobre o tráfico de droga, sobre a imoralidade dos comerciantes, sobre a corrupção que liga os militares tailandeses aos birmaneses.

"Não é perigoso para você nos contar tudo isso?", perguntamos.

"Preciso dizer aquilo que penso. Não posso mentir como fazem todos."

"Mas você não tem medo?"

"Não, porque tenho Deus", e fez o sinal-da-cruz. Mesmo Andrew parecia saído daquele cofre da preciosa humanidade que cada vez mais vai desaparecendo.

Na fronteira, nos devolveram os passaportes sobre os quais não foi carimbado visto nenhum. Formalmente não saímos nunca da Tailândia nem nunca entramos na Birmânia. Um táxi nos levou rapidamente até a cidade de Chiang Rai.

Passamos a noite em um hotel moderníssimo e cintilante, recém-inaugurado, onde jovens camareiros tai, vestidos como servos da corte do antigo Sião, acudiam uma multidão de turistas ocidentais com bermudas e jaquetas camufladas de exploradores que, no dia seguinte, num ônibus com ar condicionado, seriam levados a Tachileck para serem fotografados sob um arco que diz "Triângulo de Ouro", visitariam um museu chamado "A Casa do Ópio", e comprariam também alguma daquelas bugigangas birmanesas que hoje podem ser encontradas em qualquer lugar da Europa. Um mímico francês em fraque, chapéu-coco e bengala, admitido pelo hotel com um contrato de seis meses, imitava Charlie Chaplin entre as mesas do restaurante, diante dos elevadores e entre os clientes do bar, tentando animar o ambiente.

Não conseguiria imaginar nada mais absurdo depois dos prisioneiros acorrentados, dos bonzos e dos cortadores de cabeça.

Pela manhã, Angela e Charles tomaram o avião e em duas horas estavam em Bangkok. Já eu tinha diante de mim quatro horas de ônibus até Chiang Mai, e depois uma noite inteira de trem. Incômodo. Complicado. Mas a idéia de resistir no meu propósito continuava a me divertir. Lembrei-me de quando era garoto e ia à escola caminhando sobre a calçada, e me impunha não colocar os pés onde as pedras do pavimento se encaixavam. Se conseguisse chegar até o fim, obteria sucesso na chamada oral ou na redação. Vi muitos meninos fazerem o mesmo em outras partes do mundo. Talvez em cada homem haja uma primordial e instintiva necessidade de, de vez em quando, impor-se limites, de apostar contra dificuldades, para então sentir ter "merecido" aquilo que desejava.

Com o pensamento em tantas apostas que, no curso da vida, o indivíduo faz consigo mesmo, cheguei facilmente à estação de ônibus, depois à de trem, e finalmente a Bangkok.

6. Viúvas e potes quebrados

A DÚVIDA TINHA DE VIR MAIS CEDO ou mais tarde. E, pontualmente, a velha e cara dúvida, a voz do outro Eu sempre pronta a recolocar em discussão cada certeza, veio a mim assim que pensei em afrontar o tema dos adivinhos e da superstição como jornalista e comecei a entrevistar o secretário da antiga Associação dos Astrólogos do Sião. Não estava talvez perdendo meu tempo com a história de não voar? Não teria cedido ao instinto mais irracional e tolo? Assim que aplicava a este meu tema a lógica com a qual teria escrito outros, tudo me parecia ridículo.

Recebeu-me um senhor distinto, por volta dos sessenta anos, magro, aprumado, com os cabelos acinzentados, espessos e curtíssimos, como os de um monge ou de um soldado. Deu-me, como acontece cada vez mais habitualmente na Ásia, não um, mas vários cartões de visita, cada qual descrevendo, com diverso endereço e diverso número de telefone e fax, suas várias personificações. Uma delas era: secretário da Associação Internacional Tailandesa de Astrologia.

"Internacional. Por quê?", perguntei, só para iniciar a conversa.

"Porque temos cursos em inglês para estudantes estrangeiros. No ano passado tivemos dois australianos."

É fácil se tornar internacional, pensei, e imaginava aqueles dois, agora em alguma cidadezinha da Austrália, fazendo dinheiro e contando sabe-se lá o quê sobre o destino das pessoas com a competência, e sobretudo o prestígio, de quem estudou em um dos grandes centros do oculto, a Tailândia.

"... E depois", continuou o distinto senhor, "mantemos contatos com associações astrológicas de diversos países. A alemã em particular."

"A alemã?"

"Os alemães ocupam a vanguarda do setor, são extraordinários. Eu mesmo estudei em Hamburgo." Eis aí. Aquele distinto senhor, general Payroot — realmente um general de infantaria das Forças Armadas Reais Tailandesas —, fora anos antes aluno da famosa Academia para o Comando de Hamburgo. Durante a manhã freqüentava cursos sobre guerra, e à noite, sobre as estrelas no Instituto de Astrologia local.

Desde a aposentadoria, o general dedicava-se em tempo integral às suas duas criaturas: uma escola para adivinhos, dedicada a difundir o "método alemão", e uma sociedade de *"astrobusiness"*, que, combinando astrologia e pesquisas econômicas, ocupava-se de previsões na Bolsa de Valores. "O sistema já está todo computadorizado", explicou-me orgulhosamente o general. Os interessados pagavam uma quota de inscrição e se comprometiam a versar 5% de todos os lucros obtidos com base nas recomendações do *"astrobusiness"*.

"Temos já vários assinantes japoneses", disse, e eu imaginava que este seria um dos argumentos de venda para atrair novos clientes. "Sabe, senhor... O nosso presidente é um ex-general que estudou na Alemanha... Muitos de nossos clientes são japoneses!"

O encontro com o general-astrólogo aconteceu na sede da Associação dos Astrólogos do Sião, uma bela e espaçosa vila de madeira construída no início do século, quando o grande rei de então, Chulalongkorn, chamado depois de morto Rama V, homem de ótimo gosto, estava atentíssimo ao que seus arquitetos faziam na capital. Os pavimentos eram de *teak* encerado, as varandas abertas e ventiladas por grandes hélices que giravam lentamente no teto. A vila ficava no centro de um dos bairros que mais conservaram a atmosfera da velha Bangkok, diante do Grande Templo que é, na Tailândia, um pouco como o Vaticano, porque é a residência do Patriarca, o chefe da Igreja budista.

Cheguei de manhã cedo e ao longo da calçada dezenas de barraquinhas estavam abrindo, colocando à mostra quinquilharias religiosas, amuletos e protetores contra o mau-olhado. Pequenas imagens de divindades ou de veneráveis abades do passado, pequenos e realistas falos de madeira para serem carregados na ilusão, comum em todas as culturas, de que façam aumentar a virilidade dos homens e dar à luz filhos homens para as mulheres.

Os tai têm uma ilimitada confiança nos poderes do oculto, e esses pequenos mercados de esperança e de exorcismo estão entre os mais coloridos e rentáveis do país. Um tai não sai de casa sem carregar algum amuleto. Muitos levam no pescoço coleções inteiras, penduradas em uma corrente de ouro. Cada peça é protegida por um pequeno relicário de plástico transparente ou fechado em uma caixinha de metal precioso.

Grandes somas são gastas na procura de um amuleto potente ou na feitura de uma tatuagem capaz de afastar, com seus sinais, os perigos e atrair a boa sorte. Não há parte do corpo que seja poupada, e uma mulher, casada recentemente com um dos homens mais famosos do país, diz ter conseguido o intento graças a uma especialíssima concha tatuada entre os pêlos de seu monte de Vênus.

Enquanto falava com o general-astrólogo no salão central da Associação, de duas salas ao lado vinham as vozes dos professores que davam lições a grupos de mulheres e homens vindos de toda a Tailândia. Os cursos duram seis meses e o diploma que cada participante recebe ao final é um meio seguro de ganhar a vida nas cidades de província. "Aquele astrólogo é soberbo. Estudou em Bangkok!", dirão as pessoas.

Até a astrologia sofreu as conseqüências do processo de democratização dos nossos tempos. Originalmente era uma arte de corte, sendo estudada e praticada somente pelo rei ou para o rei. O conhecimento dos segredos das estrelas era um instrumento de poder, e como tal devia permanecer monopólio de poucos. Agora, até a astrologia virou um bem de consumo, acessível a todos.

Rama I, o fundador da dinastia que reina atualmente na Tailândia, era um ótimo astrólogo, e tinha previsto que, 150 anos após sua morte, haveria no país uma grande revolução. E pontualmente a revolução aconteceu: em 1932 a monarquia, de absoluta que era, foi obrigada por uma sublevação de intelectuais e nobres progressistas a se tornar constitucional.

"E o atual rei Bumiphol, é bom?", perguntei.

"Nada posso dizer sobre o meu monarca...", respondeu o general, evitando um argumento que na Tailândia continua a ser grande tabu. Há demasiados mistérios insolúveis, demasiadas profecias sussurradas — inclusive uma segundo a qual a dinastia acabará com o próximo rei, Rama X — para que um tai queira, especialmente com um estrangeiro, afrontar o tema da família real.

O general recusava-se inclusive a admitir aquilo que todos sabem: que o rei Bumiphol, como seus predecessores, tem a seu serviço alguns astrólogos e que são eles a estabelecer o momento de suas aparições públicas e a agendar seus encontros. Este fato cria às vezes conflitos entre a corte e o governo, porque os astrólogos, achando de mau agouro a hora sugerida pelo protocolo para certas audiências do rei com dignitários estrangeiros, insistem em mudá-la.

Alinhados ao longo de varandas que davam sobre um jardinzinho malfeito mas agradável, com tantas velhas plantas e flores frescas, com uma meia dúzia de gatos recém-nascidos e um par de cães intratáveis, com várias camisas penduradas para secar e um gamo de cimento que fingia beber de uma fonte sem água, havia várias mesas, cada qual com um quiromante que estudava os sinais de uma mão oferecida ao escrutínio de sua grande lente de aumento ou com um astrólogo, que, fazendo cálculos e desenhos sobre folhas de papel quadriculado, contava o passado, predizia o futuro ou simplesmente dava conselhos a mulheres atentas.

Não estaria talvez eu também me tornando como elas, ainda que com a minha apenas aparentemente mais sofisticada justificação de querer explorar o "mistério da Ásia"? Ao me impor não voar, não fazia talvez como aquelas mulheres, muitas evidentemente mães de família, com as filhas em busca de marido a impor-se por intermédio dos astros alguma limitação, alguma proibição, na esperança de ganhar algo?

Parei para observar uma mulher que, tendo trazido a filha e o namorado, obviamente queria "examiná-lo" para saber se podia considerá-lo possível genro. O adivinho fazia seus cálculos e todos estavam intensamente atentos à questão. Todavia, ninguém parecia preocupado.

O general me disse que naquele mesmo dia, por coincidência, tinha vindo à Associação uma das mais famosas videntes do país. Uma mulher que combinava diversos métodos de adivinhação, mas que era especialista sobretudo na leitura do corpo. Perguntou-me se eu estava interessado em consultá-la.

"Claro!", disse instintivamente, percebendo em seguida que esse negócio de adivinhos acaba facilmente virando uma droga e que o sujeito poderia passar a vida ouvindo substancialmente as mesmas coisas, fazendo as mesmas perguntas e sempre esperando as respostas com renovada curiosidade. É como nos cassinos, quando se coloca um punhado de fichas sobre o preto ou sobre o vermelho, sobre o par ou sobre o ímpar, e quanto mais se joga, mais se quer jogar, e nunca se é tomado pelo tédio esperando aquele "sim" ou "não" da sorte.

É exatamente como o sujeito que perde no cassino mas está convencido de que a sorte vai mudar e que sempre chega o momento em que se pode vencer tudo de novo e talvez duplicar a aposta — porque se trata só de saber esperar. Também com os adivinhos, depois de ouvir cada um deles dizer tantas coisas corretas e interessantes entre tantos erros e banalidades, o sujeito sempre espera encontrar o melhor, aquele que não erra nada, que vê tudo claramente. Trata-se de esperar. Quem sabe o próximo?

A mulher tinha uns cinqüenta anos, era atarracada, com ombros largos e pernas curtas, os cabelos ainda escuros e a pele clara. Era de origem chinesa, mas não lhe disse nada. Não queria entrar numa conversa com a qual acabaria por dar indicações sobre quem eu era e de onde vinha. Sentei-me, calado, diante dela, aguardando suas perguntas.

A mulher recolheu-se numa oração, uniu as mãos diante do peito e, inclinando ligeiramente a cabeça, com os olhos fechados, sussurrou uma fórmula qualquer. Depois se pôs a me olhar no rosto com grande concentração. Pediu-me para sorrir de modo a observar, disse, as dobras da boca. Tocou-me os ossos da testa e as orelhas. Ao fim, fez com que me levantasse puxando as calças para examinar bem os pés e as canelas.

Este sistema de adivinhação é uma antiga prática chinesa e estava interessado a vê-la aplicada em mim, porque era das que me parecia menos absurda. Um corpo, observado com cuidado, pode dizer muitas coisas, e se existe um "livro" no qual seria possível ler o passado do indivíduo — e também alguma indicação sobre o seu futuro —, é certamente o invólucro de vida que carrega consigo desde o nascimento. Ao menos para mim, isso soa mais consistente que um maço de cálculos abstrusos fundados na relação entre as estrelas e a hora na qual se veio ao mundo. Pessoas nascidas na mesma hora do mesmo dia do mesmo ano de modo algum têm o mesmo destino, e certamente não morrem na mesma hora. E será que têm as mesmas linhas da mão? Não. Ao contrário, pessoas com semelhantes características físicas com freqüência têm comportamentos, qualidades e defeitos semelhantes. Portanto, não é improvável que alguém saiba ler no corpo das pessoas os sinais da boa ou da má sorte.

Uma famosa história que as crianças chinesas ouvem contar há séculos é a do imperador da dinastia Tang que, recebendo na corte os funcionários recém-aprovados no dificílimo exame de Estado, voltou-se para um deles e, depois de observá-lo com toda a atenção, disse que com aquela cara não seria jamais um bom mandarim, e que teria apenas provocado desgraças para as pessoas sob sua jurisdição. O coitado tinha sido o mais brilhante estudante de sua geração, tinha passado nas provas com a melhor pontuação registrada há vários anos em toda a China. Mas, diante daquele veredicto, não lhe restou senão tirar a própria vida.

A Tang era uma dinastia particular, porque nascera de um clássico episódio de adivinhação por meio de leitura facial. Um mago, vindo não sabe bem de onde, queria fundar um reino e estava à procura do lugar adequado. Um dia, enquanto viajava, viu dois homens que jogavam xadrez e ficou particularmente impressionado com o aspecto de um deles. Colocou-se à sua frente, fixou demoradamente o olhar nele e jogou-se a seus pés dizendo: "Majestade! Majestade!". Aquele homem transformou-se no primeiro imperador Tang e o mago desapareceu, retornando às suas remotas paragens.

A prática de ler o destino no rosto das pessoas se desenvolveu na China a partir da medicina. Os pacientes, especialmente as mulheres, não eram tocadas, e os médicos deviam descobrir a doença apenas com o olhar — sobretudo observando o rosto. Ao observar doente após doente, século após século, os chineses conseguiram estabelecer, por exemplo, que uma pequena mancha vermelha na bochecha indicava um mau funcionamento do coração, que uma ruga abaixo do olho esquerdo correspondia a um distúrbio estomacal. Do mesmo modo, alguém mais cedo ou mais tarde acabou percebendo que todas as pessoas ricas tinham uma particular curvatura de nariz, ao passo que aquelas dotadas de poder tinham uma pinta no queixo. Dali apareceu a idéia de que o destino esteja escrito no corpo. Basta saber enxergá-lo.

Nas orelhas os chineses liam o caráter de uma pessoa, na testa viam a sorte até os 32 anos, nos olhos até os quarenta. Nas sobrancelhas viam sinais da vida emotiva, no nariz, o destino entre os quarenta e os cinqüenta anos, e na boca a boa ou má sorte no período conclusivo da vida. Nas dobras dos lábios, que de fato mudam com o tempo, os chineses liam aquilo que um homem gostaria de ter sido e aquilo que realmente foi. Não era tão absurdo, me parecia. O corpo pode mesmo ser um ótimo indicador. Não se costuma dizer que, depois de certa idade, cada qual vira responsável pelo próprio nariz? E também que as mãos revelam o tempo que a cirurgia plástica tenta cancelar no resto do corpo?

Estava curiosíssimo de saber o que a mulher tinha lido no meu rosto, nas minhas canelas e especialmente naquela pequena pinta redonda e escura que desde o nascimento trago na testa, bem sobre a sobrancelha direita. Mas suas primeiras palavras logo me decepcionaram.

"*Suas orelhas indicam generosidade...*" (Uma das mais usuais observações positivas feitas apenas para dispor favoravelmente o "paciente", disse com meus botões.) "*... Seus irmãos e irmãs dependem todos de você.*"

"Não é verdade! Não tenho nem irmãos nem irmãs", rebati em voz alta como para lhe fazer desfeita. "Sou filho único."

Não perdeu a compostura. "*Se não são irmãos, são então seus parentes. Suas orelhas dizem que muitos de seus parentes dependem de você...*" (Sim e não, eu me dizia, já pronto a outras generalizações sempre um pouco verdadeiras e um pouco inexatas.) "*... Quando jovem, você teve grandes problemas de dinheiro e de saúde, mas depois dos trinta e cinco anos de idade tudo vai bem deste ponto de vista. Você tem sorte porque sempre teve perto de si alguém em quem confiar, alguém que o ajuda.*"

"Claro. Estou casado há mais de trinta anos!", disse.

"*Sim, e você se casou com seu segundo amor, não com o primeiro...*" (Não é absolutamente verdade, nem o primeiro nem o segundo. Mas a este ponto tinha renunciado a ouvir algo de interessante e não queria desiludi-la.) "*... Um dia você terá uma grande herança. As orelhas indicam que terá uma grande herança de seus pais...*"

Pobres orelhas que contam mentira, se são elas a falar! De meus pais (e meu pai já está morto) é impossível esperar algo. Claro que se hoje perguntasse à minha mãe, aos 85 anos e já afetada por demência senil: "Mãe, onde você escondeu o dinheiro?", ela levantaria a mão e com aquele esplêndido sorriso, cúmplice de coisas que não conhece mais, diria: "Ali embaixo... ali embaixo", indicando com absoluta firmeza um ponto no vazio. Pois bem, aquele dinheiro ali embaixo é tudo o que posso herdar. Ou devo novamente interpretar essa palavra "herança", e não considerá-la sinônimo de "dinheiro"?

A mulher continuou. "*Na casa onde vive há um lugar no qual você venera os deuses e seus antepassados. É importante que faça isso. Não renuncie nunca.*" (Ah, esta é uma informação interessante.)

Na casa de qualquer asiático, especialmente se ele é chinês, há um lugar desse tipo, em geral um pequeno altar, e não é preciso grandes poderes de vidência para imaginá-lo. É como dizer a um bom cristão: "Na sua casa há um crucifixo". Mas a mulher está vendo que sou estrangeiro, que muito provavelmente não sou budista, e com certeza não me dedico ao culto dos antepassados. Ainda assim, contra todas as evidências, diz uma coisa do gênero... e tem razão.

Na minha casa tal lugar existe. Apareceu com o tempo. Comecei a me interessar por aquelas estatuetas de madeira de cânfora, recobertas de ouro, que os chineses do Sul colocam em seus altares. Em Macau tinha inclusive comprado algumas delas. Depois de certo tempo, vendo-as sobre a estante como se fossem enfeites, tive a impressão de que aquelas imagens retiradas do altar estivessem sofrendo, que tivessem perdido o sentido, e comecei a acender para elas bastões de incenso. Mais tarde, em Pequim, num antigo vendedor de pechinchas próximo à Torre do Tambor, por onde passava de vez em quando para conferir o que os camponeses lhe traziam para vender, vi um belo altar de madeira todo entalhado, daqueles sobre os quais as famílias de outros tempos colocavam quadrinhos com os antepassados, e o comprei. As estátuas de Macau encontraram assim uma casa e, quando meu pai morreu, sua foto acabou no ventre de um belo Buda que tinha ocupado a posição central do altar. Desde então, todos os dias acendo para ele um incenso, e minha mente se fixa na sua lembrança. No cemitério de Florença, um daqueles nos quais a gente se perde num labirinto de alamedas e vias, onde cada tumba — inclusive a de meu pai — é igual às outras, eu nunca quis ir. Seu lugar para mim é na minha casa, naquele altar chinês dos antepassados.

Isto a mulher tinha adivinhado. Mas como? Por automatismo? Não tendo refletido sobre o fato de que sou estrangeiro e dizendo-me aquilo que mais ou menos falava a todos para ter certeza de não errar? Era a explicação mais óbvia. Por que deveria procurar outra?

"A casa onde você vive na Tailândia é um belo lugar que o faz feliz. Continue a morar nela enquanto estiver no país", disse ainda a mulher.

Concentrou-se novamente no meu rosto, matutou, e disse as habituais coisas sobre o dinheiro que não consigo segurar direito na mão — ao menos isso parece claro para todos. Disse que tendo a ter sorte, que tenho instinto, que numa encruzilhada, entre duas vias, escolho sempre aquela que acaba sendo a melhor, e que me circundo sempre das pessoas certas. Disse que minha boca não indica arrependimentos porque na minha vida sempre fiz aquilo que queria. *"Você terá uma vida longa"*, proclamou. Depois se concentrou sobre a minha pinta. *"Repare, este é o sinal da sua sorte, mas é também o sinal de que morrerá no estrangeiro."* Interrompeu-se um momento e acrescentou: *"Sobre isso não há dúvida, você morrerá em uma terra que não é a sua"*.

A mulher quis saber se desejava fazer alguma pergunta. Tentei imaginar algo e me veio em mente que no outono seriam publicadas as edições inglesa e alemã de meu último livro, a história de uma longa viagem através da União Soviética nos meses em que o império se desfazia e o comunismo morria.

"O que devo fazer para que este livro tenha sucesso e venda muitas cópias", perguntei-lhe.

A mulher se concentrou e pareceu muito convencida da resposta: *"A publicação deve sair entre os dias 9 de setembro e 10 de outubro. Deve ser um livro nem grande nem pequeno demais. Deve ter uma capa colorida, mas as cores não podem ser fortes demais, e sobretudo no título deve constar o nome de uma pessoa, mas não o de uma mulher"*.

Comecei a rir, feliz que Vladimir Ilich fosse um homem. O livro se chamava: *Boa noite, senhor Lenin*, e a capa, já escolhida há tempos, era realmente em tons pastel. Depois a mulher atalhou: *"... e não se esqueça que deve orar a Buda e fazer ofertas ao altar dos antepassados. Só assim aquele livro terá sucesso!"*.

A mulher tinha acabado, e eu, quase com o temor de que acrescentasse algo errado ou sem sentido, diminuindo assim sua certeza sobre o meu livro, levantei-me e fui embora. A mulher não quis ser paga. Pediu apenas que eu fizesse uma oferta à Associação.

Passei dias refletindo sobre a minha decisão de não voar e procurei analisar as verdadeiras razões pelas quais chegara a ela. Claro que havia em mim a vontade de fazer algo de diferente, de ter uma desculpa para mudar a rotina dos meus dias. Mas não tinha considerado que, evitando voar, punha-me a salvo contra o possível acidente aéreo anunciado pelo adivinho de Hong Kong? Era claro que sim, mas admiti-lo me pesava.

Apesar de ter passado tantos anos na Ásia, e de ter até mesmo me adaptado à vida daqui, percebi ter ficado ainda intelectualmente com as raízes na Europa e não ter eliminado da minha cabeça aquele nosso instintivo desprezo por tudo aquilo que chamamos "superstição". Cada vez que me tomava a dúvida de ter sido vítima dela, devia me lembrar de que na Ásia este juízo de valor não existe, e de como a assim chamada superstição é uma parte essencial da vida. Além do mais, dizia-me, muitas práticas que hoje parecem absurdas talvez na origem tenham tido lógica! Uma lógica que foi esquecida com o tempo! É assim com a acupuntura, funciona mas ninguém sabe explicar por quê. É assim com o *feng shui*, que, apesar da sua aparência de magia, é uma arte originariamente fundada sobre uma acurada observação da natureza — a natureza que nós, modernos, entendemos cada vez menos.

Em chinês, *feng* significa "vento" e *shui* "água". *Feng shui* quer então dizer "a força da natureza", e o especialista em *feng shui* é aquele que, conhecendo os elementos fundamentais que formam o mundo, sabe julgar a influência de um sobre o outro, sabe avaliar o influxo que o curso de um rio, a posição de uma colina ou a forma de uma montanha podem ter sobre uma cidade ou uma casa a ser construída, sobre uma tumba a ser escavada. Estranho? Não. Também nós, com uma casa, prestamos atenção onde bate o sol e que não seja demasiado exposta à umidade.

Por séculos e séculos os princípios do *feng shui* determinaram a arquitetura dos chineses. Todas as antigas sedes do Celeste Império (a começar daquela que hoje é a cidade de Xian), assim como o mundo sob influência chinesa (inclusive Hué, a capital imperial do Vietnã), foram projetadas com base em avaliações do *feng shui*. Assim também foram concebidas todas as tumbas imperiais, a começar pela de Qin Shi Huang Di, o primeiro imperador, com seu, agora famosíssimo, exército de cerâmica.

A posição de uma tumba na natureza é importantíssima. Uma tumba bem colocada e bem exposta ao "respirar cósmico" pode fazer viver a alma do defunto no além e trazer felicidade e bem-estar às gerações futuras. Já a tumba mal colocada de um antepassado pode causar contínuas desgraças a seus descendentes.

A arte do *feng shui* nasceu na China, mas é hoje uma prática comum em grande parte da Ásia. Quando algo não funciona — um matrimônio, um negócio ou uma fábrica —, a primeira idéia de um asiático é que há algo errado com o *feng shui* e consulta um especialista. Alguns anos atrás, um recém-aberto cassino de Macau não conseguia atrair clientes. De acordo com o homem do *feng shui*, a causa estava na cor do teto: era vermelho como um caranguejo morto, mas devia ser verde como o de um caranguejo vivo. O teto foi pintado novamente e os negócios foram avante a toda força.

Anedotas desse tipo tiraram do *feng shui* parte de sua aura de respeitabilidade. Não reduziram todavia a sua popularidade, e o número de pessoas que hoje na Ásia, sob o conselho dos especialistas em *feng shui*, mudam a posição de seus móveis, a cor das paredes de um escritório ou a forma da porta de casa para melhor propiciar a sorte cresce continuamente.

Até mesmo os seriíssimos ingleses do Hong Kong Shanghai Bank, quando decidiram construir a nova grande sede de Hong Kong, para evitar dores de cabeça com o *feng shui* recorreram a um dos mais conhecidos especialistas da colônia. Durante a fase de projeto daquele futurístico edifício de vidro e aço, o arquiteto Norman Foster teve de manter contínuo contato com este "mestre das forças da natureza", assumindo as conseqüências de seus conselhos e levando em consideração as suas recomendações. Inúmeros particulares arquitetônicos foram decididos por ele, inclusive a estranhíssima posição da escada de ingresso, que não é perpendicular em relação à rua.

Construído o banco, Foster foi envolvido no projeto para o novo aeroporto de Hong Kong (em forma de dragão!), mas as pessoas não queriam mais trabalhar em seu escritório: os desenhistas e as secretárias sentadas numa fila de escrivaninhas ficavam doentes continuamente. Os empregados sentados em escrivaninhas nos andares situados abaixo e acima do mesmo edifício também não estavam bem. Veio então o especialista em *feng shui*, estudou o caso, e a sua resposta foi a seguinte: a demolição de algumas velhas casas e a construção de novos arranha-céus naquela zona deixaram aberto um vão através do qual os "maus espíritos" chegavam em linha reta diretamente sobre aquela parede. Para as pessoas que estavam ali era como ter uma faca constantemente enfiada no peito, disse o mestre das forças cósmicas. Seu conselho foi afastar todas as escrivaninhas, colocar cortinas nas janelas e instalar espelhos que desviassem os espíritos. Absurdo? Talvez, mas feito tudo isso nenhum empregado se queixou de mais nada.

Obviamente também no *feng shui* existe, como em qualquer prática mágica, um aspecto de auto-sugestão que explica seus "sucessos". Se o indivíduo acredita firmemente que algo possa ajudá-lo, acontece que este mesmo algo acaba por ajudá-lo de verdade. O caso típico é o do casal há anos sem filhos e que consegue ter um após mudar, a partir do conselho do homem do *feng shui*, a posição do leito matrimonial.

Apesar de sua fachada de magia, o que é interessante no *feng shui* é o princípio de fundo: restabelecer constantemente a harmonia na natureza. Para os chineses tudo deveria estar em equilíbrio. Doenças, desgraças, esterilidade ou má sorte seriam o resultado da ruptura de uma harmonia, e a função do *feng shui* era reencontrá-la. Ecologistas *ante litteram*, os chineses! Conheciam bem a natureza como nada no mundo!

Os chineses nunca foram metafísicos, não acreditaram jamais em um deus transcendente. Para eles a natureza é tudo, e é da natureza que extraíram seus conhecimentos e crenças. Inclusive sua escrita, feita de imagens, vem da natureza, e não, como os nossos alfabetos, de uma convenção abstrata. Em qualquer língua européia bastaria estabelecer um acordo que de amanhã em diante a palavra usada para "peixe" passasse a significar "cavalo" e que a usada para "cavalo" significasse "peixe". Não haveria dificuldade alguma. Em chinês, ao contrário, seria impossível, porque o caractere usado para escrever "peixe" *é* um peixe, e o usado para "cavalo" *é* um cavalo.

Diversamente do homem ocidental, que há séculos distinguiu o mundo divino do natural — para nós, Deus cria a natureza —, para os chineses os dois mundos são indistintos. Deus e natureza são a mesma coisa. Por isso a arte divinatória é uma forma de religião e o adivinho é também um teólogo e sacerdote. Por isso na China, até o advento do comunismo, a superstição nunca foi reprimida como aconteceu no Ocidente, onde a religião sempre a vira como sua própria antítese e a combateu duramente. Os chineses — e com eles quase todos os asiáticos — nunca se preocuparam em distinguir religião de superstição. Assim como nunca se colocaram o problema — também este tipicamente ocidental — de definir o que é o que não é ciência. A astrologia, por exemplo. Os chineses a praticaram por séculos sem nunca se perguntar se suas bases eram "científicas". Aos olhos deles funcionava, e era o que bastava. Não é tão absurdo, afinal de contas!

A astrologia chinesa baseia-se no calendário lunar. Um ano é feito de doze luas novas às quais, a cada doze anos, acrescenta-se uma décima terceira. Doze anos constituem um ciclo. Cada ano é caracterizado por um animal: o rato, o búfalo, o tigre, o coelho, o dragão, a serpente, o cavalo, a cabra, o macaco, o galo, o cachorro e o porco. O primeiro dia do ano é assinalado pela primeira lua, e eis por que o ano começa sempre em uma data diferente, embora caia sempre entre janeiro e fevereiro.

O animal do ano no qual se nasce tem uma enorme influência sobre a personalidade e o destino. Quem nasce no ano do rato, por exemplo, deve prestar atenção por toda a vida para não cair em armadilhas. Quem nasce no ano do coelho será sempre tímido e temeroso. Quem nasce no ano do galo terá sempre que raspar a terra para se nutrir. As mulheres nascidas no ano do cavalo são indomáveis, e por isso viram esposas difíceis. Aquelas que nascem na combinação do cavalo com o fogo — coisa que acontece a cada sessenta anos —

são selvagens, perigosas e praticamente impossível que se casem. O ano de 1966 foi um desses, e na Ásia várias mulheres que engravidaram recorreram ao aborto para não colocar no mundo filhas que muito provavelmente não teriam encontrado marido. Em Taiwan, em 1966, os nascimentos caíram 25% por essa razão.

Já os homens que nascem no ano do dragão são destinados a ser fortes, inteligentes e afortunados. Como 1988 era um ano do gênero, e ainda por cima o duplo 8 é para os chineses o símbolo da dupla felicidade, muitos casais tentaram ter um filho naquele período. Para que o filho fosse ainda mais afortunado, muitas mães procuraram dar à luz no oitavo dia do oitavo mês daquele ano; e assim todos os leitos das maternidades de Cingapura, Taiwan e Hong Kong acabaram sendo reservados por mulheres dispostas a se submeter ao parto cesariano a fim de fazer vir ao mundo suas crianças naquele dia tão favorável — 8/8/1988.

Um dos elementos mais importantes para estabelecer o destino de uma pessoa é a hora exata de seu nascimento. É somente ao conhecê-la que o astrólogo está em condições de traçar seu horóscopo, identificar seu caráter, descrever as etapas importantes da sua vida e prever também eventualmente a data de sua morte.

Conhecer a hora do nascimento de alguém significa possuir uma arma contra ele. Tal dado pode ser usado para lhe provocar desgraças, para analisar sua personalidade e para prever suas reações em determinada situação. Para isso muitos políticos na Ásia mantêm oculta a hora do próprio nascimento, ou declaram uma que não é a verdadeira.

Todos sabem que Deng Xiaoping nasceu em 22 de agosto de 1904 (ano do dragão!), mas ninguém sabe exatamente a hora. É um dos grandes segredos da China. Mao Tsé-tung e Zhou Enlai não conseguiram fazer o mesmo. Nos anos 1920 ambos, vivendo em Xangai, foram ver — não se sabe se por brincadeira ou por que acreditavam realmente — o mais famoso astrólogo da cidade, um certo Yuan Shu Shuan. Quando em 1949 os nacionalistas deixaram a China e se refugiaram em Taiwan, entre as montanhas de documentos que levaram consigo havia também as fichas, com os respectivos horóscopos, que o Mestre Yuan tinha diligentemente preservado de todos os seus clientes. Aquelas pertencentes a personagens que, no meio-tempo, viraram famosos, foram publicadas. Com base na hora de nascimento que Mao e Zhou tinham dado ao Mestre Yuan, um astrólogo de Taiwan, em 1962, predisse que ambos morreriam no mesmo ano — 1976. Foi exatamente o que aconteceu.

Como todos sabem que na Ásia uma infinidade de decisões políticas são tomadas com base na astrologia, os serviços secretos de vários países na região empregam especialistas cuja tarefa é prever aquilo que os astrólogos de seus adversários podem pensar e sugerir determinadas escolhas diante de determinadas situações. É notório que os vietnamitas, os indianos, os sul-coreanos e os chineses dispõem, no próprio serviço de contra-espionagem, de uma seção de "Astrologia". Até os ingleses têm uma — baseada, não por acaso, em Hong Kong —, que se ocupa daquilo que os chineses fazem com o oculto. Aparentemente, cada vez mais, todas as antigas práticas, proibidas em quarenta anos de comunismo, voltaram a florescer não apenas entre as pessoas, mas também entre os próprios dirigentes comunistas.

Em 1990, poucos dias antes do primeiro aniversário do massacre de Tiananmen, exatamente naquela praça no centro de Pequim, ocorreu algo estranho. Em torno do mastro da bandeira um grupo de operários levantou um grande andaime e se puseram a trabalhar. Quando o andaime foi removido, descobriu-se que o mastro tinha sido erguido alguns metros e que a bandeira vermelha, símbolo da China, agitava-se mais alta do que fazia desde 1949. Ao que parece, tinha sido um grande especialista em *feng shui* que sugerira a Deng Xiaoping que ordenasse a obra para restabelecer a harmonia da praça e a boa fortuna da República Popular.

Recolhia essas histórias porque queria escrever um artigo sobre a importância da superstição na Ásia. Na verdade era também para descarregar as minhas dúvidas e convencer-me de que tivera razão ao mudar por um ano a minha vida com base em algo que não tinha absolutamente nada de racional. Mas será que não acontecia o mesmo com grande parte da vida à minha volta? Especialmente na Tailândia. Bastava observar.

Ninguém neste país se maravilha se, como aconteceu com o último governo, o ministro da Ciência e da Tecnologia, antes de tomar posse em seu cargo, consulta um monge budista para saber a hora propícia e decide adiar a cerimônia por três dias.

Na Tailândia é prática comum que certas importantes declarações sejam feitas em dias considerados auspiciosos, assim como não é estranho que um político cite os astrólogos para tranqüilizar a opinião pública sobre o estado da economia ou sobre problemas de segurança do país.

Durante a guerra no Golfo, quando a Tailândia, por causa de sua população filo-americana, temia estar na mira dos terroristas islâmicos, o primeiro-ministro Chatichai convocou uma conferência de imprensa e disse: "Não há com o que se preocupar. A Tailândia será poupada, conforme disse o meu astrólogo". Ninguém riu. Todos sabiam que Chatichai estava falando sério. Dois meses antes ele fez com que fosse removida uma pinta sob o olho esquerdo porque aquele mesmo astrólogo dissera que ela lhe trazia má sorte.

Em fevereiro de 1991, Chatichai foi derrubado por um dos habituais golpes de Estado dos militares. Depois de alguns meses de pacífico exílio em Londres, voltou a viver em Bangkok. Também nesse golpe de Estado o oculto parece ter jogado um papel relevante. Os generais que prenderam Chatichai e tomaram o poder acabavam de voltar de uma misteriosa viagem durante a qual foram "carregados" com a especial energia que, em 1988, permitira aos colegas birmaneses efetuar com sucesso seu próprio golpe de Estado.

Em Rangoon, os militares tailandeses foram conduzidos ao pagode de Shwedagon, e fizeram ofertas no mesmo templo visitado pelos generais birmaneses; depois, sem se descarregarem, ou seja, sem jamais tocar a terra, sempre caminhando sobre um tapete vermelho, foram até o carro e dali ao helicóptero, e deste ao avião, até o comando geral de Bangkok, onde, ainda "carregados", lançaram seu *putsch* — que obteve sucesso. Graças à energia birmanesa? Em Bangkok muitos acreditaram que sim.

Seu sucesso, todavia, não durou muito. Um ano após o golpe de Estado começaram as manifestações populares, e o general Suchinda, que naquele meio-tempo se tornara primeiro-ministro, deu ao exército ordem de disparar sobre a multidão. As vítimas contavam-se às centenas. Quantas, exatamente, não se saberá jamais. Um dos rumores foi que muitos cadáveres foram levados embora pelos soldados e queimados às escondidas em alguma zona remota da selva.

A crise foi resolvida com a intervenção do rei. Suchinda se demitiu, mas antes decretou uma anistia geral que o declarava, assim como os demais responsáveis pelo massacre, livre de qualquer ação legal. Os manifestantes — disse Suchinda — foram mortos não por culpa sua, mas porque era seu carma morrer. A população se conformou. Apenas um grupo de irredutíveis democráticos achou inaceitável que ninguém fosse punido pela morte de tanta gente e recorreu à magia negra para fazer justiça.

Um domingo pela manhã, na grande praça de Sanam Luang, diante do Palácio Real, teve lugar uma estranha cerimônia. Em um velho caixão foram colocados os nomes e as fotos de Suchinda e dos outros dois generais da junta, e então algumas viúvas queimaram pimentões e sal em tigelas de esmola quebradas. Caixão, viúvas e potes quebrados são símbolos de grande desgraça, e toda a cerimônia, celebrada de acordo com antigas fórmulas, destinava-se a colocar mau-olhado nos três e destruí-los.

Os generais, por sua vez, levaram o episódio muito a sério. Suchinda foi a um famoso bonzo para mudar de nome, de modo que o mau-olhado caísse sobre aquele que já não era mais o seu. Outro general, pelo conselho de um famoso monge, mudou a armação dos próprios óculos, aparou o bigode e comeu uma folha de ouro, a fim de que sua fala ficasse mais popular. O terceiro foi a um cirurgião para tirar as rugas que lhe davam má sorte, e depois, por via das dúvidas, pegou a amante e mudou-se para Paris como gerente de um restaurante.

Nenhum livro de história, especialmente os que serão escritos por ocidentais, contarão os acontecimentos do golpe de Estado e do massacre de Bangkok dessa maneira. Mas foi assim que a maior parte dos tailandeses os viveu.

Alguns estrangeiros que vivem há muito na Tailândia acabam por cair vítimas dessa atmosfera de magia e mistério e têm dificuldade de se libertar. Certa noite recebi o estranhíssimo telefonema de um inglês que ligava de Londres. Disse ter acabado de conseguir escapar da ilha de Pukhet, onde descobrira a verdade sobre garotas encontradas decapitadas.

"Sim? E qual é a verdade?", perguntei.

"Colocam as cabeças decepadas sob as pilastras da nova ponte para reforçar a estrutura", respondeu.

Na manhã seguinte telefonei a uma pessoa de confiança que morava há anos em Pukhet. Sim, era verdade: tinham ocorrido casos de garotas encontradas sem cabeça e também ele ouvira a história da ponte. Mas era muito mais verossímil que as garotas fossem prostitutas, vítimas de alguém praticando extorsão, que as matava e jogava fora suas cabeças para que não fossem reconhecidas.

Um encontro que me encorajou muito a insistir em meu propósito de ficar com a "superstição" foi aquele com os estudiosos da Escola Francesa do Extremo Oriente. A Escola é uma belíssima instituição, fundada no início do século para encorajar o estudo daquela parte do mundo na qual a França tinha estabelecido suas colônias — sobretudo a Indochina. Seus interesses se estenderam desde então ao restante da Ásia.

Pela primeira vez na sua história, a Escola organizou, aqui mesmo na Tailândia, um congresso de todos os seus estudiosos. Fui ouvi-los falar de suas pesquisas e descobri, para minha grande surpresa, que alguns deles estavam trabalhando exatamente sobre temas que interessavam também a mim.

Uma das comunicações que mais me impressionou foi a de um etnólogo que se ocupava do renascimento das práticas ocultas do taoísmo na província de Fukien, no litoral da China. Contou que numa noite de lua cheia assistiu a uma cerimônia na qual um homem, que tinha sido envolvido por grandes bandagens e imobilizado com cordas, subitamente tinha saído correndo como uma flecha pelos arrozais, arrastando atrás de si toda a população do vilarejo, inclusive o secretário local do partido comunista.

Era uma história como aquela contada por Alexandra Davied Neel sobre o Tibete dos anos 1930. Só que dessa vez se referia à China do ano 1993, e era contada por um estudioso, insuspeitável de exagero!

Existia algo no ar que me dava razão.

7. Os sonhos de um bonzo

O ACASO? DIFÍCIL DIZER QUE NÃO EXISTA, mas de algum modo ia me convencendo de que grande parte daquilo que parece acontecer "por acaso" somos nós que o provocamos. Somos nós que, uma vez alterados os óculos com os quais enxergamos o mundo, vemos aquilo que antes nos escapava e por isso acreditamos que não existia. O acaso, em suma, somos nós.

Em fins de fevereiro, o dalai-lama fez uma breve visita a Bangkok. Havia anos que alguns tailandeses, meu amigo Sulak na primeira fila, fizeram de tudo para que o chefe espiritual do budismo tibetano recebesse um visto de ingresso. Mas os governantes de Bangkok, budistas, sim, mas sobretudo interessados em negócios, não queriam ofender de jeito nenhum a China, e o tal visto, com uma ou outra desculpa, não lhe era concedido nunca. Dessa vez, porém, marcaram um encontro em Bangkok todos os Prêmio Nobel da Paz. O dalai-lama estava entre eles, e excluí-lo teria sido extremamente embaraçoso. Assim o fizeram vir, mas apenas durante poucas horas; e o rei, para não encontrá-lo, trocou a cidade por sua residência de campo, onde, somente quando se assegurou de que o dalai-lama já havia partido, recebeu o restante da delegação.

Nas poucas horas em que permaneceu na cidade, o dalai-lama viera ao Clube dos Correspondentes Estrangeiros e ali, diante da mais apertada multidão já reunida naquela sala no vigésimo andar do Hotel Dusit Thani, lançou seu apelo pela liberação de Aung San Suu Kyi, a heroína do movimento pela democracia, ainda prisioneira dos militares birmaneses (este era o objetivo da visita), e falou em bondade, amor, pureza de coração e paz.

Fiquei muito desiludido com aquele discurso e não me consolou o fato que no final, com aquele seu modo de ser benévolo e sorridente, o dalai-lama desceu da tribuna, parou à minha frente e, como se me reconhecesse, juntou as mãos diante do peito. Quando devolvi do mesmo modo a saudação, ele me pegou com força pelos pulsos, me fez augúrios bem calorosos e me deu algumas bênçãos.

"Mas ele é sempre assim, terra-a-terra, assim tão simples, o dalai-lama? Falou como um pároco do interior!", disse como provocação a um dos monges que se apressava atrás dele. Estava vestido, como os demais, com uma bela túnica violeta, com dobras amarelas e vermelhas — mas as feições eram as de um ocidental. Notara-o durante todo o tempo porque, com um sorriso feliz, como se cada palavra do dalai-lama fosse a mais apropriada, a mais bela, a que tivesse mais sentido, esteve duro como um pau bebendo de seus lábios.

"A grandeza também pode se manifestar na simplicidade. Esta é a grandeza do dalai-lama", disse o monge com seu inalterável e feliz sorriso. Falava um inglês perfeito, mas pelo sotaque percebi que não era anglo-saxão.

"Não, não. Sou italiano", disse ele.

"Italiano? Eu também!"

Obviamente aquele não foi um acaso. Stefano Brunori, cinqüenta anos, florentino, ex-jornalista, há vinte anos monge tibetano com o nome Gelong Karma Chang Choub — era como se já o estivesse procurando! Coincidência demais para ser fruto do acaso! Chang Choub vive habitualmente em um monastério de Katmandu, mas seus "mestres" (aliás, esta definição me apaixonava: deve ser belo ter "mestres"; eu há tempos não os tinha mais... Será porque ter um implica o dever de obedecê-lo?) lhe deram permissão para ir à Tailândia para se tratar de uma gastrite causada pela duríssima dieta de monge, feita apenas de verdura comida às pressas e sem prazer antes do meio-dia. Ao lado da nossa casa havia um ótimo hospital no qual poderia fazer todas as análises necessárias, e assim Chang Choub se estabeleceu na Turtle House.

Passamos três dias, da manhã até a noite, juntos, conversando. Nas nossas vidas havia tantas semelhanças e paralelos que cada um de nós, obviamente sem dizê-lo, via no outro aquilo que poderia ter sido, e naquele delicado jogo de espelhos foi fácil fazermos amizade. Talvez para nos conhecermos um pouco melhor.

Tendo deixado Florença para trás, tínhamos ambos ido pelo mundo afora e ambos, em 1971, chegamos à Ásia. Eu, na aventura, com Angela, dois filhos pequenos e duas malas, decidi me tornar jornalista. Ele, também com uma mulher estrangeira, mas sem filhos e já em crise com o trabalho, era mais "*on the road*", pé na estrada, como se dizia daqueles que, sem uma meta precisa exceto a de viajar, freqüentemente com meios improvisados, da Europa para a Ásia; e acabavam por se perder em algum *ashram* da Índia, nas praias de Goa ou Bali, ou com hepatite em algum albergue do Exército de Salvação. O pé na estrada o levara ao Nepal. Em Katmandu lhe "aconteceu alguma coisa, dentro", como dizia. Separou-se da mulher, entrou como noviço em um mosteiro da seita tibetana e, depois de algum tempo, fez os votos. Foi o próprio dalai-lama a lhe ordenar monge.

Desde então era como se tivesse se liberado do peso da vida. Não possuía mais nada, o ritmo de seus dias era regulado pelos horários do mosteiro, todas as decisões que lhe diziam respeito eram tomadas pelos seus "mestres". Eles estabeleciam se podia ir estudar outro método de meditação, se sua mãe podia vir encontrá-lo. Um ano antes, eles tinham lhe dado a permissão e o dinheiro para passar o inverno em um mosteiro budista de Penang.

Daquela estada Chang Choub contava uma história divertida. Todas as manhãs, como os outros monges, saía na aurora com grandes tigelas de esmola para recolher comida oferecida pelos fiéis. Sendo estrangeiro, atraiu a atenção das pessoas do lugar, todas de origem chinesa. Depois de alguns dias dando regularmente generosas colheradas de arroz da melhor qualidade, uma mulher que estava na beira da estrada, sempre com a filha ao lado, perguntou-lhe um número para jogar na loteria.

"Não lhe dou números", respondeu Chang Choub. Passaram-se outros dias e sua tigela continuava a se encher com o bom arroz da mulher. Uma manhã ela lhe mostrou a mão com a palma virada para cima e disse: "Leia para mim!". "Não leio as mãos", rebateu Chang Choub. Ao se afastar, ouviu a mulher virando-se para a filha e dizendo: "Este monge estrangeiro é mesmo um abusado!". Dali em diante não obteve mais arroz.

O tema me dizia respeito, e assim terminamos logo por falar do meu adivinho de Hong Kong e de seu significado. O fato de que eu tivesse decidido levar em conta a advertência e passar o ano sem voar reduzia um pouco a distância entre as nossas existências. Entrei eu também numa ordem de idéias que nada tinha de florentina. Eu também me deixei andar pelas vias da Ásia e ele se sentia assim mais compreendido.

As profecias? Claro, dizia, os monges de grande capacidade meditativa podem ver o futuro. Mas não é com este objetivo que meditam e são reticentes em dizer aquilo que sabem, porque não querem virar fenômenos de circo. Os verdadeiros iluminados, como Buda e Cristo, não amavam fazer milagres só para convencer os descrentes. Era óbvio que sabiam fazê-los, mas recorriam a eles apenas quando era absolutamente necessário.

Sempre gostei da história de Buda que chega a um rio, as pessoas lhe pedem para atravessá-lo caminhando sobre as águas, e ele, indicando o barco, diz: "Com aquele lá é mais fácil".

Muitos monges tibetanos desenvolveram poderes especiais, e o próprio dalai-lama, além de vários conselheiros, tem seu oráculo pessoal que o ajuda a prever o futuro e a tomar decisões. Em 1959, quando as tropas de Mao estavam entrando em Lhasa, foi ele a dizer ao dalai-lama exatamente quando partir e qual direção tomar. A fuga teve sucesso. Aquele mesmo oráculo, diz-se, está agora convencido de que os chineses em 1996 perderão o controle sobre o Tibete e que o país obterá novamente a sua independência. Não falta muito para ver se ele tem razão!

Chang Choub falava de sua vida de bonzo com divertimento. Era como se visse tudo o que contava de fora, com aquela ironia que um florentino teria — e eu, ainda que sob controle, o tinha! — diante de alguém como ele, um ocidental que vira monge tibetano: algo que não se enquadra, que não está de pé!

Sobre os primeiros anos, disse que tinham sido duríssimos. A dieta e o frio o tinham debilitado e adoecia com freqüência. Uma coisa da qual não se habituara jamais, e que de resto, com o tempo, se tornava sempre mais insuportável, era o som dos longos cornos para acordar às três da manhã. "Se fosse Beethoven, Bach... o sujeito se levantaria com a maior disposição, mas aquele boooooooo... boooooooo, com um único tom que não muda nunca, de um dia ao outro, boooooooo... boooooooo... coloca à dura prova todo o meu já conquistado desapego às coisas do mundo", disse ele quase com raiva.

Também sobre o aspecto religioso da sua escolha falava com distância. "O próprio Buda disse para colocar tudo em discussão — seja os mestres ou Buda em pessoa", repetia como se quisesse justificar uma incerteza profunda que, mesmo após tantos anos, ainda lhe restava. O que para mim me soava estranho era seu modo de falar dos "mestres". Sobre um com o qual estudara disse: "Você entende, aquele lá está avançadíssimo. É alguém com mais de duzentos anos de meditação nas costas". Sobre outro, que queria encontrar, foi preciso: "Tem apenas nove anos, mas na última vida foi um grande mestre e esta poderia ser sua última reencarnação".

A propósito deste contínuo renascer dos grandes "mestres", ou dos "muito avançados" como ele os definia, Chang Choub dizia que a esmagadora maioria dos reencarnados nasce em famílias de gente simples, quase todos camponeses, porque isso facilita seu desenvolvimento. Porque assim, quando crianças, crescem no campo e próximos às montanhas, fazem suas primeiras experiências de modo puro na natureza.

Vivi grande parte da minha vida em meio aos chineses, em sua maioria budistas, para os quais é natural pensar que um homem passe através de uma longa série de vidas, achando-se em cada uma delas no corpo de qualquer ser vivente. Mas tal idéia nunca tinha me tocado de verdade, e a primeira vez que pensei no assunto, mesmo com relação a mim próprio, foi depois do encontro com o adivinho cego. Falando com Chang Choub, que dava como certa a reencarnação de todo mundo, entendi ao menos o conceito profundo dessa crença. Nosso existir não é senão um anel em uma longa corrente de tantas vidas e tantas mortes. A cada nascimento, com o corpo, nos vem uma soma de tendências e potencialidades que são resultado do caminho espiritual feito em vidas precedentes — este é o nosso carma. Com esta bagagem partimos de novo, às vezes para a frente e às vezes para trás, do ponto no qual tínhamos chegado. Esta bagagem, feita — digamos assim — de sapiência, nada tem a ver com o conhecimento miúdo do mundo que cada qual deve acumular novamente por conta própria. Até mesmo na reencarnação de um grande guru, este deve aprender novamente que o fogo queima, que a água afoga e assim por diante. Não é raro que "mestres" muito "avançados" tenham uma visão de suas vidas precedentes e se recordem com precisão de certos particulares.

É uma anedota clássica aquela do menino, filho de camponeses, que diz: "É meu, é meu", ao ver o rosário do dalai-lama morto há pouco nas mãos do monge que, vestido como mendigo, vaga pelo Tibete à procura da reencarnação do lama. Encontrou-a naquele menino. O menino então é levado ao Potala, pára diante de um muro e quer entrar ali, exatamente onde no tempo de sua vida precedente havia uma porta de ingresso que acabou sendo murada mais tarde.

Mais recentemente, os crentes contavam entre si a história do menino que, assistindo nos braços da mãe a uma antiga dança ritual entre os tibetanos exilados na Índia, subitamente se põe a gritar: "Não. Não. Não é assim". Corre entre os monges e, em transe, começa a se mover como se fosse um grande e velho dançarino. Depois que todos se prostram, reconhecendo nele a reencarnação de um grande mestre, o Karmapa, o menino volta a ser menino no colo da mãe.

Falar de tudo isso com Chang Choub — e insistia em chamá-lo assim para sublinhar o fato de que o aceitava como ele queria ser — era como fazer uma grande viagem sentado na varanda da Turtle House, como tirar férias da vida normal. Gostava muito de estar com ele, mesmo se devia prestar atenção para não ofendê-lo com meu ceticismo ou, pior, com uma postura de condescendência que ele teria imediatamente percebido. Claro, não lhe dizia "Sim, muito bem!", como faria com um doido, mas às vezes com o simples fato de adotar a sua linguagem, de falar em "mestres" e "reencarnados", parecia que eu resvalava aquela margem.

"Mas você não pode acreditar *stricto sensu* na reencarnação! Com a população do mundo que aumenta constantemente, de quem são reencarnações todos os milhões de indivíduos que nascem a mais a cada momento?", dizia eu, banal e prosaico, exatamente como o sujeito que pede a um santo para provar a existência de Deus fazendo um milagre. Chang Choub não fazia milagres; aliás, estava bem longe disso. Tinha aprendido várias técnicas de meditação, foi aluno de grandes mestres, vivera durante meses como eremita numa caverna, mas ele mesmo dizia, com notável tristeza, não ter alcançado grande coisa.

"Mas qual é a meta?", perguntei. "Qual é o sonho de um monge como você?" E pela primeira vez ouvi aquela palavra.

"O *satori*."

"O que é isso?"

"Um instante de grande clareza. O instante durante o qual você está acima de tudo."

"Um instante. E você nem sequer por um instante chegou até ele?"

Disse que não, e era como admitir uma grande derrota. Tinha toda a minha simpatia. Sobre este ponto havia pouco mais a dizer. Cabia a mim encontrar uma razão pela qual esses vinte anos de esforço, de sacrifício, de fidelidade a tantos votos, de silêncio, de frio, de arroz com verdura — e ainda por cima daqueles horríveis sons de cornos na aurora! — podiam ter sido tão avaros.

Vinte anos de sacrifício e de íntima solidão — porque não posso imaginar que, em um mosteiro de Katmandu, entre monges nepaleses, um florentino tenha modo de falar sobre suas dúvidas, de buscar consolo — sem a recompensa do *satori*, daquele instante de graça, nem que fosse um único, brevíssimo, daqueles que os mestres pudessem imediatamente reconhecer e certificar. Um instante que outros, com menos prática que ele, conseguiram obter. Chang Choub contou que um monge seu conhecido obteve o *sartori* depois de apenas dois anos de exercícios. Assim, de repente, um dia enquanto guiava sobre uma auto-estrada da Califórnia.

Pela manhã, Chang Choub punha-se na nossa *salà*, o pequeno pavilhão de madeira sobre estanho, recolhido, imóvel, meditando com os olhos fechados. De longe eu o observava, mas não conseguia me liberar daquela sensação de infelicidade que sua presença me transmitia.

Havia entre a cor da sua pele e a da sua túnica uma profunda contradição. Assim como havia contradição naquela posição, sentado no chão com as pernas cruzadas. Sentia nele, homem tão ocidental vestido com roupas tão asiáticas, algo de desafinado, fora do lugar. Imaginava como um dia, circundado por aqueles monges, seus irmãos só de palavra, falando uma língua que não era a sua, em um lugar onde nem um som ou um odor era familiar, Chang Choub poderia vir a se sentir terrivelmente só. Só como nunca, ao fim de uma vida da qual seria o caso de perguntar, como talvez já tivesse ocorrido a ele, se não a desperdiçou perseguindo a meta dos outros, atrás de uma ilusão que não era nem mesmo a sua.

A crise de Stefano Brunori, vinte anos antes, era óbvia. Era a mesma crise que, de uma ou de outra forma, antes ou depois, acaba se manifestando em todo mundo. Basta começar a se colocar perguntas para descobrir que algumas, especialmente as mais simples, não têm respostas claras. É preciso procurá-las. Mas onde? Ele tinha tomado a direção menos óbvia, uma direção difícil. Foi atraído talvez pelo exótico, pelo diverso. Aquelas palavras estrangeiras, novas a seus ouvidos, lhe diziam muito mais do que as velhas e conhecidas da sua língua. O *satori* parecia realmente prometer mais que a "graça".

Ainda assim, se aquele florentino em crise tivesse se colocado "a caminho" no interior da própria cultura, se tivesse virado franciscano ou jesuíta, se tivesse se retirado em Camaldoli ou La Verna, em vez de um mosteiro do Nepal, talvez tivesse encontrado uma estrada mais familiar, mais adequada, menos solitária. E ao menos teria poupado a si mesmo o som daqueles terríveis cornos matinais!

Ele também era vítima do exotismo? Do dever de procurar em outro lugar? Como eu, no fundo, que teria perfeitamente podido ser jornalista na Itália e encontrar ali os vietcongues a quem apoiar, buscar ali as verdades escondidas, viajar por um país no final das contas tão exótico quanto a Ásia e ainda a ser contado.

Quando Chang Choub partiu, era como se tivéssemos nos conhecido há muito mais tempo que três dias. Na sua opinião, na conferência do dalai-lama, nós simplesmente nos reencontramos. Eu tinha de fazer um esforço para aceitar aquele "re-", mas de certo modo também me sentia ligado a ele por tantos e tão estreitos fios que com todo gosto teria continuado a esmiuçá-los. Discorrer sobre a sua vida me fez refletir sobre a minha. Falando com ele, coloquei pela primeira vez em foco a palavra meditação. Entendi a possível relação entre a mente, exercitada por meio da meditação, e os "poderes", inclusive o da vidência. Pela primeira vez ouvi falar de técnicas de meditação e fui encorajado a prová-las. Sei que é estranho, mas é assim. Quantas vezes teria visto o anúncio dos cursos de Meditação Transcendental, quantas vezes ouvi sobre jovens que iam meditar num templo no Sul da Tailândia? Nunca prestei atenção. Parecia-me um mundo de outros, de gente à margem, um pouco maluca, coisa para drogados à procura de salvação. Em resumo, algo que pessoalmente não me dizia respeito.

Chang Choub, com sua vida, colocou tudo isso de novo à minha frente e me fez pensar que sim, podia dizer respeito também a mim. Quando deixou a Turtle House, com seu saco de pano violeta meio vazio a tiracolo, tive a impressão de que soltasse atrás de si muitas pedrinhas brancas — ou será miolo de pão? —, como a me indicar o caminho de novas explorações.

Prometemos um ao outro que nos reveríamos na Índia. Faz anos que digo ter a Índia no meu futuro. Por isso levei para lá a família a fim de celebrar o meu quadragésimo aniversário, declarando a todos que um dia teríamos uma casa naquele país. De início, a razão era simples. Virei politicamente adulto nos anos 1950, quando se interessar pelo Terceiro Mundo, como então era chamado, significava dar de cara com dois mitos: Gandhi e Mao. Eram duas soluções diferentes para o mesmo problema, duas apostas contraditórias sobre os destinos dos dois maiores países do mundo, duas hipóteses de filosofia social da qual parecia que também tínhamos algo a aprender. Como além do mais passei anos em meio aos chineses procurando entender o desastre que representara para eles o mito de Mao, parecia-me lógico que um dia eu fosse conferir entre os indianos o que acontecera com o mito de Gandhi. Toda vez que, vivendo em Pequim ou em Hong Kong, ficávamos fartos com o prosaísmo, com o pragmatismo dos chineses, ou percebíamos em nós mesmos o contágio de certas reações chinesas, dizíamos: “A Índia, a Índia”. A Índia tinha se tornado, para mim e para Angela, o antídoto contra “o mal amarelo”, o envenenamento feito de amor e desilusão, de pequenas e infinitas irritações, e de grande fidelidade que se apodera de todos aqueles que colocam por algum tempo raízes no Império do Meio e descobrem depois não poder mais se separar dele.

Teria ido espontaneamente viver na Índia quando os chineses, em 1984, tomaram por mim uma decisão que jamais conseguiria tomar por conta própria. Fazendo sem querer um grande favor, me prenderam e me expulsaram do seu país. Mas naquela altura não consegui fazê-lo, e assim se passaram outros anos. Não inutilmente. No meio-tempo vivi cinco anos no Japão, outros três na Tailândia, e à velha razão para ir à Índia juntou-se uma nova e muito mais importante: quero ver se a Índia, com sua espiritualidade e sua loucura, é capaz de resistir à desencorajante onda de materialismo que está varrendo o mundo. Quero ver se a Índia é capaz de sustentar-se como baluarte, de permanecer diferente. Quero ver se na Índia continua viva a semente de uma humanidade que tem outras aspirações além daquela de correr ávida rumo à modernidade do Ocidente.

Vivendo em Bangkok, tive diante dos olhos o exemplo mais gritante de um desenvolvimento enlouquecido, das horríveis conseqüências daquela lógica modernista que ninguém consegue parar e que está na base do embrutecimento e da perda de identidade da Ásia. Olhando à minha volta, várias vezes disse a mim mesmo que não existe mais cultura alguma em condições de resistir, de se exprimir com renovada criatividade. A cultura chinesa, humilhada pelo confronto com o Ocidente, é moribunda há pelo menos um século, e Mao, não por acaso procurando fundar uma "Nova China", acabou por matar aquele pouco da antiga que ainda restava em pé. Sem ter mais o que recuperar, os chineses agora não sonham senão em virar americanos, com os estudantes que marcham sobre Tiananmen atrás de uma cópia da Estátua da Liberdade de Nova York, e os velhos dirigentes marxistas-leninistas que fazem esquecer os próprios delitos e a própria vontade de continuar agarrados ao poder permitindo a todos correr atrás dos sonhos e das ilusões do bem-estar ocidental.

Qual outra cultura na Ásia tem ainda uma carga de fantasia, ainda está em condições de se regenerar, de produzir seus próprios modelos, suas próprias alternativas? A khmer, morta com Angkor há oito séculos e novamente assassinada na absurda tentativa de reanimá-la com Pol Pot e os khmer vermelhos? A vietnamita, capaz de se definir apenas em termos de independência política? Ou a balinesa, agora ela também produzida em doses prontas para o uso dos turistas?

A Índia, a Índia!, dizia-me, cultivando a esperança — ou talvez a ilusão — de um último reduto de espiritualidade. A Índia, onde existe ainda loucura o bastante; a Índia que dá hospitalidade ao dalai-lama; a Índia onde o dólar não é ainda a única medida de grandeza. Por tudo isso fiz planos de ir à Índia, e marquei lá um encontro com o outro fugitivo de Florença, Chang Choub.

Durante dias sua presença permaneceu na casa. Convidara para o jantar um estudioso da Escola Francesa do Extremo Oriente para que me falasse de seus estudos sobre os "poderes" das tatuagens budistas, e quando lhe falei sobre o estranho hóspede que tive, disse: "Lembro-me muito bem dele em Katmandu, vinte anos atrás. Chegara com uma mulher inglesa, mas foi tomado por uma crise mística e a deixou. Sim, tinha sido um jornalista". Que incrível, digamos, acaso!

Alguns dias depois veio me encontrar uma riquíssima senhora de Hong Kong. Viera a Bangkok para encontrar seu guru, um monge tibetano seguidor do dalai-lama, "um mestre avançadíssimo", um dos grandes *socialites*, com casa em Nova York, Paris, Londres, sempre acompanhado por uma corte de mulheres desse tipo, habitualmente belas e endinheiradas. Ele vive como guru, e as mulheres pagam suas contas, compram suas passagens de avião, organizam a sua vida. "É a reencarnação de um grande mestre, não consegue se ocupar dessas coisas", disse, compreensiva, a tal senhora, vítima com consentimento — talvez como Chang Choub? — da grande, sutil e histórica vingança do Tibete.

Realmente extraordinário, o Tibete! Durante séculos se manteve fora do mundo, fechado, inacessível, e durante séculos no isolamento, isentando-se de qualquer outro campo de investigação, pratica a "ciência do interno". Depois chegam os primeiros exploradores. No início do século os ingleses entram em Lhasa, dali a cinqüenta anos os chineses ocupam o país, fazem nele uma espécie de colônia e 100 mil tibetanos escapam. Mas é com aquela diáspora que se arma a bomba-relógio da vingança.

O budismo tibetano, antes praticado exclusivamente em regiões do Himalaia e na Mongólia, se propaga no mundo. A capital do dalai-lama no exílio, a Dharamsala, ao norte de Delhi, vira meta de peregrinação para milhares de jovens ocidentais em crise. Os gurus tibetanos que se instalam em toda parte, da Suíça à Califórnia, tomam o lugar dos *yogis* que tinham no passado conquistado a alma da Europa em busca de exotismos. Os dogmas, antigamente secretos, viram best-sellers. Jovens gurus, nascidos já na Índia e com a única pretensão de ser a reencarnação de algum velho mestre tibetano, viram os porta-vozes dessa ancestral sabedoria, seguidos por milhares de adeptos em todo o mundo e auxiliados por pequenos círculos de monjas laicas e ricas. Bernardo Bertolucci faz um filme sobre Buda — na interpretação tibetana — e tem como conselheiro um desses jovens gurus, nascido e crescido fora do Tibete, mas obviamente também ele a reencarnação de um dos grandes. O Tibete está na boca de todos, o dalai-lama se torna uma figura mítica, uma espécie de segundo papa, o papa amarelo, recebido por todos como chefe espiritual, mas também como chefe do governo tibetano no exílio.

Os chineses, ocupando o Tibete, indiretamente jogaram as sementes do budismo tibetano no mundo e praticamente colocaram uma bomba em casa. A simpatia pela causa tibetana cresce. O interesse pelo aspecto espiritual se torna político, e o dalai-lama, que entra como hóspede de honra no Vaticano, na Casa Branca, no Eliseu e nas várias chancelarias do mundo, se transforma no símbolo da luta contra o regime totalitário de Pequim.

A outra cara da mesma verdade é que os "gurus tibetanos", vindos miticamente das cristas do Himalaia, representantes de um povo vítima, portadores de espírito, são o álibi perfeito para as pessoas voltadas ao materialismo; e exatamente por isso sentem a necessidade de se redimir entrando em contato com "as forças cósmicas", observando as próprias "vibrações extra-sensoriais" e estabelecendo relação com o oculto.

A generalizada desorientação de que a nossa cultura sofre faz com que as pessoas percam sua antes natural resistência contra esse tipo de fraude. Qualquer charlatão se encontra hoje em condições de vender suas poções, desde que saiba lhes dar um nome ou uma aparência exótica.

Serei eu também vítima desse fenômeno? Será por isso que passei dias ouvindo Chang Choub? Ou ainda que jogo com a profecia de não tomar aviões e que digo "sim" quando se trata de ver um novo adivinho?

* * *

A mulher que contratei como intérprete na visita ao adivinho cego conseguiu marcar um encontro com seu bonzo astrólogo. Assim, uma tarde, sempre fingindo estar de passagem por Bangkok, fiz com que ela e uma amiga viessem me pegar no saguão do Oriental Hotel.

Esta amiga era de origem chinesa, mulher de negócios, importadora de instrumentos médicos para os hospitais da Tailândia, e guiava um Volvo. Ela estava também na faixa dos 45 ou cinqüenta anos de idade e deve ter sido bonita um dia, mas acabou relaxando com a balança. "Por pouco amor!", decidi observando-a, e me diverti pensando que, a partir daquela observação, teria podido igualmente fazer o papel de adivinho, falando a ela sobre seu passado e seu futuro.

Atravessamos o Chao Paya por uma de suas várias pontes. No bairro de Bang Khun Non deixamos a rua sórdida e ordinária de cimento, com amontoados de lixo, os casebres sem forma, e nos adentramos numa ruela velha e íngreme. Depois de uns duzentos metros chegamos ao espaço calmo e silencioso de um templo budista. Não era daqueles brancos e dourados, com cacos de cerâmica e de espelho quebrado luzindo ao sol, mas um templo simples, austero, todo de madeira, com longos dormitórios. O teto tinha belas entalhaduras sob o ladrão, e nas amplas janelas viam-se as túnicas alaranjadas dos bonzos penduradas, secando após a lavagem. Fazia um calor sufocante, mas duas grandes árvores, com frondas bem escuras, davam ao complexo de edifícios um grande frescor.

O monge que buscávamos tinha também seus cinqüenta anos e estava sentado sobre o pavimento de madeira *teak* na sombra de um belo e largo terraço, cercado de latas de café, bules chineses, taças e vasos, rolos de papel higiênico, maços de cigarro e dois ventiladores. Um casal de jovens parentes servia como assistentes, oferecendo-lhe, com os habituais gestos de submissão, tudo de que precisava. De vez em quando exibiam um menino de poucos meses que dormia com a mamadeira na boca, inocente, entre dois grossos tomos de astrologia e um quadrante de geomancia.

O bonzo que tinha uma bela cabeça e tatuagens no peito e nos braços, bebia chá continuamente e fumava um cigarro depois do outro. O budismo tai é extremamente tolerante e permissivo. Um dos mandamentos de um monge é não usar substâncias tóxicas, e a maior parte dos budistas inclui o tabaco nessa categoria. Não é o caso dos tailandeses, que consideram o cigarro e o chá os melhores meios para combater a fome no longo período de jejum cotidiano.

Também ler o futuro seria contra as regras. Buda tinha proibido a sua prática, mas nisso os tai seguem a tradição de um discípulo, Mogelana, que, logo depois da morte do Mestre, com os poderes adquiridos graças a seus ensinamentos e à meditação, pôs-se a viver como adivinho.

O bonzo nos acolheu com um grande sorriso e um belo arroto. Era meio-dia, ele tinha acabado de terminar sua grande refeição do dia e, até a aurora da manhã seguinte, não comeria mais nada sólido.

A mulher de negócios foi a primeira a se abaixar, arrastando-se de joelhos. Era a segunda vez que ia até lá, mas sem dizer seu nome nem com quem era casada. O marido era um fiel discípulo e assíduo freqüentador daquele bonzo; e ela, sem que o cônjuge soubesse, queria justamente ouvir a previsão do futuro feita pela mesma pessoa que fazia previsões para ele.

A sessão durou cerca de uma hora, mas a parte surpreendente ocorreu logo no início. "Seu marido está cheio de amantes e você deveria pedir o divórcio", disse o bonzo. A mulher achou a coisa engraçadíssima. Minha intérprete me explicou que a história das amantes era verdadeira e que sua amiga já tinha feito os preparativos para se divorciar. Temia apenas que o marido não assinasse os documentos ou que lhe tivesse pedido um rio de dinheiro para fazê-lo.

"Você deve deixar a casa na qual vive com seu marido e ir morar em outro lugar. Se fizer a mudança no mês de outubro, tudo vai dar certo", continuou o bonzo, e a minha intérprete me sussurrou que a amiga, às escondidas, já tinha comprado um apartamento só para si.

"Uma vez na nova casa", continuou o bonzo, "você terá uma escolha a fazer: um novo marido ou muito dinheiro. Atenção: se tiver mesmo um único namorado, não será jamais rica." Diante da perspectiva de virar rica, a mulher nem queria saber de namoro e disse: "Venerável monge, se me ajudar a obter cem milhões de *bath*, lhe comprarei um Mercedes!". E como para mostrar que falava sério, tirou de uma grande bolsa que trazia consigo uma bela garrafa térmica elétrica e a ofereceu cerimoniosamente com as duas mãos e com o rosto abaixado, quase tocando o pavimento.

O resto, especialmente na tradução, virou banal e pouco interessante, e eu acabei por me cochilar debruçado sobre uma bela mesa de madeira. Fui acordado quando minha intérprete também já tinha se consultado. Era a minha vez.

Escrevi sobre um pedaço de papel o dia e a hora do meu nascimento. Não a de Florença, às oito da noite, mas a hora equivalente de Bangkok, às duas da tarde. Na verdade, nunca soube com certeza a hora do meu nascimento, nem me preocupava conhecê-la. Lembrava-me apenas que minha mãe dizia ter acontecido "antes do jantar".

O bonzo fez longos cálculos, consultou o quadrante e um grande livro, depois com uma esferográfica, sobre um pedaço de papel em branco, traçou círculos em meio a um quadrado — meu horóscopo, aparentemente —, esboçou alguns sinais e me pediu para responder às suas perguntas. Tinha de verificar, disse, se a hora de nascimento que tinha lhe dado, especialmente com a diferença de fuso horário, era correta, e a única maneira de fazê-lo seria conferir com alguns fatos do meu passado, de modo a assegurar-se de estar lendo o futuro justo. Era como se existissem diversas cartelas para diversos tipos de destino, e ele, antes de ir adiante, precisasse saber se estava consultando a certa. Para fazê-lo era necessário verificar alguns dados objetivos do meu passado.

"*Você é rico?*"

"Não", respondo, novamente surpreso que esse negócio de dinheiro seja uma obsessão de todos os adivinhos, bonzos ou cegos.

"*Mas os números dizem que você é*", insistiu ele. Explico-lhe que quando pequeno minha família era tão pobre que, durante a guerra, não tínhamos o bastante nem para comer, e que minha mãe fazia de vez em quando estranhos "doces" nos quais acrescentava até serragem.

O bonzo faz umas caretas, olha de novo para seus sinais no horóscopo e continua: "*Mas você no passado fez grandes negócios, e uma vez chegou inclusive a perder vários milhões de uma vez*".

"Não. Nunca fiz negócios e em toda minha vida não me lembro de ter comprado uma coisa para depois revendê-la", digo-lhe.

O bonzo fica mudo e assume um ar preocupado: "*Mas talvez a hora na qual você diz ter nascido não seja correta. É possível que tenha sido meia hora antes?*". Tem um momento de hesitação: "*Aliás, não é possível que você tenha nascido quarenta e cinco minutos antes?*", disse com ar de quem se desculpa.

"Muito possível", respondo. "Além do mais, pode ser que em 1938 na Itália existisse o horário de verão... e a diferença com Bangkok seria de uma hora a menos."

Isso o reanima. "*Diga-me se é verdade aquilo que estou para dizer agora e teremos certeza de saber a hora exata.*"

Estou pronto.

"*Você está casado há muitos anos...*" (Bravo! Agora sim!, respondo-lhe mentalmente.) "*... sua mulher tem um caráter mais forte que o seu...*" (Difícil admiti-lo, mas é verdade!) "*... e você é alguma coisa como escritor ou jornalista!*" (E essa agora?!) "*Seu cérebro funciona bem, você é um tipo direto e sincero.*" (Talvez sim!)

Admiti que era mais ou menos tudo verdade e ele exulta: "Então não se esqueça de dizer, sempre que visitar um astrólogo: não oito, mas sete, sete e quinze!". E com isso dá início às suas previsões.

"*Você tem uma couraça em torno a si, seus inimigos não podem lhe fazer nada, nem mesmo feri-lo. Quanto ao dinheiro...*" (Olha aí esse tal dinheiro novamente!) "*... você o terá sempre, às vezes mais, às vezes menos, mas não será nunca pobre. Você é inteligente e seu número da sorte é o cinco. Você tem uma vida de altos e baixos. Às vezes você fica exaltado, às vezes deprimido...*" (Corretíssimo, o mesmo aparece em todos os horóscopos de Virgem!) "*Se você tem projetos de fazer algo de especial este ano, coragem, faça-o! Este é um ano bom.*" (Claro que tenho um plano: o de não voar...) "*1990 e 1991 não foram anos particularmente bons...*" (Errado. Especialmente 1991 foi um ano esplêndido. Fiz minha grande viagem através da União Soviética, escrevi um livro...) "*Já os anos que estão para vir serão ótimos.*"

"Venerável, não se vêem perigos na minha vida?", pergunto.

"*Ótima pergunta*", diz satisfeito. "*Não. Não vejo nada*", sentencia depois de ter feito longos cálculos.

"Mas como? Anos atrás me disseram que 1993 seria para mim um ano perigoso e que não deveria tomar aviões..."

O bonzo olha e volta a olhar seus mapas, e mais que convencido diz: "*Não, absolutamente não. No passado sim, você esteve em perigo de vida várias vezes. Mas agora não. Outra pergunta?*".

"Onde seria melhor que eu vivesse, na Ásia ou na Europa?", pergunto.

O bonzo agora não se sente à vontade e começa a tagarelar: "*Você deve viver aqui e lá, mas não onde nasceu...*" (Correto, bonzo meu, Florença é um refúgio seguro, mas certamente não um lugar onde poderia viver, ao menos não agora.) "*O ideal para você é estar sempre em movimento. Se vive sempre no mesmo lugar, seu cérebro deixa de funcionar.*" (Verdade verdadeira, só fico mesmo em forma quando caio de pára-quedas em algum lugar do qual não sei nada. A curiosidade é a minha melhor força motriz.)

Escutava as palavras do bonzo que minha intérprete traduzia e me reconhecia nelas. Parecia que o homem olhava numa espécie de retrato falado no qual, *grosso modo*, os traços que me identificam como pessoa estavam todos presentes. Mas que me identificam para quem? Sobretudo para mim, que obviamente tendia a fazer com que coincidisse o que o bonzo dizia com a realidade. Claro. Não é isso que se faz, instintivamente, com um adivinho? Ele diz algo, especialmente sobre o passado, e nós procuramos encontrar o evento correspondente. Procuramos encaixar ao que ele diz a nossa rima.

Chegaram outras mulheres que subiram, respeitosa e temerosamente, a escada de madeira, trazendo seus presentes. Meu tempo tinha acabado, mas ainda perguntei: "Se quiser melhorar a minha vida, devo mudar alguma coisa? Devo trocar de mulher? Trocar de trabalho? Parar de me vestir sempre de branco?".

O bonzo achou graça e, com grande convicção, disse para que eu deixasse tudo como estava. Teria deixado de qualquer modo, mas gostei de saber que estávamos de acordo.

Consulta encerrada. Reverências, dinheiro colocado discretamente sob o livrão e retirada coletiva, em marcha a ré, rumo à escada.

Tão logo se acharam fora da vista do bonzo, as duas mulheres se abraçaram e começaram uma prosa que só em parte me foi traduzida. Em poucas palavras, estavam entusiasmadas com os "poderes" dele, com os conselhos que tinha dado sobre divórcios e sobre como fazer dinheiro.

Dei-me conta de que, na verdade, este bonzo também não falou de outra coisa. Todos iguais, esses videntes, monges ou não! Todos ocupados em procurar respostas sobre a materialidade da vida, a única grande obsessão, o único grande objetivo da existência.

Voltamos de carro para Bangkok, através da cidade chinesa de sempre, com seus milhares de oficinas, uma ao lado da outra, cada qual com um chinês instalado atrás de um banco ou de uma caixa registradora, que da sorte pede apenas para virar rico. Percebi que até aquele momento nenhum dos adivinhos que encontrei usara jamais a palavra felicidade, como se ela fosse inexistente ou irrelevante. Ou talvez inatingível? É estranho que importe assim tão pouco à maioria das pessoas!

Olhava para a mulher ao volante do Volvo e pensava na leveza com que estava disposta a renunciar ao amor para virar milionária, e como teria dado de suas riquezas um percentual ao bonzo sob a forma de um Mercedes! Ela também chinesa...

Chineses eram todos os proprietários de lojas que eu via através da janela, chineses os balseiros sobre o rio, chineses os diretores das indústrias alimentícias, chineses os construtores dos arranha-céus, chineses os banqueiros, os donos de companhias de seguro, os especuladores, chineses todos aqueles que destruíam Bangkok! Sim, aí estão os responsáveis!, pensava com o carro novamente bloqueado pelo tráfego.

Bangkok está condenada, mas a mandá-la ao cepo não são os tai. São os chineses, instalados aqui no máximo há uma ou duas gerações. Vindos do Sul da China como imigrantes para escapar das guerras e da carestia da sua terra, os chineses se adaptaram à Tailândia melhor que em qualquer outro país do Sudeste Asiático. Graças à tolerância das pessoas e do budismo, aqui encontraram trabalho, se casaram e, sem dificuldade, viraram cidadãos de pleno direito. Especialistas artesãos, habilíssimos comerciantes, os chineses logo acumularam enormes riquezas e lentamente tomaram as rédeas econômicas desta cidade a seus habitantes originais, os tailandeses, gente pouco apta à guerra e aos negócios, tendenciosamente jocosa e sempre mais pronta a divertir-se que a trabalhar.

Se você bate um gongo, vai ver logo um tai que esboça um passo de dança; se tocar uma flauta, todo um grupo levanta as mãos no ar, move os quadris e se põe a dançar. "*Mai pen rai*" é a frase mais comum entre eles. Significa "Não importa", "Paciência", "Deixa pra lá", "Para que se preocupar?". O vento derrubou o teto da casa? *Mai pen rai*. As ruas de Bangkok se alagam à primeira enxurrada? *Mai pen rai*. A cidade ficou insuportável? *Mai pen rai*.

Os chineses, com sua inata praticidade, aproveitam enormemente desse comportamento dos tai e viram os patrões da cidade. E é melhor não se deixar enganar pelas aparências! O senhor que se apresenta com um nome como Chapronwangnatan ou coisa que o valha não é um tailandês. É o senhor Wang, chinês, que passou um verniz local. Quanto mais longos são os nomes aparentemente tai, mais provável é que entre aquelas sílabas todas se esconda o breve, originário nome de um chinês.

A maior festa dos chineses é o início do ano-novo lunar. Na Tailândia aqueles três dias não são oficialmente reconhecidos como feriado, mas Bangkok pára, as ruas se esvaziam e os bancos fecham porque os chineses, que controlam a maior fatia da atividade econômica da cidade, saem de férias.

O mesmo também é mais ou menos verdadeiro nos outros países do Sudeste Asiático. Se um dia, por capricho, todos os chineses da região decidissem ficar em casa, não trabalhar e fechar as suas firmas, os indonésios não teriam mais carros para se mover, nem cigarros para fumar, nem papel em que escrever. Os filipinos não teriam mais navios com os quais navegar entre seus milhares de ilhas, e os japoneses não teriam mais camarões em suas panelas. A maior parte dos arranha-céus em construção nesse grupo de países ficaria incompleta, e o continente inteiro tremeria, porque são os chineses da diáspora a financiar os vários "dragões", são eles os motores da "miraculosa" locomotiva que anima o *boom* econômico ao longo da costa da China. Eles, os descendentes dos cules, dos mercadores, dos miseráveis que partiram no curso de algumas décadas para o Nan yang, o mar do Sul, em busca da fortuna.

As minhas duas acompanhantes conversavam ainda entre si de coisas que não compreendia, e eu matutava sobre esses extraordinários e mortíferos chineses, missionários da praticidade e do materialismo, que com sua energia estão cimentando o mundo de todos, da Ásia ao Canadá, onde dezenas de milhares de ricos estão abandonando Hong Kong em vista do seu retorno à China em 1997.

Lembrei-me que uma das primeiras grandes histórias em capítulos que escrevi para a *Der Spiegel*, vinte anos antes, era exatamente sobre esses chineses de ultramar, então vistos como possíveis quinta-colunas de Mao, e por isso sempre suspeitos e com freqüência vítimas dos *pogroms* raciais. Como mudou o mundo em vinte anos!

Achei que seria uma boa idéia retornar ao tema para uma nova história. Uma história a ser encontrada na Tailândia, na Malásia, em Cingapura, na Indonésia — em todos os lugares que pudesse, com alguma paciência, alcançar sem tomar avião!

8. Contra a aids? Alho e pimentões

Turtle House era esplêndida de noite. Os arranha-céus que cresciam à nossa volta tiravam mais sol a cada dia que passava. Mas quando caía a noite, Kamsing, o jardineiro, acendia as lâmpadas escondidas entre as árvores, as lanternas em torno do lago e as luzes a óleo aos pés das estátuas de Ganesh e de Buda no jardim, e a casa voltava a ter aquela quente, calma magia tropical que nos fez vir para a Tailândia após cinco anos no austero, frio e deprimente Japão. Ao chegar, Angela e eu trabalhamos por duas semanas como loucos para encontrar o lugar de cada móvel chinês, cada estátua, cada vaso, cada deus, cada rolo de pergaminho, cada abajur daquela seda ligeiramente amarelada que compõe a atmosfera de um cômodo. Depois não fizemos mais nada, mas a casa estava sempre mais ordenada. Era como nós: velha e aconchegante, cheia de tudo aquilo que tantos anos de Ásia fizeram conosco. Somente a história por trás de cada objeto era nossa. Do objeto em si não nos sentíamos senão como transitórios protetores.

A casa tinha sido descrita na *Architectural Digest* como "um oásis de esplendor tropical dentro da floresta de cimento". O que não dizia a revista é que também aquele esplendor tinha uma outra face: as traças comiam as traves e o pavimento de madeira tremia sempre mais sobre a água; os ratos, expulsos pelos guindastes, tratores e cascatas de cimento de toda a vizinhança, encontraram na nossa casa seu último refúgio, e éramos freqüentemente acordados durante a noite com suas tumultuadas e estridentes cavalgadas no sótão onde eles se reproduziam alegremente. Por sorte, havia também numerosos esquilos e, assim, aos hóspedes preocupados com as estranhas sombras que corriam sobre os ramos da mangueira perto da mesa do jantar, ou com os ruídos no teto de palha da Tree House que mandamos construir para amigos que estivessem de passagem entre as frondas de dois coqueirais, dizíamos: "Não tenham medo, são os esquilos!". A diferença na verdade residia apenas na cauda — que era ereta e felpuda nos esquilos e longa e pontuda nos ratos. Olhando bem até que pareciam mesmo parentes e, seja como for, à noite seria difícil distinguir uns dos outros.

Os ratos porém eram tremendos. Atraídos pela comida dos pássaros, entravam no viveiro e surpreenderam no sono e assassinaram alguns dos mais belos exemplares que já reuni. Entre estes estava uma *hupa* que chamávamos de Senhora Panchetti, porque tinha o ar de uma velhota punk, o "pássaro das fábulas", um *pitta* verdíssimo que parecia saído das ilustrações dos contos dos irmãos Grimm, e a Callas, um rouxinol que quando eu lhe assobiava, a qualquer hora do dia, se metia a cantar as mais esplêndidas árias que ouvi de uma ave.

Totó, o melro indiano que adotamos ainda pequeno e ao qual, com paciência, na aurora, cuja penumbra eu prolongava sob uma grande toalha, ensinei algumas palavras de italiano. Aprendera ainda a imitar o toque do telefone, o latido dos cães, o canto de outros pássaros, mas sobretudo falava tai dizendo coisas como: "Se me amas, por que não me dizes?". Morreu afogado na gaiola que caiu no lago, em uma noite de tempestade.

Baolí, o amado cão da família, nascido no Peak de Hong Kong e que viveu conosco por cinco anos em Pequim e durante outros cinco em Tóquio, estava ainda conosco, mas estava tão velho que se movia com dificuldade e quase não latia mais. Era necessário, porém, ter um cão de guarda, e assim adotamos um filhote que alguém tinha abandonado ainda recém-nascido em uma caixa de papelão debaixo do nosso carro em um estacionamento. Era um completo vira-lata, e talvez por isso pouco seguro de si e muito carente de afeto. O batizamos Chok-dii, "Boa Sorte", e em breve uma das frases preferidas de Totó, que a tinha escutado uma vez das cozinheiras, virou: "Cuidado! Se Chock-dii sai na rua, um carro o esmaga".

Angela, que passava horas e horas lendo e escrevendo atrás do mosquiteiro da varanda sobre a água, no início achava que as vidas e as mortes dos animais da Turtle House eram fruto de grandes raivas, tristezas e desejos de justiça, ou ao menos de ordem. Depois também ela acabou por aceitar "a natural crueldade do nosso sistema ecológico". "Este não é um lago de leite de rosas", dizia, consolando-se com o fato de que a grande tartaruga comia os patinhos recém-nascidos, os ratos comiam as aves, e estas comiam os pássaros menores quando entravam para ciscar nas suas gaiolas.

O cotidiano do lago, do jardim e dos animais eram uma grande distração, mas também a contínua constatação do quanto é importante para o homem ter à sua volta um pouco de natureza, observá-la, aprender a sua lógica e gozar de seus benefícios. Como pode um menino crescer mentalmente sadio no meio de uma cidade, sem sentir por perto o ritmo da própria vida e o da vida dos animais e das plantas?

Nunca como hoje o homem se distanciou tanto da natureza, e este talvez seja o maior dos nossos erros. O Ocidente acaba de perceber o problema e corre para tentar resolvê-lo. A Ásia, que agora só pensa em ser como o Ocidente, está arruinando a terra em torno da sua gente. A cada ano milhões e milhões de pessoas deixam suas habitações de madeira térreas com um pouco de jardim para se transferir para míseras quitinetes nos blocos de cimento das casas populares. É assim em toda parte: da China a Java, do Norte do Japão ao Sul da Tailândia. A cada ano milhares e milhares de quilômetros quadrados de floresta são cortadas em nome da míope avidez do lucro imediato.

O tráfego de Bangkok tornou impossível qualquer tentativa de vida social. Almoçar com alguém na cidade significava voltar para casa por volta das cinco da tarde. Ser convidado para jantar em alguma embaixada queria dizer colocar-se em marcha ao menos duas horas antes. Tendo construído um quarto para trabalhar no outro lado do lago, era um dos poucos habitantes de Bangkok que precisava apenas de poucos segundos para ir de casa até o escritório. Assim resistíamos a qualquer tentação de sair, e usávamos a Turtle House para atrair as pessoas que queríamos ver. Em geral, colegas de passagem.

A história de que naquele ano eu não voaria logo circulou entre os jornalistas na região, e as reações mais freqüentes eram de simpática inveja. Muitos, quando nos jantares se tocava no assunto, tinham uma história para contar. A de Cláudia Rossett, editorialista do *Wall Street Journal*, que então morava em Hong Kong, estava entre as mais belas que cheguei a ouvir.

Nos anos 1930, sua avó ficou viúva. Tinha três filhas para criar. Era o tempo das loterias nas *drugstores*, e uma vez ela sonhou ter vencido com o número 16. Contou o caso a uma vizinha e ela lhe sugeriu para ir à farmácia do bairro e jogar tudo o que tinha naquele número. Foi o que ela fez, e saiu o 16, rendendo-lhe uma bela soma de dinheiro com a qual a sua vida subitamente mudou. Desde então a avó sempre falava daquela sua incrível "previsão".

Alguns anos atrás, um dos três filhos, o pai de Cláudia, voltou a Baltimore, foi ao bairro onde cresceu e encontrou velhos amigos. Encontrou também a vizinha de casa e esta lhe contou que a sugestão de jogar na loteria foi usada pelos amigos para dar amparo financeiro à avó de Cláudia que, sendo orgulhosa como era, jamais teria aceitado por outras vias. Quando souberam sobre o número sonhado, fizeram uma coleta. Deram o dinheiro ao proprietário da *drugstore*, que por sua vez o entregara à avó dizendo que o número sorteado era o 16, exatamente o mesmo que ela tinha sonhado!

O último hóspede na Turtle House antes que partisse o trem para a Malásia e Cingapura foi Joachim Holzgen, um colega da Der Spiegel de passagem por Bangkok em viagem para Phnom Penh.

No início de março, Akashi Yasushi, chefe da Autoridade Transitória das Nações Unidas no Camboja (UNTAC),* escreveu aos maiores líderes europeus convidando cada um deles a mandar jornalistas para tentar sensibilizar a opinião pública dos vários países em relação à missão de paz que a ONU estava desenvolvendo em preparação às eleições previstas para o fim de maio. O convite falava, entre outras coisas, de uma visita em helicóptero aos postos militares, e meus editores de Hamburgo, para não me colocarem diante daquele dilema, decidiram que fosse meu colega Holzgen a ir ao Camboja.

* UNTAC é a abreviatura de United Nations Transitional Authority in Cambodia. (N. do T.)

Para Holzgen era a primeira viagem à Indochina e estava muito feliz. Convidei-o para jantar junto com um par de colegas que acabavam de voltar de um passeio pelo Camboja. Na manhã seguinte ele estava a bordo do avião para Phnom Penh, e eu, com minha habitual mochila nas costas, e na cabeça o projeto de escrever sobre chineses do ultramar, estava na estação de Hua Lampun, no centro de Bangkok.

As estações são uma velha paixão. Poderia passar nelas dias inteiros, sentado em um canto, a olhar o que se passa. Que outro lugar reflete melhor que uma estação o espírito de um país, o estado de ânimo das pessoas, seus problemas?

Ao observar por meia hora a maré de humanidade que se move, ordenada, sob as abóbadas da estação principal de Bangkok, compreende-se melhor a Tailândia de hoje que lendo qualquer estudo acadêmico. Os trens que vêm do Norte despejam milhares de pessoas. A maioria é feita de jovens, há muitas garotas no caminho da esperança. Deixam suas vilas, os arrozais sempre mais escassos de água, com um bornal de roupas, uma passagem só de ida e vão procurar trabalho na capital.

Os recrutadores da construção civil esperam junto aos trens. A oferta é de cem a 115 *baht* por dia (6 a 7 mil liras),* mais um colchonete no canteiro de obras. As mais bonitinhas recebem oferta para os bordéis. Tudo se passa em poucos minutos: as ofertas, as reticências, os contratos feitos verbalmente e, ao fim, vão embora na parte de trás de uma das muitas caminhonetes estacionadas diante da estação. Na multidão se vêem, com ar mais perdido que os outros, garotos muito novos e meninas. Também eles encontram trabalho, bem ali sob os olhos dos policiais carregados de distintivos, que caminham para lá e para cá com suas belas pistolas na cintura. Teoricamente também na Tailândia existem leis contra a exploração de menores, a prostituição e a pornografia, mas na prática, aqui, como em tantos lugares na Ásia, nada é realmente ilegal.

Meu trem para o Sul devia partir às 10h20 e partiu pontualmente. As ferrovias tailandesas são um exemplo daquela eficiente administração pública, toda uniformizada, que permitiu a rápida modernização do país e que é, ainda hoje, com o budismo e a monarquia, um de seus

* Hoje, aproximadamente três euros. (N. do T.)

elementos de coesão. Quanto mais o trem se distancia de Bangkok, mais as pessoas que se vêem nas estações parecem pertencer a uma sociedade militarizada. Todos têm um uniforme: os estudantes, os carteiros, os mototáxis, os vendedores de passagem. O fiscal do trem, ele também com distintivos no peito de sabe-se lá qual companhia, tem o ar de um delegado da área.

A viagem é um banquete contínuo. Dezenas de vendedores com cestos cheios de várias especialidades locais sobem em uma estação e descem na estação seguinte, para depois tomar o trem que vai na direção oposta.

Viajei um dia e uma noite, embalado pelo ruído das rodas contra os trilhos. Às 5h30, pontualíssimo, o delegado-fiscal de trem me acordou. O fedor do vagão pela manhã, a barba malfeita, a língua como lixa por causa da garrafa de Mekong, o uísque tai, bebida na noite anterior com os policiais a bordo, me fizeram pensar que um ano de viagens assim seria talvez uma loucura, mas me bastou descer do trem e abrir os pulmões àquele ar cortante e cheio de promessas da aurora para me sentir inspirado novamente. Estava em Yala! Quantas vezes mais na vida chegaria ali?!

Veio-me à mente Chang Choub e seu conselho de meditar. Viajar só talvez fosse a minha meditação! Livre da rotina de todos os dias, sem dever algum exceto a própria consciência, a mente se acalma, reafloram pensamentos inúteis, pensamentos agradáveis, impressões disparatadas e, no fundo, uma grande alegria.

Tomei uma sopa em uma tenda diante da estação e dei alguns passos. Yala é uma cidadezinha como tantas, sem nenhum caráter particular, com uma estrada principal feita de duas filas de moradias todas iguais. Cada casa é de uma família: no térreo se vende, no primeiro andar se vive. Os proprietários são todos chineses. Os meus habituais duros, práticos e desgraçados chineses, vindos para cá sem nada e agora pequenos patrões. Vidas consumidas em emancipar-se, a perseguir uma meta que no final das contas sua cultura desprezava! A China da qual esses imigrantes vinham era confuciana, e praticar o comércio era coisa de pouco respeito. Na hierarquia social os mercadores ocupavam o último lugar, logo depois dos soldados e bem depois dos camponeses e dos artesãos.

* * *

Minha primeira meta era Betong, uma cidadezinha tailandesa na curta cadeia de montanhas que corta a península e assinala a fronteira entre a Tailândia e a Malásia. O táxi que dividi com outros cinco passageiros para fazer, em pouco mais de duas horas, os 137 quilômetros de distância, atravessou uma terra vermelha e muito fértil coberta de seringueiras e de plantações de abacaxi, depois subiu por uma estrada asfaltada em meio a esplêndidos picos rochosos que despontavam e sumiam entre densos bancos de neblina.

Nos tempos em que tanto Bangkok quanto Kuala Lumpur tinham de combater a insurreição armada comunista, essas montanhas eram o refúgio natural dos guerrilheiros, e Betong era conhecida como um lugar inseguro e cheio de espiões. Tudo agora havia mudado.

A primeira impressão foi muito agradável. Um belo painel da prefeitura anunciava na entrada da cidade que "Betong é famosa por suas belezas panorâmicas"; outros painéis, todos em inglês, indicavam aos turistas a direção do parque, do estádio e — sabe Deus por quê! — da prisão. O "monumento" que se encoraja a ver é uma enorme caixa postal vermelha na praça principal. Um painel adverte que é a maior do mundo.

Apesar dessa fachada de inocência turística, existe, passeando por Betong, algo de estranho que imediatamente chama a atenção: o número de *barber shops*. Há dezenas, a poucos metros um do outro. E que não façam apenas a barba é óbvio por seus estranhos nomes, tipo "Funny Barber" ou "Sexy Barber".

Aproveitando a vizinhança da Malásia, e portanto de um imenso "mercado" de homens sexualmente reprimidos pelo puritanismo islâmico, Betong desenvolveu uma das indústrias mais lucrativas: a prostituição. O serviço é totalmente tailandês; a clientela exclusivamente malaia. Sem necessidade de passaporte e com apenas um visto de 24 horas, milhares de muçulmanos passam a cada dia pela fronteira para abandonar-se aos prazeres proibidos na terra deles. Betong é a cidade-bordel.

Vim a Betong para encontrar alguém que tivesse participado na guerrilha comunista. Não sabia como fazer, mas a tarefa foi mais fácil do que imaginava. O porteiro do hotel me mandou até a loja de um fotógrafo, que me mandou para um vendedor de eletrodomésticos, que telefonou a um amigo, que veio me buscar de lambreta, para me depositar diante de uma pequena farmácia tradicional com cogumelos desidratados e frascos com um ungüento verde na vitrine. Em uma hora, passando das mãos de um chinês a outro, cheguei ao sr. Wu, um homem de meia-idade pequeno, magro e distinto.

Wu foi por quase vinte anos o médico dos guerrilheiros. Após a rendição em 1987, tornou-se o farmacêutico mais conhecido da cidade. Graças às experiências acumuladas na floresta, era o único a conhecer a fundo as qualidades terapêuticas das ervas, das raízes e das cascas de árvore das montanhas próximas.

O sr. Wu ofereceu-me chá e pegou o álbum de família, para reconstituir a sua história através das fotos. Eram belíssimas aquelas em que se via ele e a mulher, e os guerrilheiros, com os velhos uniformes maoístas, faixas nos pés e carabina a tiracolo. Disse que a coisa mais interessante para mim seria visitar o velho campo militar no qual ele e os outros passaram parte de suas vidas. Estava a apenas oito quilômetros da cidade. Fechou a loja e me acompanhou.

A guerrilha comunista da Malásia foi historicamente, depois da indochinesa, uma das mais importantes e ameaçadoras da Ásia. Começou logo depois da Segunda Guerra Mundial. O chefe era Chin Peng, um herói da resistência antijaponesa. Como ele, os militantes eram sobretudo chineses, inspirados na revolução de Mao, que chegou ao poder em 1949, naquele que ainda era um território do império colonial britânico. Londres resistiu, declarou o estado de emergência, e com uma dura campanha militar, adotando táticas depois copiadas com menos sucesso pelos americanos no Vietnã (por exemplo, as vilas estratégicas), conseguiu isolar os guerrilheiros do grosso da população malaia.

Quando os ingleses, em 1957, concederam a independência a um Estado chamado Federação Malaia — composto, além da Malásia propriamente dita e de Cingapura, também dos territórios de Sabah e Sarawak na ilha de Bornéu, exatamente para evitar que os chineses fossem a maioria da população —, a guerrilha comunista não era mais uma verdadeira ameaça. Somente alguns grupos de estreita observância maoísta permaneceram ativos, ao longo da fronteira com a Tailândia. Também estes, porém, sempre mais divididos por lutas internas e expurgos que volta e meia faziam dezenas de vítimas, acabaram por se render.

Em 28 de abril de 1987, em uma cerimônia muito formal, os últimos guerrilheiros comunistas entregaram as armas às autoridades tai. Não podiam mais voltar à Malásia, e assim ficaram lá onde estavam, com a permissão de Bangkok: no seu campo em território tailandês. Precisavam sobreviver e, como bons e pragmáticos chineses, acabaram por reciclar seu passado de revolucionários falidos em um produto para vender nas barraquinhas.

Bastou colocar lá os pés para me dar conta. O velho e temido quartel-general na floresta fora rebatizado "A Vila da Amizade" e se transformara numa espécie de Disneylândia da guerrilha, com seus restaurantes, salas de vídeo, postais de recordação e visitas nos túneis guiadas por ex-combatentes.

Um grupo de jovens malaios, cada qual com uma "mulher" tai tomada "de aluguel" para aquele dia, acabava de terminar a volta obrigatória quando o sr. Wu e eu chegamos. Alguns provavam, com ar muito divertido, os bonés verdes com a estrela vermelha; outros faziam fotografias abraçando velhas carabinas, outros ainda compravam um especialíssimo "Ungüento do Guerrilheiro".

O sr. Wu quis me apresentar a seu ex-comissário político, mas não consegui lhe fazer pergunta alguma. Era inútil perguntar: junto com as prostitutas, os velhos comunistas se tornaram uma das atrações turísticas que faziam a fortuna de Betong.

Passei a noite passeando pelo centro de Betong. Ao pôr-do-sol acontece regularmente algo de muito estranho: revoadas de passarinhos escurecem o céu, invadem os bairros, desafiam, com seu estrondoso piado, a música dos vários karaokês, e vão depois pousar sobre os fios de eletricidade e de telefone ao longo das calçadas para passar a noite: dezenas, centenas de milhares. Impressionante.

Impressionante era também o vai-e-vem dos malaios de um bordel ao outro. Cada qual com a escrita apenas legível sobre os vidros escuros: "Sem preservativo há risco de AIDS". Entrei em um par desses lugares. A decoração era mais ou menos idêntica: um balcão de bar, poltronas de plástico com muitas garotas, e cubículos de poucos metros quadrados nos quais os casais se retiravam. O preço variava de 120 *baht* (7 mil liras) a duzentos *baht* (12 mil liras)* por uma hora. O aluguel de uma garota por um dia inteiro ia de 1.500 a 2 mil *baht*.

"Com preservativo?", perguntei.

"Se você não gosta, basta pagar um pouquinho a mais."

É assim que a AIDS se propaga como fogo em campo aberto. Uma alcoviteira chinesa de 25 anos, com um menino de três que brincava ali perto, me explicou que em toda a cidade havia cerca de 3 mil garotas, que muitas vinham do Norte ("Têm a pele clara e agradam mais aos malaios...") e que recentemente algumas centenas delas foram retiradas dos *barber shops* porque tinham menos de dezesseis anos. Mas se eu estivesse interessado em uma delas, bastava um telefonema. Estavam todas em dormitórios a pouca distância dali.

Eu caminhava e na multidão me surpreendeu a visão de um rapaz branco, sozinho, que parecia de casa: além de mim, o único ocidental na cidade. "E você, o que faz aqui?"

Scott, de dezesseis anos, era um estudante canadense que tinha ido até lá graças a um intercâmbio com o Rotary Club da sua cidade em Ontário com o Rotary Club de Betong. Divertia-se ele mesmo com a idéia de que no Canadá absolutamente ninguém imaginava onde tinha ido parar. Estava na casa de um dos personagens mais notáveis da cidade, e obviamente também um dos maiores proprietários de bordéis.

Fomos comer em um pequeno restaurante chinês, e ali Scott encontrou sua professora, uma moça nos seus 35 anos, de Bangkok, culta, ex-esquerdista, que tinha sido enviada a trabalho no Sul como punição. Nos sentamos com ela e, ao final do jantar, perguntei-lhe se conhecia um bom adivinho em Betong. Sim. Ela nunca o consultara, mas tinha ouvido falar de um muito bom que morava um pouco fora da cidade. Era especialista em magia negra. Ofereceu-se para me levar e marcamos um encontro para o dia seguinte na saída da escola.

* Hoje, de 3,50 a seis euros, respectivamente. (N. do T.)

* * *

A professora chegou sobre uma lambreta e sentei-me atrás dela. As indicações eram de que o adivinho estava no oitavo quilômetro depois do "posto de gasolina". E de fato chegamos a um velho tanque enferrujado com uma bomba, e a casa do adivinho, com um belo bosque de árvores por trás, ficava logo depois.

Ele recebia no térreo, numa grande sala com pavimento cimentado. Ao fundo, a mulher e duas belas filhas preparavam a comida. Era um homem em torno dos cinqüenta anos, magro, com os olhos muito atentos. Sentava-se no chão sobre um manto com a imagem de Meca. Era muçulmano. Diante dele, em semicírculo, havia quatro mulheres na típica posição tai: inclinando-se sobre os joelhos de um lado, com o peso do corpo todo apoiado sobre uma mão e os pés voltados para trás na parte oposta.

Uma delas tinha ar abastado, com um anel em cada dedo e várias correntes de ouro na garganta e nos pulsos; as outras eram três garotas humildes como as dos bordéis. A mulher se lamentava que os negócios não iam bem e que as garotas não tinham clientes suficientes. Estava convencida de que alguém tinha posto mau-olhado no seu *barber shop*. Trouxera aquelas três meninas para que o homem as examinasse. "Todas escaparam dos maridos!", sussurrou-me a professora.

Ao olhar para elas, coitadinhas, era fácil entender por que não tinham grande sucesso: o mau-olhado estava sobretudo na sua aparência. Uma era pequena, gorda e suja, vestida como um ciclista; a outra era espichada, seca e pálida; a terceira nem uma coisa nem outra, sem um rosto, sem seios, sem anca, sem nada que pudesse atrair ao menos um malaio desesperado.

O mago chinês perguntou à mulher se trouxera tudo o que era necessário. Ela disse que sim e tirou da bolsa um pintinho, ovos e frutos duros e verdes como limões selvagens. O mago, dirigindo-se a mim, disse que precisaria de meia hora para completar o trabalho e se desculpou por me fazer esperar. Eu estava muito contente de poder olhar.

Um belo gato negro passava e voltava a passar sobre a soleira da porta da sala, esfregando-se voluptuosamente contra os sapatos que as mulheres tinham tirado para se apresentar ao adivinho. Para mim, aquele gato todo negro, com os olhos endiabrados, naquela atmosfera de magia negra, fazia pensar em mau-olhado, em imagens de má sorte, mas ali ninguém parecia dar por isso: uma outra demonstração de como a percepção do infortúnio e de seus símbolos varia conforme os lugares, as culturas, os pontos de vista.

Para nós, ocidentais, a serpente é algo desprezível, perigoso. Diante de uma serpente a nossa reação instintiva é matá-la. Para os asiáticos, ao contrário, a serpente é um ser sobrenatural. A serpente domina todos os elementos, é o senhor de todos os níveis do universo: no céu dança, como um raio entre as nuvens; na terra sabe viver na água e fora dela; no mundo subterrâneo está em casa porque conhece todas as portas. Para o asiático a serpente não é símbolo de perigo e de morte, mas de proteção. É à sombra de uma naja, a serpente das sete cabeças, que Buda medita.

Os ovos foram postos para cozinhar, os limões verdes foram dispostos sobre um belo prato de prata diante do mago, e o pintinho estava entre as mãos juntas diante do peito da alcoviteira, totalmente absorta, de olhos fechados. O mago recitava fórmulas que eu não entendia e que nem sequer a minha professora sabia traduzir. Disse-me apenas que ao fim da cerimônia os ovos seriam comidos, os limões colocados na água para limpar o mau-olhado, e o pintinho seria liberado.

Depois de um grande ronco de trovões longínquos, estourou um daqueles magníficos temporais liberadores que interrompem brevemente o calor dos trópicos. A água caía a cântaros e quase não se viam mais as árvores atrás da casa do mago.

A professora pôs-se a me dizer o quanto era difícil fazer seu trabalho numa cidadezinha como Betong, cheia de prostitutas que tinham a idade dos estudantes dela. Disse que a presença dos *barber shops* poluía todos os aspectos da vida, que a corrupção dominava todas as relações sociais, que a própria polícia estava envolvida em estupros e extorsões, e que naquele clima de violência, sexo e dinheiro era impossível educar jovens normais. Disse ainda que nas escolas de Betong era até mesmo proibido falar na AIDS, porque as autoridades locais, que estavam envolvidas na partilha dos lucros, não queriam prejudicar o trabalho dos bordéis.

A cerimônia do mago tinha acabado. O pobre pintinho tinha sido jogado pela janela para que fosse embora, livre, no bosque, mas ficara imóvel piando e tentando se proteger da chuva. A alcoviteira pagara a conta e partira com as suas três garotas de programa.

Sempre tinha na cabeça a palavra "AIDS" e, sentando-me diante do mago perguntei-lhe o que achava. Uma doença terrível, sabia-se, mas ele, depois de ver tantas garotas de *barber shops*, aprendeu a reconhecer aquelas que estavam infectadas.

"E como?"

"Eu sinto logo que elas se aproximam. Dentro têm como que um fogo, são quentíssimas, mas por fora são frias e pálidas. Sua pele é esbranquiçada." Depois disse que não havia com o que se preocupar. Ele sabia com certeza que o contágio só acontecia entre pessoas do mesmo grupo sangüíneo e de qualquer modo a AIDS podia ser evitada.

"Usando o preservativo?"

"Não! Não!... Comendo alho cru e pimentão vermelho!", disso estava absolutamente convencido.

Começara a me olhar fixo e, sem nada me perguntar, sem querer saber onde e quando tinha nascido, de onde vinha, sem ler minhas mãos, sem fazer contas, pusera-se a falar lentamente. A professora traduzia palavra por palavra:

"Você é uma pessoa que viaja muito, mas o que você gosta é de viver num lugar no campo como este..." (Muito bem!, disse comigo mesmo. Se há uma imagem que me vem inconscientemente à mente cada vez que penso em escapar do mundo é a de uma casa nos Apeninos, "O Camponês", com o pasto na frente e o bosque de castanheiras atrás. Aquela é a paz!) *"Você é uma pessoa que não dá a menor importância ao dinheiro nem é capaz de ficar apegado a ele..."* (Muito bem, mas é possível que se leia isso muito facilmente na minha cara!) *"Aquilo que você ganha, gasta. As mulheres gostam de você, o adoram; mas você não é muito interessado nelas."* (Bravíssimo!) *"Você é daqueles que foi feito para ser fiel, fiel à sua mulher; e mente quando lhe diz que quer ter uma segunda mulher. Na verdade, você não a quer de jeito nenhum."*

Divertidíssimo! O adivinho combina com o lugar, reflete a cultura e os valores locais. Esta, por exemplo, é uma região muçulmana; os homens podem ter várias mulheres. E meu adivinho me trata como muçulmano, assim como o cego de Bangkok me tratava como chinês, para quem não virar rico era uma "má notícia".

O mago continuou com um conselho que só fazia sentido no quadro da ética local. *"Se realmente decidir tomar uma segunda mulher"*, disse, *"então escolha uma viúva."* (Naquele ambiente era como me sugerir fazer uma boa ação...) *"De qualquer modo, você não estará com ela por muito tempo... Você não fuma, mas gosta de comida picante..."* (Verdade.) *"Onde quer que vá, você não corre perigo. Se carrega consigo um amuleto, tudo estará bem. Para você o melhor seria ter um Buda. Isso o protegerá..."* (Talvez tenha visto o que carrego na garganta.) *"Você é alguém sincero com os amigos, alguém que sempre tem sorte na vida. Se comprar um bilhete de loteria, será o sorteado. O problema é que nunca o compra."* (Grande verdade. Jamais comprei um bilhete na minha vida, mas talvez seja o caso de fazê-lo!) *"Seus números da sorte são: 88, 1, 19. Se jogar em um deles, vencerá."* (Se houvesse em Betong uma lotérica os teria jogado de verdade!) *"Você sempre se interessa por aquilo que não sabe... Em breve alguém lhe oferecerá uma posição importante, mas você a recusará porque o que você gosta é a vida simples..."* ("Simples" não sei, mas certamente não estou interessado em ter uma posição importante... E aqui o adivinho erra porque ninguém me oferecerá posição alguma. Quem o fizesse seria louco!) *"Você tem tosse com freqüência..."* (Não.) *"Deveria comer mais espaguete de arroz. Deveria também usar algo de verde na mão direita, de preferência sobre o dedo anular. Sim, um anel com um pequeno jade, como os que os chineses têm..."* (Sempre odiei os anéis e até mesmo a aliança matrimonial, feita com o ouro reciclado dos bisavós e com o nome "Angela" escrito dentro; só a usei durante alguns meses.)

Mal acabara de pensar naquelas palavras, vendo mentalmente o anel com aquele nome, e eis que o adivinho acrescentou: *"Tua mulher é encorpada..."* (É óbvio que fui eu a sugerir-lhe o pensamento de minha mulher...) *"... tem grandes seios e um grande traseiro..."* (Pobre Angela, ela que faz ioga todas as manhãs, como é percebida por esses magricelas muçulmanos do Sul da Tailândia!) *"Você pode fazer esporte porque tem boa saúde. Se quiser ter um gato, deve ser de três cores: branco, preto e marrom..."* (Difícil de encontrar, pensei... e o mago me ofereceu imediatamente uma alternativa.) *"Se não encontrar um assim, então precisa ser um gato todo cinza. Seu carro deve ser absolu-*

tamente vermelho ou cor de manga. Agora vive numa casa que fica à direita, no fim de uma ruazinha..." (Justo: Turtle House fica exatamente nesta posição.) "*Se quer realmente algo, sempre consegue obtê-lo, mas tua mente é como a de um menino: você gosta de dizer tudo o que pensa, gosta de dizer coisas pelo prazer de dizê-las. Você é de caráter instável, às vezes com o moral muito alto e às vezes muito baixo. Você gosta de dormir de lado, especialmente o direito...*"

Tive impressão de que o homem poderia continuar por horas e estava começando a me entediar. Contei-lhe então do adivinho de Hong Kong e sua reação foi imediata: "*Não, não, pode tomar todos os aviões que quiser, mas apenas de tarde, nunca de manhã*". (Bela consolação!) "*Este ano é um ano difícil porque é o seu qüinquagésimo quinto e os ventos estão em conflito com a sua idade; mas você não corre grandes perigos.*" E depois, como se recitasse um verso, continuou: "*Na sua vida você foi várias vezes acusado por alguém e duas vezes acabou na prisão...*" (Ah... interessante!) "*A primeira vez quando tinha trinta e cinco anos...*" (No Vietnã? Não fui exatamente preso, mas fui expulso e acusado de ser um agente vietcongue.) "*A segunda quando tinha quarenta e seis anos...*" (Bravo! Precisamente em 1984. O famoso retorno à China!)

Divertia-me que fosse tão exato e provava uma estranha alegria ao encontrar os fatos que correspondiam às suas palavras. Como no canto a dois: alguém diz uma estrofe que acaba com a palavra "amor" e o outro deve rebater com uma que faça rima: "calor"?, "dor"?. Às vezes a rima é meio forçada, às vezes cai perfeitamente.

Percebi que isso é exatamente o que se tende a fazer com um adivinho. Ele diz algo e súbito se tenta, naquilo que se conhece, encontrar o fato correspondente. E com isso se prova alegria, como ao fazer poesia. De repente a própria vida parece virar poesia por causa daquela rima que dá sentido aos fatos, que os coloca em uma ordem na qual se tem vontade de olhar. A rima é consoladora.

Mas era ele a adivinhar certos fatos da minha vida ou era eu a lhes fazer enquadrar, a fazer com que combinassem como as peças de um quebra-cabeça que eu conheço bem e que ele só finge conhecer?

O adivinho continuou: "*Na próxima vez você será preso com a idade de sessenta e um anos. São problemas que têm a ver com seu tra-*

balho, mas você não consegue ficar longe deles e no fundo você gosta de ser preso". (Não é incorreto!, eu lhe disse mentalmente.)

Perguntei à professora se queria ouvi-lo predizer o seu futuro. Absolutamente não! Era muito resoluta. Uma amiga dela tinha um namorado que amava muito. Antes de se casar foi com a mãe ao adivinho. O homem lhe disse que o casamento seria um erro. A moça deixou o namorado e desde então é infeliz.

Perguntei ao meu adivinho se realmente acreditava poder enxergar o passado das pessoas. Disse que sim, mas que na verdade enxergava com ainda maior precisão o futuro. Na noite anterior, por exemplo, vira que eu, um estrangeiro, viria. Como? Olhando nas mãos.

Perguntei-lhe se conhecia a Itália, se sabia onde fica a Europa, qual seria, na sua opinião, o estado do mundo. *"Só me ocupo dos fatos que acontecem em torno de mim"*, respondeu. E nisto era mesmo sincero.

Gostava daquele homem. Seu "trabalho" não estava fundado sobre nenhum método. Não seguia esquemas astrológicos, não fazia contas, nem pretendia interpretar os sinais da mão. "Sentia" a pessoa que tinha à sua frente e obviamente, tendo visto milhares, desenvolvera uma especial habilidade em ler os outros. Meio pároco, meio assistente social, médico e psicanalista, não me parecia fazer mal a ninguém. Ao contrário. Estava ali para dar conselhos, para tranqüilizar as pessoas, para impor tabus com os quais os desgraçados de Betong tinham a impressão de poder liberar-se dos próprios males e conquistar um pouco de bem-estar. Tudo isso pela módica quantia de trinta *baht* (1.500 liras)* por "consulta".

Naquela estranha sociedade, onde as meninas começam a se vender aos treze anos, onde os professores não podem falar de AIDS, e onde os policiais são bandidos, ele me parecia ter uma bela função.

Parou de chover e o céu era dramaticamente lindo, com grandes nuvens, grandes raios dourados e ainda grandes bancos negros de chuva ao longe. O pintinho da alcoviteira com o mau-olhado estava montado sobre um coco e um grande sapo tinha se aproximado da sala. As árvores de papaia e as bananeiras estavam carregadas de frutos bem lavados.

* Aproximadamente setenta centésimos de euro. (N. do T.)

* * *

Deixei Betong na aurora. O hino nacional ecoava em todos os alto-falantes da cidade, e dezenas de grandes bandeiras tai eram içadas nos pátios das escolas e das chefaturas de polícia; o tráfego parou e a população ficou imóvel em posição de sentido.

Ao sair de Betong já se tem a impressão de não estar mais na Tailândia. Os vilarejos são dominados por mesquitas, os homens andam de sarongue e com o solidéu muçulmano na cabeça, dezenas de cabras pastam ao longo da estrada, se estendem sobre o asfalto, e o táxi deve prestar atenção para não passar por cima delas. Lentamente a Tailândia se dissolve, de modo tolerante, sem mais postos e controles policiais, sem um fim preciso, exceto lá onde se apresenta a Malásia, primeiro com uma barreira de arame farpado, depois outra, depois várias barreiras, ainda uma centena de metros de terra livre de obstáculos, como uma terra de ninguém na qual se poderia abater o inimigo que avança e, finalmente, brancos e azul-celeste, os edifícios da polícia de fronteira, da alfândega.

Tive de passar a pé entre algumas grades e apresentar-me diante de um guichê de vidro atrás do qual me olhava, malvada, uma mulher enrolada num véu azul com óculos grossos. Perguntou-me aonde ia e quanto tempo queria ficar. Cortês, mas fria. Deu-me um visto de duas semanas. A atmosfera era inquietante. "Pena de morte para quem transporta droga", dizia uma grande placa debaixo de um crânio com ossos cruzados.

Onde estava a Malásia de vinte anos antes? As mulheres de sarongue, com os sutiãs que parecem sempre de uma medida pequena demais, com aderentes blusas de renda, cores ricas e a alegria dos corpos que pareciam refletir a da natureza? Varridas pelo rigorismo islâmico?

Na Malásia dos anos 1970 que tinha conhecido, a religião era um fato marginal. Os malaios tinham suas mesquitas, os chineses, seus templos. Os primeiros comiam suas cabras, os segundos, seus porcos. Depois os malaios, para se defender do superpoder econômico dos chineses, da sua cultura materialista, começaram a dar peso ao islã; colocaram véu nas mulheres, tiraram o sarongue para substituí-lo com aventais em duas peças, fecharam-se nas cidadelas de suas mesquitas, sublinhando os valores espirituais. Eis o resultado!

No posto de fronteira todos os policiais e todos os fiscais eram malaios. Os taxistas que se ofereceram para me levar até a cidade próxima, Kroh, ao contrário, eram todos chineses. *"Hua ren... hua ren"*, homens floridos, filhos do Império das Flores, diziam, alegres, usando uma expressão para dizer "chinês" que não se ouve mais em outros lugares.

Até Kroh eram somente dez quilômetros, e o meu "homem florido" não precisou de mais tempo para me explicar o problema do país no qual eu acabava de colocar os pés. "Eles têm o poder e nós somos cidadãos de segunda classe... Imagine só! Se quero comprar um apartamento, pago 100 mil *ringit*, se quem compra é um deles, paga 90 mil. Pelo mesmo apartamento! Você acha justo? Eles têm todos os privilégios e nós, nada. Eles se chamam *bumiputra*, os filhos do solo, mas que solo? O que conta é ser muçulmano. E nós não somos."

Acabara de chegar, mas para o meu "homem florido" era óbvio que eu soubesse que "eles" são os malaios e que o grande, irresoluto problema da Malásia é o da raça.

A raça é tudo. A raça determina quem são os seus amigos, quem são os seus inimigos, o trabalho que faz, o médico com quem você se trata, o veterinário que examina seus animais. A raça determina onde você mora, a que escola vai, com quem você se casa e onde será sepultado. Os malaios têm o poder político, os chineses têm o dinheiro. Esta forma de *apartheid* não está escrita em nenhuma lei, mas foi estabelecida pela prática nos últimos vinte anos. Aos chineses esta situação parece injusta. Já aos malaios parece a única garantia de certo equilíbrio social.

Originalmente a Malásia era realmente habitada por homens da selva, os *orang asli*. Depois, alguns séculos atrás, vieram os malaios e tomaram conta do lugar. A massa dos chineses está aqui há apenas cem anos. Desde que os ingleses fizeram dos vários sultanatos uma colônia deles, e, precisando de mão-de-obra para explorar os grandes recursos naturais do país, deram início à imigração livre. Junto aos chineses chegaram, sempre com o encorajamento dos ingleses, também os indianos.

Quando os ingleses concederam a independência a esses territórios, prestaram atenção para que uma raça não fosse numericamente superior à outra. A Federação Malaia, nascida em 1957 com uma população da qual os chineses representavam 40% e os malaios 50%, era um país de grande riqueza. Um país no qual as várias raças pareciam poder viver em harmonia.

Os únicos verdadeiros inimigos de então eram os comunistas. Agora os comunistas não existem mais, mas as raças viraram inimigas uma da outra. Nos 35 anos que transcorreram, os chineses se tornaram mais ricos e os malaios mais numerosos. Os chineses representam agora apenas 32% da população, os malaios, 62%.

Tivemos de passar por várias barreiras. Soldados e policiais eram todos malaios. "Procuram armas", disse o taxista. "Na Tailândia se encontram de armas todos os tipos, e os bandidos vão a Betong comprá-las."

"Mas e a AIDS? Também isto vem de Betong!"

O taxista ficou espantado. "Em Betong não existe AIDS. É um lugar pequeno, limpo e as garotas dali são todas frescas. A AIDS está nas grandes cidades, em Bangkok, em Pattaya...", disse ele. E a AIDS avança.

Logo estávamos em Kroh. Fui trocar dinheiro, informar-me como se chegava a Penang, comprar frutas, e percebi que todos falavam em mandarim. Também Kroh é uma cidade praticamente chinesa. Passei horas simplesmente vagueando. Fui tocado pela idéia de que aquela seria a primeira e a última vez na vida que poria os pés em Kroh, e que valeria a pena aproveitar um pouco. Kroh! Olhei no mapa. Era apenas um pontinho.

Com a decisão de não voar, dei novamente tempo a mim mesmo: o tempo de parar, de olhar em torno, de refletir. Ninguém esperava por mim e, com grande prazer, renunciei ao ônibus que partia para Penang só para ficar conversando com um velho chinês. Contou-me sobre seu pai que, quando o ópio era um monopólio de Estado, ia tomar sua dose cotidiana no edifício que agora é o correio, e depois passava o resto do dia fumando. Contou-me sobre ele que, no tempo da invasão japonesa, fora feito prisioneiro e mandado ao rio Kwai para construir a "ferrovia da morte". Foi um dos poucos a retornar.

Era uma alegria deixar escorrer o tempo, sem angústia. Tomava notas, conversava, fazia meus pensamentos vagarem. Lentamente percebia encontrar de novo o prazer do viajar, o prazer de me deixar ir até os lugares, até as pessoas. Fazendo este trabalho de jornalista, o sujeito é freqüentemente forçado a chegar numa cidade, a ir ver meia dúzia de indivíduos, escrever e partir de novo. Obviamente, para entender uma situação não basta entrevistar um ministro, um general, um especialista... e de qualquer modo também eles dizem sempre aquilo que devem dizer. O importante é estar junto, fazer com que falem de outras coisas, e esperar que ao término de um discurso também eles digam o que pensam, respondendo àquilo que não foi perguntado... que é no final das contas a chave de tudo. Estava cansado de correr para lá e para cá em busca de citações para engordar um artigo.

Viajava lentamente e aproveitava a coisa. Tinha de novo tempo para olhar, para sentir os lugares. Ter atravessado a pé a fronteira entre a Tailândia e a Malásia me fez intuir muitas coisas a propósito das diferenças entre os dois países e das suas tensões. Claro que podia ler tudo isso em algum ensaio! Mas sem provar nada, sem ver as cores, os rostos das pessoas, sem ouvir suas vozes.

Adorava viajar assim. Viajar é uma arte. É preciso praticá-la com comodidade, com paixão, com amor. Percebi que, viajando sempre de avião, acabei desaprendendo aquela arte. E pensar que é a única da qual gosto!

Uma das belas histórias da família da Angela é a da avó paterna. Alemã, nascida no Haiti, era culta, conhecia os clássicos, lera os grandes romances, sabia tocar piano e viver na alta sociedade. Antes de morrer em Florença, com a idade de 86 anos, disse: "O que fiz na minha vida? Um pouco de conversação!". Se me acontecer de ter tempo para fazer esta reflexão, gostaria de ao fim poder dizer: "Viajei". E se depois me acontecer de ter uma tumba, gostaria que tivesse uma pedra com uma cavidade para que viessem beber os pássaros e com o nome, as duas datas de costume e a palavra "viajante".

Entre Baling e Butterworth há 91 quilômetros. Percorri a distância num táxi com outras pessoas. A natureza era belíssima. Passamos através de grandes plantações de seringueiras e de palmeiras. Tudo era verde e ordenado. Em meio à vegetação se viam alvejar as casas dos camponeses. Tudo era natural, luxuriante... exceto as mulheres com seus véus. Estava na hora da saída das escolas e eu olhava com horror para aquelas meninas malaias, sob o sol, fechadas em seus meios-xadores, a túnica azul-celeste longa até o chão, ao lado das suas desenvoltas companheiras chinesas com saia curta e camiseta branca. Dois povos distintos e separados. Tudo isso em nome da espiritualidade islâmica contra o materialismo dos chineses? Também eu sou contra o materialismo. Mas como posso considerar meus aliados ideológicos estes carolas que vestem suas filhas assim?

O taxista chinês olhava para mim e ria. "Quando se vestem de preto, aí sim é que dão medo!", disse. Falávamos em chinês e nos entendíamos entre nós, *hua ren*. "Olha, olha", disse indicando-me uma série de barracas vazias em um mercado. "Para eles é festa... e durante um mês não comem mais!" Ria, ele que, como bom chinês, só sabe fazer festa comendo!

Ao observá-la da janela do carro, parecia-me que a Malásia não poderia continuar a viver em paz por muito tempo e que um dia, quando o bolo a ser repartido não será mais assim tão grande, acontecerá outra explosão, outro *pogrom* no qual as vítimas só poderão ser os chineses. O último foi em 1969, os mortos *hua ren* chegaram a algumas centenas.

A breve travessia entre Butterworth e a ilha de Penang a bordo de uma balsa, varrida pelo vento, foi, como sempre, um prazer.

Cheguei ao velho hotel E & O como se deve, a bordo de um triquixá — um riquixá de três rodas —, também este pedalado por um chinês. Não me hospedava ali há anos, mas era como voltar para casa. Logo que abri a porta do quarto 147 me assaltou uma lufada de velhos odores conhecidos, de tacos mofados, de desinfetante no banheiro. Também os ruídos eram os de antigamente: a batida do mar contra o murinho de pedra no fundo do gramado e o grasnar dos corvos sobre as palmeiras e sobre os canos negros dos velhos canhões apontados, como decoração, contra o horizonte.

O E & O era como uma bela adormecida, agradavelmente ineficiente. Tantos empregados, quase todos indianos, percorriam as varandas abertas com vassouras gastas na mão, mas as formigas continuavam impávidas sua marcha e os cupins roíam a madeira velha. Pedi um chá com limão e me trouxeram café.

Passei a tarde a fazer notas no meu computador, a ler as cartas de amor, jamais enviadas, de um governador inglês do lugar, e a escutar o mar e os corvos.

Estava feliz. Estava só e achava a solidão uma magnífica companhia.

9. O ARCO-ÍRIS ENLOUQUECIDO

A NOTÍCIA QUE INCONSCIENTEMENTE ESPERAVA chegou pela manhã, com o jornal pendurado em um saquinho plástico na porta do quarto. Era de poucas linhas, em uma página interna do *New Sunday Times*, datada: Phnom Penh, 20 de março.

Um dos helicópteros das Nações Unidas no Camboja precipitou-se ao solo ferindo todas as 23 pessoas a bordo. O helicóptero transportava quinze jornalistas europeus convidados ao Camboja pela missão da ONU, *três funcionários internacionais e cinco russos, membros da tripulação. O acidente ocorreu quando o helicóptero, atravessando Siem Reap, a cidadezinha próxima aos antigos templos de Angkor, perdeu altitude, girou várias vezes sobre si mesmo e caiu sobre a pista de uma altura de aproximadamente quinze metros. Não houve mortos, mas alguns feridos estão em graves condições com lesões na coluna vertebral. A missão das Nações Unidas ordenou que todos os demais vinte helicópteros* MI-17 *de fabricação soviética permaneçam em terra até a conclusão do inquérito sobre o acidente.*

Naquele momento não senti absolutamente nada e me admirei. Depois fui tomado por uma alegria repentina. Era como ter lido o anúncio da minha morte e desfrutava a sensação de estar vivo. Tive vontade de dividir aquele prazer com alguém, de dizer "Viu só? Viu só?" ao primeiro que passava, mas não havia ninguém. Acabava de amanhecer e o hotel estava deserto. Todos aqueles para quem poderia ter telefonado, Angela em Bangkok, meus filhos na Europa, naquela altura dormiam. A cabeça explodiu com mil perguntas, cacos de pensamentos, cada qual avançando por conta própria. Pensei no adivinho de Hong Kong; em quem poderia ter estado a bordo daquele helicóptero; claro, estava o Holzgen, o colega que tinha tomado o meu lugar. Pensei em como tinha tido sorte. Sorte? Pensei em ir ao aeroporto e tomar o primeiro vôo para Phnom Penh. Agora que a profecia tinha se cumprido, não havia mais nada a temer. Não? Ao contrário! Não seria aquele acidente uma outra advertência? O ano ainda não tinha acabado!

Fascinado, li e reli aquelas palavras impressas como se contivessem algo de mágico. Depois também aquela notícia acabou por me parecer como todas as outras no jornal: poucas linhas sobre alguma coisa já consumada, distante, que não me dizia respeito, como a queda da Bolsa de Valores na Nova Zelândia, um tufão em Bangladesh, ou uma balsa naufragada nas Filipinas. Fiquei apenas com a preocupação daquilo que *tinha* de fazer, de como entrar em contato com a *Der Spiegel*, de como ajudar Holzgen. E aqueles pensamentos me distraíram. Estranho que fosse só isso, e pensei que no fundo é sempre assim: o fato de que alguém tenha obrigações, de que deva organizar algo faz com que as emoções sejam colocadas de lado, controladas. A necessidade de ser prático impede de acabar arrastado por aquilo que se sente. É por isso que há tantos ritos em torno da morte. A dor de ter perdido uma pessoa querida seria insuportável se o sujeito não tivesse que pensar no funeral, em como vestir-se, em qual música pedir para tocar. Cada povo elaborou suas formas de distração. Os chineses, muito pragmáticos e materialistas, chegaram a tirar da dor o máximo de sentimentalismo: seus funerais terminam sempre em grandes banquetes!

Era domingo, e ninguém estaria na redação em Hamburgo. Meu escritório de Bangkok estava fechado. Depois me lembrei de ter, na memória do computador, o número do telefone celular do médico alemão, chefe do hospital da ONU em Phnom Penh. Estava certo de que os feridos estariam sendo tratados ali.

"Holzgen da *Der Spiegel*? Sim... sim, está aqui, espere que vou até seu leito", e em poucos segundos estava com Joachim ao telefone. Era uma daquelas situações em que a pessoa realmente não sabe o que dizer. Foi ele que me tirou da saia justa. Logo que reconheceu minha voz, gritou: "Ao diabo você e o seu adivinho! Viu só? Tinha razão, e como!". Joachim tinha quebrado uma perna e estava com a espinha dorsal comprimida, mas obteria alta. Tudo já estava organizado para que o levassem para Bangkok, e dali para a Alemanha.

Tinha sido o rotor posterior que parara, fazendo o helicóptero perder o controle. Ao arrebentar contra o solo, os reservatórios de combustível se abriram e muitos colegas se acharam banhados em querosene. Foi um milagre que não escapasse uma fagulha.

Fiz ainda alguns telefonemas, depois saí para um longo passeio. Ao passar diante do grande templo chinês em Pitt Street, veio-me o instinto de agradecer aos deuses. Comprei um maço de hastes de incenso, fui oferecê-los diante dos vários altares, e com isso acreditei ter resolvido o assunto.

Obviamente não foi assim. A história do helicóptero continuou a girar na minha cabeça. Não conseguia tomá-la como a realização da profecia, mas claro que não era tampouco uma simples coincidência. Repetia-me que racionalmente toda previsão é 50% certa e 50% errada, e que o helicóptero podia ter caído ou não. Mas não era fácil colocar minha alma em paz e aceitar que aquele acontecimento tivesse sido um simples fato estatístico.

Até aquele momento, toda a história do adivinho e de sua profecia tinha sido para mim um jogo, e o empenho de não voar uma espécie da aposta feita comigo mesmo para me colocar à prova. O jogo tinha acabado. Não se tratava mais de pensar que algo de estranho era, na teoria, possível. O estranho estava ali bem diante de mim, e de uma maneira arrepiante. Não se tratava de sugestão. Não se tratava de projeções subjetivas de fantasias ou de temores meus. A notícia era um fato objetivo: o helicóptero tinha caído de verdade.

Mas seria esta a prova de que o adivinho de Hong Kong tinha razão? Que tinha "visto"? No meu coração não queria absolutamente que fosse assim. Gostava de considerar o oculto como uma possibilidade, não uma certeza. Queria continuar com a dúvida, não virar um fiel. Em toda a vida evitei todo tipo de fé. Claro que não queria agora me convencer a adotar esta!

Ao adequar-me à profecia e dar ouvidos ao adivinho, não voando, quis adicionar um pouco de poesia na minha vida, não uma razão a mais para me desesperar. Porque se aquela era a prova de que tudo estava escrito, então a vida não tinha sentido algum! Viver não serviria para nada!

Desde o início daquele ano, lendo os jornais, sempre prestava atenção às notícias sobre aviões que caíam, que decolavam ou aterrissavam mal, e cada vez me perguntava se poderia estar nele. Não. Os poucos acidentes que notei aconteceram em lugares nos quais eu não poderia ter estado. Mas este? No Camboja! Este era o *meu*. O helicóptero acidentado era aquele no qual eu deveria voar. Não havia dúvida. Era então responsabilidade minha que tivesse caído? Repentinamente me senti culpado. Culpado pelo amigo Jean-Claude Pomonti, do *Le Monde*, que perdeu três dentes, por Ira Chaplain, fotógrafo da *Der Spiegel*, que quebrou o pé, com o pobre Holzgen que, tendo tomado o meu lugar, partia de maca para Hamburgo. Parecia-me desleal, por causa de uma profecia, não ter estado com eles naquele helicóptero. Claro, se estivesse, não teria sido eu mesmo a fagulha que teria posto tudo em chamas?

A mente não parava de fazer suas incontroláveis cambalhotas.

Penang me lembrou de um velho amigo. Nascera aqui, em uma família chinesa, educara-se em giro pelo mundo, tornara-se um profissional famoso e desempenhara papel importante no desenvolvimento de vários países da Ásia. Fomos ambos estudantes nos Estados Unidos, com a mesma bolsa de estudos, e ficamos em contato durante aqueles anos todos. Telefonei, e por acaso o amigo estava ali, vindo para repousar depois de uma expedição na selva em busca de uma rara espécie de palmeira.

Mandou o motorista me buscar com um velho Mercedes azul que atravessou Penang, uma cidade — via-se bem — que alguém tentava salvar e conservar, enquanto outros roíam sua calma, sua provincial elegância e tratavam de "modernizá-la". No velho bairro residencial alguns casarões coloniais, muito brancos em meio à densa vegetação dos jardins, foram restaurados e voltaram ao esplendor de antigamente. Outros foram, como se costuma dizer, "convertidos", quase como se tivessem mudado de religião: um deles virou um distribuidor semi-automático de frango frito da Kentucky, outro uma boate de luxo. Um terceiro estava em vias de demolição, mas sobre uma grande placa já estava, pintado a óleo, o condomínio que tomaria o seu lugar.

A casa natal do meu amigo estava em mau estado, mas ainda era imponente. As paredes não tinham mais cor, as poltronas cobertas por lençóis, o papel rasgado nas lanternas sob o pórtico, havia pó sobre os aparadores. Mas os restos de tantas vidas deixados desordenadamente aqui e ali não lhe tolhiam seu caráter de sólida, quase majestosa residência. Foi construída nos anos 1920. O pai do meu amigo fizera vir os tijolos da Inglaterra e, como era médico, quis entalhar o símbolo de Esculápio, com a serpente, na madeira de lei das escadas e das sacadas que dominavam o salão. Em um quarto havia dezenas de quadros balineses; em outro, várias estátuas de madeira do Bornéu; o primeiro andar era todo ocupado por modelos de barcos de Sonda e pela cascata de folhas secas de palmeira — belíssimas de se observar atentamente —, cada qual alinhada e classificada em uma proteção transparente. Numa sala havia um piano de cauda, dois violoncelos e uma espineta, nos quais meu amigo tocava Bach "como se tocava no tempo de Bach". No jardim havia grandes viveiros com vários pássaros tropicais, multicoloridos e estrepitosos, sobre os quais ele sabia tudo.

A casa construída por uma rica e grande família agora não abrigava mais que um casal de caseiros e tinha no conjunto algo de espectral. O espectro era ele, meu amigo. Arquiteto, botânico, musicólogo, instrumentista, mecenas, ensaísta, ornitólogo, Lim Chong Keat fizera daquela casa um refúgio para escapar do mundo, um esconderijo para todas as coisas que amava e que ia de vez em quando desfrutar.

Após anos de sucesso profissional, deixara grande parte do trabalho aos colegas mais jovens para dedicar-se a coletar e colecionar a beleza onde quer que a encontrasse. Era um homem inteligente e culto, tomado por uma grande desesperança. Via o "desenvolvimento", para o qual tinha contribuído, ir na direção errada. Via-o destruindo o ambiente, tornando as pessoas mais infelizes. Via o próprio país sempre mais dividido pelo sulco da raça. Estava desiludido com a vida pública, na qual todas as decisões eram determinadas por considerações de dinheiro e na qual ninguém mais tinha coragem de defender uma idéia, exceto a de enriquecer.

Disse que as cidades, as cidades de todo o mundo, decaíam porque não eram mais habitadas pelos cidadãos originais, mas continuavam a ser invadidas por pessoas de passagem ou que se instalavam apenas para fazer dinheiro. Até a conservação de Penang era feita por um motivo equivocado: atrair os turistas.

Era como se Chong Keat estivesse esperando há tempos alguém com quem desabafar, sem remorsos, sem o temor de ser tomado como louco. Como o entendia! Sua desesperança era a minha. Visitei a Ásia pela primeira vez em 1965, e me transferi para viver nela em 1971. No prazo de pouco mais de vinte anos vi aquela Ásia que me fizera deixar Florença desaparecer diante de meus olhos, vi o panorama das cidades mudar, as pessoas se endurecerem. Tudo aquilo que amei estava sendo destruído.

Seria uma simples conseqüência da idade? A gente envelhece, o mundo muda e a melancolia do passado nos faz parecer feio o presente e terrificante o futuro. Ou será que no fundo dessa nossa inquietação existe algo diferente? No curso daquela nossa geração a Ásia viu imensas mutações. Não é desesperador ver como agora as várias culturas são erodidas e suplantadas por uma mistura de modas, idéias e banalidades que vêm de outros?

Chong Keat tivera durante anos uma casa em Bali, para onde ia regularmente. Agora não coloca mais os pés nela. Também ali — disse — as pessoas celebram ritos cujo significado desconhecem, participam de cerimônias sem saber mais por quê. "Encenam um papel que aprenderam de cabeça", disse. "O arco-íris enlouqueceu."

Recentemente, ocupando-se das palmeiras, tivera a oportunidade de ir com freqüência à selva e começou a se interessar pelos *orang asli*, os verdadeiros, originais habitantes da Malásia, os pigmeus dos quais não sobrevivem senão alguns grupos. Foi uma outra ocasião para ficar de boca aberta. Os *orang asli*, tendo vivido por séculos na selva, adquiriram um notável conhecimento sobre a natureza. Os xamãs agora morriam sem legar seus segredos, e ninguém entre os jovens tinha interesse em aprendê-los. Afinal de contas, para que serve aquele saber da selva quando nas cidades há tudo? Chong Keat se preocupava.

Deus meu, como o entendia! Vi eu mesmo desaparecer do meu mundo aquela velha sabedoria. Quando era criança, nas grandes famílias havia sempre alguém que conhecia as ervas medicinais e sabia encontrá-las no bosque. Na nossa casa era minha avó materna a preparar poções bem amargas contra a tosse e a colocar em mim compressas quentes sobre o peito para fazer passar minha bronquite. Já com minha mãe aquele conhecimento se perdeu: ela preferia ir à farmácia. Hoje quem observa a Lua para decidir se chegou a hora de transplantar uma árvore, de modo que a muda pegue bem, ou de cortar uma outra de modo que a madeira depois não crie cupim?

Ter colocado a ciência sobre um pedestal fez com que tudo o que não é científico nos pareça ridículo e desprezível, e assim jogamos fora tantas práticas que na verdade poderiam nos ser úteis.

Em Orsigna, quando alguém se cortava com um machete ou com uma foice, corria para o Alighiero. Ele fazia o sinal-da-cruz, murmurava uma fórmula secreta que o pai lhe ensinara numa noite de Natal, passava a mão sobre a ferida e o sangue estancava. Era cômodo, pois o hospital ficava longe.

Para o fogo-de-santo-antônio tinha o Ubaldo que, tendo sofrido do mesmo mal por duas vezes, agora podia "assinalá-lo" e assim tirá-lo dos outros. Ubaldo furava um dedo com um espinho e, com o sangue que escorria, fazia um círculo em torno da ferida, ele também murmurando uma espécie de oração. O fogo passava. Eu o vi fazer isso.

Agora também em Orsigna todos vão ao hospital, e aqueles que sabem fazer as "assinalações" se tornam cada vez mais raros. Não é uma pena? Não seria o caso de ir redescobrir aquilo que éramos capazes de fazer como homens primitivos e que agora, como modernos, esquecemos?

Diz-se que são Francisco falava com os pássaros. No seu tempo isso já era excepcional, mas alguns milhões de anos antes talvez não fosse. Talvez então todos os homens estivessem em posição de entender os animais, e talvez também sentir a aproximação de certos eventos. Os aborígines da Austrália devem ter conservado algumas dessas antiqüíssimas capacidades. Se fosse de outro modo, como fariam para pôr-se a caminho para o funeral de um chefe, e chegavam pontualmente, dias e dias antes que ele morresse?

O helicóptero voltou à minha mente e perguntei a Chong Keat: "Você acredita no destino?".

Esperava por uma risada. Mas ela não veio.

"Deixe-me ver", disse meu amigo, e com grande atenção se pôs a observar a mão que lhe ofereci.

"Você está destinado a uma vida fora do comum. Nisto somos semelhantes, olha", e me mostrou a sua. *"Todos os dois, no meio da palma da mão, temos um grande A. Sim, somos ambos homens com um destino."* Depois se deteve, como embaraçado.

"Continue!", disse eu.

"Devo encontrar força para lhe dizer aquilo que vejo sem arruinar a nossa amizade."

"Continue!"

"Sua mão diz claramente que você não é um intelectual. Você é um homem de grandes sentimentos, mas não de grande intelecto..."

"Claro. Sei muito bem disso."

"Mas quem vê a sua casa, a sua biblioteca, tomaria você por uma pessoa dedicada só ao pensar. Na verdade não, você é um homem de ação; alguém que faz. Mas nunca por lógica, sempre por instinto. Nas emoções, você tem grandes altos e baixos..."

"Onde você aprendeu a ler a mão?"

"Certamente não nos livros. Eles são todos simplificados. Na quiromancia, assim como no feng shui, *há algo de mágico, de divino, que deve ser sentido e que não se pode aprender nos livros."*

Conhecia Chong Keat há muitos anos, mas não sabia deste seu interesse. Se alguém o visse com suas coleções, suas plantas, os pássaros, as palmeiras que estuda, também o tomaria por uma mente científica. Eis que ali estava ele, a me falar de magia! Ele também, como tantos outros, insuspeitável!

Nos dias seguintes, tentei esquecer o helicóptero e ocupar-me de outras coisas.

Entre tantas imagens que afloram incontroláveis na mente nos momentos de relaxamento, havia aquela da placa que vira na fronteira: "Pena de morte para quem transporta droga". E pensei num jovem, nenhum em particular, um jovem da idade de meus filhos, que um pouco por curiosidade, um pouco por divertimento, se aproxima da droga e acaba na armadilha que na Malásia leva diretamente para a forca.

No Laos e no Camboja a *ganja*, a maconha, é uma erva que se compra no mercado porque é um ingrediente da sopa local, como a salsinha para nós. Por poucas liras dão a você um maço, como entre nós, quando se vai às compras e o quitandeiro nos dá os temperos. Em Penang, porém, um simples punhado daquela mesma erva basta para ser condenado à morte! Quantos jovens, às vezes sem saber, correram esse risco, viajando da Indochina para Cingapura, com alguns cigarros de maconha misturados ao Marlboro!

Claro que um país tem o direito de se proteger contra a droga, mas essa justiça sumária da Malásia me parecia injusta e hipócrita. A droga, especialmente as verdadeiras e letais como a heroína, é hoje uma das indústrias mais lucrativas do mundo. É um meganegócio que tem filiais em todos os países; seus administradores viajam nos mesmos aviões, se hospedam nos mesmos hotéis que todos nós. Seu dinheiro passa por intermédio dos mesmos bancos. Na indústria da droga, estão envolvidos governos inteiros, personagens acima de qualquer suspeita, gente protegida por muros de riqueza e de respeitabilidade. Mas existe quem possa tocar neles? Não. No patíbulo dos países que dizem querer fazer justiça acabam somente os pobres-diabos, os ingênuos temerários, ou, no máximo, os carregadores sem importância.

Pensei em escrever um artigo sobre esta "justiça da droga", e Penang era o lugar perfeito para saber alguma coisa. Aqui a pena de morte é obrigatória para quem é preso com mais de quinze gramas e a aplicação foi até agora inexorável: 120 pessoas já foram enforcadas, na maioria estrangeiros.

Um homem associou seu nome à defesa desses desgraçados: Karpal Singh. Fui encontrá-lo. Um indiano alto, em torno dos sessenta anos de idade, com os ombros largos, cavanhaque branco, cabelos cacheados. Karpal era um *sikh*, mas em 1971 renunciara ao clássico turbante para integrar-se, para assumir aquela identidade malaia que então ele, como outros, esperava ser o amálgama das várias raças do país.

"Foi uma ilusão", disse-me Karpal, "porque os malaios não pararam de considerar este como sendo um país só deles, e nós, indianos e chineses, como intrusos."

Karpal Singh foi membro do Parlamento e é hoje um advogado famoso e controverso. Vive habitualmente em Kuala Lumpur porque — como diz — é ali que tem todos os seus inimigos. Mantém um escritório em Penang, sobretudo para os casos de droga. Sua interpretação sobre a dureza da lei era interessante. Karpal disse que, como a maioria dos drogados na Malásia é de malaios e os traficantes, chineses, o governo vê essa questão como uma espécie de guerra do ópio, como uma tentativa da parte dos chineses de debilitar e dominar a raça malaia. Eis por que as normas são sempre mais draconianas. Segundo a lei de 1975, cabia ainda ao juiz escolher entre a morte e a prisão perpétua. Já a nova lei de 1985 obriga o juiz a mandar para o patíbulo todos os condenados. A maioria é de chineses de Hong Kong — claramente emissários das tríades, as sociedades secretas —, mas cresce também o número de ocidentais.

De acordo com Karpal, esse tipo de justiça não teve efeito nenhum. Ao contrário. Com o aumento do risco, aumentaram os lucros e, com estes, também a corrupção. Penang continua a ser um centro importante de distribuição da droga por causa da sua vizinhança com a fronteira tailandesa e do seu porto. A quantidade do tráfico aumenta a cada ano.

Minha pesquisa sobre os chineses de além-mar prosseguia. A cada dia tinha ao menos três encontros com alguém da universidade ou do mundo dos negócios. Interessava-me entender como funciona a economia dos hua ren, quais são as relações entre as várias comunidades chinesas da Ásia, e quanto investem os chineses da diáspora na China. Depois dos assuntos sérios, a cada pessoa que encontrava perguntava algo sobre os adivinhos. Existe algum realmente bom em Penang?

"Adivinhos? Eu os odeio", reagiu um professor de história que tinha acabado de me dar uma bela lição sobre a Malásia antes da chegada dos ingleses. E me contou esta história.

Quando ele e os irmãos eram pequenos, um indiano passou diante da sua casa e convenceu a mãe a lhe mostrar a mão. "Você tem uma doença contra a qual não existe cura", sentenciou. "Dentro de um ano estará morta." Ela ficou muito assustada. Não disse nada à família, mas daquele dia em diante não foi mais a mesma. Era uma chinesa forte, de fé, muito dedicada ao marido e aos filhos, e de repente começou a sair, a jogar cartas, a dar-se à libertinagem, a divertir-se. Ninguém entendia por quê. Quando a mulher se confessou ao marido e lhe falou da profecia, ele foi extremamente compreensivo e a deixou fazer o que queria. O tempo passou: um ano, dois, três; a mulher nem adoeceu nem morreu. Mas enquanto isso habituou-se àquela vida e continuou a praticá-la até que... morreu 25 anos depois por causa de um infarto. "Feliz!", disse eu, mas o professor não concordou. Sua infância ficou marcada por aquela história, pela mãe que não estava nunca em casa, e pelo pai sempre envolvido a pagar suas dívidas. Ele, de adivinhos, não sabia nada com certeza.

Tive mais sorte com a mulher de um economista.

"Sim, sim, tem um muito bom em Bishop Street. Está nos fundos da alfaiataria Vogue", disse-me. "É um indiano. Chama-se Kaka."

Bishop Street fica no coração da velha Penang. À sombra de pórticos baixos, todos pintados de branco, estão alinhadas as lojas dos negociantes, perfumarias, alfaiates e barbeiros. Todos têm o próprio nome escrito em belos caracteres vermelhos ou negros, de cima para baixo, sobre as colunas que dão para a rua, e não foi difícil encontrar a alfaiataria Vogue. Mas Kaka não trabalhava mais no lugar. Tinha se mudado para perto dali, e o alfaiate, também ele um indiano, se ofereceu para me acompanhar. Era uma maneira de ser cortês comigo, mas também de agradecer a sorte que tinha. Ao longo do caminho, disse-me que ele também ia de vez em quando se consultar com Kaka.

Subimos por uma escada estreita até o primeiro andar. Atrás de uma porta de vidro havia uma sala de espera limpa e ordenada. Duas belas e gordas indianas e um elegante senhor, alto, robusto e perfumado, sentavam-se em poltronas de falso couro azul comendo feijões secos. Lembrei que era hora do almoço e a penumbra daquela sala oferecia uma agradável proteção ao calor do asfalto nas ruas.

"Estava esperando você!", disse o homem levantando-se. Não tinha aberto a boca, mas achei que, para um adivinho, aquele era um modo perfeito de se apresentar. Fez-me entrar no seu escritório, se acomodou numa grande poltrona de gerente, e me colocou do outro lado da escrivaninha.

Data de nascimento, país de nascimento, cálculos sobre um pedaço de papel, depois o diagnóstico: *"Seu número da sorte é o 8.*

Este é um número importantíssimo na sua vida. Preste atenção para que no número da sua casa, do seu telefone, da placa do seu carro haja sempre um 8 ou que a soma dos números seja 8. Assim você será 100% afortunado. O outro número é 5."

Depois tomou minha mão esquerda e a estudou. *"Na sua família todos foram longevos e também você morrerá velho, porque tem duas linhas da vida, e não uma só. É esta segunda linha que o protege. Se, por exemplo, você se envolve em um acidente de carro, o carro se arrebenta, mas você sai incólume. Quando tinha quarenta anos, você enfrentou problemas por causa de alguns amigos que o traíram, mas depois dos cinqüenta e cinco você terá sete anos esplêndidos. Em breve você fará alguma coisa que nunca fez e terá sucesso. Se você jogar na loteria, vencerá..."* (Vou acabar acreditando!) *"Quando era jovem, você esteve perto de morrer de uma doença..."* (Seria o ano em que passei no sanatório aos dezoito?) *"Agora devia começar a meditar..."* (Foi o que disse Chang Choub.) *"Se o fizer, você mesmo será capaz de ver o futuro, e logo terá o poder de curar as pessoas..."* (Não me desagradaria.) *"Essas capacidades você já as tem dentro de si, deve apenas aprender a exercitá-las."*

A idéia de virar um vidente me agradava. Ela já tinha me ocorrido nos anos de Tóquio. Se um dia cansar de ser jornalista, me dizia, inventarei uma nova religião. No Japão todo dia nasce um deus novo! Um proprietário de banhos públicos, um ex-policial, uma dona-de-casa dizem ter tido uma visão e logo encontram seguidores. Se estivesse me entediando, teria feito o mesmo!

"Se acontece a você ir a um lugar no qual nunca esteve, e tem a impressão de reconhecê-lo, é porque passou por ele nas vidas precedentes", retomou Kaka. *"Você já teve muitas vidas, algumas até extremamente interessantes..."*

"Quais? Onde?"

Kaka disse que existiam especialistas capazes de ver com precisão estas vidas. Ele só podia falar delas em sentido genérico. *"Já teve muitas vidas e está prestes a alcançar o estágio superior, o de..."*

"De guru?", disse eu, que no fundo não levava muito a sério o que ele dizia.

"Sim, você poderia virar guru. O problema é que tem muito calor dentro do corpo, você deve ser sexualmente sempre muito ativo e isso lhe

faz perder energias. Você é irascível e às vezes realmente insuportável. E será assim até a velhice", disse Kaka, como para me punir do meu tom brincalhão.

"Aos dezesseis anos você tinha duas histórias de amor: ambas terminaram mal. Se se casou antes dos vinte e quatro anos, seu casamento faliu; se foi aos vinte e oito, você tem um ótimo casamento." (Errado! Mas não digo nada.) *"O dinheiro vem para você em abundância, mas do mesmo modo vai embora."* (Sempre a mesma história...) *"Se quiser acumulá-lo, deve colocar um anel de ouro no dedo médio da mão direita. Só um pequeno anel de ouro. Os sinais da sua mão dizem que você deveria ter tido três filhos, se não é assim é porque uma das mães abortou, talvez sem o seu conhecimento, ou você ainda está em tempo de ter três."* (Só me faltava esta!)

Kaka tomou minhas mãos, olhou os dedos, as unhas, e disse: *"Você é particularmente sadio e não tem problemas de prisão de ventre. Mas, se os tiver, não tome remédios, coma apenas fruta e verdura..."* (Ótimo conselho de qualquer forma...) *"Em todo caso, para você a coisa mais importante é que comece a meditar."*

Kaka era hábil. Usando aquele "se" no início de cada observação, deixava uma saída livre e permitia ao paciente achar verdadeiro aquilo que dizia. Este era o seu truque, e agora que o percebera não me interessava mais o que tinha a dizer.

"Sua mão mostra que você deveria ter recebido uma grande herança. Se não é assim, então vencerá na loteria." Ele me entediava. "Kaka, você acredita no destino?", eu o interrompi.

"Sim, mas como uma tendência. As linhas da sua mão são apenas uma advertência, servem para ver aquilo que se pode evitar. Olha a minha mão! Aqui todos os palmistas vêem que eu sofro do coração e um colega em particular, um famoso de Kuala Lumpur, anos atrás me disse que aos cinqüenta e dois anos eu morreria de infarto. Já tenho sessenta e cinco, e, quando morrer, não será de infarto."

Kaka estudara todos os livros de medicina que lhe passaram pelas mãos, vira o que provocava o infarto, e há anos fazia dieta e exercícios, comia grandes quantidades de alho cru, doava sangue regularmente, e fazia uma vida muito disciplinada: acordava às seis e meia, ficava no escritório das oito da manhã às sete da noite, os 365 dias do ano. *"De infarto não hei de morrer!"*, disse, e, com o punho direito, deu grandes golpes sobre o peito, onde fica o coração, fazendo vibrar a caixa torácica. *"Não morrerei de infarto porque os sinais da minha mão me colocaram de sobreaviso."*

Disse-lhe então que tinha sido advertido por um adivinho a não voar, e que justamente o helicóptero no qual eu devia estar acabou caindo. O que dizia minha mão? Devia realmente ter morrido naquele helicóptero?

"Que nada!", respondeu Kaka com a maior segurança. *"Você tem duas linhas da vida na mão, e, se estivesse a bordo daquele helicóptero, teria saído dele sem nem sequer um arranhão. E mais, se a bordo também estivessem outras três ou quatro pessoas com mãos como a sua, o helicóptero não teria caído nunca. Lembre-se sempre: nos momentos de perigo é aquela segunda linha que o salva!"*

Devia saber — e acreditar nisso! — alguns anos atrás! No Vietnã havia dias nos quais eu ficava obcecado com a idéia de que no fuzil de alguém, em um arrozal qualquer, estaria a bala que me mataria. Aquela bala, eu a via! Sentia o cheiro do metal. Nunca disse isso para ninguém, mas aquela imagem me torturava, e às vezes, para ir aonde o trabalho ou a curiosidade ou simplesmente o espírito de concorrência com os colegas me levava, tive realmente de me encher de coragem. Aliás, que negócio é a coragem? Para mim ela sempre pareceu a força de superar o próprio medo não declarado.

Naqueles anos na Indochina havia, entre tantos colegas, um australiano extraordinário, Neil Davis, câmera da Visnews. Cada vez que chegávamos onde me diziam estar o front, acabava sempre vendo o Neil, com sua toalha branca no pescoço e uma velha Bolex, algumas dezenas de metros mais adiante. Era um tipo para quem a guerra não dava medo. Nos últimos dias de Saigon, quando repentinamente um avião tentou bombardear o palácio presidencial e as baterias aéreas se puseram a disparar feito loucas, todos procuramos abrigo. Mas Neil, de pé em meio à confusão, continuou a filmar. Continuou a filmar ainda dez anos depois quando, em Bangkok, durante um golpe de Estado falido, os soldados de um carro armado tomaram sua Bolex por uma arma e dispararam contra ele. Neil colocou a máquina no automático e a arremessou diante de si, produzindo assim seu último e dramático filme: o da própria morte.

Perguntei a Kaka se, na sua opinião, a mão era a melhor indicação sobre o destino de uma pessoa. Disse que sim, depois acrescentou: *"Mas é preciso prestar atenção e tentar entender o que o palmista diz"*. E me contou a história de um cliente chinês. Era um homem de negócios abastado. Foi consultar Kaka, e este lhe disse: "Sua mão mostra que você tem duas mulheres. Se não as tem, poderá conquistá-las". O homem não deixou por menos. Voltou para casa, reuniu a família e anunciou a todos que se casaria com a secretária. O quiromante lhe aconselhara a fazê-lo. A família entrou em desespero, foi até Kaka, e ele teve de chamar o chinês e lhe explicar que "poder ter" não queria dizer "dever ter". "Se lhe digo que na sua mão está escrito que você morrerá no fogo, o que você faz?", disse Kaka ao chinês. "Prepara um tanque de gasolina para se jogar dentro dele ou um de água para apagar o incêndio?" Com este argumento, convenceu-o a permanecer monógamo.

Kaka disse que os sinais da mão não permanecem iguais por toda a vida. Mudam com o passar do tempo e com eles muda também o destino. Se me pusesse a meditar, poderia eu mesmo ver como minha mão mudava. Não conseguia imaginar como isso seria possível, mas não disse nada.

Voltei ao hotel a pé, sob o sol alto. Estava na hora em que nos trópicos todos fazem a sesta. Dormem os condutores de triquixá, sentados com os pés para o alto no assento dos passageiros, sob a tenda de seus veículos. Dormem os alfaiates indianos sobre seus balcões, e os chineses na penumbra de suas lojas.

As visitas aos adivinhos se tornavam cada vez mais decepcionantes. O que me diziam sobre meu "destino" era uma série de banalidades. Se realmente existem "grandes" adivinhos, com "poderes" especiais, devem ser raríssimos, dizia-me. Será que o velho de Hong Kong era um deles? Descartei a idéia.

De todas as observações de Kaka, permaneceu seu conselho para meditar. Claro que não colocaria o anel no dedo médio. Ser rico realmente não me interessa. Quando o sujeito se torna rico, acaba ficando sempre com outros ricos, e os ricos — já sabia há muito — são chatos. Ser rico significa preocupar-se em não perder a riqueza, e dessa preocupação eu preferia me poupar.

Mesmo assim, havia nos encontros com esses personagens, no fim das contas todos muito normais e todos empenhados sobretudo em ganhar para viver, algo que me agradava. Revisitar os temas da família, da saúde, do amor, da riqueza me levavam a pensar sobre mim mesmo como não fazia há tempos. Quem, na minha idade, ainda pensa para valer em si mesmo? Quem pára para considerar seriamente se quer uma segunda mulher, um terceiro filho, ou simplesmente um anel no dedo médio da mão direita? O sujeito tende a ocupar a própria mente com os problemas do cotidiano e não pára nunca para se olhar a alguns metros de distância. Quantas pessoas, bem casadas, aproveitam-se conscientemente desse fato? Ou pensam nele com prazer indo para o escritório? Os momentos para refletir sobre aquilo que temos se tornam sempre mais raros. O hábito de rezar tinha também com certeza essa função. Mas quem ainda agradece ao Senhor antes de comer?

Aliás, quem ainda reflete sobre a morte? Esta, para nós ocidentais, virou tabu. Vivemos numa sociedade feita de otimismo publicitário na qual a morte não tem lugar. Foi removida, tirada do caminho; ao passo em que cada adivinho que eu encontrava a colocava de novo na minha frente.

Mesmo no curso da minha vida, quanto a morte mudou! Quando era menino ela era um fato coletivo. Morria um vizinho de casa e todos assistiam, ajudavam. A morte era mostrada. Abria-se a casa, o morto era exposto, e cada qual fazia assim a própria apresentação perante a morte. Hoje é o contrário: a morte é um estorvo, algo a ser escondido. Ninguém mais sabe gerenciá-la. Ninguém mais sabe o que fazer com um morto. A experiência da morte se faz sempre mais rara e o indivíduo pode encontrar a sua sem jamais ter visto a de um outro.

Se a mulher de Bangkok que examinou minha pinta está certa, terminarei os meus dias em terra estrangeira. É uma pena, porque há algo de reconfortante em morrer onde nascemos, em um aposento do qual se conhece o odor, o ranger da porta, a vista da janela. Morrer onde morreram os próprios pais, os próprios avós, onde nasceram os próprios netos é como morrer um pouco menos.

Os chineses compreenderam isso, e o culto aos ancestrais foi sempre a única verdadeira religião deles. Originalmente havia o antiqüíssimo costume de ter no fundo das cavernas um lugar no qual eram sepultados os mortos e no qual as mulheres davam à luz. Criava-se assim um ciclo. Era como se o novo tomasse a vida do velho. Reencarnação mesmo.

Não resta dúvida de que aquele estar sempre no mesmo lugar, aquele repetir durante gerações os mesmos gestos, aquele fazer as mesmas coisas contribuía para criar a idéia de uma grande continuidade da vida, uma continuidade na qual o corpo de cada um era apenas um fato puramente acidental, um conveniente invólucro que apenas por acaso pertencia a quem estava dentro dele.

Um dos Oito Imortais chineses, de tanto meditar, tomou tal distância do próprio corpo que, quando "retornou", deu-se conta de que alguém o tinha levado embora. Não se desesperou e tomou o primeiro corpo "livre" que encontrou à disposição: o de um mendigo sem uma perna que acabara de morrer. E é assim que aquele deus do Olimpo taoísta se chama Li Perna de Ferro! Bonito, não?

Depois de Penang, devia ir a Kuala Lumpur. Poderia tomar o trem direto que parte de Butterworth, mas esta me pareceu uma solução apressada demais e decidi descer ao longo da península lentamente, com um daqueles táxis que se dividem com outras pessoas. Queria parar em Ipoh, cidade — dizem — da qual provêm as mulheres mais belas e os chineses mais ricos da Malásia.

Há pouco mais de cem anos, Ipoh era uma grande vila. Seu nome derivava de uma árvore com a qual os malaios fabricavam flechas envenenadas. Depois chegaram os ingleses, descobriram que a terra estava cheia de zinco e o que se passou explica a história da Malásia e seus problemas de hoje.

Para extrair o zinco era preciso ter mão-de-obra. Os malaios não estavam particularmente interessados em trabalhar nas minas, e os ingleses decidiram aceitar cada emigrante que conseguisse chegar até lá. Em 1879 já havia em Ipoh 4.623 malaios, 982 chineses e um inglês. Em 1889 os malaios contavam 10.291 pessoas, os ingleses, 69, mas os chineses eram 44.790. Foi assim que Ipoh virou uma cidade quase exclusivamente chinesa e que algumas famílias de imigrantes, enriquecidas com o zinco, representam hoje uma potência econômica com a qual o poder político, em mãos dos malaios, deve fazer as contas.

"Apenas 10% dos chineses daqui são realmente ricos, mas isso faz com que os outros 90% trabalhem como loucos, esperando poder enriquecer também", disse-me um dos vários chineses que fui visitar em Ipoh. Nenhum deles pensa em voltar para a pátria. "Na Malásia sou um cidadão de segunda categoria, mas de qualquer modo tenho uma vida melhor do que se fosse cidadão de primeira classe na China", disse-me um professor. "Então, fico." Sempre práticos, os meus chineses!

Com o início de 1993, impusera-me, além dos aviões, uma outra proibição: não hospedar-me nos habituais hotéis modernos que crescem uns iguais aos outros em todos os países.

Em Ipoh consegui me alojar em um por cinco dólares, chinesíssimo, sujo, com bitucas de cigarro pelo chão, um altar aos ancestrais por andar, escada antiincêndio inacessível, porque usada como depósito, e todos os quartos com vários leitos. Mas também Ipoh estava se modernizando. Fui ver o templo chinês mais velho da cidade, que tinha acabado de ser refeito completamente em cimento. Visitei as grutas nas montanhas calcárias, nas quais moraram os primeiros budistas da região; e também elas tinham sido empasteladas de cimento e iluminadas a néon. As estátuas feitas com os cacos igualmente eram novas e reluzentes. As velhas, enegrecidas pelo incenso e pela idade, tinham sido levadas embora.

Cheguei em Kuala Lumpur de ônibus, ao entardecer.

Não a revia há anos e fiquei impressionado. A cidade tinha adquirido um marcado caráter muçulmano. Seguindo o exemplo dos ingleses, que construíram uma estação e um palácio do governo num bonito estilo mourisco, os malaios, com sua arquitetura moderna, conseguiram dar uma nova face à capital e a eliminar sua aparência chinesa.

Acabei numa espelunca daquelas com o parquete sujo, pratos com restos de comida deixados nos corredores e a ducha sem cortina, mas ao menos não devia olhar para o mundo como através do vidro de um aquário. Deixei as janelas abertas e dali vinham até mim todos os ruídos e os fedores da Kuala Lumpur dos pobres.

Os proprietários, os empregados, as camareiras da pensão eram todos chineses. Só o homem encarregado de abrir a porta e de carregar a bagagem dos clientes, também eles todos chineses, era malaio. Bastou trocar umas palavras e ele logo me falou do problema que divide a Malásia: a raça.

"Olhe", disse alargando a mão estendida num grande gesto diante de si. "Os arranha-céus são chineses, as lojas são chinesas, os supermercados são chineses. Então, diga-me: é esta a Malásia?"

Diante da pensão acabava de estacionar uma motocicleta, com uma carreta presa ao lado. Um homem tirou o capacete e se pôs a trabalhar. Em poucos minutos a carreta se transformou num pequeno restaurante com dois fogareiros a gás e uma bela mesinha coberta com apetitosas especialidades expostas em pequenas vasilhas. As pessoas começaram a parar e a pegar espetinhos com bolinhos de carne, pedaços de polvo, fatias de fígado, lingüiças e asinhas de frango. Ele cozinhava tudo na água quente de duas panelas, passava molhos amarelo, vermelho e laranja, alinhados em uma fila de pratinhos. As pessoas comiam de pé e pagavam conforme os bastõezinhos vazios que tinham nas mãos. Tudo era limpo, atraente e bem organizado. O homem era chinês. Chineses eram também todos os que se ajuntavam, corriam e se agitavam em torno dele.

Com aquela concorrência, o pobre malaio sentia que nunca chegaria lá!

10. Chagas sob os véus

Estava em Kuala Lumpur há apenas doze horas e já tinha sido convidado à casa do primeiro-ministro... junto a outros milhares de pessoas. Tinha lido no jornal que para Hari Raja, o dia de festa no qual é tradição para os malaios oferecer a própria casa a todos, até mesmo a residência oficial do chefe de governo, com ele presente recebendo os hóspedes em pessoa, estaria aberta para quem quisesse entrar. E aquele era o dia.

Um táxi me deixou a uns cinqüenta metros dos grandes portões negros, escancarados, e entrei. Uma enorme multidão passeava com tigelas cheias de arroz, de bolinhos e enroladinhos de carne, e centenas de copos de plástico com água e laranjada. Cada qual enchia a própria tigela e ia comer sobre a relva. Diante da porta de ingresso outras pessoas faziam fila para apertar a mão do primeiro-ministro Mahatir, que, de pé e com a mulher ao lado, estava ao centro de um salão com ar condicionado. Nas paredes, feios cartazes pediam para que não se fumasse.

A grande maioria dos presentes era de malaios, todos vestidos com belas sedas coloridas e reluzentes: os homens, e também os meninos, de bata e calças com um pequeno sarongue por cima, como um saiote, e na cabeça a carapuça negra dos muçulmanos; as mulheres usavam as duas peças que agora eram costume nacional: saia longa até o chão e sobre ela uma bata pudica longa até os joelhos. Pareciam ter saído de uma fábula; uma fábula que podia muito bem começar assim: "Era uma vez um rico país no qual viviam, felizes e contentes, os malaios...".

Olhava para eles, todos um tanto gordinhos, lentos, ligeiramente vaidosos, todos com ar de durões, mas na realidade brandos, e entendia a sua fábula: "... Um dia chegaram de longe os colonialistas, mas o país era rico e os malaios continuaram a viver serenos. Porém, quando os colonialistas voltaram para a casa deles, na Malásia ficaram os chineses... E a paz dos malaios acabou".

Viveram durante séculos nos *kampong*, os vilarejos, sob seus sultões — chefes tanto espirituais como políticos. Eram muçulmanos; eram pobres, mas nunca reduzidos à fome. Somente quando os ingleses partiram, deixando para trás uma população de imigrantes chineses — diferentes em caráter e cultura, mais espertos, mais ativos —, os malaios foram forçados a ir para as cidades e arregaçar as mangas para não perder a terra que consideravam sua.

Foi a necessidade de competir com os chineses que obrigou os malaios a renunciar aos prazeres da vida nos *kampong* e a tirá-los do estado de graça de uma fábula. O homem que apertava uma mão depois da outra no salão com ar condicionado foi o grande estrategista dessa operação, voltada para fazer com que a Malásia continuasse dos malaios e que se tornasse ao mesmo tempo um país moderno.

Também os governos precedentes tentaram proteger os interesses dos *bumiputra*, os filhos do solo, e manter os chineses sob controle. Mas os resultados tinham sido discutíveis. Impuseram a participação malaia em cada empresa chinesa, e os chineses compraram alguns malaios complacentes para usá-los como testas-de-ferro. Impuseram o malaio como língua nacional, e isso abaixou o nível cultural de todos. Limitaram o acesso dos chineses à universidade, que foram estudar no exterior, voltando depois mais preparados e mais combativos que os malaios que ficaram em casa.

Mahatir, que chegou ao poder em 1981, compreendeu que, para ir fundo no problema, era preciso fazer mais: era preciso recriar os malaios, reforçando sua identidade; e era preciso deixar os chineses à margem, prestando todavia atenção para não empurrá-los para fora do país. Porque 70% da economia privada estava nas mãos deles, e uma partida repentina poderia ser fatal. A idéia de Mahatir era diluir a presença chinesa em um grande e generalizado aumento da população.

A Malásia tem apenas 20 milhões de habitantes. Mahatir quer 70 milhões para o ano 2020. O fato de que os malaios, como muçulmanos, têm direito a quatro mulheres, e que sua taxa de crescimento já é agora o dobro da dos chineses, garantirá os resultados desejados. O processo de Mahatir é um processo de faxina étnica pelo avesso.

Quanto a reconstruir o povo e dar a ele uma identidade mais definida, e não mais influenciada por um século de vida ao lado dos chineses, Mahatir jogou uma carta infalível: recorreu à religião, empurrando o país rumo a uma ortodoxia muçulmana que os malaios não tinham nunca conhecido. Para alguém como eu, que não visitava a Malásia há anos, as mudanças trazidas por esta "reconversão" em massa dos malaios ao islã eram surpreendentes. Além do abandono dos vestidos tradicionais por parte das mulheres e a introdução do véu, havia novidades muçulmanas em todos os aspectos da vida. O quarto do meu hotel, como o de todos os hotéis na Malásia, tinha agora — por lei — uma flecha pintada no teto para indicar Meca. O restaurante tinha, também por lei, uma espécie de seção para cozinhar comida muçulmana. Toda comunidade contava com um "olho público muçulmano", uma espécie de espião religioso, encarregado de controlar o comportamento dos cidadãos. Nos jornais havia discussões sobre o que é "decente" segundo o islã, e as livrarias punham à venda vários livros a respeito de como um bom malaio deve se comportar.

Compreendo que os malaios não queiram cimentar o país para os chineses, que não queiram deixar que imponham seu gosto e sua ética. Mas não é perigoso usar a religião para dividir as duas comunidades étnicas e fomentar o ódio? Esta separação não poderá senão conduzir à violência.

Olhava para a multidão dos malaios no jardim da casa de Mahatir, a cidade aos pés da colina com seus arranha-céus, shopping centers, hotéis de luxo, e parecia-me que, apesar do verniz muçulmano, não fosse muito diversa da Tailândia budista ou daquilo que os chineses teriam feito se o país estivesse em suas mãos. Não obstante suas pretensões de diversidade e suas declarações antiocidentais, o modelo de modernidade que Mahatir estava perseguindo era o mesmo de todos: uma cópia do Ocidente.

Entrei também na fila para prestar homenagem ao primeiro-ministro e, depois de algum tempo, chegou a minha vez. "O senhor imagina quantas mãos a mais terá de apertar quando os malaios forem 70 milhões?", disse-lhe, enquanto ele apertava a minha. "Naquela altura eu já não estarei mais aqui", rebateu Mahatir com agilidade, mas também aliviado, me pareceu, pela idéia de não mais ter de submeter-se àquela *corvée*.*

Não havia muitos estrangeiros na fila, e estar ali me proporcionou imediatamente outros convites. Ao final do dia visitei as residências de alguns altos funcionários do governo e de três ministros. Também aquela foi uma experiência interessante: as casas eram mais ou menos idênticas, modernas e *kitsch*, sem caráter, sem estilo e sem nenhuma tradição. Apenas cheias de bugigangas eletrônicas e enfeites comprados com cartão de crédito em Londres e em Nova York.

A cultura dos *kampong* chegara ao fim, mesmo se certas festas como a do Hari Raja continuavam a ser celebradas.

Nos dias seguintes trabalhei no artigo sobre os chineses. Mas um outro tema girava na minha cabeça: as conseqüências a longo prazo da "reconversão" muçulmana da Malásia ao islã.

Com a ajuda de um velho colega malaio de origem indiana, M. G. G. Pillai, fui ver alguns acadêmicos, um par de políticos e um possível futuro primeiro-ministro. O quadro que reconstituí era bastante preocupante. Ter usado o islã como instrumento político para reforçar a identidade malaia foi como deixar sair o gênio da lâmpada de Aladim. Agora livre, crescia com uma lógica própria que não correspondia necessariamente àquela perseguida pelos governantes. Os jovens malaios mandados para estudar nas universidades islâmicas no exterior voltavam influenciados pelo fundamentalismo e extremamente críticos da maneira com o qual o país e a religião eram tratados. As forças armadas malaias, originalmente permeadas pela tradição inglesa, começavam a mudar de caráter influenciadas por jovens oficiais mais dispostos a obedecer ao Corão do que a seus superiores.

* Corvéia, em francês no original. (N. do T.)

Notei que as mulheres dos ministros e daqueles que estavam em torno de Mahatir não usavam véu, ao passo em que as moças na universidade o usavam quase todas. O governo deixava a elas a liberdade de escolha, mas eram os jovens radicais islâmicos que o impunham às estudantes.

Mahatir pensou em utilizar o islã como um instrumento para dar cultura e identidade aos malaios, para resistir à concorrência chinesa e modernizar o país. Outros o viam como um instrumento para resistir à influência materialista do Ocidente.

Ter usado o islã para destrinchar e dividir os malaios dos chineses ameaçava agora dividir os malaios dos malaios. O próprio Mahatir estava particularmente preocupado com o crescimento das seitas islâmicas, especialmente uma, Al Arqam, popular entre os jovens.

O amigo de M. G. G. Pillai telefonou para organizar uma visita ao "quartel-general" deles. M. G. G. representava uma ajuda preciosa. Era um dos mais argutos e controversos personagens de Kuala Lumpur. Conhecia todos e se recordava de tudo, o que não fazia dele um jornalista sempre benquisto e lhe criava de vez em quando problemas com esta ou aquela autoridade. Pouco antes da minha chegada, foi colocado novamente na lista dos "indesejáveis" de Cingapura. Ao diplomático que lhe negara o visto, M. G. G. tinha dito: "Tarde demais. As compras eu já fiz".

Depois de uma semana perseguindo os problemas do mundo, comecei a sentir falta de um adivinho. Aquele famoso do qual me falara Kaka em Penang, e que tinha seu escritório em um dos grandes hotéis da cidade, era realmente famoso, ou pelo menos fingia sê-lo para parecer mais precioso: tinha a agenda cheia para todas as horas e todos os dias pelos próximos três meses. Veio-me — obviamente — ainda mais vontade de vê-lo, e pedi à sua secretária para me avisar se algum cliente agendado por acaso tivesse desmarcado a consulta.

Perguntei-me se esta minha curiosidade ligava-se à minha "pesquisa" ou se também eu já não estava drogado por "feitiçaria". Pensei que se efetivamente a pessoa não presta atenção, pode envenenar a vida com essa incerteza aplacada aos poucos com as palavras vagas de alguém. Fulano disse uma coisa positiva? Uma coisa negativa? Então é preciso um segundo parecer. E depois de um terceiro. Um quiromante não nos satisfaz? Então vamos ao astrólogo e depois ao que lê as cartas... Não acaba nunca e, ao final, para justificarmos a própria credulidade, talvez façamos acontecer aquilo que algum destes charlatães "previu".

É preciso olhar o mundo também do ponto de vista do adivinho. Que poder ele tem! Fecha os olhos e diz: "Eu vejo que você é uma pessoa assim e assim; daqui a um ano vai lhe acontecer isto, daqui a dois, aquilo".

Se o indivíduo não tivesse respeito pela humanidade alheia, poderia se divertir experimentando este "poder". Bastaria ir até a primeira pessoa que se encontra no ponto de ônibus e dizer:"Desculpe, meu senhor, mas lhe convém ficar muito atento. Vejo no seu rosto que no dia 23 do próximo mês o senhor sofrerá um horrível acidente, vejo-o muito bem, fique atento". Até o dia 23 do mês sucessivo aquele sujeito não terá paz! E se depois alguém lhe aconselhasse a dar a cada noite três voltas em torno da mesa da cozinha para evitar a desgraça, nada garante que, por brincadeira talvez, às escondidas, o sujeito não acabasse fazendo isso de verdade. "Nunca se sabe", dirá para si mesmo.

O simples fato de ter formulado a ameaça torna a ameaça verossímil, e portanto angustiante. Muito mais que a notícia de poder vencer na loteria! O positivo entra e sai da cabeça. O negativo deixa uma dúvida rastejante, uma inquietação surda. Porque o medo reside no fundo da consciência humana.

Aconteceu algo semelhante a minha filha, Saskia. Tinha vindo a Bangkok, visitou uma nossa vizinha tailandesa e ali encontrou uma estranha mulher, frustrada e cheia de problemas, que quis ler sua mão. Saskia não pôde evitá-lo, e a mulher lhe disse que ninguém jamais a amaria, que jamais se casaria, e que não teria filhos. Para uma bela garota de vinte anos era como uma maldição; para aquela mulher talvez apenas o modo de fazer uma indireta vingança contra a vida.

Saskia dizia que não a levou a sério, mas eu sabia que as palavras daquela bruxa deviam pesar para ela e me preocupava que pudesse, talvez inconscientemente, tentar fazer rimar fatos reais com a "profecia". Claro que não esqueci a experiência de Saskia quando decidi ocupar-me com os adivinhos e entender um pouco melhor como funciona seu mundo.

Telefonei à mulher malaia de um alto funcionário que conhecia há anos, que se ofereceu para ajudar-me durante a minha estada. Disse-lhe ter visto já o primeiro-ministro e que agora queria ver um adivinho.

"Um adivinho? Claro. Eu me consulto às vezes com uma indiana...", disse ela, pessoa também "insuspeitável".

A indiana morava num bairro operário de Kuala Lumpur. Passando por lojas de fechaduras, de vidros, de ferro-velho, chegamos a uma casa modestíssima. Descemos por uma escada e entramos em uma pequena sala com pavimento de cimento. A parede ao fundo era dominada pela estátua de uma divindade indiana, Shiva. A seus pés havia pequenos vasos com pétalas de flores, uma lâmpada a óleo e pacotes de dinheiro deixados pelos clientes-pacientes vindos antes de mim. Na sala flutuava o odor adocicado de incenso indiano.

A mulher, em um sári cor de ciclâmen, com os cabelos cinza, um sorriso largo, os olhos intensos e negros, pediu para que me sentasse à sua direita, em uma mesinha quadrada. Era originária de Madras e obviamente tinha sido uma linda mulher. Portava ainda a segurança e a majestade. Em 1969 morreu, em um acidente de estrada, seu único filho, e desde então tinha o dom de "ver". "Deus dá e Deus tira", disse, voltando-se, com as mãos juntas e com a cabeça ligeiramente inclinada, para a estátua.

O procedimento foi o habitual: data e hora de nascimento, mas a mulher não fez cálculo algum. Olhou minhas mãos, o rosto, depois entrou numa espécie de transe e começou:

"Você é uma pessoa sincera. Se dá sua palavra, a mantém. A sua vida você já fez. Jogou e deu certo. Agora está considerando a possibilidade de retirar-se do mundo. Você passou a vida precedente na ilha de Sri Lanka. Era de uma casta muito alta. Desta vez você nasceu numa casta muito baixa, mas se comporta como se ainda fosse de sangue real e se sente em casa com os brancos e os ingleses..." (Falava como se tivesse diante de si um indiano colonizado a quem reconhecia a habilidade de freqüentar os colonizadores.) *"Há anos vive andando de país em*

país, mas em breve vai se estabelecer em um país em particular. Mas não será aquele no qual você nasceu."

A Índia, pensei. Desde que lhe dei minha data de nascimento não abrira a boca, e a mulher continuou, juntando minhas mãos com as suas.

"Você deveria estar de novo no Sri Lanka ou na Índia, mas não num vilarejo, e sim numa grande cidade, melhor no Norte. Delhi seria a ideal. Se encontrar um lugar onde se sentar, sente-se. Na sua vida você desperdiçou muitíssimo dinheiro, dava-o a quem quer que o pedisse. Por isso você não é rico, mesmo se os mendigos que o vêem pelas ruas pensem o contrário. Você tem uma família..."

A mulher continuou assim por algum tempo, sem dizer nada de particularmente errado nem tampouco nada de extraordinário. Disse que em 1997 terei de prestar muita atenção aos documentos de viagem (haverá um problema com a minha ida a Hong Kong para ver os chineses retomarem a colônia, pensei) e que devia continuar a vestir-me de branco (não lhe dissera que não tenho roupas de outra cor).

A mulher não tinha um método. Era simplesmente uma "psíquica", e com aquele seu entrar em transe conseguia "sentir", mesmo por contato, a pessoa que tocava com a mão. Comigo sentia talvez que estava ali por pura curiosidade, que não tinha problemas pelos quais pedir sua ajuda. Não tinha angústias que ela, sintonizada, por assim dizer, no meu comprimento de onda, pudesse captar. Eu não lhe despertava nada.

Somente quando quis saber se tinha perguntas e lhe pedi que falasse sobre o destino de minha filha, a mulher se animou.

"Como se chama?"

"Saskia", disse eu, e a mulher se pôs a sorrir, levantou-se como se pudesse tocá-la, e descreveu fisicamente Saskia como se estivesse realmente na frente dela. E talvez, a seu modo, estivesse. No instante em que lhe disse aquele nome, minha mente produziu as imagens de uma Saskia que ela começou a descrever. É possível? Na minha opinião, sim. A existência de uma "linguagem da mente" é a melhor explicação sobre episódios como este. Pessoas que se conhecem bem e que vivem juntas há tanto tempo desenvolvem esse tipo de linguagem. Como se explica de outro modo aquilo que a mim e a Angela acontece sempre com mais freqüência? Estamos por exemplo numa estrada, ninguém diz nada por quilômetros e quilômetros, depois, de repente, um dos dois diz: "Você se lembra na Austrália...?", e o outro estava abrindo a boca para dizer exatamente a mesma coisa! Aconteceu isso conosco vezes demais para ser apenas fruto do acaso!

Sobre Saskia a mulher respondeu "indianamente". Disse que a idade justa para ela se casar seria depois do seu 23º aniversário, e que cabia a mim escolher um bom marido, melhor se fosse um técnico; assim, se quisessem, poderiam imigrar para a América, para o Canadá ou para Cingapura.

A senhora que me acompanhava estava decepcionada. Disse que a mulher tinha sido mais competente com outras pessoas que ela lhe trouxera e que algumas se sentiram realmente ajudadas. Claro! Eu não tinha quesitos para lhe colocar; não fui até lá em busca de ajuda. Como poderia ter sido "competente"? A senhora me contou o caso de outra pessoa levada até a maga.

Tratava-se de um alto funcionário governamental que perdera o cargo por causa de um escândalo. Estava velho demais para recomeçar uma nova carreira e ainda jovem demais para se aposentar. Não encontrava trabalho e estava terrivelmente deprimido. Foi consultar-se com a indiana e ela lhe disse que estava atravessando um período de grande má sorte e que era absolutamente inútil procurar uma alternativa. Devia esperar até certa data, na qual encontraria alguém que lhe oferecia um bom trabalho. No meio-tempo, devia rezar e colocar todos os dias flores de lótus diante da estátua de Shiva. O homem se tranqüilizou, rezou e colocou as flores, e quando foi, naquela data, encontrar o chefe de um grande complexo industrial, era óbvio que tinha tal segurança em si que o admitiram para um ótimo trabalho. Se não tivesse funcionado, a maga teria achado uma justificativa, teria lhe sugerido outras coisas para fazer, até a entrevista sucessiva. A sorte, cedo ou tarde, sempre muda. Trata-se apenas de esperar e de ter alguém, um amigo, um psicanalista... ou um adivinho com o qual compartilhar a angústia.

Nisso a mulher tinha sido "competente".

Outra história que me interessava era a dos piratas modernos que, com armas sofisticadas e a bordo de embarcações muito velozes, atacam os grandes petroleiros e os navios de contêineres nas águas do

Sudeste Asiático e no mar da China. Pensei em escrever um artigo sobre o assunto e, em busca de informações, fui visitar um novo centro de antipirataria que os vários armadores mundiais tinham acabado de abrir em Kuala Lumpur. Ali, entre outras coisas, vim a saber que os policiais da Guarda Costeira chinesa eram considerados os piores criminosos, travestidos de piratas.

Uma zona de mar onde muitos dos incidentes de pirataria ocorreram nos últimos anos era o estreito de Malaca. Seria interessante navegá-lo em toda a sua extensão. Poderia ir para Cingapura, meu próximo destino, de navio! Assim, uma manhã, fui ao porto de Klang para ver quais eram as possibilidades de embarcar, mas a única informação positiva que extraí daquela viagem foi que o sultão local não conseguia mais viver na sua residência sobre o mar. O velho palácio estava mal-assombrado e precisou ser abatido; o novo acabava de ser construído, mas os fantasmas se transferiram para ele ainda antes do sultão.

Quanto aos navios ao longo do estreito de Malaca, não havia nada a fazer. Em De Klang não existia nenhum serviço para passageiros com destino a Cingapura. Os carregamentos eram muitos, mas para subir a bordo era preciso ter permissão especial. O Ministério dos Assuntos Estrangeiros colocou-me em contato com o do Transporte, que me pediu para escrever uma carta e anexar meu *curriculum vitae*. Era a primeira vez que me acontecia ter de declarar por escrito onde nascera, onde estudara e quantos filhos tinha para poder viajar de um lugar ao outro. Mas nem sequer isso adiantou. Cada vez que telefonava para ter notícias daquela permissão, diziam-me para esperar.

Esperando, escrevi um artigo sobre a abolição dos privilégios dos sultões (não era mais preciso dirigir-se a eles dizendo: "Sire, não sou mais que pó sob teus pés..."), li um par de livros sobre o islã e uma manhã, com M. G. G. Pillai, a bordo de seu trepidante Volkswagen vermelho, fui visitar a comunidade Al-Arqam.

Sungai Panchala, um vilarejo a uma dezena de quilômetros de Kuala Lumpur, foi o centro administrativo de uma grande plantação de seringueiras. Ao chegar mais perto, a primeira impressão era a de que continuava sendo, com seus edifícios com muros brancos e teto de zinco, em meio a hortos cheios de bananeiras e árvores de papaia. Mas a impressão durou pouco. Na estrada apareceram grupos de meninos em uniforme verde e branco, depois, como lúgubres triângulos em movimento, mulheres enroladas da cabeça aos pés com túnicas negras, com luvas negras e com um véu negro sobre o rosto e os ombros.

Guiando, M. G. G. acabara de me contar que uma das conseqüências da imposição do véu às mulheres malaias era que os dermatologistas estavam enriquecendo. Devido ao clima tropical, quente e úmido, as pobrezinhas, que antes se lavavam com freqüência, ungiam os cabelos e os deixavam ao vento, agora, com o véu, acabavam por sofrer mais cedo ou mais tarde de eczemas e por ficar com chagas na cabeça. Muitas viravam calvas. Os véus das mulheres de Al-Arqam, sendo ainda por cima negros e cobrindo completamente o rosto, deviam causar problemas ainda piores!

Vieram ao nosso encontro alguns homens: elegantíssimos — e cômodos — em longas túnicas claras e com belos turbantes com uma pequena cauda que descia sobre os ombros. Os homens! Sempre privilegiados, pensei, e percebi que eram também os únicos a se pintar: cada um deles tinha uma finíssima linha de tinta negra em torno dos olhos, que acrescentava uma nota de intensidade a seus olhares.

Tive a impressão de ter entrado em um manicômio e que era preciso prestar atenção para não irritar os doidos.

M. G. G. tinha telefonado para anunciar a nossa visita, e assim fomos tratados com aquela habitual liturgia peculiar a todos os Estados, partidos e movimentos totalitários: discurso de boas-vindas feito pelo comitê de recepção, foto-lembrança para propaganda nas suas publicações ("Dois jornalistas vieram visitar o nosso Quartel-General") e o pedido para que eu escrevesse meu nome, endereço e um comentário no Livro de Ouro.

A fórmula que faz funcionar esses grupos é sempre a mesma: uma ideologia simples, um líder carismático, um uniforme, rígidas regras de comportamento e, como recompensa, a promessa de alguma salvação... Antes de tudo do tédio e da rotina da vida cotidiana.

A idéia da Al-Arqam é que o mundo, sempre mais decadente e corrupto por causa do materialismo, está indo em direção a uma grande catástrofe. A salvação virá do Uzbequistão com um novo

Messias, que, sob a insígnia de uma "bandeira negra", guiará a renovação do islã e da humanidade. Al-Arqam foi fundada em 1967 por Ustadz Ashaari, um jovem radical que, depois de ter falido na carreira política tradicional, descobriu sua verdadeira missão: a de *guru*. Para os membros do grupo, Ashaari é um semideus. Casado com quatro mulheres e pai de 37 filhos, Ashaari escreveu mais de cinqüenta livros, viajou por todo o mundo, encontrou chefes de Estado e presidentes..., como nos explicou um de seus seguidores que, pronunciando aquele nome, abaixava o tom da voz em sinal de reverência, como antigamente faziam os chineses quando diziam "o presidente Mao".

Os membros do Al-Arqam com idade entre vinte e quarenta anos vivem em comunidades. Depois retornam à vida normal e assim conseguem reunir seguidores em todos os setores da sociedade, da administração pública à magistratura, da economia à política. Durante o período passado em comunidades os membros não têm preocupações materiais nem para si nem para suas famílias. Todos recebem comida e alojamento, mais uma soma para pequenos gastos pessoais. Os membros que vivem fora delas contribuem com o caixa do grupo dando 50% de tudo aquilo que ganham.

O Quartel-General fora comprado pela comunidade em 1972. Era sobretudo um centro de propaganda onde eram produzidos livros, fitas e vídeos para a difusão das idéias do movimento. O estúdio para os audiovisuais era dirigido por um técnico da Rádio Malásia, que escapou do corre-corre normal da vida e refugiou-se ali com mulher e sete filhos. Parecia tranqüilo e feliz. Seu único problema — disse — era que, como o Corão proibia o uso de certos instrumentos de corda e de sopro (deve haver uma razão, mas não soube me dizer qual), ele devia recorrer ao sintetizador para produzir música moderna.

"Ao tempo de Maomé não existia, e assim não foi proibido", disse. Seu estúdio de gravação estava cheio de aparelhos modernos e sofisticados.

"Não somos absolutamente contra o que é moderno", explicou o chefe-ideólogo. "Somos apenas contra a modernidade de tipo ocidental que é exclusivamente materialista e não espiritual. Somos a favor de um desenvolvimento que não danifique a natureza e não explore outros povos."

Al Arqam recusa o comunismo e não quer que os próprios membros dependam do sistema de produção da sociedade normal. Por isso o grupo colocou de pé um sistema próprio de economia alternativa com fábricas, empresas agrícolas e lojas para as suas necessidades básicas. Querem uma economia islâmica, isto é, uma economia fundada não sobre a noção de lucro. Querem ser muçulmanos em cada aspecto da vida, e não, como a maioria, "apenas na hora da oração".

Com sua recusa ao consumismo, ao materialismo da sociedade moderna, combinado ao integralismo muçulmano, esses hippies totalitários deram a impressão de ser menos malucos do que tinham me parecido ao chegar. Na comunidade reinava uma agradável lentidão, e eles pareciam serenos e tranqüilos. Inquietante para mim permanecia aquele aspecto do islã sempre com a espada nua, ao qual agora se acrescentava a visão das bandeiras negras guiando a regeneração do mundo!

Ao retornar a Kuala Lumpur, M. G. G. e eu continuamos a repensar aquela visita. Al-Arqam era um ótimo exemplo de como a recusa ao materialismo leva muitos jovens à busca de uma nova espiritualidade, a algo que lhes imponha disciplina e regras em troca de um sentido de acolhimento. O islã é muito apto a responder a esta exigência, e está procurando de vários modos ocupar os espaços deixados vazios pela falência de ideologias como a comunista e de experimentos econômicos excessivamente marcados pelo capitalismo. Mas o islã é demasiado antiquado e repressivo — especialmente em relação às mulheres — para ser a esperança do futuro. Será que no século XXI o mundo verá nascer uma nova grande religião?

Ver o "famoso" adivinho era impossível. Nenhum dos clientes-pacientes desmarcava a consulta. "Deixe para lá, quando estiver em Cingapura vá ao Rajamanickam", disse M. G. G. Pillai. "Aquele sim é que é bom!" Como sempre, o adivinho excepcional está em outro lugar.

M. G. G. disse que Rajamanickam era realmente particular, e também que alguns importantes personagens políticos de Cingapura iam lhe pedir conselhos. Discretamente, é claro. M. G. G. o conhecia há anos e o consultara quando seu pai estava morrendo. Rajamanickam era fundamentalmente um astrólogo, mas depois de ter perguntado quais sintomas tinha seu pai, a que horas e em qual data tinha nascido, acrescentou: "A casa de vocês é levantada do chão?".

"Sim", respondeu M. G. G.

"Então vá escavar o chão exatamente abaixo do lugar onde fica o leito de seu pai e traga-me tudo o que encontrar."

Encontraram um pedaço de papel enrolado contendo ervas secas e um amuleto dos Bughis, os habitantes das ilhas orientais da Indonésia, os mais temidos mestres de magia negra. Rajamanickam pegou o invólucro, como se fosse uma bomba, e com certas manobras conseguiu desarmá-la. O pai de M. G. G. se recuperou. Mas por pouco tempo. Teve uma recaída e morreu. Quando arrumaram o quarto e arrastaram o leito, os familiares descobriram que, escondido sob o colchão, havia outro amuleto, idêntico ao primeiro.

Anos depois, M. G. G. foi chamado ao leito de morte de um colega de seu pai, e este lhe confessou que tinha sido ele, por um ciúme antigo, a colocar o amuleto. Antes de morrer queria liberar aquele peso da consciência.

Também o meu pedido para viajar de navio através do estreito de Malaca não deu certo. Toda vez que telefonava ao pessoal do Ministério dos Assuntos Estrangeiros me diziam que a questão estava nas mãos dos colegas do Ministério dos Transportes; estes, por sua vez, diziam que tudo dependia dos Serviços de Segurança. Em outras palavras, a contra-espionagem da Malásia estava ainda se perguntando por qual motivo um jornalista europeu queria ir a Cingapura de navio quando era tão cômodo ir de avião!

Resignei-me a prosseguir via terra, dizendo-me que "há males que vêm para o bem". Podia assim parar em Malaca: a cidade mais mal-assombrada da Terra.

11. Os sussurros de Malaca

É PRECISO ESPERAR QUE CAIA A NOITE E, sem fazer barulho, caminhar ao longo dos muros, subir por uma das colinas, sentar sobre velhas pedras ou ficar em silêncio olhando a água que escorre sob a ponte de ferro, e você escuta a coisa. Não é forte, não é um estalo. É leve, delicado, quase um murmúrio, como a brisa. Seja como for, você a escuta: a voz da história. Malaca é um desses lugares. Cheio de mortos. E os mortos sussurram. Sussurram em chinês, em português, em holandês, em malaio, em inglês. Alguns sussurram até em italiano, outros em línguas que já não se falam mais. Mas pouco importa: as histórias que os mortos de Malaca contam parecem não interessar a mais ninguém.

Malaca, sobre a costa ocidental da Malásia, é uma cidade carregada de passado, embebida em sangue, semeada de ossos. Uma cidade extraordinária, onde as raças de meio mundo se encontraram, lutaram, amaram, procriaram; onde várias religiões se confrontaram, se suportaram, se integraram; onde os interesses de grandes impérios se combateram e onde agora a modernidade sem fé, o progresso sem nacionalidade sufocam com suas impiedosas avalanches de cimento toda diversidade, todo conflito, para criar aquela uniformidade sem gosto na qual a maioria parece se encontrar em casa.

Somente porque um especialista em *feng shui* disse que Bukit China — a colina dos chineses — era o pulmão da cidade, e que, sem ele, Malaca sufocaria, nove anos antes um dos lugares mais históricos e românticos da cidade não havia sido entregue aos cuidados dos especuladores edilícios e a seus guindastes.

Por mais de cinco séculos, sobre a inclinação doce daquela altura ensolarada, com vista para o mar, os *hua ren* de Malaca sepultaram seus mortos em tumbas de diferentes medidas, de diversa riqueza, mas todas igualmente brancas, arredondadas como ventres maternos, todas perfeitamente expostas àquele "hálito cósmico" que faz viver quem parte para o além e traz sorte para quem fica.

O dia em que cheguei a Malaca era *Ching Ming*, a Festa das Almas, e a colina fervia de chineses vindos para prestar homenagem aos ancestrais. Famílias inteiras se acocoravam em torno dos túmulos, arrancando as ervas daninhas, colocando maços de flores, acendendo velas e bastões de incenso, e arrumavam tudo lindamente para que o morto se servisse de tigelas cheias de arroz, pilhas de laranjas e pacotes de notas douradas.

Os chineses desembarcaram em Malaca em 1409. Eram guiados por um eunuco muçulmano, grande almirante, de nome Chen Ho. A China estava no ápice de seu poder. Construía navios capazes de transportar até setecentas pessoas, tinha descoberto a pólvora (usada ainda apenas para os fogos de artifício!), e queria ter relações comerciais com o restante da Ásia.

Malaca, pequeno porto fundado por um jovem príncipe malaio que parou naquele lugar quando foi caçar, e o chamou assim por causa da grande árvore, justamente a *melaka*, que despontava sobre a foz do rio, era ideal como base para se mover no Sudeste Asiático. Mas os chineses não quiseram Malaca em si, não estavam interessados em conquistá-la. Quiseram apenas o direito de morar ali, de atracar com seus navios e de transportar suas mercadorias. Para obtê-lo, engraçaram-se com os reinantes locais, dando-lhes de presente quinhentas moças para casar, entre as quais uma filha do imperador. O acordo foi um sucesso.

Já em fins do século XV Malaca era o maior empório do Oriente: comercializava produtos de vários continentes e abrigava gente dos "quatro cantos da Terra". Além dos malaios e dos chineses, havia persas e árabes, havia indianos de Gujarat e do império meridional de Kalinga, havia africanos e os misteriosos Lequios, que navegavam até o Japão e que, quando precisavam agradecer a seus deuses por terem sobrevivido a uma tempestade, compravam uma virgem e a sacrificavam, cortando-lhe a cabeça na popa de sua jangada. Alguém contou as línguas que naquele tempo se falavam em Malaca: 84!

Em 1511 chegaram os portugueses, e chegaram como conquistadores. Alfonso de Albuquerque, tendo partido de Goa com uma frota de dezoito navios e oitocentos soldados, atacou a cidade e apoderou-se dela a ferro e fogo. O sultão se salvou escapando, mas seu palácio foi arrasado e seu tesouro, saqueado. Três navios, entre os quais a nau capitânia, a *Flora de la Mar*, carregados com o butim de Albuquerque, tentaram retornar a Lisboa, mas foram atingidos por uma repentina tempestade no estreito e afundaram, pouco depois de zarpar de Malaca. Jazem ainda sobre o fundo limoso do mar: intactas. Se contêm as reservas de ouro que o sultão escondera no túnel secreto sob a cidade, isso permanece um mistério. Não é sequer claro se o tal túnel existia, mas há séculos costuma se dizer aos meninos de Malaca que, caso encontrem a entrada, não devem absolutamente entrar nele: ninguém jamais retornou vivo para contar onde fica.

Os portugueses permaneceram como patrões de Malaca por 130 anos e aquele foi o período de maior glória para a cidade. Malaca não era apenas um importante centro comercial. Era o trampolim de lançamento para a conquista cristã da alma do Oriente. Os missionários — muitos dos quais italianos —, após deixar a Europa e fazer escala em Goa, o território português na Índia, vinham a Malaca e se hospedavam no seminário franciscano para recuperar suas forças e se preparar espiritualmente para Macau e Nagasaki, esperando de algum modo poder entrar e se estabelecer naqueles universos, então fechados e altamente proibidos, que eram a China e o Japão.

O mais famoso entre esses homens de Deus, vindos para a Ásia não com a espada mas com o crucifixo, continua a ser Francisco Savério, um jesuíta espanhol que chegou a Malaca em 1545. Ali realizou seus primeiros milagres — por exemplo, ressuscitou uma menina morta há três dias — e mostrou seus dotes de vidente e adivinho: anunciou a vitória dos portugueses em uma batalha naval que estava se travando a centenas de quilômetros de distância, e várias vezes colocou em guarda os marinheiros para não subirem em navios que depois afundavam de verdade.

Quando morreu em 1552, provavelmente de malária, em Sanqian, uma ilhota na foz do rio das Pérolas próxima a Cantão,

Francisco Savério havia colocado as bases das missões cristãs em várias partes da Ásia, das ilhas Molucas às Filipinas e ao Japão.

A história de seu corpo é uma daquelas que não devem nada aos casos de superstição da Ásia misteriosa. Em Sanqian não havia navios para levar Francisco Savério a terra cristã, e assim seu corpo foi colocado em um caixão simples com cal e enterrado. Dois meses e meio depois, passou por ali uma embarcação portuguesa. Francisco Savério foi exumado e, para surpresa de todos, o cadáver foi encontrado intacto. Os marinheiros celebraram o milagre. Um deles, para ter uma relíquia, cortou com a faca um pedaço de carne da coxa e o sangue escorreu como se o corpo estivesse vivo. Quando o defunto chegou em Malaca, a epidemia de peste que estava ceifando a cidade repentinamente parou. O corpo foi sepultado na sacristia de São Paulo, sobre a colina do porto. Depois de nove meses, porém, foi novamente exumado para ser levado a Goa. Estava ainda intacto, e uma nobre portuguesa, para conservar uma lembrança, removeu o dedo mindinho de um dos pés. A história dos milagres de Francisco Savério e de seu corpo que a morte não decompunha atingiram o Vaticano com o pedido de torná-lo santo. O papa requisitou mais provas. Em 1614 a tumba foi reaberta, e o braço direito do cadáver foi cortado para ser enviado a Roma.

Em 1622 Francisco Savério foi declarado santo, mas as mutilações não acabaram. No curso dos séculos desapareceram, exceto um dos dedões, todos os dedos dos pés. Em 1951 foi arrancada a orelha esquerda. Aquilo que resta do corpo encontra-se agora em Goa, onde é exposto um mês a cada dez anos na basílica do Bom Jesus. Um osso do braço está em Roma, um em Macau, na igreja de Coloane.

Até pouco tempo antes, o pároco daquela igreja era um italiano, padre Angelo Acquistapace. Foi missionário na China e, em 1949, os comunistas o colocaram para fora. Transferiu-se para o Vietnã, onde o conheci em seu orfanato ao norte de Saigon, e em 1975 os comunistas o expulsaram. Terminou naquela última língua de terra cristã a ocupar-se de leprosos. Cada vez que celebrava a missa, após a bênção aos fiéis levantava os braços e, voltando-se para a porta escancarada da igreja de onde se via, separada apenas por um estreito braço de mar, a China, também comunista, dizia: "Vade-retro, Satanás!".

Morreu em tempo: em 1999 a China retomará Macau e a relíquia de são Francisco Savério.

O único lugar que ficou sem nem um osso sequer do santo foi exatamente Malaca. Durante séculos não havia nem mesmo uma estátua em sua homenagem. Depois, em 1953, o bispo encomendou uma de mármore na Itália e a mandou colocar no alto de colina do porto. Passaram-se três meses, e uma noite, durante um temporal, de uma árvore de casuarina que ficava ao lado, caiu um ramo que decepou — repare a coincidência — o antebraço direito da estátua: exatamente o mesmo que também tinha sido amputado do corpo. A estátua ainda continua assim, mutilada.

A idade de ouro de Malaca terminou em 1641, quando os portugueses foram derrotados e expulsos pelos holandeses. Os holandeses foram por sua vez expulsos pelos ingleses, e os ingleses, expulsos temporariamente pelos japoneses em 1942, foram embora definitivamente em 1957, concedendo a independência à Federação Malaia. Todos partiram deixando para trás monumentos, tumbas, recordações, lendas e muitíssimos fantasmas. Malaca é hoje a cidade mais mal-assombrada do mundo. Existem belas casas nas quais ninguém quer viver e lugares nos quais ninguém fica sozinho.

Toda noite, entre as ruínas das fortalezas portuguesas, as pessoas vêem o vulto de dois jovens se abraçando. Ele era um marinheiro de Albuquerque, ela, uma freira. Foram descobertos enquanto faziam amor e condenados à morte. Ele foi decapitado, ela foi murada viva, mas sua paixão continua.

Há algum tempo um respeitadíssimo juiz contou que no seu escritório havia uma mulher da qual não conseguia se libertar. Ninguém o tomou por louco. Aquele lugar tinha sido um asilo para pobres e era compreensível que, entre as pessoas que morreram ali miseravelmente, alguma voltasse em busca de justiça.

Até a Siemens, que veio para Malaca estabelecer uma fábrica de componentes eletrônicos com 2.500 operários, teve um problema com os fantasmas. Contou-me isso um dos técnicos alemães que trabalhavam nela. Os guardas colocados nos portões viam de vez em quando estranhos tipos que entravam e saíam sem se registrar. Não faziam parte do pessoal e, toda vez que alguém tentava detê-los, transformavam-se em fumaça e desapareciam para voltar a aparecer dali a pouco. Um especialista em magia negra, um *bomoh*, explicou que, ao construírem a fábrica, tinha sido destruído um templo indiano e que os espíritos que antes moravam no lugar não tinham mais para onde ir. A Siemens aceitou erigir um novo templo em outra parte, e o problema dos desconhecidos que iam e viam como ar foi resolvido.

Coisas estranhas aconteceram também em outras fábricas construídas há pouco na região. Em uma de sapatos, por exemplo, uma mulher pôs-se repentinamente a gritar, a arrancar as roupas e a correr como uma louca. Uma outra a imitara, depois uma outra ainda, e num piscar de olhos toda a fábrica estava um pandemônio. Foram necessários três dias e o sacrifício de uma cabra para pacificar os espíritos e normalizar a produção.

Obviamente, além daquela dos espíritos, havia outra explicação. Uma explicação "científica" que o técnico alemão também conhecia: os jovens crescidos em seus *kampong*, os vilarejos malaios, não conseguiam adaptar-se facilmente à vida na cidade, à disciplina das cadeias de montagem e reagiam "ficando *amok*", uma expressão malaia usada agora em todas as línguas para definir uma "repentina loucura".

No fundo, as duas explicações não estavam absolutamente em contradição, e eu, como os malaios, preferia a que chamava de "espíritos" às frustrações de tantos jovens: tinham deixado, entusiastas, o trabalho nos campos para ir às fábricas, mas percebiam não ter melhorado com isso suas vidas ou ter ficado mais felizes. Ao contrário.

Malaca era realmente particular. Era impossível encontrar alguém ou visitar um lugar sem ouvir estranhas histórias. A namorada malaia do alemão da Siemens, uma mulher atraente aos quarenta anos, com educação universitária, disse-me, por exemplo, que as pessoas de Malaca prestavam atenção para não mandar os meninos ao mar depois do pôr-do-sol porque os gnomos os raptavam.

"Os gnomos?"

"Sim. Ninguém jamais os viu, mas sabe-se que são eles porque deixam atrás de si um rastro de perfume." Pouco tempo antes um menino raptado fora encontrado por um *bomoh* dentro de um coqueiro. Tinha a boca cheia de excremento de galinha, porque os gnomos, sem saber direito com o que se alimentam os humanos, deram aquilo para o menino comer. "A história apareceu até nos jornais", assegurou-me a mulher.

Pedi para ir a um restaurante de cozinha tradicional e alguém me indicou o Michael and Nancy no velho bairro português. Ainda estava comendo um ótimo bacalhau cozido com batatas, cebolas, azeitonas negras e alho cru quando Michael, os proprietário-cozinheiro, sentou-se a meu lado e me disse: "O senhor precisa de proteção?".

Michael Teixeira, 76 anos, malaio-português, soldado do exército inglês capturado pelos japoneses e, depois da guerra, enviado para combater os comunistas, era católico. Ainda muito jovem casou-se com Nancy. Juntos tiveram dezessete filhos, dos quais catorze ainda estavam vivos. Vinte anos antes, Nancy disse que seu ventre não agüentava mais: mais um filho e ele se arrebentaria. Então, em observância estrita às leis da Igreja, decidiram não ter mais relações sexuais, e isso deu a ele o poder de curar as pessoas e de libertá-las do diabo. Fazia isso com um pequeno crucifixo de madeira que seu pároco trouxe de Roma, aonde tinha ido em peregrinação.

"Claro. A gente sempre precisa de proteção", respondi-lhe.

Michael colocou o crucifixo em um copo de água, sussurrou umas rezas, passou-me o copo em volta da cabeça, sobre o peito, sobre as mãos, e concluiu que eu não tinha problemas: no meu corpo o diabo jamais tinha estado.

Acima de tudo, interessava-me sua história com a mulher. Casamento por amor?, perguntei. Nada disso. Foi a mãe que escolheu Nancy para ele. Casou-se com ela depois que a viu uma única vez. Disse que juntos tiveram uma vida feliz e que eram ainda muito unidos.

Será que também na tradição dos casamentos arranjados, ainda tão difundida na Ásia, exista uma sabedoria à qual nós ocidentais, com o nosso culto à liberdade de escolha, acabamos, ao longo do tempo, renunciando?

O taxista que me levou para a cidade era malaio. Seu carro era um velho Mercedes creme com os assentos de veludo vermelho. Chamava-se Ali, tinha 34 anos e era casado. Já tinha quatro filhos, mas estava decidido a ter mais. "Os ricos fazem sempre mais dinheiro e os pobres sempre mais filhos", disse, "mas os pobres são sempre mais felizes porque têm tempo de estar com a própria família; os ricos, nunca. Estão sempre ocupados."

Casamento por amor?, perguntei. Não, também no caso de Ali tinha sido combinado. Seu pai, um motorista de ônibus, entrou em acordo com o pai da jovem, proprietário de uma barraca no mercado.

"Nos vimos e nos odiamos. Mas não havia nada a fazer. Ainda no casamento não nos suportávamos. O amor começou apenas com o primeiro filho, mas desde então cresceu e cresceu."

Será que têm razão os asiáticos com o princípio: "Ame aquele com quem você casa e não case com quem ama"?

Pedi a Ali para me levar até um adivinho indiano que, como Michael tinha dito, ficava na calçada da rua das mercearias.

"Aquele? É um cretino que não adivinha nada", disse Ali com uma grande risada. "Como pode prever a fortuna dos outros se não conseguiu ter fortuna ele mesmo? Está sobre aquela cadeirinha há trinta anos, escapando sempre que chega a monção. Se fosse bom mesmo, teria pelo menos um guarda-chuva e não estaria ali, sempre sobre a mesma cadeirinha! Não. Não. Eu acredito nos adivinhos que fizeram fortuna, que viraram ricos."

E assim renunciei ao indiano para ir procurar o sr. Lee. Aquele sim é que era bom! Três anos antes previra que um dia Ali pararia de guiar o táxi dos outros e que compraria o seu próprio. Aí estava: um Mercedes creme, com assentos vermelhos!

O sr. Lee, chinesíssimo, concebido na ilha de Hainan e nascido em Malaca, órfão aos três anos e menino-trabalhador em um restaurante da cidade, logo se tornou representante de bebidas alcoólicas. Sem ter experiência e tentando entender se podia confiar em alguém, se podia dar crédito ou se o sujeito escaparia sem pagar, comprou por cinqüenta centavos um livrinho que lhe ensinou a estudar os caracteres físicos das pessoas e a deduzir, a partir deles, a personalidade de cada um. Ficou rico e construiu a fama de mago.

"Agora é um hábito. Cada vez que encontro uma pessoa, sem que ela se dê conta, olho para suas mãos. Às vezes bastam alguns sinais para entender e ter poder sobre ela", disse o sr. Lee. "As mãos e o rosto são ótimas indicações. Os verdadeiros sinais do destino, porém, estão em outra parte."

"Onde?"

"Na planta dos pés." Ali, segundo ele, estariam as indicações permanentes do destino. Os sinais da mão, prosseguia o sr. Lee, mudam com o tempo. Bastou que tirasse os sapatos para o sr. Lee dizer que meu pai tinha morrido e que minha mãe ainda estava viva.

"É verdade. Mas como você faz para saber?"

"Fácil. Pela forma do seu dedão."

"Mas a forma era a mesma quando meu pai ainda estava vivo."

"Sim, mas a forma me diz que sua mãe tem um signo da vida fortíssimo e que sobreviverá durante muitos anos à morte do seu pai, e isso foi assim desde o momento em que você nasceu." O sr. Lee parecia muito seguro.

Estudou então, com grande minúcia e com o ajuda de uma lente de aumento, a planta dos meus pés. Disse que tenho um caráter simples, direto, e que não provoco a agressividade alheia; que não escuto a opinião dos outros e confio apenas na minha. Disse que me casei aos 24 e que esta foi a minha grande sorte.

Tudo estava exatíssimo, e — coisa simpática — o sr. Lee não dizia como fazia para chegar às suas descobertas. Segundo ele, tudo era óbvio e estava escrito ali... na planta dos meus pés. Ali leu — ele também — que eu não seria rico. O que não pôde dizer era quantos filhos eu tinha. O controle dos nascimentos, explicou, tinha introduzido um elemento que embaralhava todas as previsões.

Contei-lhe sobre a minha profecia e lhe disse o que pensava dela. Olhou bem e disse: "Sim, há perigo na tua vida. Às vezes é grande, especialmente este ano, mas você não corre riscos porque sofre de hemorróidas e aquele sangue perdido o salva".

Os fatos eram inegáveis. Mas e a interpretação? No mínimo, era um consolo.

Malaca tinha até um fantasma vivente: padre Manuel Joaquim Pintado, português, ex-pároco da cidade e historiador diletante. Tinha passado toda a vida em Malaca, recolhendo documentos sobre a presença dos seus patrícios. Quando, por razões desconhecidas, alguns anos antes Roma havia decidido tirar Malaca dos missionários portugueses e dá-la aos franceses, Pintado recusou-se a partir e ficou vivendo em sua casinha na periferia. Na salinha da entrada, com a imagem de uma Virgem Menina que trouxera da sua igreja, fez um altar e ali celebrava a missa. O resto da casa estava cheio de velhos jornais, livros e cartas geográficas.

Padre Pintado era um especialista em são Francisco Savério, sobre quem tinha até escrito dois livrinhos.

"E os milagres, padre?", perguntei tentando dar início à conversação sobre um tema que imaginava que seria delicado.

Para o padre Pintado o que contava eram os documentos, e de uma pilha de folhas tirou um que dizia respeito aos caranguejos. Sim, caranguejos. No estreito de Malaca encontrava-se um tipo em cujo dorso há o inconfundível vulto de uma cruz. Aconteceu de no curso de uma tempestade, quando o barco sobre o qual viajava estar para ser engolido pelas ondas, são Francisco tirar do pescoço o crucifixo e com ele aplacar as águas. Na confusão, porém, o crucifixo escorregou-lhe da mão e desapareceu no mar. O documento, que padre Pintado leu para mim, narrava aquele episódio. Era o testemunho de um marinheiro ao processo para a canonização de Francisco Savério.

"Tinham se passado vinte e quatro horas e estávamos finalmente em terra. Acabávamos de andar quinhentos metros na praia quando vimos sair da água um caranguejo que segurava com as tenazes um crucifixo. O caranguejo se dirigiu ao padre Francisco, depositou o crucifixo a seus pés e desapareceu novamente no mar. O padre se pôs a rezar por uma hora e nós fizemos o mesmo com ele."

Convencido? Ele sim, totalmente; e não lhe pareceu interessante, como pareceu a mim, que os chineses de Malaca contassem uma história muito semelhante a propósito do seu grande eunuco-almirante, Chen Ho. O navio no qual viajava foi salvo por um peixe que tapou um buraco no casco com o próprio corpo, e agora, no estreito de Malaca, existem peixes que têm as marcas de seus dedos. Como de resto acontecera também a são Pedro, com o peixe mediterrâneo que leva este nome.

Ao ouvir que eu era florentino, padre Pintado puxou entre seus papéis a fotocópia da carta de um meu compatriota. Era datada de 20 de dezembro de 1510 e escrita por um jovem Piero Strozzi, a serviço de Albuquerque, nas vésperas da expedição contra Malaca. O jovem descreve ao pai, que ficou em Florença, os perigos da empresa, as flechas envenenadas dos inimigos, seu viver sempre "com a morte na boca", e pede a toda a família para rezar a Deus por ele. Depois conclui: "... se voltar a salvo, espero ganhar com esta viagem 2 mil ducados". Dinheiro. Sempre o dinheiro, também naquela época!

Perguntei ao padre Pintado se podia apresentar-me alguém que me ajudasse a ver a cidade. Deu-me o número de telefone de uma senhora que pertencia a uma velha família de Malaca e que tinha sido sua assistente em pesquisas históricas.

Marcamos um encontro diante da igreja de São Pedro e passamos juntos um dia inteiro. Era uma descendente dos portugueses pobres que, depois da conquista holandesa, não tiveram modo de se transferir para outro lugar nem de voltar para a pátria. Mantiveramse por três séculos uma raça à parte, com uma língua própria — um misto de português, malaio e holandês — e com suas tradições. São as chamadas "gentes de Christaon". Em Malaca são cerca de 2 mil.

Também com ela, cada passo feito em Malaca era uma história de mortos e de espíritos. As casas e os monumentos no centro de Malaca estão todos pintados de vermelho. Quando os ingleses conquistaram a cidade e destruíram a fortaleza e outros grandes monumentos portugueses, permitiram que as construções holandesas continuassem de pé com a condição de que fossem pintadas de vermelho para distingui-las das que eles teriam feito. A tradição sobreviveu e o centro de Malaca se chama Praça Vermelha.

"Sim, vermelho-sangue", disse a sra. Christaon. Durante a ocupação japonesa, entre 1942 e 1945, cerca de mil cidadãos de Malaca foram decapitados, mortos a golpes de baioneta ou queimados vivos para aterrorizar o restante da população. Ela me fez notar que na velha Torre do Relógio havia agora um novo Seiko. Era um presente de Tóquio, mas os mortos, disse, não estavam absolutamente contentes com aquela presença japonesa. À noite, com freqüência, escutavam-se os gemidos deles protestando.

Passamos pela Banda Hill, uma área reconquistada ao mar há poucos passos da fortaleza e ocupada por um conjunto de barracas de madeira, cada qual com uma gaiola pendurada. "Imigrantes indonésios", disse a senhora. "Vêm aqui a trabalho, mas sabem que nesta terra há mau-olhado e se protegem trazendo consigo seus cucos."

Enquanto comíamos no Malaca Club, a senhora das "gentes Christaon" me mostrou um anel que tinha no dedo. "Eu o coloquei para encontrar o senhor", disse. "Uso-o como proteção toda vez que saio com alguém que não conheço." No anel havia uma pequena rã. "A rã deve ser colocada com a cara voltada para fora e depois, às seis da tarde, virada para dentro", explicou-me. "Uma rã é feia, repugnante, mas se você lhe dá atenção, se é gentil com ela, ela fica agradecida e recompensa você, protegendo-lhe, dando-lhe dinheiro. É por isso que as rãs são um símbolo de boa sorte."

Naquela altura era óbvio que devia lhe perguntar se conhecia algum adivinho. Ela não — era católica praticante —, mas sua irmã sim. Era seguidora de uma famosa maga de Malaca.

No dia seguinte estava com três senhoras em um furgão rumo à periferia. Às duas irmãs juntou-se uma amiga malaia, ela também cheia de histórias para contar. A última dizia respeito à sua empregada doméstica. Todos os dias alguém lhe trazia em casa um menino para que o amamentasse. Na sua família todos tinham adoecido. Chamaram um *bomoh* e este descobriu que o menino vinha de um cemitério próximo e que alguém estava tentando fazer com que ressuscitasse a fim de tomá-lo para si. Os gnomos!, pensei, e me veio a idéia de perguntar se aquele "alguém" deixava um rastro de perfume.

A maga morava em uma casa térrea em uma longa fila de casinhas todas iguais, todas com rede de ferro em volta de um acanhado jardim, todas com pavimento de granilito, todas com telhas azuis e parede branca, em uma área sem a sombra de uma árvore.

Entrou-se em uma espécie de salinha de espera, com poltronas de plástico, flores de plástico e, sobre uma parede, um tapete de pelúcia com a imagem de Meca. A maga era malaia e devota muçulmana. Sobre uma parte ligeiramente mais alta da sala havia uma mesa em cuja ponta sentava-se ela, enquanto à sua esquerda havia um homem velho com ar gentil. Sobre a mesa, coberta por uma toalha de plástico florida, havia um telefone portátil, atualmente símbolo de sucesso, em qualquer parte da Ásia.

Chamavam-na Ka (irmã) Non: uma mulher magérrima, de cabelos finos e escassos, com o rosto esticado, pele quase transparente, olheiras profundas, vestida com uma saia verde longa até o chão e uma bata também verde e longa até os joelhos. Tinha 42 anos, crescera em um *kampong* e jamais freqüentara a escola. Casara-se muito jovem com um homem que a espancava continuamente. Durante uma daquelas surras, Ka Non bateu a cabeça e perdeu os sentidos. Quando voltou a si, percebeu que tinha poderes, que "via". Deixou o marido, casou-se novamente com aquele senhor gentil, também ele um mago, que agora porém era seu assistente.

Esperamos que a maga terminasse a consulta com duas mulheres. Quando chegou a nossa vez, outras clientes — todas mulheres aquele dia — sentaram-se para esperar nas poltronas. Tudo se passava abertamente, em voz alta, como uma confissão de grupo no qual todos participavam, perguntavam, comentavam, se maravilhavam.

Veio-me a vontade de rir ao me ver ali, grudado numa cadeira diante de uma doida, com três mulheres fazendo o papel de *chaperon*,* como se acompanhassem alguém que tem medo de ir ao médico sozinho. Acabo sempre entre mulheres a falar sobre as coisas da minha vida — disse-me —, e tive mesmo de me controlar para não dar uma gargalhada com a idéia de alguém que me conhecesse na minha habitual veste de jornalista, repórter das coisas do mundo, pudesse entrar naquela sala.

Ka Non olhou-me com olhos muito intensos e irônicos. Parecia estar me colocando à prova e eu sustentei o olhar sem piscar o olho. Não quis saber nem onde nem quando nasci. Só o meu nome, com o qual exercitou-se longamente até pronunciar "Ticciano". Fechou os olhos e o repetiu uma dezena de vezes; em seguida, depois pôs-se a olhar, sempre intensamente, na palma das próprias mãos, abertas como fazem os muçulmanos quando rezam. "Para ela é como assistir à televisão", disse o marido para explicar o que se passava. Quando a mulher começou a falar, estava em uma espécie de transe:

"Ticciano, este ano você iniciou algo de especial, muito especial..." (Claro, passar um ano sem voar!, disse comigo mesmo, e me maravilhei de como parecia exata. Depois pensei que, se tivesse vindo à

* Pajem ou acompanhante, em francês no original. (N. do T.)

Malásia para dirigir uma daquelas fábricas, aquela frase teria me parecido igualmente justa.) *"A sua é uma missão muito especial. Quando a tiver conduzido ao término, você vai subir muito alto."*

As minhas três mulheres riam e a amiga das duas irmãs não se conteve: "Você é um espião? Quem você é?". Ka Non continuou:

"Há anos você buscava algo. Agora encontrou. Você sabe do que estou falando. Você conhece a sua missão, você me entende." As minhas mulheres estavam mais agitadas do que nunca.

A maga disse que em breve encontraria alguém que me mostraria o caminho, que me iluminaria e que então eu teria um grande sucesso e me tornaria famoso. Seria eu a lhe sugerir tudo isso? Não creio, porque pensava ainda no quanto era ridícula toda aquela cena.

Perguntei a Ka Non se via perigos na minha "missão".

A mulher, sempre em transe, pareceu ter achado graça, depois ficou séria. Tomou minhas mãos e olhou nas palmas (a minha televisão, pensei). Ficou furiosa, berrou alguma coisa que não entendi, e finalmente veio a tradução: *"1993 é o ano em que você começou a acreditar em Deus".* (Também se pode definir assim o fato de que estou diante dela.) *"Desde que você deu o passo para entrar na minha casa, você está em segurança. Este passo é o primeiro de uma vida nova, um passo que lhe dará sorte."*

Ka Non gesticulava violentamente, uma mão se levantava para o céu como uma espada, a outra em posição transversal, como se cortasse a garganta de alguém: *"De agora em diante tudo o que quiser você conseguirá porque encontrou o que procurava".* Pensei ter encontrado, claro, um ritmo agradável de vida, mais tempo para olhar à minha volta, e achei que a mulher tinha acertado. Veio-me à mente Anatole France, que dizia: "Todas as traduções fazem sentido para quem a fez". Com o discurso vago desses magos é o mesmo: fazem sentido para quem quer acreditar neles.

Ka Non disse que podia voar, que estivera em grande perigo de vida uma vez no passado (Aquela? Não! Toda pessoa da minha idade tem no seu passado uma vez em que "esteve realmente para morrer"), e que viverei mais de oitenta anos.

Quis saber como se chamavam meus dois filhos.

"O homem, Folco", disse. O procedimento foi o mesmo: Ka Non repetiu o nome uma dezena de vezes, olhou para suas mãos e disse que Folco era muito inteligente, era *pintar* (as minhas mulheres ficaram surpresas ao ouvir esta palavra, mas não conseguiram encontrar a tradução...) *"Pintar, pintar"*, repetiu Ka Non, depois acrescentou que Folco teria sucesso nas artes, que devia tomar cuidado com amigos moralmente pouco sadios. De Saskia disse que era extremamente determinada, que se casaria com um homem rico e que o escolheria de modo que agradasse também a mim (que amor filial!). Disse ainda que teria uma vida fácil e um filho.

Ao ouvi-la pronunciar o nome de meus filhos, tive a impressão de ter feito algo indecente quando os dei a ela. Depois disse a mim mesmo que também esse tabu era absurdo e perguntei-lhe o que via na vida de Angela (ela que odeia os adivinhos e não quis nunca nada com eles!). Me dei bem. Ka Non disse que Angela é extremamente sensível, que é preciso tomar cuidado para não feri-la e que pode explodir se não se sente respeitada. *"Trate dela como se fosse ouro"*, disse. *"Acompanhe-a com cautela como se fosse uma tigela de óleo fervente e fique atento com as mãos para não derramá-lo."* Um conselho bom para todos.

A essa altura as minhas acompanhantes tinham uma curiosidade toda delas. "Ticciano tem uma outra vida? Tem amantes?", indagou uma delas à maga.

Ela olhou na "televisão" das suas mãos e sentenciou: *"Ticciano é extrovertido, gosta de misturar-se com as pessoas, especialmente as mulheres, e as mulheres o admiram, algumas até se apaixonam, mas ele não tira proveito disso. Tem dificuldade para ser infiel"*.

Todas riam e ria eu também, posto a nu como fui!

Minha consulta colocou todo mundo de bom humor, e a irmã seguidora da maga insistiu para que também a minha acompanhante das "gentes Christaon" se fizesse examinar. Era católica praticante e achou que cometeria um pecado, mas cedeu. O procedimento foi o mesmo: o nome, a televisão das mãos, o transe, mas o resultado foi diferente do meu.

"Você tem grandes problemas", disse a maga sem hesitar. "Seu marido a trai continuamente e agora tem uma amante à qual está particularmente ligado. Um amigo roubou uma grande quantia em dinheiro de vocês. Tempos atrás, alguém colocou mau-olhado em você. Em grande parte você já o desfez, mas alguns traços ainda restam. Eu o sinto. Os problemas vêm dali."

A mulher estava atônita e se pôs a chorar. Era tudo verdade. O marido sempre tivera amantes e 2 milhões de dólares malaios tinham realmente desaparecido com um amigo em quem confiaram para um investimento comum. A cura? Um misto de flores e perfumes para serem colocados todos os dias na banheira. O marido da maga escreveu a "receita".

Ka Non nos acompanhou até a porta. Cumprimentou-me dizendo: *"Falta pouco para que você leve a cabo a sua missão. Agora que viu uma vez, verá outras."* E com aquela frase sibilina nos deixou.

Uma das irmãs guiava o furgão. A outra estava em choque. Disse que há tempos queria fazer algo, mas tinha medo. Tinha medo até dos próprios poderes. Uma vez, por exemplo, passando diante de um bar onde sabia que o marido passava muitas das suas noites sozinho, dissera: "Espero que queime tudo". No dia seguinte soube que o bar tinha sido arrasado por um incêndio.

A uma das mulheres veio à mente a tradução de *pintar*. Queria dizer "gênio".

Estava em uma velha pensão suja e empoeirada, mas daquelas que eu gosto, com os quartos grandes, o teto alto e a escala de madeira. Tudo era um pouco gasto, mas tinha passado. Por duas noites dormira muito bem na grande cama com o colchão de *kapok* e travesseiros duros com folhas de chá. Na terceira noite tive um pesadelo terrível. Sonhei estar num lugar cheio de escadas com gente de diversas cores que subiam e caíam. Eu tentava dar apoio a todos, mas não tinha força suficiente nos braços. Em determinado momento, todas as escadas, como sacudidas por um terremoto, ruíram uma sobre a outra e sobre mim. Acordei bruscamente e percebi que a cama tremia de verdade. Amanhecia e, depois de dois dias de festa, foram retomados os trabalhos em um canteiro de obras bem ao lado da pensão. Operários com capacete amarelo perambulavam em torno de uma escavadeira que, com seus dentes de aço, abocanhava a terra. Um altíssimo guindaste carregava vigas de ferro para uma nova construção: no coração da velha Malaca!

12. Uma ilha de ar condicionado

Cada cidade tem seu próprio modo de se apresentar, de se fazer ver no seu melhor ângulo. O de Cingapura é o aeroporto. O aeroporto é sua vitrine, seu rosto maquiado, seu cartão de visitas. As pessoas chegam e partem dali, e na verdade não precisariam ver mais nada. Porque o aeroporto é um concentrado de tudo aquilo que Cingapura tem para mostrar de si: sua eficiência, sua limpeza, sua ordem, o fato de ser o maior supermercado de bens de consumo, de inutilidades e de conservadorismo da Ásia.

Eu, dada a minha condição de pedestre, não podia entrar por ali e, como todos os outros indesejáveis, mochileiros sem dinheiro, malaios imigrantes diaristas e pobres traficantes russos, cheguei a Cingapura pela porta de trás: via terra, da Malásia. Foi dali que, no início de dezembro de 1941, chegaram também os japoneses. Naquele tempo Cingapura esperava que todos, inclusive os invasores, se aproximassem por mar. O mar era a sua ligação com o mundo, o mar era a sua riqueza, e era para o mar que estavam apontados os canhões da sua formidável defesa. Não serviram para nada. Os japoneses evitaram os canhões simplesmente chegando por trás deles. Do mesmo modo, evitei deixar-me seduzir por Cingapura ao surpreendê-la quando acabava de se levantar, sem maquiagem, pelo lado errado.

A chegada à Malásia, ao longo da Causeway, um cordão umbilical de terra postiça que sublinha como a vaidosa ilha-cidade-Estado é, pelo menos fisicamente, apenas um minúsculo apêndice da grande península malaia, não tem nada de especial, de espetacular. De manhã, vista da janela do trem que vinha do Norte, sob o fundo de um sol bem vermelho, com quatro grandes chaminés que vomitavam fumaça negra no ar, três enormes tubos de ferro para a água importada que mantém viva a cidade, com a ferrovia que escorre ao lado da auto-estrada congestionada com milhares de carros e motocicletas dos empregados que moram em Johore Barhu, onde a vida custa menos, e trabalham na ilha, onde os salários são mais altos, Cingapura apresentou-se a mim como qualquer outro lugar na Ásia: com as barracas dos miseráveis, montanhas de lixo, painéis enferrujados, manchas de vegetação abandonada, restos de uma natureza sempre pronta a recuperar terreno se deixada por si mesma.

Os primeiros cingapurianos que vi do trem eram como aqueles de antigamente: chinelos de plástico, calções negros e camisetas brancas, exatamente como o protagonista de uma das primeiras histórias que ouvi quando vim morar aqui em 1971. Um médico tinha, entre seus pacientes, um velho vestido assim, de modo simples e mal-ajambrado, que se sentava na sala de espera com os pés sobre a poltrona e a camiseta enrolada sobre a barriga. O médico, pensando que fosse um pobretão, fazia-o pagar menos que os outros e às vezes o ajudava inclusive na conta com os remédios, até que um dia a enfermeira, olhando pela janela, viu aquele velho subir num Mercedes com o motorista que o esperava. Era o homem que controlava o comércio de arroz em toda a cidade.

Para mim aquele velho permanece a epítome do chinês da diáspora. Seguro de si mas pouco ostentatório, potente mas solitário, e modesto para não enciumar os deuses nem os governantes. Com esse estilo sobraram bem poucos. Os chineses das novas gerações só têm medo de não serem tomados por ricos e vestem tudo o que lhes dá segurança e — segundo acreditam — respeitabilidade. Também Cingapura é assim, e por isso queria ser vista, luzente e moderna, como seu aeroporto.

A estação, ao contrário, tinha uma atmosfera decadente que me agradou. Quando a construíram, nos anos 1920, foi toda pavimentada e coberta com ladrilhos de borracha colorida para abafar os sons. À silenciosa elegância daquela época juntou-se a desarrumada calma de um lugar que não está mais na moda. Poucos cingapurianos a usam; muitos nem sequer sabem que exista. Com a Cingapura de hoje, aquela velha estação não tem nada a ver: é embaraçosa, como um parente pobre.

Desci do trem e tive de fazer uma hora de fila para o controle dos passaportes. Os policiais estavam em guichês fedorentos em meio a enormes livros, alguns medindo 25 centímetros de largura, com a lista de todos os "inimigos" de Cingapura. Não havia computadores, e o controle dos passageiros era feito, minuciosamente, à mão. Os mais diligentes a preencher os formulários e a responder às habituais perguntas de fronteira eram alguns russos que faziam de tudo para agradar aos impávidos funcionários da alfândega.

Veio à minha mente a frase com a qual começa o *Romance dos três reinos*, grande clássico chinês: "Os impérios crescem e caem". Como se apressou a crescer e cair o Império Soviético! Apenas alguns anos antes, aqueles mesmos russos andavam ainda pelo mundo com o orgulho de ser cidadãos de uma grande potência. Inspiravam medo e se faziam respeitar. E agora? Uns pobretões, entre o ridículo e o patético, vestidos em jeans e tênis, viajando dias e dias de trem rumo à meca do consumo, na esperança de encher as malas com algo que, revendido em casa, lhes renderá um punhado de moedas: calculadores e calcinhas de seda, isqueiros, videocassetes, joguinhos eletrônicos e sutiãs.

É realmente estranho o sistema econômico do qual hoje se espera a salvação do mundo! Ninguém fabrica mais nada com as próprias mãos, ninguém mais se empenha em fazer uma panela, um apito ou a inventar uma carreta. A idéia mais brilhante que se possa ter é ir a algum lugar da Terra comprar coisas para serem revendidas em outro lugar, com lucro.

Shopping, shopping, shopping. Nos países ricos virou um modo de viver; nos pobres, um modo de sobreviver. Não há algo de profundamente errado em tudo isso? E como não entender certos jovens, como os "loucos" de Al-Arquam, que, com sua autarquia, seus turbantes e suas mulheres cobertas de negro, tentam não ter nada a que ver com esse tipo de coisa?

É óbvio que, vendo o mundo girando sempre mais cegamente em direção ao materialismo, ganha força em alguns indivíduos a idéia de que apenas algo horrível, como uma peste ou uma grande carestia, possa restituir ordem às coisas e devolver aos homens o sentido da vida. Com o fim do milênio às portas, esse tipo de pensamento encontra facilmente seguidores, em especial entre os idealistas em busca de uma causa. O atual ressurgimento do fundamentalismo religioso, nas suas várias versões, também deve ser visto sob esta luz.

Voltar a Cingapura era para mim como reencontrar um antigo amor. Estive em Cingapura em 1965, quando acabava de sentir pela primeira vez o perfume dos trópicos, desfrutando o calor e as cores. Foi ali que percebi como estar longe me fazia sentir em casa. Permaneci apenas por alguns dias, mas a impressão foi profunda. Em 1971 vim para viver. Tinha deixado a Olivetti, estudara a China e chinês na Columbia University de Nova York, e como não conseguia um modo de ir para Pequim, e não queria ir a Taiwan, decidi viver entre os chineses da "Terceira China", a China da diáspora. Ficamos em Cingapura por quatro anos. Ali Saskia deu seus primeiros passos, Folco foi à sua primeira escola, e eu escrevi meu primeiro livro.

Em Cingapura tinha amigos e conhecidos, mas não avisei ninguém da minha chegada. Queria rever a cidade sozinho, queria captar impressões minhas, e sobretudo queria estar livre para escrever o que bem entendesse sem ter de me preocupar em não colocar ninguém em situação de aperto. Porque é assim: por trás de todas as suas ilusões, musicais e acolhedores *shopping malls*, *shopping arcades*, *shopping centers*, Cingapura permanece um Estado de polícia, uma sociedade percorrida por um sutil pavor. Além do mais, queria ser como um novo visitante: abandonar-me àquilo que Cingapura com o tempo se tornou e que tantos estrangeiros achavam extraordinário.

Aos taxistas que esperavam fora da estação perguntei sobre um hotel no velho bairro da cidade, e um deles disse conhecer o endereço ideal para mim: A Pensão da Sexta Felicidade, um Boutique Hotel, algo do qual jamais ouvira falar antes. Fiquei apenas durante uma noite. O bairro inteiro tinha sido arrasado; mas no último momento alguém salvou uma fila de velhas casas para transformá-las em atração turística: era a minha pensão, pequena e incômoda, uma coleção de tudo o que havia de mais *kitsch*, de falso, de chinês que se pudesse imaginar, inclusive um folheto segundo o qual "... na tradição chinesa existem oito felicidades. A sexta é a verdade e, como este é um lugar genuinamente chinês no gosto e na hospitalidade, é daí que vem o seu nome".

Pobre Cingapura! A única coisa autêntica que vi em toda a rua foi um pequeno templo a cujos deuses, durante a manhã, um velho chinês levava um copo de água e um pouco de incenso. Acabei por instalar-me num hotel sem nada de particular ao longo do rio, um daqueles destinados aos turistas que vinham da China, em número sempre crescente.

Não demorou muito para eu perceber que, após mais de quinze anos de ausência, sentia-me um peixe fora d'água em Cingapura. A cidade mudou completamente, havia novas ruas, novos jardins, novos viadutos e novas praças. Até mesmo as pessoas não eram as mesmas. Nos pontos de ônibus via figuras elegantes e bem vestidas, mas ninguém se falava. Na multidão notava sempre mais gente com tiques nervosos, como no Japão. A calorosa gentileza dos indianos, a voluptuosa naturalidade dos malaios, o sarcasmo dos chineses e a generalizada e agradável lentidão, devida talvez ao torpor quente dos trópicos, tinham desaparecido. O próprio calor tinha desaparecido!

Lembrava-me de uma Cingapura tórrida, às vezes ardente. Havia uma hora, depois do almoço, na qual, mesmo na nossa casa em meio às árvores, o ar ficava tão quente e imóvel, o ruído das cigarras tão ensurdecedor que nos metíamos debaixo da hélice do ventilador esperando o derramamento liberatório de um aguaceiro ou a brisa que, com o pôr-do-sol, viria do mar. Já na nova Cingapura fazia literalmente frio! Frio nos hotéis, nas lojas, nos edifícios públicos, nos escritórios, e era gélido nos restaurantes, no metrô, nos táxis, nos hospitais, nas casas, nos automóveis.

Parecia que aquele ar condicionado fosse o único a se poder respirar em Cingapura. Toda a ilha estava como que sob uma redoma de vidro no qual crescia uma vida artificial e eficiente que não tinha mais nada a ver com a natureza em volta dela, com o calor do equador. As mulheres não vestiam mais as camisetas leves de antigamente, os sarongues floridos ou as calças de seda. O novo vestido nacional era agora o *tailleur*, com meias ou *collant* como se usa em Londres.

Cingapura já foi uma cidade cheia de cheiros: cheiro de mofo, de terra molhada, de frutas secas, de verdura estragada, de alho frito, de madeira podre. Também eles desapareceram.

Para um visitante como eu, os taxistas constituíam um encontro obrigatório com o novo *Homo singapurensis*, e a primeira impressão foi horrível.

"Leve-me ao Alexandra Park."

"Vai encontrar com os amigos?"

"Não."

"Mora lá?"

"Não."

"Onde mora então?"

"Longe."

"Veio a Cingapura para fazer compras?"

"Não."

"*Business*? Quantos dias vai ficar aqui?", e assim por diante até o fim da corrida.

Policialmente curiosos e intrometidos, os taxistas me pareciam refletir toda a banalidade da nova Cingapura, onde nada era deixado ao acaso ou à livre escolha de um indivíduo.

Para mim bastava observar o painel do táxi com a caixa de lenços de papel, o frasco de desodorante com perfume de rosas, o formulário no qual vinham registradas todas as corridas e uma série de folhetos que, por lei, deviam ficar bem à vista, para me provocar arrepios. Um deles, com a foto do motorista, indicava seu nome, seu número de matrícula e o número de telefone a ser chamado caso eu quisesse denunciá-lo por alguma queixa. Um outro indicava o peso das rodas, o número máximo de passageiros e a velocidade na qual o táxi podia trafegar. Ainda outro dizia: "Seja fiel a Cingapura".

Minha primeira preocupação era como prosseguir a viagem. Queria ir de navio para Jacarta, mas isso novamente me pareceu muito difícil pelas razões que já conhecia: os navios transportavam apenas carga. Era incrível! A baía de Cingapura, o segundo maior porto do mundo, estava cheia de navios, navios de todas as bandeiras, de todos os calados, de todos os tipos, navios que esperavam para serem carregados, descarregados e depois partirem, alguns evidentemente para outros portos indonésios onde ficaria contente em ir. Não. Nenhum daqueles navios me queria como passageiro. Sentia-me como um prisioneiro que olha o campo através das grades de uma cela: está ali, ao alcance da mão, mas o sujeito não pode passear nele.

Fui informar-me junto a algumas grandes linhas de navegação, deixei meu nome em várias agências de viagem e cheguei a falar com um funcionário da Capitânia dos Portos de Cingapura que prometeu me ajudar, e depois, de maneira tipicamente cingapuriana, perguntou-me quais seriam as *verdadeiras* razões pelas quais queria viajar de navio.

Cingapura é um paraíso para os turistas, mas os turistas devem ser como Cingapura quer! Os meus odiados turistas! Desde que não procurem um navio, aqui encontram de tudo e com o preço mais baixo que em qualquer outro lugar, porque Cingapura é um porto livre e não há taxas: um traje cortado em 24 horas, um jade precioso, óculos na moda, um maiô, o último disco, a menor máquina fotográfica, o aparelho de som mais potente, o computador mais leve. Enchem prédios inteiros!

Cingapura é a Belém da nova grande religião: a religião do consumo, do bem-estar material, do turismo de massa. Não é mais preciso catedrais ou mesquitas. Os novos templos são os hotéis. Já é assim em quase toda a Ásia. Não há mais belas construções ou pagodes para ampliar o panorama das cidades: apenas hotéis. Os hotéis são o centro da vida, o ponto de encontro, de reflexão, de diversão, de distração, de prazer. Os hotéis são hoje o que antigamente eram os cafés, as igrejas, as praças, os teatros: tudo em um. Em Kuala Lumpur como em Hong Kong, em Seul como em Bangkok. Em Cingapura tudo ainda melhor que no restante.

Passei os primeiros dezoito anos da minha vida em Florença e creio não ter nunca entrado em um hotel. Na Ásia sempre estive dentro deles. É no hotel que o sujeito marca encontros, come, celebra as festividades e os aniversários. No hotel se vai nadar, fazer compras, dançar e casar. Os jovens abastados da nova Ásia quase não conhecem outra coisa. Passear para muitos deles tornou-se ir a um certo hotel ou a outro, freqüentemente através de imensos *shoppings malls*, com pavimentos de mármore e árvores de plástico. Sim, porque Cingapura fica no equador, fica na borda da selva, mas as árvores melhores, que se vêem em toda parte, são as falsas, que não precisam de chuva, só de vez em quando uma espanada.

E o resto do mundo? É aquele estranho lugar de onde vêm os turistas. Sobre os pavimentos dos grandes shoppings centers havia, feita em mosaico, um imenso mapa do mundo, e os jovens cingapurianos podiam escolher à vontade: podiam sentar na África ou na Sibéria, em Paris ou em Moscou. Tudo estava ali no chão, em Cingapura.

Logo me dei conta de não conhecer as regras, as boas maneiras e os tabus desta nova sociedade. Tinha convidado para um chá a secretária de um importantíssimo funcionário do Ministério das Relações Exteriores — também ele tem seu escritório no 39º andar de um hotel! —, a fim de pedir ajuda para encontrar um navio e para saber quais, na sua opinião, seriam os melhores adivinhos da cidade. Estávamos no hall de um grande hotel, eu já tinha bebido duas taças de chá e queria mais água quente para colocar na chaleira. "Desculpe, senhor, mas nosso chá não é recarregável", respondeu-me uma garçonete bem jovem vestida "à chinesa", com um corte na saia até o traseiro, porque é assim que os turistas gostam. Que extraordinária expressão! Só os cingapurianos podiam inventá-la: o chá que não se recarrega.

Um dia, em pleno centro, passei diante dos escritórios de uma sociedade que, conforme indicavam os letreiros sobre o vidro da porta principal, era uma linha de navegação que fazia exclusivamente serviços entre Cingapura e a Indonésia. Quando entrei, sempre com meu pedido de passagem para Jacarta, abriu-se um vazio à minha volta: o diretor estava em reunião, o chefe de vendas estava fora para o almoço, e todos os outros empregados, cegos e surdos, tinham as caras afundadas em seus computadores. O amigo M. G. G. Pillai me avisou: "Em Cingapura, você vai parecer suspeito. Ninguém confia em alguém que não viaja na *business class* de um avião, que não se hospeda em um hotel de primeira categoria, e que não paga com cartão de crédito". Tinha razão. A pergunta na cabeça de todos aqueles empregados, que tentavam não ouvir nem olhar para mim, era óbvia: terrorista?

Em uma sociedade dominada por infinitas proibições — proscrevendo desde o cabelo comprido aos homens à goma de mascar para homens e mulheres —, uma sociedade na qual existe um comportamento correto e uma reação prevista para cada situação, a coisa mais inaceitável é que alguém esteja fora da norma. O dever social de cada um é o de ajudar o próximo a comportar-se como deve, a não ser um desvio. Estava ali apenas de passagem, mas tinha a sensação de ser eu também constantemente "guiado": ou pelas pessoas ("Ouça o meu conselho: tome o avião"!) ou por alguma presença invisível. Em toda parte se vêem cartazes sugerindo para "Não trazer a AIDS para casa" ou impondo proibições como "Não pescar em cima da ponte", "Não cuspir". Outros são banais advertências: "Atenção com a cabeça! Trecho com ramos baixos", diz um painel para quem vai passear sob as poucas velhas árvores que ainda restam ao longo do rio. Para quem não tivesse entendido, mostram ainda pequenos desenhos indicando como a pessoa pode bater a cabeça.

Para que os cidadãos se transformem no que o sistema quer, há uma série de "campanhas": uma campanha para manter limpos os canos de escoamento para a chuva, uma para plantar árvores ou para dar água às flores. Quando cheguei estava em curso a campanha para o *Wellness*, o "Estar Bem", se diria, e os 1.800 empregados de uma empresa local tinham se empenhado publicamente durante um mês a não tomar elevadores para "estar bem". Quando parti começava a campanha para fazer morrer de fome os últimos seres livres da cidade. "Vamos parar de dar comida aos pombos. Trazem problemas e doenças", diziam os anúncios pela rua.

Mesmo assim era esplêndida! Vista do alto de Fort Cannning, onde ia todas as manhãs para correr, Cingapura era um sonho de cidade, com arranha-céus transparentes como nuvens geométricas contra o céu, jardins imaculados, ruas sem engarrafamento. Ia à universidade e era uma verdadeira alegria: as avenidas perfeitas, as bibliotecas moderníssimas inundadas de sol, o gramado com vários tons de verde, pontilhado por quadras de jogos e árvores altas e frondosas. Um esplendor, onde nada era deixado ao acaso, da combinação dos canteiros de diversas cores nas inclinações do terreno à curvatura de um ramo de árvore para não impedir o trânsito de carros nas ruas. Entretanto, bastava que eu falasse com alguém para ser novamente tomado pela angústia.

"Nossos estudantes são de primeira qualidade. Têm uma preparação de nível internacional e são politicamente confiáveis. Sabem quando falar e sobretudo quando ficar quietos", disse-me um dia o diretor de um dos institutos de pesquisa da universidade. Ele considerava isso um sinal de maturidade. A mim fez, de imediato, o efeito de odiar os canteiros, as árvores, o belo gramado e o sol das bibliotecas.

Passava meus dias em uma contínua gangorra entre admiração e desgosto, entre surpresa e horror por esta ilheta de bem-estar e de eficiência em meio ao mar caótico e sujo do subdesenvolvimento e do milagre econômico asiático. "Este é o futuro... e funciona", dizia-me nos momentos de depressão.

O futuro é a invenção de uma única pessoa: Lee Kuan Yew, um personagem de grande inteligência, de grande arrogância, grandes ambições e nenhum escrúpulo. Lee Kuan Yew tomou as rédeas de Cingapura em 1959, continuou com elas nas mãos quando a República saiu da Federação Malaia em 1965, e as conservou desde então até 1990, quando renunciou ao cargo de primeiro-ministro para ficar como "membro ancião" do governo, e com isso é ainda a última instância de todas as decisões que dizem respeito àquele lugar.

Foi ele que transformou o porto sobre o equador em um centro de modernidade, ele que remodelou a cidade, manipulou seu clima, refez seus habitantes. Ele que colocou em pé a administração mais eficiente e menos corrupta de todos os Estados asiáticos, pagando aos funcionários como dirigentes de indústria. Foi ele que estabeleceu um dos sistemas educacionais entre os mais avançados da Ásia e no qual os professores recebem salários entre os mais altos do mundo. Não resta dúvida de que seu experimento foi de grande sucesso.

O preço? Uma cidade sem vida, um povo banal e a ditadura. Ainda que o sistema político tenha a aparência de uma democracia, com partidos, um Parlamento e eleições, Lee Kuan Yew não deixou nunca a ninguém a menor margem de dúvida de que o poder era seu e assim teria continuado. Serviu-se de todos os aliados possíveis. Depois, um a um, os destruía tão logo ameaçavam se tornar seus rivais. Quanto aos opositores, ninguém jamais teve a mínima possibilidade de desafiar seu poder. Como qualquer ditador, sufocou no nascimento toda voz discordante, tomou o controle de todos os órgãos de informação, tentou reescrever a história e fazer esquecer o passado.

As velhas coleções de jornais de Cingapura são difíceis de encontrar. Até mesmo os discursos de Lee Kuan Yew são um segredo de Estado. Se examinados, mostrariam demasiadas contradições e mudanças de rumo, demasiadas verdades que viraram heresias e vice-versa.

A memória para as ditaduras é sempre uma coisa terrivelmente perigosa. Até mesmo a minha!

Ainda me lembro de uma Cingapura multirracial que tentava convencer chineses, indianos e malaios a esquecer as próprias origens e a se tornar "cingapurianos"; e me encontrava agora diante de uma cidade exclusivamente chinesa na qual a língua mais difundida era o mandarim, na qual a exposição do momento exaltava a grandeza cultural da China, e na qual todos os não-chineses, mesmo representando ainda 25% da população, já se sentiam de fora.

Uma noite jantei em um restaurante a céu aberto com um indiano que nascera e passara toda a vida em Cingapura. Os clientes da mesa ao lado o tratavam como estrangeiro e a mim como "concidadão", só porque eu falava chinês e ele não. O indiano fez questão de dizer, em inglês e em malaio — teoricamente ainda língua oficial na ilha —: "Eu sou cingapuriano". Os outros gozaram dele. Um, em chinês, lhe respondeu: "Cingapuriano? Os cingapurianos estão todos mortos. Aqui não há senão chineses". O resto do grupo riu e aplaudiu.

Ainda alguns anos atrás, tal manifestação de chauvinismo teria sido impensável. Mas os tempos mudaram. A China é, apenas verbalmente, comunista; os chineses da diáspora não são mais suspeitos de maoísmo e podem, sem ter mais medo, reafirmar sua identidade. A China é uma grande potência, e eles se sentem potentes com ela. O passo para a arrogância racial é curto.

Basta lembrar a história para entender. Exceto os primeiros chineses de Malaca, a grande maioria dos chineses que vivem hoje na Ásia deixou a China no curso do último século. Deixaram-na como *boat people*, em barcas que nem sempre chegavam. Fugiam da carestia, de guerras e da miséria. A China que deixavam era um país humilhado pelo colonialismo, enfraquecido pelo ópio e lacerado por vários conflitos. Eles não eram mandarins, não eram poetas. Eram força de trabalho: cules. *Ku li* em chinês quer dizer "a força amarga", uma bela expressão composta por dois simples caracteres para resumir aquela condição de desesperados.

Como todos os imigrantes, também estes chineses não tinham mais que um sonho: ganhar dinheiro. Com o dinheiro podiam comprar a proteção dos governantes dos países nos quais se encontravam; com o dinheiro podiam às vezes salvar a própria vida. Eram pessoas sem nenhuma cultura, que chegavam ao Nan yang, o mar do Sul, trazendo consigo as tradições e os deuses do vilarejo. Em pouco tempo o dinheiro e o bem-estar material se tornaram a sua verdadeira cultura.

O grande mérito de Lee Kuan Yew foi ter compreendido tudo isso e de ter realizado na sua pequena ilha-cidade-Estado, habitada por cules, o sonho de todo imigrante chinês, não somente de Cingapura, mas em toda a Ásia: o de ter um refúgio seguro, um lugar no qual educar os filhos, um banco no qual colocar as próprias economias. Foi assim que Cingapura, mantendo habilmente a sua eqüidistância entre a China dos comunistas e a dos nacionalistas de Taiwan, se tornou a capital da Terceira China, a capital dos chineses da diáspora. Foi assim que Lee Kuan Yew, inteligente, hábil e com grandes aspirações (a mais óbvia a certa altura era a de virar secretário-geral das Nações Unidas), mas condenado pelas circunstâncias a ser praticamente o prefeito de uma pequena cidade chinesa com apenas 3 milhões de habitantes, impôs-se como chefe natural dessa tribo sem país, desse povo de fugitivos, de uma Israel para a qual nenhum desses 25 milhões de chineses espalhados pela Ásia quer mais retornar...

Lee Kuan Yew fez historicamente ainda mais: na sua pequena ilha demonstrou que até os chineses podem, como todos, progredir e enriquecer. E com isso realizou o sonho de todo intelectual chinês de fins do século XIX em diante: a modernização. Com um modelo chinês? Não, copiando o Ocidente, mas por isso ninguém o culpa. Ao contrário, Cingapura hoje, onde tudo é ocidental, da arquitetura à educação, do metrô aos guindastes, dos computadores aos apontadores de lápis, Cingapura, onde até mesmo o mais que chinês ábaco foi substituído pelas calculadoras, onde as pessoas não sonham mais que ver a hora em um Rolex, de ter um cinto Pierre Cardin, de escrever com uma Montblanc e de guiar um Mercedes, é aquilo que a própria China gostaria de virar. Cingapura é hoje o novo modelo da China.

Tudo isso foi ele quem fez, com firmeza, às vezes com inútil crueldade, sem respeito por nada e por ninguém, e sobretudo sem nenhum escrúpulo de consciência. Lee Kuan Yew destruiu homens e coisas que representavam um obstáculo à sua passagem, varreu tudo de velho que lhe impedia de construir o novo. Em Orchard Road, a estrada central da cidade, havia um templo indiano que alguns diziam ser o mais velho da ilha: derrubado porque atrapalhava o metrô. Um ex-presidente da República, seu velho colaborador, estava lhe fazendo sombra ao cortejar alguns dissidentes: foi derrubado com a desculpa de ser um alcoólatra. Bairros inteiros da velha Cingapura foram arrasados. Gerações inteiras de cingapurianos foram colocadas na linha com um sofisticado sistema de rastejante terror.

O número de policiais em relação ao de habitantes em Cingapura está entre os mais altos do mundo. Mas os policiais não se vêem. O controle do tráfico é automático. Um carro passa com o sinal vermelho? Tem uma câmera que registra o número da placa e a multa chega em um instante ao proprietário. Para entrar no centro da cidade nos horários de pico é preciso pagar uma taxa: um olho eletrônico debita automaticamente a quantia do cartão magnético cada vez que o carro passa pelos pontos de controle.

A maioria dos policiais trabalha na espionagem interna. Os agentes, disfarçados, estão em toda parte: nos blocos de casas populares, nos escritórios, nas fábricas, e sobretudo na universidade. Uma lei sobre a segurança do Estado permite a captura e a detenção por tempo indeterminado de qualquer pessoa. No passado os opositores, reais ou apenas suspeitos, eram detidos nas prisões por anos sem processo: o recorde foi de 23 anos. Agora o sistema mudou. Uma pessoa é presa, é "rompida", e recolocada em circulação com um trabalho governamental com o qual pode ser continuamente chantageada e mantida sob controle. O "rompimento" ocorre em um local subterrâneo, edificado sob um velho cemitério chinês em Oreat Road, um distrito de Tompson Road. Foi construído nos anos 1960 com a ajuda de especialistas da polícia israelita. Os prisioneiros são mantidos em celas especiais, geladas e sem luz, alimentadas com comida preparadas com drogas e interrogadas seminuas. As torturas psicológicas acabam quando o prisioneiro decide "confessar". Nos últimos vinte anos passaram por aquele centro não mais que umas mil pessoas, mas o efeito aterrorizante perdura.

Quem o conhece sustenta que Lee ficou muito impressionado com o que aconteceu na Europa oriental e se preocupa muito que, uma vez perdendo o poder, ele mesmo possa sofrer um processo pela violação dos direitos humanos ocorridos sob a sua responsabilidade. Uma razão a mais para fazer com que o sucessor seja o próprio filho.

O mundo riu de Kim Il Sung por ter colocado em pé uma dinastia designando, anos antes de sua morte, como herdeiro o filho Kim Jong Il, mas Lee Kuan Yew fez exatamente o mesmo. Seu herdeiro designado é Lee Hsein Long, que, antes de entrar em política, fez uma fulgurante carreira no exército, se tornando general.

Nem isso cria particulares ressentimentos entre os dóceis cidadãos de Cingapura. Na sociedade chinesa a família está no centro de tudo, e se um homem pode deixar ao filho seu negócio, por que um outro não pode deixar-lhe o Estado? É assim que as dinastias ascendem... e caem!

A dinastia de Cingapura não parece de fato destinada a durar muito. Até na história de grande sucesso de Lee Kuan Yew existe algo de misterioso e de inquietante no qual os asiáticos não podem deixar de ver a mão do destino: o primeiro neto homem, filho do general, nasceu albino; a mãe, uma médica, suicidou-se; e o próprio herdeiro de Lee Kuan Yew, o filho general, foi afetado por uma gravíssima forma de câncer, enquanto o outro filho, também ele no exército, sofre de recorrentes depressões. O homem que previu tudo não pôde programar a sorte.

"Magia negra... Magia negra", disse-me, muito convicto, um dos poucos taxistas malaios ainda ativos na cidade. "O ódio contra ele é tal que alguém conseguiu concentrá-lo."

Quanto mais adentrava na história de Cingapura, mais percebia que por trás da fachada de vidro e aço, atrás da tela de grande eficiência e racionalidade, também em Cingapura sobrevivia, aliás, talvez estivesse crescendo, o mundo do oculto. Voltava ao hotel e encontrava mensagens de gente a quem acabava de acenar meu novo interesse e que queria me apresentar a um *bomoh*, ou me levar a uma mulher capaz de diagnosticar câncer à distância. Pedi a um jornalista de Cingapura para coletar todas as histórias de adivinhos que tinham aparecido na imprensa nos últimos três anos. O material chegou com um índice eletrônico que elencava algumas centenas.

Duas pessoas que o conheciam disseram-me que o próprio Lee Kuan Yew tinha se servido dos conselhos de adivinhos, especialmente no tempo em que temia ser assassinado. Entre eles havia um muito próximo, morto há pouco, que previu sua nomeação ao cargo de primeiro-ministro anos antes de ele chegar ao poder. Nesse meio-tempo,

Lee Kuan Yew fez promulgar uma lei que tornava a profissão do adivinho ilegal "se exercitada com a intenção de enganar". Apesar disso, as páginas amarelas da lista telefônica de Cingapura estavam cheias de endereços de videntes, astrólogos e magos vários.

Desde quando cheguei, ouvi até falar de um conhecido personagem da alta sociedade de Cingapura, um bem-sucedido homem de negócios, que tinha "poderes" e era ótimo quiromante.

Finalmente recebi um telefonema promissor da agência de viagens. Tinham um navio de passageiros que ia para Jacarta. Estaria interessado? Evidentemente. Tratava-se de um navio para cruzeiros transformado em um grande cassino flutuante, com mesas de roleta e bacará. Era preciso jogar. Magnífico! Parecia feito para mim.

A ilusão durou apenas dois dias. Um novo telefonema me anunciou que o cruzeiro, que devia partir da ilha de Pukhet, na Tailândia, tinha sido anulado.

Sentia-me numa gaiola em Cingapura, mas queria fortemente continuar lá. Uma das razões era que no dia 27 de abril aconteceria o primeiro encontro oficial entre chineses comunistas e chineses nacionalistas desde o final da guerra civil em 1949. O fato de que o encontro se realizasse exatamente em Cingapura, e com a mediação de Lee Kuan Yew, parecia-me extremamente significativo no quadro daquilo que eu via como o ressurgimento da Grande China. Era um momento histórico que não queria perder. A outra razão era que tinha entrado em contato com Rajamanickam, o adivinho no qual tinha me falado M. G. G. Pillai e que várias pessoas em Cingapura diziam ser o melhor na cidade. Tinha a agenda cheíssima, mas prometeu me ver.

Cingapura me irritava sempre mais. Não podia suportar esta sociedade de marreteiros enriquecidos que podiam se permitir de tudo, exceto pensar. Entediava-me a sua rudeza e a sua arrogância fora de lugar, sua mania de confundir o Produto Interno Bruto com o Quociente de Inteligência, a renda *per capita* com o progresso, o *kitsch* com o belo, a quantidade com a qualidade. Para me provocar, um estudante da universidade me perguntou quantos andares tinha o arranha-céu mais alto da Itália.

Com o passar dos dias ficava sempre mais agressivo.

"Leve-me ao Holland Park", disse a um taxista.

"Vai a um jantar?"

"Não."

"De que país você é?"

"África."

"Como, se você é branco?!"

"Na África também existem brancos."

"Que trabalho você faz?"

"Mato os taxistas que fazem perguntas demais!"

Olhou surpreso para mim. Disse-me que apenas fazia o seu dever: acabavam de iniciar uma campanha de cortesia com os turistas. Reparei que tinha dois anéis: um com uma pedra azul e outro com uma pedra marrom. "Faz vinte anos que ando com eles. Me protegem contra todos os males", disse o taxista, e, vendo que me interessava, mostrou-me também uma bolinha branca que trazia presa a uma corrente no pescoço. "Uma pérola de coco", disse. "A cada dez mil cocos há um com pérola dentro. Ganhei-a de um *orang asli* e é potentíssima." Também ele devia observar certos tabus para que suas várias formas de proteção funcionassem.

Repentinamente me veio a náusea de todos esses assuntos, desses penduricalhos no pescoço e seus tabus. Tudo aquilo que antes tinha me parecido poético e interessante de repente me pareceu absurdo, estúpido, humilhante. Pareceu-me ter caído num embuste, estar ficando louco eu também, e me veio uma grande vontade de ir ao aeroporto, tomar um avião para Jacarta e acabar com toda essa história.

De verdade? Queria entrar novamente na linha? Voltar à normalidade? À lógica? À lógica que tinha feito Cingapura? Contive-me. Tomar novamente um avião teria sido como interromper as férias.

Naquela noite tinha sido convidado para o jantar por um famoso arquiteto. Acabava de voltar de uma viagem a Bombaim, onde passou dois dias em uma conferência com arquitetos e intelectuais indianos. Ficou impressionado: não ouviu falar nem sequer por uma vez em dinheiro ou contratos. Tinha então razão em querer transferir-me para a Índia!

Durante o jantar falei do meu problema com os aviões e ao fato de que às vezes sentia-me farto de dar ouvidos a um adivinho. Uma velha senhora, sentada do outro lado da mesa, disse: "Amanhã vou ao meu... se quiser vir para pedir um conselho...".

E assim encontrei-me em um carro rumo à Rangoon Road, a rua dos indianos, ao lado de uma vivaz e arguta anciã chinesa. Não conseguia dar-lhe uma idade precisa, mas, daquilo que dizia, tinha um passado com raízes distantes. Nascera em Xangai, quando esta era uma grande cidade da Ásia. "Ali, sim, é que havia grandes adivinhos", disse. Foi um deles, quando ela era ainda muito jovem, que a pôs em guarda: "Se continuar em Xangai, você não viverá além dos vinte e cinco anos", disse ele, e ela acreditou. Era atriz de teatro e, quando sua companhia veio em turnê a Cingapura, acabou ficando. Conheceu um jovem abastado do lugar, casou-se com ele e teve três filhos. Nunca mais voltara a Xangai. Tinha acabado de completar 81 anos.

O problema que a preocupava era a sua casa: vivera nela, feliz, durante cinqüenta anos, com o marido, mas desde que ficou viúva sentia que aquela casa não estava lhe fazendo bem. Os investimentos que havia feito deram errado, os negócios nos quais estava envolvida não lhe davam mais dinheiro, e ela queria se mudar. Por isso estávamos indo a uma famosa cartomante na qual ela depositava grande confiança. Tinha sido esta mulher a desaconselhá-la a voltar, ainda que por uma breve visita, a Xangai. "Se voltar, a velha profecia logo cairá sobre você", dissera-lhe.

O carro parou diante de um velho templo chinês dedicado à felicidade e à longevidade. A cartomante estava no quarto ao lado ao dos deuses. A mulher era gorda, com uma bela expressão serena, um sorriso agradável, densos cabelos grisalhos penteados para trás e cortados em linha reta na altura do colo. Estava vestida com um pijama marrom com flores amarelas e azuis. Devia ter mais ou menos setenta anos. Sentada a uma mesa redonda, tinha à sua frente um baralho de cartas muito usado, no qual era difícil reconhecer as figuras. A senhora queria que eu fosse o primeiro.

A mulher pediu para que eu escolhesse uma carta do baralho e perguntou em que ano e em que mês eu havia nascido.

"1938: ano do tigre", disse começando a alinhar as cartas sobre a mesa. *"Portanto, o ano passado foi difícil para você. Era o ano do maca-*

co, e o macaco se diverte a gozar do tigre. O ano passado você esteve inclusive em perigo de vida. Sabia? Mas com o início do próximo mês todos os perigos passarão e você começará uma segunda vida. A melhor parte dela. Sua vida sempre foi boa, mas depois do seu qüinquagésimo quinto aniversário será ótima. Realmente excelente. A razão é que você, tendo nascido tigre, só agora se tornará tigre de verdade. Até agora foi apenas uma espécie de gato grande. Fazia tudo para os outros e pouco para si mesmo. Se havia ratos pelo caminho, as pessoas o chamavam e você ia agarrá-los. Se não havia ratos para agarrar, ninguém o chamava."

A mulher falava um belo chinês e suas frases eram breves e secas como aforismos.

"Aonde quer que vá, tem amigos. A pessoas provam simpatia por você, mas para você as pessoas não interessam muito. No máximo você se interessa pela sua família. Você tem dois filhos, um menino e uma menina..." (Muito bem!) *"Você está no seu primeiro casamento e ele durará por toda a vida. De que signo é sua mulher?"*

"Coelho."

"Ótimo. O coelho, quanto mais velho, mais bonito fica. Sua mulher é assim: ye lao ye piaolian, *mais velha, mais bela"*, disse rindo. *"O casamento durará porque o tigre se acomoda com o coelho. Você é um tigre que nasceu no escuro. Por isso toma muito cuidado com seus filhos e vai à caça em busca de comida para eles. Você é mais mãe que o coelho."*

Era divertido ver como os animais do zodíaco serviam para descrever uma pessoa, para reconstituir seu caráter. Além do mais, eu me reconhecia naquela descrição do tigre! A mulher continuava a olhar para mim e para as cartas que tinha à frente.

"Em breve você irá viver em um novo país e as pessoas de lá vão ajudá-lo muito." (Na Índia? Mas ainda não assim tão cedo. Devo esperar até 1995.) *"Você é esperto e inteligente. Sempre tem uma opinião sobre tudo e não precisa esperar pela opinião dos outros para ter a sua. Seu avô paterno era uma pessoa de bem e o ajudou muito quando pequeno."* (Mais ou menos. Foi o único avô que conheci de verdade, e a lembrança de alguns passeios com ele ficaram marcadas em mim. Ajuda? Somente nesse sentido.)

"Você tem perguntas?"

"Gostaria de mudar de trabalho. De fazer algo completamente diverso daquilo que faço agora", disse.

"Se quer mesmo mudar, faça-o, mas só depois do Festival do Arroz em agosto. Mas não é sábio mudar. Você já conhece o trabalho que faz agora. É um salário e você o perderá se mudar. Melhor deixar as coisas como estão, ouça o meu conselho." Mais que as cartas, parecia ser a sua praticidade chinesa a falar.

Embaralhou novamente o maço, pediu para que eu o cortasse e distribuiu as cartas em filas de oito. *"Este mês deve prestar atenção. Procure não nadar no mar, porque o dragão não vai cuidar de você. Pode nadar numa piscina, mas não no mar. Depois do final de maio, nade onde quiser. Nem tampouco vá à montanha. Evite as montanhas pelos próximos dois meses. E ouça o meu conselho! O mês passado veio me ver um japonês. Eu lhe disse para não nadar no mar, mas ele respondeu que precisava fazê-lo porque era um pescador de pérolas. Agora acabam de me dizer que se afogou!"* (Vai saber se é verdade, mas essas histórias sempre têm um efeito convincente!) *"Cuidado. Abril é ainda um mês de perigo para você."*

"Posso dedicar-me à política?"

"Não. O governo não foi feito para você. Você, por caráter, é contra os governos..." (Muito bem, aqui acertou na mosca!) *"Além do mais, com aquilo que faz, você já é meio político."* (Meu trabalho de jornalista não tinha sido mencionado.)

Embaralhou ainda outra vez as cartas. Colocou-as em forma de cruz e depois em círculo. *"Agora ouça-me com atenção: nunca coma carne de tartaruga nem de serpente e terá uma vida longa. Quando completar sessenta anos organize uma grande festa, convide todos os seus amigos e viverá até oitenta e três anos. Se depois tomar um pouco de cuidado, pode chegar até os oitenta e oito."*

Os outros clientes, que esperavam a vez e que tinham, com grande curiosidade, participado do meu "destino", riram cheios de alegria e eu deixei meu lugar à senhora chinesa.

A cartomante lhe disse para se mudar o mais rápido possível. A perda do marido tirara um elemento de equilíbrio da casa. Se ficasse ali, tudo acabaria mal, e em breve ela adoeceria gravemente. Minha acompanhante aceitou o conselho com convicção.

Foi somente quando ela me acompanhou de volta ao hotel que me veio à mente seu nome de família: era o mesmo de um dos homens mais próximos a Lee Kuan Yew, uma das grandes figuras do regime. "Vocês são parentes?", perguntei, esperando um embaraçado "Não". Ao invés disso: "Claro, é meu filho", disse a mulher. E eu senti um secreto prazer.

Lee Kuan Yew e seus homens, em Cingapura, tinham mudado até mesmo o clima. Mas havia algo de antigo e de louco que não conseguiram desenraizar... nem mesmo nas suas próprias famílias!

13. Com a voz de 2 mil anos atrás

Sir Stanford Raffles, em 1819, teve absolutamente razão ao escolher Cingapura como base para a Companhia das Índias. Quem quer que navegasse no Sudeste e quisesse evitar as monções devia passar por ali. A posição geográfica de Cingapura era a sua riqueza. Ainda hoje é assim, e Cingapura é por isso um dos grandes nós marítimos do mundo. Todavia, um nó muito vulnerável.

Bastaria abrir um canal no ponto mais estreito da península malaia, o istmo de Kra, para encurtar em centenas de milhas marítimas o percurso de todos os navios que vêm da Europa rumo à Tailândia, Indochina, Filipinas, China, Japão e vice-versa. Com aquele canal, sobre o qual de vez em quando se ouve falar, Cingapura ficaria isolada e logo viraria uma cidade morta, como aquelas que cresceram e morreram na corrida do ouro na América.

Lee Kuan Yew e seus homens sabem disso e estão já tratando de reciclar Cingapura a fim de prepará-la para um outro papel: o de capital da informática na Ásia, a primeira verdadeira e integrada "cidade inteligente" do mundo.

Cingapura já é hoje a cidade com mais robôs *per capita* no mundo, um dos lugares mais computadorizados da região, e com o mais alto conhecimento eletrônico entre a população. Em toda parte há computadores; em toda parte se fazem cursos para aprender a usá-los. Assim nessa ilha, onde o materialismo já impera e onde o dinheiro é o único critério de sucesso e de moralidade, alcança-se um outro elemento de mesquinharia: a lógica binária dessas máquinas que estão mudando não apenas o modo pelo qual as pessoas trabalham, mas também pelo qual pensam.

"Este é o futuro", ouvia repetir em Cingapura e me deprimia terrivelmente com a idéia de que pudesse não apenas ser o futuro de Cingapura, mas o de milhões de outros asiáticos. E talvez também o nosso.

Antigamente nas escolas, também em Cingapura, ensinava-se a pensar. Agora se ensina acima de tudo a programar. Mas o que acontece a uma sociedade que cresce assim, sem algo como o "distinguir", o "nuançar", e apenas com a lógica do "sim" e do "não" do computador? O que acontece com a cabeça dos meninos que crescem com a impressão de que existe uma solução para cada problema e que tudo é no máximo uma questão de *software*?

Cingapura me dava medo porque em grande medida já funciona assim. O Estado é o computador e a sociedade é regulada, como a temperatura, por uma espécie de termostato eletrônico. Alguém constata que os filhos dos intelectuais têm um quociente de inteligência mais alto que os outros? Então encoraja-se os docentes universitários a procriar. Alguém constata que os jovens não se casam em número suficiente? O Estado cria uma unidade especial de desenvolvimento social que organiza cruzeiros e bailes para facilitar os acasalamentos.

Um dia alguém descobre que esta cidade rica e moderna é chata, sem cultura e sem arte? Nomeia-se então um general do exército como ministro: caberá a ele pensar como dar ordens até que a cultura e as artes floresçam.

Tinha curiosidade em conhecer este personagem e pedi para encontrá-lo, mas me deram apenas permissão para convidar para o almoço um agente dos serviços secretos e um secretário. Perguntei a eles quais artistas poderia encontrar, mas não souberam me dar nenhum nome. Aliás, foram eles que quiseram saber o que fazia eu em Cingapura, e me lembraram que, por ter entrado como turista, não podia entrevistar ninguém. E não é que tinham me visto quando fui, com todas as precauções possíveis — inclusive o truque do duplo táxi e do último trecho a pé —, encontrar a mais recente vítima daquele Estado totalitário? Era um jovem docente universitário que tinha acreditado na retórica da democracia e se iludiu a ponto de apresentar-se como candidato da oposição às eleições. O regime pôs-se a escavar o seu passado e "descobriu" seu pecado: tinha enviado uma carta pessoal com os selos da universidade. Foi acusado de furto, despedido e submetido a uma duríssima campanha difamatória. O coitado, como protesto, fez greve de fome, mas não comoveu ninguém. Tinha todo mundo contra si: o reitor, os colegas, a imprensa e a opinião pública daquela ilha sem emoções e sem alma. Era um belo tipo, idealista e determinado a fazer ouvir sua voz divergente.

"Se não faço eu, quem o fará?", disse-me. Para o computador, isso era inaceitável.

"Ah, você se interessa por coisas estranhas? Então vá hoje à noite ao templo Chee Tong e verá um colosso delas."

Conheci T. K. Soon, arquiteto, vinte anos antes. Encontrei-o de novo por acaso e nos pusemos a falar sobre o que fizemos durante aquele tempo todo. Ele tinha ensinado e construído. O templo Chee Tong tinha sido feito por ele. "Uma experiência única!", disse.

Originalmente o templo Chee Tong, um velho santuário taoísta, encontrava-se na parte setentrional da ilha. Como atrapalhava um projeto de modernização, foi removido. A fim de compensar os taoístas de Cingapura, o governo deu outro terreno para que eles fizessem um templo novo. Houve um concurso, o projeto de T. K. Soon agradou mais que os outros, e ele foi convidado a discuti-lo com o Mestre. O Mestre pediu explicações sobre o aspecto final da construção e impôs algumas modificações: o telhado devia ser feito de modo que não apontasse contra as pessoas ou qualquer outra construção. Em todo o templo não poderia haver ângulos retos. T. K. Soon obedeceu. Além do mais, o Mestre era um sábio taoísta morto há mais de 2 mil anos. "Vá encontrá-lo", disse T. K. Soon. "Hoje é quinta-feira."

O taxista que me levou até lá disse que agora todos chamavam o lugar "Templo do Lótus de Vidro" e, quando chegamos, o nome me pareceu muito adequado. Em meio a uma área com casas populares — nenhuma distinguível da outra, exceto pelos números pintados na fachada —, na margem da rua Três da avenida Housang havia, iluminada em luz azul, uma moderna e muito ousada estrutura, realmente como uma flor irrompendo por milagre do asfalto. As faces do telhado, enfileiradas uma na outra e viradas em direção ao céu, eram as pétalas; as colunas sobre as quais se apoiavam, o caule. O telhado era todo de vidro. Entre as colunas não havia uma única parede, e a construção inteira, apoiada sobre uma plataforma octogonal de mármore branco, era como que transparente. O templo acabava assim por ser um grande espaço vazio, através do qual soprava o vento. Era lindo! Ao centro ficava um altar com muitas lanternas a óleo, que se refletiam e se multiplicavam nos vitrais do teto. Sobre o altar havia três estátuas: o Deus Macaco e dois santos taoístas. O santo da direita era um velho sorridente, com uma longuíssima barba branca: era o Mestre, Kuan Lao Xiang Xian, que viveu cem anos antes de Cristo na China, nas proximidades de Chengdu. Era o seu espírito que todas as quintas, muito pontual, chegava ali, naquele bairro como outro qualquer da periferia da ilha de Cingapura.

Uma centena de pessoas esperava.

Diante do altar, sobre um cadeirão vermelho com os braços em forma de dragão, estava sentada, com as costas retas e as pernas cruzadas como os imperadores chineses em seus retratos, uma mulher corpulenta, com uns quarenta anos de idade, vestida com um pijama de seda vermelho-fogo. Estava imóvel, com os olhos fechados. Era uma médium. Duas mulheres, suas assistentes e também vestidas de vermelho, giravam em volta dela ocupadas com tigelas de chá, folhas de papel verde e um pincel de caligrafia, enquanto a pouca distância continuava aquele irreverente ir-e-vir, e aquela desenvolta prosa típica de todos os templos chineses.

O secretário da associação do templo veio me perguntar quem eu era e o que queria. No seu cartão de visitas lia-se que, entre suas várias funções, figurava também a de presidente da Associação dos Restaurantes de Cingapura e de diretor de um Rotary Club. Disse-lhe que estava ali, como todo mundo, para falar com o Mestre. Não fez objeções. Só me instruiu a não chegar muito perto da mulher. Bastaria roçar nela para que saísse do transe. As duas assistentes eram as únicas a poder tocá-la.

Sentei-me sobre um dos bancos de mármore distribuídos em torno do templo. Passou-se algum tempo. O secretário me contou que o próprio templo era fruto de um milagre feito por Kuan Lao

Xiang Xian. Tinha sido ele, o Mestre, que fizera o projeto, que decidira sobre cada particular, e que fizera todos os cálculos de engenharia. "Incrível, não? Um homem que viveu 2 mil anos atrás, e tão moderno!", exclamou solicitando a minha aprovação. Não lhe disse que T. K. Soon era um velho conhecido. Além do mais, a versão do milagre é mais bonita e, com o passar dos anos, de tanto ser repetida, acabará se tornando a única verdadeira.

Repentinamente a mulher no cadeirão começou a se sacudir, movendo o busto para a frente e para trás. "Chegou!", gritou o secretário, e se fez silêncio no templo. Ouviu-se então uma estranhíssima e aguda voz de velho que vinha como que das vísceras da mulher. O secretário disse que eu era um hóspede, que vinha de longe, e que por isso teria precedência sobre os outros que esperavam. Assim me encontrei de joelhos, à direita do cadeirão, com as mãos juntas no peito, virado para a mulher que já tinha se acalmado e continuava a fazer só com a cabeça aqueles movimentos convulsos. Seus olhos estavam semicerrados e olhavam para a estátua do Mestre. Uma das duas mulheres colocou na sua boca um cachimbo e o acendeu. A mulher deu uma grande tragada de fumaça e depois, como se fosse mesmo o velho da estátua, começou lentamente a acariciar, de cima para baixo, a longa barba branca que não tinha.

Perguntou como me chamava e de onde vinha. Reexumei meu velho nome chinês, Deng Tiannuo, e me apresentei. Vi a mulher agitar-se, balançando violentamente a cabeça, então ouvi uma breve, como que sardônica, risada. Olhei em torno porque não entendi de onde vinha. A risada se repetiu. Vinha do estômago da mulher. Era ventríloqua. Depois, dos lábios entreabertos saiu uma estupenda voz antiga, que em um belo chinês clássico e cadenciado como o da ópera de Pequim, disse:

"Kuan Lao Xiang Xian fica contente
que você fale em chinês.
A China é um grande país,
um país de grande cultura,
um país antigo..."

Fez-me sorrir o fato de que até um xamã, porque chinês, não conseguia escapar da arrogância racial de todos os filhos do Imperador Amarelo.

"... o que você tem para indagar a Kuan Lao Xiang Xian?", perguntou.

Seria muito divertido perguntar o que um sábio taoísta, interessado sobretudo em misticismo, pensava de Cingapura. O que alguém como ele, que tinha certamente passado anos como eremita, sentia ao ver seus seguidores ocupados em fazer dinheiro. Mas em torno desse estranho estrangeiro juntou-se uma pequena multidão de fiéis do Mestre e tive medo de ofendê-los. Acabei caindo no banal.

"Um adivinho me disse..."

A mulher quis saber quem era o adivinho, quando tinham me feito aquela previsão, depois, fazendo cálculos à chinesa, com a mão aberta e dobrando os dedos começando pelo polegar para contar até cinco, e então com o punho fechado que se abria a começar pelo mindinho para chegar a dez, disse:

"Aquilo de que você tem medo
é o medo e não os aviões.
Se quiser não ter medo,
deve voar.
Tome um avião
convencido de que nada acontecerá,
e nada acontecerá."

Seu modo de falar era extraordinário. Cada frase era como o verso de uma poesia clássica, quatro ideogramas, recitados ao ritmo de rimas alternadas.

"Mas não há perigos diante de mim?", insisti.

"O perigo reside na própria vida,
você também nasceu apenas para morrer."

"Quando?", perguntei, ao mesmo tempo envergonhando-me pela banalidade da pergunta. Mas pensei que ao mudar de língua mudamos também de idade mental. Sendo meu conhecimento do chinês o mesmo de um menino, era justo que fosse infantil. A mulher não quis mais saber de mim. Deu uma de suas risadinhas nervosas, acariciou a longa barba imaginária de velho sábio e disse:

"Cada coisa tem o seu tempo.
O amor tem o seu tempo.
O matrimônio e os filhos.
Também a morte.

Assim a sua há de vir,
mais tarde na vida",
e fez com a mão direita um gesto para a frente como a indicar uma estrada muito longa.

"Kuan Lao Xiang Xian lhe dará
algo,
um papel precioso
que o ajudará."

A xamã suava, e uma das assistentes lhe enxugava continuamente a testa. A outra colocou na sua boca uma xícara de chá e lhe fez beber, lentamente, como se faz com um doente. Não olhou nunca para mim. Seus olhos mantinham-se fixos sobre a estátua do Mestre que do alto vigiava todos nós.

Uma das mulheres lhe deu ainda o cachimbo, a outra colocou à sua frente, apoiados sobre o altar, três tiras de papel verde. A xamã sacudiu, emitiu uns assobios bem longos, moveu as mãos como se esmagasse algo e, com um pincel, colocado na mão direita, começou, com gestos secos e precisos, sempre sacudindo para a frente e para trás a cabeça, a fazer sinais sobre o papel. Pareciam ideogramas, mas não consegui entender quais. As três tiras foram levadas embora pelo secretário, que as colocou em outro lugar, diante de um pequeno altar. A xamã disse que uma deveria ser queimada ali, outra eu devia engolir, e a terceira devia carregar sempre comigo.

Depois veio o tabu.

"Deve prestar atenção.
Toda a proteção
dependerá
da sua vontade",
disse a mulher, sempre falando em versos, com a voz de um velho, entre uma tragada no cachimbo e um gole de chá.

"Não deve provar
a carne da cachorro,
não deve comer
a carne bovina,
não se drogue com heroína",
depois acrescentou: *"Está bem?"*, como se de algum modo em todas aquelas proibições fosse possível barganhar.

"Estou de acordo para a heroína e para o cachorro, mas não comer nunca carne de boi me cria problemas."

A mulher sacudiu violentamente. Das suas vísceras veio de novo aquela estranha risada sardônica e depois a velha voz:

"Pense no boi. Um amigo forte, belo. Ajuda o homem nos campos e nas estradas. Para comê-lo você precisa matá-lo. Aquela carne entra dentro de você e o transforma também num assassino. Não. Não deve comer nunca mais carne de boi. Cada vez que você sentir a tentação, pense em como o boi é morto. Vai passar a vontade. É preciso respeitar a natureza, os animais. É preciso viver de modo natural... Se comer boi, Kuan Lao Xiang Xian não o protegerá mais."

O secretário fez um sinal para indicar que meu tempo tinha terminado. Sempre com as mãos juntas, disse: "xie xie ni", "agradeço a você", como fazem os chineses. A mulher me corrigiu: "Não a mim. Agradeça a Kuan Lao Xiang Xian".

O pior ainda estava para vir. O secretário me colocou de joelhos no chão sobre o sinal do *yin* e do *yang* em meio a um grande octograma taoísta, feito em mosaico de mármore negro e branco, queimou diante de meus olhos uma das três tiras, colocou as cinzas num copo de água e ordenou que a bebesse. Assim a proteção entraria em mim. Sabia que não me serviria muito, porque uma bisteca de vez em quando eu bem que comeria, mas como faria para dizer isso a ele e me retirar? Engoli. A segunda tira, enquanto queimava, foi-me passada a poucos centímetros do corpo e da cabeça, de modo a criar um halo de proteção à minha volta. A terceira, colocada em um envelope de papel também verde me foi entregue como coisa muito preciosa.

Enquanto estava ocupado com os meus abracadabras, observei com o rabo do olho que, depois de alguns chineses, ajoelhou-se aos pés da mulher um homem com uns sessenta anos, de pele escura mas com lineamentos não-asiáticos.

"E aquele, quem é?", perguntei ao secretário.

"Um homem famoso. Vem aqui com freqüência para consultar-se com Kuan Lao Xiang Xian." Depois disse o nome dele. Era o homem que várias pessoas em Cingapura me disseram para encontrar. Casou-se com uma herdeira, teve grande sucesso nos negócios e fez fama de mago.

"Ocorrem coisas estranhas", disse-lhe, indo sentar a seu lado depois que terminou com a xamã. "Faz dias que tenho seu nome aqui no meu caderno de notas." Enquanto abria as páginas para mostrar a ele, vi que tentava olhar as palmas da minha mão. Lembrei-me do sr. Lee em Malaca, que fazia o mesmo para julgar seus clientes e fornecedores e ter poder sobre eles. Instintivamente recolhi as mãos.

"O que faz aqui alguém como o senhor?", perguntei.

"Sou um palmista. Li a mão de presidentes, primeiros-ministros, milionários e pessoas de todo o mundo. Tenho poderes e posso ajudar muita gente, mas o que não posso fazer é ajudar a mim mesmo", disse. "Venho a esta mulher porque é potente, potentíssima."

"A mim pareceu sobretudo um condensado de bom senso", rebati.

"Talvez porque o senhor não tenha verdadeiros problemas e vem aqui apenas por curiosidade." Tinha razão, e me senti como descoberto um pouco em culpa por não levar a sério o bastante o que parecia ser tão caro a uma pessoa como ele.

Disse-lhe por que estava ali. "Não. Não. A mim basta olhar para seu rosto para saber. Não existe perigo algum na sua vida", disse.

Depois de tudo o que ouvira dizer sobre ele, aquele homem me provocava muita curiosidade e lhe perguntei se podíamos nos reencontrar.

"Claro, venha amanhã de manhã à minha casa." Pegou meu caderno e, numa página branca, escreveu seu nome, endereço e número de telefone. Então, depois de um momento de hesitação, diante do nome acrescentou (Dr.), doutor, entre parênteses. Senti-me mal e decepcionado. O que podia esperar de um homem assim tão inseguro de si, a ponto de precisar se esconder atrás daquela capa de respeitabilidade? Ou eu também estava me tornando psicótico e "enxergava" demais em duas letras e um pontinho colocados entre parênteses para esclarecer um endereço? Decidi enfim que não iria àquele endereço.

No dia seguinte preferi telefonar a T. K. Soon para lhe dizer que tinha gostado de seu templo. Aquela estrutura futurista para abrigar uma voz de 2 mil anos parecia sintetizar tudo aquilo que tinha para dizer de Cingapura, onde tudo era moderno, lógico, estudado e previsto pelos computadores, mas onde as pessoas buscavam sempre mais no oculto conselhos sobre como viver.

A propósito da mulher-xamã, disse que tinha se esquecido de me contar uma outra história. Pouco depois que o templo foi concluído e que o espírito de Kuan Lao Xiang Xian se habituou a visitá-lo nas quintas-feiras, a organização taoísta preparou uma excursão à China guiada pela xamã para ver os lugares nos quais o Mestre viveu e procurar o templo original erguido em sua homenagem. Em Chengdu, a capital da província do Sichuan, ninguém sabia como ajudá-los. Ninguém jamais ouvira falar de um templo Chee Tong. A mulher então ordenou a todos que subissem nos ônibus e pediu aos motoristas para irem em certa direção. Viajaram por mais de duas horas e se encontraram em um vilarejo de camponeses. Ali tampouco conheciam o templo. A mulher, em transe, se pôs a caminhar pelos campos até que, chegando numa zona plana, indicou no chão os restos de antigos alicerces. O templo ficava ali. A pouca distância, descobriram também a gruta onde o Mestre costumava meditar.

Não me veio a idéia de fazer a ele a pergunta que não queria que os outros fizessem a mim: "Então você acredita?". Se tivesse respondido que sim, o teria tomado por tonto. Se tivesse respondido que não, seria uma lástima, porque no fundo é mais bonito viver com o pensamento de que uma história assim possa ser verdadeira.

Tinha valido a pena esperar. Ver chineses comunistas e chineses nacionalistas que, em um arranha-céu de Cingapura, assinavam seu primeiro acordo e faziam tilintar as taças de champanhe era uma daquelas cenas que detestaria perder. Para a história era o início do processo de reunificação da China. Para mim era a prova de que não me enganava ao pensar que a China tinha renunciado à sua diversidade, tinha parado de buscar soluções chinesas para seus problemas e que estava se tornando um país como todos os outros, dominado pela corrida da modernização-ocidentalização, sem mais nenhuma ideologia, exceto a do dinheiro e da raça.

Bastava olhar para eles: entre chineses comunistas e chineses nacionalistas não existia mais nenhuma diferença. Até alguns anos atrás, um funcionário de Pequim se distinguiria do colega de Taiwan pelo seu modo muito diferente de falar, de vestir, de se mover e de se comportar em público. Não é mais assim. Na conclusão do primeiro encontro histórico desde o fim da guerra civil em 1949, os chineses das duas frentes já eram idênticos: todos indistintamente vestidos como homens de negócios ocidentais, todos igualmente prontos a falar de interesses econômicos comuns. Um funcionário de Pequim foi além e chegou inclusive a acrescentar que o encontro de Cingapura era importante para "salvaguardar os interesses de toda a raça chinesa".

Os chineses da diáspora nos vários continentes do mundo tornavam assim a ser "filhos do Imperador Amarelo", reunidos sob um mesmo teto.

O dragão, que preocupava Napoleão caso despertasse, estava acordando somente agora.

Finalmente obtive a consulta com Rajamanickam. Teria me pesado o fato de ir embora sem vê-lo. Todos me diziam que era um verdadeiro astrólogo, sério e de confiança. Era aparentado com um homem do regime e às vezes consultado até por personagens do governo de Lee Kuan Yew. Um alto funcionário foi vê-lo com a mulher depois que ela sofrera três abortos. "Não há nada a fazer. As estrelas de vocês não combinam", disse a eles Rajamanickam. "Juntos vocês não conseguirão nunca ter um filho." Divorciaram-se e agora ambos têm filhos com seus respectivos consortes. Sobre a veracidade dessa história tenho certeza porque conhecia os dois protagonistas quando vivia em Cingapura e sabia de seus problemas. O que eu não sabia é que tinha sido Rajamanickam a resolvê-los.

Pelo telefone, a secretária de Rajamanickam perguntou-me se sabia com exatidão a hora na qual havia nascido. "Mais ou menos", respondi. "Não. Precisamos saber com exatidão, inclusive os minutos, senão é inútil que o senhor venha." Tive de ligar para Angela, que felizmente estava em Florença. Em uma repartição do Palazzo Vecchio, um notário achou a hora no registro original de 1938: às 7h15 da noite. Incrível: o bonzo de Bangkok que adivinhou isso ao me interrogar sobre o passado tinha razão! Não nasci às oito horas, mas 45 minutos antes: uma enorme diferença... para a astrologia!

Rajamanickam morava num bairro indiano no caminho para o aeroporto. A casa era modesta, com quadros de divindades hindus nas paredes. Fui recebido num pequeno consultório limpo e perfumado. Ele estava sentado a uma escrivaninha, diante de uma estante cheia de velhos livros. Rajamanickam era seco e de pele escura, como todos os tâmeis da Índia meridional. Tinha um ar elegante. Vestia uma *gurta* branquíssima, impecável, com dois pequenos botões de ouro sobre o peito, um sarongue, também branco, mas com uma finíssima linha azul nos lados. Usava óculos com lentes bem grossas e mostrava um belo sorriso. Segurava algumas folhas e, com uma caneta na mão, fazia cálculos continuamente. Sua presença era forte e tranqüilizadora. Nada nele parecia falso ou feito só para agradar quem estava à sua frente.

Falava com a ondulada cadência do dialeto do Sul, balançando continuamente a cabeça para pontuar a sua argumentação. Na parede, um velho relógio de pêndulo alemão batia as horas e tilintava a cada quinze minutos.

"Você nasceu na quarta fase da estrela Parani", começou Rajamanickam, *"por isso está sob a influência de Júpiter, o rei dos planetas. Seu signo em termos ocidentais é a Virgem acompanhada de Peixes. Uma boa combinação, que torna você inteligente, hábil, com uma mente independente e que ama argumentar. Você poderia ter estudado direito."* (Muito bem! Foi o que eu fiz.)

Interrompeu-se e olhou demoradamente suas notas. De mim não sabia nada. Tinha dado à sua secretária meus dados de nascimento e foi com base neles que o astrólogo preparou uma pasta, com uma bela capa com desenhos antigos, contendo meu horóscopo e anotações a lápis em vermelho e azul. Olhava para elas, quando lhe veio uma espécie de suspeita.

"Você é, por acaso, astrólogo?", perguntou-me.

"Não."

"Mas poderia se tornar um. Caso contrário, pode ser um escritor, um jornalista ou um pesquisador. As pessoas podem confiar em você e nas coisas que diz. Um dia chegará para você uma inesperada fortuna e, já velho, você será um homem rico. Sua mente não pára nunca, está sempre em movimento, e você é um bom trabalhador. Você é uma pessoa reta e genuína e não consegue enganar ninguém. Você está destinado a fazer nome, talvez a ser muito conhecido. Viverá até os noventa e quatro anos, mas há dois períodos críticos na sua vida: o primeiro entre

os cinqüenta e nove e os sessenta e um anos, o outro com a idade de setenta e sete anos. Em ambos, tome cuidado com a água. Não tenha nada a ver com água. Não veleje, não nade. Um período no qual é preciso prestar muita atenção com a água vai de 8 de agosto de 1997 a 11 de agosto de 2000." (Será exatamente quando quero ir a Hong Kong para ver como os chineses retomarão a colônia! Espero não ter de escapar a nado!)

"Na sua vida acontecerão ainda muitas mudanças, mas todas para melhor, porque o período melhor da sua vida ainda está por vir..." (É a segunda vez que ouço isto!) *"A parte que está para vir será sem dúvida a melhor da sua existência. O ano da grande mudança será o seu qüinquagésimo sétimo. Uma fortíssima luz virá naquele período na sua direção. Para ser exato: no dia 2 de dezembro de 1995 inicia a parte melhor da sua vida... Acabará por ser muito influente com aquilo que fizer. Terá fortuna com um assunto ligado a propriedade e pela primeira vez na vida será rico. Até agora o dinheiro chegava e partia, mas isso mudará aos cinqüneta e sete anos. Neste momento você se encontra em um período intermediário, de incerteza."*

Rajamanickam falava, meu gravador girava, eu tomava automaticamente notas e minha mente jogava com as palavras que vinham dele. Sentia que no fundo o homem tinha razão. Não que esperasse ter uma vida melhor que a que já tive, mas a idéia de que a parte mais bela ainda devia vir me parecia conter lógica. Até a minha idade, o indivíduo fez o próprio dever, pagou o débito à conservação da sociedade, colocando no mundo os filhos, trabalhando. O indivíduo cumpriu o papel que escolheu ou que lhe foi determinado. Comportou-se como se deve, construiu o próprio personagem, e agora, finalmente, ficou livre. Livre não para se aposentar, é claro. A aposentadoria entendida como fase da vida na qual a gente recebe para não fazer nada? Que grande mal-entendido! Novamente uma interpretação toda materialista da velhice! A aposentadoria parece ser bela apenas para pintar, pescar, escalar montanhas ou escrever romances. Para mim este ir avante com a idade significa virar mais franco, desenvolto, poder dizer sempre mais aquilo que penso, ocupar-me daquilo que acredito ser importante, inclusive se assim não parece aos outros. É quando o adulto pode ser realmente livre como o jovem não tem permissão de ser. É quando se pode viver fora dos esquemas, fora das regras que mantém a sociedade. É somente na minha idade que alguém pode se permitir a loucura e ser tomado por louco. Será que já não comecei a fazê-lo? Olha eu aqui diante de um adivinho! Aos trinta anos jamais teria feito isso! O homem me inspirava.

"Sua mãe tem um forte signo vital e viverá por muito tempo. Seu pai, ao contrário, tem um signo fraco, muito fraco, e talvez já esteja morto..." (Corretíssimo.) *"Você está casado há muito tempo, mas preste atenção com o casamento. Se durou assim por tanto tempo é porque sua mulher tem um signo forte. Se dependesse de você, o casamento teria acabado muitas vezes. Seu problema é que não consegue ser sexualmente fiel a uma pessoa. O sexo para você é importantíssimo e domina suas atitudes. Sexualmente você é um elefante. O sexo interessará você até a morte, causando vários problemas. Mas atenção com o casamento. É ali que vejo seus maiores problemas. Até o seu sexagésimo segundo ano de idade existirá um período crítico para o seu casamento. Sua tendência é de alguém que pode ter contemporaneamente mais de uma mulher. Casar-se novamente, ou não, depende do horóscopo da sua mulher. Todavia, se você conseguir ficar casado com a mulher que tem agora até os sessenta e dois anos, o relacionamento será perfeito dali em diante. Por isso preste atenção, muita atenção, ao seu casamento até os sessenta e dois anos. Depois, não mais. Já aos trinta e nove anos você teve um problema matrimonial. O casamento estava para ser rompido."* (Não é bem assim, mas em todo caso houve um início de crise. Foi exatamente em 1977.)

"Esta coisa do casamento é o único problema que vejo no seu futuro. Quanto ao resto, sua vida é toda luz até a idade de sessenta e sete anos. Então você terá um período de crise. Se sobreviver a ela, vai viver até os noventa e quatro anos. Deveria ter três filhos: um fraco, dois muito fortes." (Muito bem, agora que aprendi a interpretar essas palavras. Um filho era tão fraco que não nasceu.) *"Os dois fortes são do sexo masculino e feminino... Sobre seu nome há uma espécie de luz. É um nome que não vem da sua família, mas que foi você que o fez por conta própria. De vez em quando você tem problemas de saúde, e seu corpo deverá se submeter a uma outra operação entre os cinqüenta e nove e os sessenta e um anos e uma entre os sessenta e cinco e os sessenta e seis. Você viajou durante toda a vida e continuará a viajar até a morte."*

Rajamanickam falava como se estivesse lendo num livro, e o livro parecia ter páginas semelhantes àquelas que outros me leram antes. Na verdade é assim, e é por isso que a astrologia, especialmente quando praticada por especialistas, tem uma particular atração. Apresenta-se com um ar de certeza que outros métodos divinatórios não têm. Na astrologia existem testes, regras, medições. Uma vez conhecida a data e a hora de nascimento, basta saber aplicar bem o método, levar em conta as variantes e no final a mensagem é: "Vá à página 232", e ali todos acabam por ler mais ou menos as mesmas coisas. Naquele repetir-se de previsões a pessoa acaba por enxergar verdades maiores.

Rajamanickam tomou na minha pasta uma folha cheia de números escritos à mão. Era meu horóscopo particularizado para os anos que viriam:

"Entre os dias 8 de abril de 1994 e 14 de março de 1995 você mudará de casa para ir viver em um outro país." (De novo esta idéia de que devo deixar Bangkok! Mas como? O único outro país no qual posso imaginar viver é a Índia, mas não antes do verão de 1995!) *"Entre 14 de março de 1995 e 8 de agosto de 1997 você enfrentará gastos, mas nada que o leve à falência. Mas preste atenção... Entre 24 de agosto de 1997 e o ano 2000 acontecerão muitos problemas na sua vida. Este é também o período no qual começará a influência de Saturno sobre você e é seu período de maior poder. Se quiser entrar em política, faça-o neste período e vencerá. É também o período no qual deve prestar atenção à saúde. Se quiser se apresentar às eleições, deve anunciar sua candidatura no dia 8 de agosto de 1997 e não poderá senão subir e subir..."* (No máximo, vou me candidatar à presidência do Clube dos Correspondentes Estrangeiros de Hong Kong! É ali que quero passar o verão de 1997 para ver o fim da última colônia do mundo.)

"Terá uma velhice muito feliz. Seus números da sorte são o 5, o 3 e o 9. Especialmente o 5 e o 3 são ótimos. Sua pedra preciosa é a esmeralda verde." (Era o que também me dissera Kaka em Penang: mesma página do mesmo livro?) *"E a safira amarela. Perguntas?"*

Pergunto-lhe se acha que devo ir para a Índia.

"Claro, mas deve ir morar na Índia do Norte e não na Índia do Sul."

"Qual é um período bom?"

"Absolutamente antes do seu qüinquagésimo sétimo aniversário. Preferivelmente antes que você cumpra os cinqüenta e seis anos."

(Isso quer dizer antes de setembro de 1994: impossível. Tenho um contrato para a Turtle House até o 1º de maio de 1995, e não é nada certo que a *Der Spiegel* queira me mandar para a Índia. Seja como for, não antes dos próximos dois anos. Preciso tratar de conquistar méritos, dizia a mim mesmo.)

Surpreendeu-me que ele falasse do meu casamento. Nunca pensei ter problemas neste campo, mas ele insistiu tanto no assunto a ponto de me fazer suspeitar que dizia tudo o que "via".

"Devo procurar outra mulher?", perguntei.

"O problema não é este. Queira você ou não, existirá uma outra mulher na sua vida, porque você é um elefante e não pode ter uma só. Este é o seu problema. Outra fraqueza sua é que às vezes você não é firme com as decisões, não é capaz de seguir adiante com o que se comprometeu a fazer. Mas lembre-se: o melhor período da sua vida está ainda para vir." Era certamente uma idéia reconfortante.

Gostei do homem. De todos os adivinhos que vi, era o que tinha mais desapego. Nem por um momento me deu a impressão de tentar me agradar, de querer me lisonjear. Não dizia: "Vejo problemas, mas posso ajudar você a resolvê-los". Ele não oferecia nada. Era como se lesse de verdade em um livro do qual tinha a chave. Lia, e até naquele exercício de ler não havia nada de pessoal, como se minha vida não lhe dissesse respeito, assim como não diz respeito ao médico a vida do paciente a quem acaba de dizer que sofre de câncer e tem seis meses para viver. Aquele seu desapego era convincente.

Tinha já aprendido que esses personagens, sempre ocupados a falar das vidas alheias, no fundo ficam contentes quando alguém se interessa pela deles, e pedi a Rajamanickam que me falasse de si. Não hesitou. Era sábado e não costumava receber clientes. Aceitou me ver só porque insisti muito, e tinha tempo.

Nasceu no Tamil Nadu, no Sul da Índia, e tinha completado há pouco 73 anos. Seu pai era astrólogo e seu avô também. Toda a sua vida foi dominada pela astrologia. "Vocês, estrangeiros, dizem que a astrologia indiana tem seiscentos anos simplesmente porque fazem apenas seiscentos anos que se deram conta da sua existência. Mas na Índia a astrologia tem milênios", disse Rajamanickam. "Os próprios indianos não dão importância, não se orgulham, mas na Índia existem velhos livros, compilados de outros velhos livros, que descrevem como, conforme as diversas épocas, deve ser feito um horóscopo. Na nossa época, iniciada 5.995 anos atrás, o momento a ser considerado é o nascimento. Em uma época precedente o que contava era o instante da primeira relação sexual. Era ele a determinar o destino de uma pessoa."

Rajamanickam disse que a astrologia é uma ciência, fundada em cálculos matemáticos. O problema é fazer com que esses cálculos sejam exatos. É importantíssimo, por exemplo, saber a que horas nasceu o sol no lugar de nascimento de uma pessoa. Porque isso influencia o destino dela. Disse depois que os vários cálculos devem ser interpretados de acordo com a cultura, com o ambiente social da pessoa e com os tempos nos quais vive.

De acordo com Rajamanickam, existem "livros antiqüíssimos" prevendo que os homens teriam viajado entre os planetas, exceto o Sol. Outros que fornecem a previsão de inundações, terremotos e outros cataclismos para as várias regiões do mundo nos próximos mil anos. Disse que os indianos no passado sabiam determinar, segundo a posição do casal no momento da concepção, o sexo do filho que nasceria. Disse também que conheciam tão bem a natureza e a influência das estrelas que podiam, por exemplo, calcular a hora na qual certa pedra podia ser levantada mais facilmente para a construção de um templo. Lendas, mitos, mas talvez também algo de verdadeiro, pensei, escutando-o.

Rajamanickam começou a se interessar por astrologia aos doze anos. Lia os livros do pai, mas este não gostava da coisa. Dizia que a astrologia não pagava bem e que um jovem, para fazer carreira na Índia dominada pelos ingleses, tinha de freqüentar a escola. Para forçá-lo a ir, o pai batia nele. Uma vez passou pelo vilarejo onde morava um *sayasin*, um daqueles gurus que renunciam aos bens do mundo e que, apenas com um farrapo enrolado na cintura, vão de um lugar ao outro vivendo de esmolas. O *sayasin* olhou a mão de Rajamanickam e disse ao pai que aquele filho não havia estudado como ele queria, mas que ficaria igualmente famoso entre pessoas de outras castas, de outras tribos e de outras raças, que seria carregado de palanquim e que se casaria com uma mulher com uma pinta sobre o peito.

"Tudo se confirmou", disse Rajamanickam. Estudou astrologia num vilarejo próximo. Em 1938 emigrou para Cingapura, onde gente de todas as raças e de todas as religiões o conhecia. Quanto ao palanquim, disse rindo, foi adaptado num Volvo.

"E a mulher com a pinta?", perguntei.

Aconteceu quando os japoneses ocuparam Cingapura. Todos os jovens não casados eram presos e enviados para construir a ferrovia rumo à Birmânia, a "ferrovia da morte". Então se tratava de encontrar uma mulher com urgência. Uma intermediária lhe propôs a candidata perfeita, mas não tinha a pinta. O tempo se esgotava, a intermediária continuou a procurar, e finalmente lhe apresentou a mulher que a tinha. Os dois se casaram e não se deixaram mais. Estavam para celebrar suas bodas de ouro quando a mulher repentinamente morreu e Rajamanickam adoeceu. "O único arrependimento que tenho é de não ter morrido com ela", disse. Era um outro desses casos em que o amor não era o ponto de partida, mas de chegada!

Perguntei a Rajamanickam se tinha traçado o próprio horóscopo ou o da mulher e se havia conseguido prever os eventos da vida dela.

"Um astrólogo é como um médico. Se adoece, se precisa de uma operação, deve ir a outro médico", disse. Depois do *sanyasin*, ele não foi consultar o futuro com ninguém, porque sua vida era guiada e protegida por Durga, disse, e voltou o olhar para o quadro de uma deusa sentada sobre um tigre.

Rajamanickam contou-me várias histórias de pessoas que salvou ao colocá-las em guarda contra certos perigos, e de outras que não o tinham escutado. Histórias como se ouvem tantas e sobre as quais não tomei nota. A melhor me pareceu ele mesmo, tão sólido, tão sereno, tão seguro do que lia no livro das vidas alheias.

Agradeci e deixei um envelope com a "oferta". Saí daquela casa como que na ponta dos pés. O homem me causou certa impressão.

Fez-me vir também uma grande fome. Vi a poucos passos dali um restaurante popular e me sentei a uma das mesas. Em um salão com o pavimento de cimento havia algumas banquinhas, cada qual com um chinês que cozinhava sua especialidade. Bastava olhar para os panelões que fumegavam e escolher à vontade. Comi uma bela sopa de macarrão de arroz com broto de feijão e fígado de frango fatiado bem fininho.

Todo o bairro em volta era perfeito, limpo, ordenado: a grama estava cortada, as árvores podadas, os esgotos cobertos, as ruas sem uma folha de papel ou uma bituca de cigarro. As pessoas falavam em voz baixa como se não quisessem provocar distúrbios umas às outras ou não quisessem se fazer escutar por alguém: agradável e ao mesmo tempo opressivo.

Todas as minhas tentativas de partir de navio para Jacarta faliram. O único modo para deixar Cingapura era tomar uma balsa até a próxima ilha indonésia, Pulau Pinang, e dali tentar um outro meio. Não havia escolha. Tinha impressão de sofrer sempre mais de claustrofobia. Era como se Cingapura tivesse posto a mão na minha garganta. Quando paguei a conta e ajeitei de novo a mochila nas costas, pareceu-me uma verdadeira liberação.

Nem mesmo o taxista, que me perguntava por que tomava a balsa, quantos dias fiquei em Cingapura, e o que tinha comprado, conseguiu me tirar a alegria de deixar aquela ilha de ar condicionado na qual tive inclusive medo de rever o meu passado. Temia que o tivessem mudado, destruído, refeito de plástico ou simplesmente "cancelado" o arquivo na memória do computador.

Indo em direção a Keppel Peer, o táxi passou próximo à casa na qual tínhamos vivido por anos, mas não ousei revê-la.

Queria lembrar de Cingapura como era.

14. Nunca contra o sol

Tinha já saboreado a alegria de partir de novo sobre um navio, o sentido de liberdade que o mar me teria devolvido — e fui pontualmente desiludido. Keppel Peer não era um porto como eu imaginava. Era uma estação espacial onde tudo acontecia eletronicamente, e minha balsa era realmente uma astronave: plana, aerodinâmica, rapidíssima e hermeticamente fechada para que pudéssemos desfrutar o ar condicionado. Em Cingapura o próprio mar me parecia reciclado, desinfetado, como se tivessem colocado nele alguma química para dar aquela sua magnífica cor verde-jade.

Depois de quase duas semanas sob o domínio de Lee Kuan Yew, não confiava em mais nada. Passamos diante da ilha de Sentosa. Lembrava-me dela como um lugar selvagem e agreste. Virou um paraíso tropical, ou melhor, a cópia de um paraíso tropical. A areia, branquíssima, tinha sido importada toda de navio da Indonésia, as palmeiras foram plantadas às centenas entre os novos hotéis, e os "velhos" fortes ingleses foram refeitos, novos em folha para ser visitados por turistas ignaros como recordação da Segunda Guerra Mundial. Um enorme trabalho para dar também a Cingapura uma praia ao sol.

Em poucos minutos estávamos fora das águas territoriais da ilha-Estado, e ilhas verdadeiras e desertas, com praias longas e brancas, viam-se às dezenas. O problema é que eu era obrigado a olhar para elas através do vidro da escotilha.

Na balsa eu era o único estrangeiro. À parte alguns chineses cingapurianos, todos os demais passageiros eram chineses da Indonésia, "provincianos" que voltavam de uma visita à "capital". Bloqueado em meio a uma fila de cadeiras, estreitas como as de um avião, tentava ler um artigo sobre o "milagre econômico" da Ásia e sobre a dificuldade — assim dizia o texto — dos estudiosos ocidentais em entender o fenômeno. Tinha saído naquela manhã no *Straits Times*, o jornal de Cingapura, e era tipicamente adulatório e arrogante.

Os resultados daquele milagre estavam todos ao meu redor. Desde quando partimos, ecoava por toda a cabine uma cacofonia de música, gritos e bipes emitidos pelos vários televisores a bordo — cada qual com seu filme de kung fu, de incrível violência, esfaqueamentos, estrangulamentos e sangue —, por um vídeo que transmitia canções e por tantos joguinhos eletrônicos nas mãos dos passageiros. Minha vizinha, uma chinesa com cerca trinta anos, carregada de ouro, estava tão presa ao seu que não prestava atenção ao filhinho, ocupado em tentar enfiar os dedos na minha orelha. Eram todos chineses daquela nova geração da diáspora que agora eu aprendia a conhecer: seguros de si, vulgares, exibicionistas. O pouco glamoroso uniforme de antigamente — camiseta branca sem manga e calção preto — transformou-se em camisa florida, bipe e telefone celular, um pente e uma grande carteira no bolso de trás da calça e muito ouro: ouro nos pulsos, no pescoço, nos dedos. Na cabeça, cada um tinha o seu "projeto" de desenvolver, de construir, de cimentar algo.

O projeto do meu vizinho logo veio à tona. Junto com um familiar de Taiwan, um irmão de Cingapura e alguns investidores japoneses estava construindo o primeiro grande hotel na ilha para onde íamos. O plano final previa mais oito. "Queremos fazer de Pulau Pinang o Havaí do Sudeste Asiático", disse. E com a mão me indicou o horizonte, onde eu vi ao longe apenas uma bela fila de palmeiras, mas onde ele já via arranha-céus luzindo.

Tratei de não tentar imaginar Pulau Pinang, e a achei, à primeira vista, magnífica, natural e ainda não arruinada pela modernidade. Atracamos a um velho cais e chegamos em terra caminhando sobre uma longa ponte de madeira. As casas tinham todas um ou dois andares e as ruas eram estreitas. Ninguém parecia ter ar condicionado. Hospedei-me numa velha pensão diante da mesquita e contratei a olho um intérprete e um motorista que tinham vindo oferecer seus serviços. Estaríamos juntos durante dois dias, e achei que a melhor maneira de nos conhecermos seria convidá-los para comer comigo. Ao contratar o motorista não me preocupei em saber que carro ele tinha, e a surpresa foi agradável: um Chevrolet antediluviano, ainda de pé graças a uma trama de arames.

"Temos sorte", disse Nordin, o intérprete. "No arquipélago de Riau temos carros que não existem mais nem mesmo na América."

Pulau Pinang (*pulau* quer dizer ilha), três vezes maior que Cingapura e com uma população de apenas 250 mil pessoas, é a principal do arquipélago de Riau, entre as duas grandes ilhas de Sumatra e Java. As ilhas Riau são ricas em petróleo — a maior parte do combustível indonésio vem daqui — e de outros recursos naturais. A própria Pinang tem grandes jazidas de bauxita: no passado eram exploradas pelos holandeses, hoje o são pelos japoneses. A capital da ilha é Tanjung Pinang (*tanjung* quer dizer cidade). Seus habitantes somam cerca de 90 mil, na grande maioria chineses que, como em outros lugares, também aqui controlam todas as lojas e todas as atividades comerciais.

Até o restaurante onde fomos almoçar, o melhor da cidade de acordo com os meus dois companheiros, era chinês. Nos acomodamos sobre um belo terraço de madeira, com vista para o mar. Tudo o que havia para se comer estava exposto em um tanque no piso inferior: vários tipos de peixes, caranguejos, lagostas e camarões, todos vivos. De cima, escolhíamos e um sujeito pescava as vítimas para mandá-las ao cozinheiro em uma cestinha. Pouco depois, do alto do parapeito, jogávamos ao mar as espinhas e as carapaças que a maré levava embora.

É raro ler nos relatos de viagem, mesmo nos modernos, o que as pessoas comem. O fato é que na Ásia a comida é ainda um dos grandes prazeres. A variedade é grande, o modo de preparo continua a ser simples, e os odores e as cores fazem parte do ritual tanto quanto os sabores. Cada prato tem um especial valor mágico que torna o comer ainda mais atraente. Uma coisa faz bem ao fígado, outra à circulação do sangue. Uma fruta esquenta, outra esfria, e tantas coisas fazem bem ao sexo, obsessão comum entre todos os povos dessa parte do mundo.

O sexo também dominava a nossa conversa, em tom divertido. Foi Nordin quem começou, dizendo-me para prestar atenção ao falar na Indonésia o pouco de malaio que conhecia. O indonésio e o malaio são línguas quase idênticas, mas algumas palavras são usadas de modo completamente diverso nos dois países. "Água", por exemplo, quer dizer água em indonésio, mas outra coisa em malaio. Uma semana antes o time de futebol de Pinang foi a Kuala Lumpur. Chegando ao hotel, os jogadores pediram "água", e pouco depois viram chegar... um grupo de travestis!

Nordin disse que seu nome significava "luz da religião". A religião era obviamente o islã, "mas islã à Indonésia", acrescentou, ou seja, extremamente relaxado e permissivo. Nordin vinha do centro da ilha de Sumatra, era Batak e muito orgulhoso das próprias origens. Os Batak dividem-se em quatro tribos. Nordin pertence aos Karó e contou que, quando uma jovem morre sem se casar, a tradição é colocar no caixão uma banana fresca "para ter companhia na sua viagem ao além". No caixão dos rapazes solteiros coloca-se um grande bambu com um furo no meio.

Cada povo parece ter seu próprio mito da criação e do modo pelo qual o homem veio ao mundo. Nordin contou a versão dos Batak: um dia os macacos se deram conta de que não havia mais espaço. Tinham feito tantos, mas tantos filhos que todas as plantas da floresta estavam apinhadíssimas e ninguém podia mais se balançar, correr ou saltar de um ramo ao outro. Decidiu-se então que metade dos macacos devia descer para o chão. Bem, foram aqueles os nossos ancestrais! Uma bela versão da Gênese, me pareceu. Mas para onde mandaremos nós metade dos homens quando finalmente percebermos que as condições de vida também na Terra passaram a ser como as dos macacos sobre as árvores?

Sempre falando de sexo, o motorista, um garotão alto, com ar meio de pirata, cabelos longos até as costas, disse que foi por causa disso que precisou fugir de casa. Vinha de um vilarejo na Sumatra ocidental onde vigora ainda um estreitíssimo regime matriarcal: as mulheres comandam tudo, controlam tudo. Se uma garota quer certo garoto, é preciso somente ir à casa dele, falar com a mãe e o coitado não pode recusar. No seu caso, só lhe restou a fuga: a garota que o queria era horrível, disse. Outra regra da qual não gostava no seu vilarejo era a de que a mulher pode sempre mandar embora o homem que escolheu. Basta que pela manhã ela deixe seu capuz negro de muçulmano diante da porta de casa, como sinal de "agradecimento". O divórcio fica assim consumado, e ela pode casar-se de novo com outro.

Para o taxista, escapar a Pulau Pinang foi uma "liberação". Disse que muitos jovens da sua região faziam o mesmo e que as mulheres estavam descontentes.

Já eu estava felicíssimo. As histórias do motorista e de Nordin me colocaram novamente em um mundo feito de gente variada, não homogeneizada, de gente que ainda vivia à sua maneira, com aspirações e preocupações diferentes para enriquecer. O modo como os dois tentavam entrar em acordo para me descrever as mulheres das várias ilhas, suas características, suas qualidades e defeitos era de per si um prazer: infiéis as mulheres de Aceh (são uma mistura de árabes com portuguesas e indianas, diziam); esplêndidas as javaneses (têm um músculo a mais nas suas partes mais secretas e são de uma cortesia sem igual). Se por acaso uma javanesa o chuta, pede desculpas mil vezes por dever usar ainda aquele culpável pé.

Perguntei a meus dois companheiros se na ilha aconteciam coisas estranhas, se havia algum *bomoh*. Claro! Muitos. Só que no arquipélago de Riau os *bomoh*, especialistas em magia, se chamavam *dukun*. Num vilarejo sobre a costa setentrional havia um particularmente potente. O motorista o conhecia desde criança. Tinha uma voz que fazia tremer. Mas, se me interessava pelo oculto, devia com certeza ir a Lingaa, uma ilha a cinco horas de barco dali, uma ilha misteriosa que foi a capital dos sultões e onde agora toda a população — disseram os meus companheiros — tem poderes especiais, onde os peixes falam e onde existem ruínas de uma antiqüíssima civilização sobre a qual ninguém mais sabe nada. Parecia o lugar ideal para mim.

Nordin deu alguns telefonemas e procuramos um chinês que tinha um barco adequado para a viagem. Mas quando o encontramos já era tarde demais para entrar no mar, especialmente com a tempestade que estava se formando. Tentaríamos no dia seguinte. Mas não havia nada para fazer a não ser consultar o *dukun*.

* * *

Viajamos por mais de uma hora por uma bela estrada asfaltada que costeava a ilha ("Foi o exército que a construiu porque não tem mais que combater os comunistas e agora se dedica às obras públicas", disse Nordin), depois nos adentramos por uma pista de terra vermelha numa planície ponteada por coqueirais. O velho Chevrolet derrapava, rangia, mas só eu me preocupava. "O *dukun* fica longe de todos os centros habitados porque precisa de paz para se concentrar", disse o motorista, e pensei como eu também escolheria um lugar tranqüilo e solitário se devesse dar uma de guru ou fundar uma nova religião. Essa gente com "poderes" certamente não é estúpida!

Uma das especialidades do *dukun* era a de curar loucos. Nos casos difíceis, o homem devia jejuar durante alguns dias para adquirir força para expulsar a doença do corpo de uma pessoa.

As árvores ficaram sempre mais densas e, em meio a uma bela clareira, vimos uma velha casa de madeira que muitos anos antes tinha sido pintada de azul. Uma inscrição sobre a porta dizia: "Salamat Datang", bem-vindos. Um ancião de sarongue, com uma camiseta escura e um velho capuz negro bem ensebada na cabeça, estava na varanda, sentado contra a parede. A seus pés pequenos galos, muito magros, aprendiam a combater enquanto meninos ficavam olhando, com alguns cachorrinhos no braço. Os cães são tabu para os muçulmanos, mas o ancião explicou a Nordin que ali eram úteis para manter distantes os javalis que vinham destruir a horta. Outra demonstração da escassa rigidez do islã na Indonésia.

O ancião era cego de um olho. Mas este, o esquerdo, completamente branco e vazio, era compensado pela incrível vivacidade do direito. Fez sinal para que entrássemos na grande sala da sua casa. Nos sentamos em bancos à volta de uma grande mesa de madeira. Uma brisa muito agradável soprava das janelas abertas. Nas paredes havia imagens de bailarinas javanesas, retratos do presidente Sukarno, do presidente Suharto e de outros indonésios que eu não conhecia. Sobre um altar havia uma estampa com santos muçulmanos com o rosto branco e barbudo. Um lampião de acetileno ficava suspenso no teto para ser usado à noite. O *dukun* não tinha eletricidade nem televisão.

Ele ainda não tinha me dirigido a palavra, e entendi que cabia a mim me apresentar. Disse-lhe que vinha de longe, que tinha ouvido falar de seus poderes, que queria saber se alguém tinha me colocado mau-olhado e se ele via nos aviões um perigo para mim durante aquele ano.

"*Baik!*", "bem", disse ele. "*Darei a você toda a proteção de que precisa.*" Sua voz não me fez tremer, mas era funda, firme, cavernosa. Um assistente seu veio me oferecer chá bem doce. O motorista me indicou os quartos onde ficavam os pacientes que se hospedavam durante os tratamentos mais longos. O *dukun* explicou que, para perceber se eu tinha mau-olhado, devia me fazer um exame especial e que eu devia segui-lo. Falava levantando com freqüência as mãos no ar, como fazia a maga de Malaca. Suas unhas eram longas e sujas, especialmente as dos mindinhos.

Através de uma bela cortina, feita de conchas que, em movimento, fizeram um som agradável, entramos em um quarto escuro e sem janelas. Sobre o chão de terra havia uma esteira de palha sobre a qual nos sentamos em círculo, com as pernas cruzadas. O *dukun* acendeu três pequenas velas e vi que no centro da esteira havia cinco espelhos redondos virados em várias direções e ovos. Ainda outros ovos estavam em uma cestinha à direita do *dukun*.

"*Como você se chama?*"

"Tiziano." Exercitou a pronúncia um par de vezes, depois com voz possante repetiu meu nome sem dificuldade e se pôs a recitar uma longa litania na qual reconheci somente o nome de "Alá" e às vezes, perfeito, o meu. De um envelope de papel retirou uma lente de aumento e começou a olhar com ela os vários espelhos. Continuou suas súplicas, depois, com ar de grande segurança, disse que não tinha nenhum mau-olhado sobre mim, que devia ficar tranqüilo e que de qualquer modo ele me daria um óleo especial com o qual me proteger. Debaixo do círculo tirou um minúsculo frasco que, à luz das velas, resplandeceu como se fosse ouro. Abriu-o, e um forte odor adocicado se difundiu no ambiente. Colocou-o na boca como se fosse cuspir nele, mas soprou bem forte como para colocar dentro a sua alma ou a do espírito que representava. Fechou-o, levantou-o para o alto com novas súplicas e o entregou a mim como se fosse uma coisa muito preciosa. Cada vez que me sentisse em perigo, devia ungir o rosto com o óleo. Carregando aquele frasco comigo ninguém poderia me fazer mal. Se alguém tentasse atirar em mim — porque, sim, este era um perigo que eu corria, disse o *durkun* —, no último momento a arma travaria, o braço de quem a empunhava se dobraria involuntariamente e o fuzil ou pistola apontaria para o chão. Onde quer que eu fosse, graças àquele óleo ficaria protegido e seria respeitado. Todos compreenderiam que eu seria um ser superior, mesmo os generais e os ministros. Devia somente prestar atenção a uma coisa — o *dukun* falava sem parar, mas lentamente, e Nordin tinha tempo para traduzir palavra por palavra: "Nunca urine contra o sol! Lembre-se: nunca. Não o faça nunca na direção do sol ou o óleo perderá sua força. Entendeu?".

O homem juntou as mãos. Observei suas unhas e o olho vazio e branco que, de repente, à luz das velas, pareceu que pudesse ver. O *dukun* começou a recitar uma extraordinária litania na qual reconhecia meu nome cadenciado entre as palavras Bangkok, Hong Kong, Londres, África, Paquistão, Jacarta, Índia, Europa, América, Austrália, Nova York, Ásia, Alemanha, Londres, Roma. Nomes de cidades, de países, de continentes, repetidos ao acaso, intercalados com o meu, para a frente e para trás por minutos e mais minutos, em um obsessivo crescente: todos os lugares nos quais poderei ir certo de ser protegido e respeitado como um "ser superior".

A cerimônia tinha acabado. Voltamos à grande mesa e pedi ao *dukun* para me contar sua história. Como descobrira seus poderes? Não, não podia. Se tivesse vindo pela manhã, teria me dito tudo, mas o momento propício do dia já tinha passado. Também ele tinha seus tabus. Se os transgredisse, perderia toda a sua força. Disse apenas que se chamava Ismail, tinha 77 anos, chegou a Pulau Pinang de Java, depois da guerra, e que era descendente daqueles sábios de barba branca figurados na estampa em cima do altar. Era uma gente extraordinária aquela, disse o *dukun*; era gente que se quisesse poderia ficar invisível! Disto ele não era capaz, disse. Conseguia porém parar as balas, e era por isso que muitos jovens da ilha vinham a ele antes de partir para se alistar. Ele os tornava invulneráveis.

Estava escutando a tradução de Nordin e minha mente vagava, fazia suas incontroláveis cambalhotas. Pensava que em todos os ângulos da Terra, em todos os tempos, o homem tentou alcançar esta invulnerabilidade; e que, de todos os mitos, o de Aquiles é o mais belo, porque, graças ao seu calcanhar, o herói permanece simpaticamente humano. O corpo dos soldados que vinham ao *dukun* continuava idêntico àquele calcanhar, mas eles não o sabiam. Sua invulnerabilidade não seria colocada à prova: agora o exército construía estradas!

O *dukun* era bom com as palavras, que talvez seja o verdadeiro "poder" da maior parte desses magos. A certa altura disse que ele e Sukarno, o homem que conduziu a Indonésia à independência e que foi presidente até 1967, tinham o mesmo bisavô. Sukarno, disse o *dukun*, tinha grandes poderes e foi diretamente de Sukarno que ele recebeu os seus. Sukarno era extraordinário. Se seu automóvel ou seu avião não tivessem mais combustível, bastava que ele urinasse nos reservatórios e o motor continuava a funcionar. Sua última mulher quis se casar de novo, mas bem na véspera do matrimônio Sukarno apareceu à sua frente e a celebração foi cancelada. Eu sabia que Sukarno não tinha morrido? Na sua tumba foi sepultada uma estátua! O verdadeiro Sukarno ainda continua vivo e vaga pela Indonésia! O *dukun* estava absolutamente convencido disso e, a seu modo, não deixava de ter razão.

Sukarno morreu em 1970, mas sua presença ainda hoje é sentida na Indonésia talvez ainda mais do que na época em que era o chefe do país. Com o passar do tempo, seu mito cresceu e até seu sucessor Suharto, no poder há quase trinta anos, deve levar em conta esse fantasma que continua a rondar o arquipélago realizando os mais variados "milagres". Sukarno virou a divindade tutelar do que, na Indonésia, diz respeito à magia. O que é quase tudo.

Um programador de computadores que perde um disquete vai ao *bomoh* para saber onde reencontrá-lo. A polícia pede a intervenção dos magos para localizar um ladrão. Altíssimos funcionários governamentais consultam especialistas em magia antes de aprovar importantes contratos já avalizados pelos especialistas econômicos e financeiros. Recentemente até os mecânicos chegaram a declarar que consertam os carros usando magia. Fazem o serviço em poucas horas e por uma fração do preço normal. Também eles dizem ter recebido esse poder de Sukarno — vêm todos de Blitar, o mesmo lugar onde nasceu o líder — e de conservá-lo através de um duro regime de orações e jejuns. Uma fraude? Talvez, mas funciona. O trabalho é bem-feito e até o representante do Banco Mundial em Jacarta já recorreu a eles para concertar seu Toyota.

Perguntei ao *dukun* o que achava do fato de o homem ter ido à Lua. Levantou novamente as mãos sujas no ar. "Não é verdade. O homem não pode ir à Lua, porque a Lua é uma criação de Deus. A fantasia do homem pode ir à Lua, mas não o homem. Os seres humanos têm limites, e esses limites devem ser respeitados, caso contrário acontecem coisas terríveis." Minha mente, deixada a si mesma, deu-lhe razão.

Sobre a mesa diante de nós havia um daqueles sacos plásticos com remédios coloridos que se encontravam em todos os mercados da Ásia. Você acredita nos remédios modernos?, perguntei ao *dukun*. Claro. Usava-os ele mesmo e os recomendava aos pacientes para os males produzidos por causas físicas. O problema — disse — é que todos aqueles remédios não podem curar os males provocados pela magia. Estes, só uma magia mais forte pode curar. E será que não tinha razão?

A loucura, por exemplo, disse ele, é provocada por uma magia e não há remédio que a cure. As pessoas vinham até ele depois de ter inutilmente experimentado os médicos da cidade. O rapaz que nos serviu o chá interveio para contar como tantas mulheres, trazidas ali pelos familiares com terríveis tremores e convulsões, tinham partido, após dois ou três dias de tratamento, calmas e tranqüilas. Curadas.

"Não sou eu que o faço", disse o *dukun*. "É Deus que o faz através de mim."

Era hora de pagar. O motorista me disse que não existia um preço e que, somente se satisfeito o cliente deixava alguma quantia. Nordin, depois de perguntar, sugeriu-me o equivalente a vinte dólares. Uma fortuna ali, disse a mim mesmo, mas se o óleo funciona... E depois me pareceu que não podia vir de tão longe, indagando sobre a alma dessas pessoas com a desculpa dos aviões, sem deixar para trás um pouco de gratidão, uma boa disposição que talvez me faça tanto bem quanto o óleo.

Peguei no bolso, discretamente para não dar na vista, um punhado de rupias, e as segurei na mão direita. Quando me inclinei ligeiramente para a saudação, estendi a mão sustentando o pulso com a esquerda, naquele gesto gentil que se costuma fazer na Ásia. Ele fez o mesmo, as duas mãos se encontraram, ele sentiu o dinheiro e seu rosto se iluminou em um grande sorriso de satisfação. Ele estava muito feliz e me senti protegido e importante.

No caminho de volta, Nordin contou sua experiência com um *dukun*. Em 1979, dois anos depois de ter chegado em Pinang e de ter começado a transportar turistas pela ilha das abelhas, próxima dali, começou a sentir-se mal. Estava sempre fraco, tinha dor de cabeça e, com freqüência, durante a noite vomitava. A mulher o levou ao hospital. Os médicos o medicaram, mas depois de um mês com aquela terapia estava ainda pior e quase não conseguia se mover. Sua esposa fez vir um *dukun*, uma mulher. Ela lhe deu alguns ingredientes para beber, folhas para colocar dentro da roupa e depois de três dias Nordin, a "luz da religião", estava novamente bem. A explicação? Foram os habitantes da ilha das abelhas que colocaram mau-olhado nele. Tinham ciúmes pelo fato de ele falar inglês e de, portanto, se aproveitar dos turistas da ilha sem dividir nada com eles. A mulher *dukun* fez uma contramagia, e o mau-olhado desapareceu. Mas tinha colocado Nordin em guarda: para o resto da sua vida devia ter mais respeito com as outras pessoas, não devia importuná-las inutilmente, e devia dividir o que ganhava com quem o ajudara.

Nordin levou aquele conselho muito a sério. O que podemos dizer? É óbvio que todos os revolucionários, os positivistas, viram aqueles magos, nas suas diversas versões, como inimigos da modernidade, exploradores do povo, e quiseram até eliminá-los fisicamente — como fez Mao na China — para "liberar" as pessoas das cadeias da superstição. Mas quem tomou o lugar deles? Quem ainda ensina essas importantes banalidades? Quem ainda dá lições de bom senso, inclusive com a loucura das poções e dos óleos? Talvez naquilo tudo havia um sentido!

Nordin tirou da carteira um pedacinho de metal, uma espécie de pequena e finíssima lâmina com uma inscrição que a mulher *dukun* tinha feito para ele. Era a sua proteção e devia trazê-la sempre consigo. Não seria um catalisador? Não o fazia lembrar, cada vez que a via, o compromisso que tinha feito de não "importunar as pessoas"? Se tivesse dado um nó no lenço o resultado seria o mesmo, mas a coisa teria tido menos sacralidade, menos magia!

Também Nordin tinha o seu tabu, ligado ao poder daquele pedaço de metal: devia tirá-lo do corpo cada vez que ia ao banheiro e não devia nunca comer carne que não fosse *hatal*, ou seja, cortada de acordo com os preceitos muçulmanos. Tudo isso também devia fazer com que se lembrasse do seu dever para com os outros!

Pensei novamente no meu *dukun*. Tinha sido o primeiro a não me falar em dinheiro, na possibilidade de me tornar rico ou não, de heranças a receber. Também nas outras histórias que tinha ouvido sobre os *dukun* não havia nada de material. Congratulava-me por esse distanciamento dos chineses.

Viajávamos de novo ao longo do mar. A tempestade que estava se anunciando acabou não vindo, mas o céu era baixo e cinza, e o mar, calmo e limpo, era belíssimo: verde esbranquiçado junto à margem e escuríssimo, quase negro, no horizonte. A praia era estreita e coberta de coqueiros. Os pescadores, a uma centena de metros, construíam sobre palafitas as suas cabanas, que seriam varridas durante as monções de setembro. Em abril do ano seguinte as teriam reconstruído novamente. Era todo ano assim, há gerações: fazem as casas para morar e pescar com a grande rede que deixam pendurada no terraço, para depois deixá-las serem tomadas pelo mar.

"Os pescadores são malaios. Os compradores de peixes são chineses. É assim, ao longo de toda a costa", disse Nordin. "Se os pescadores não pescam, os chineses lhes emprestam dinheiro para viver e eles depois, pescando, o devolvem com juros. Às vezes os malaios ficam *amok*, atacam as lojas dos chineses e os massacram um pouco", disse com o mesmo tom de voz com o qual tinha contado sobre o mar que a cada ano destrói as casas. Também os massacres pareciam ser uma questão sazonal.

O grande *pogrom* de 1965, lançado pelos militares que levaram Suharto ao poder, foi dirigido contra os comunistas. Mas as pessoas, especialmente nas ilhas menores, aproveitaram para acertar as contas com os chineses. Mais de meio milhão de pessoas foram massacradas no prazo de poucos dias. Alguns dos delitos mais atrozes tiveram lugar na ilha mais pacífica e paradisíaca, Bali.

À noite, jantamos no mercado local entre dezenas de barraquinhas, cada qual com sua especialidade. Frutos do mar, carnes, verduras e uma infinidade de peixes estavam expostos sob a luz dos lampiões de acetileno: um fascinante mosaico de cores e de formas, entre contínuas lufadas de odores fortíssimos e as línguas de fogo que subiam do óleo em grandes caldeirões manejados por cozinheiros chineses, como se fossem prestidigitadores. No escuro, por trás das barraquinhas, rondavam matilhas de cães e de mendigos. De debaixo de uma mesa apareceu um menino que queria engraxar meus sapatos. "Um de cada vez!", colocou-me em guarda Nordin. "Se os der juntos, ele escapa para revendê-los e você fica descalço. Com um pé só na mão ele não sabe o que fazer e acaba engraxando!"

Na multidão Nordin viu o único outro branco que parecia existir na ilha e o chamou para a nossa mesa. "Ele sabe tudo sobre a ilha de Lingaa", disse Nordin ao apresentá-lo. Michael era australiano, ex-estudante de filosofia, disse ele. Tinha vindo alguns anos antes para a Indonésia, ele também "no caminho". Foi parar em Lingaa e desde então a ilha se tornou a sua obsessão.

"Por que Lingaa?", perguntei ingenuamente, sem saber que estava abrindo uma caixa de Pandora.

"Lingaa é a capital da gente Bunyan! Você sabe quem são, não?"

"Não."

"Os Bunyan são a gente macia. Entende? Nós somos a gente dura", disse Michael, e tocou a minha pele para me fazer ver que existia, que era sólida, dura. "Aí está, eles são macios. Entende? Em Lingaa eles estão em toda parte, mas ninguém pode vê-los. Vivem a vida deles. Nós vivemos a nossa, e só de vez em quando nos misturamos a eles. Às vezes acontece que um indivíduo da gente dura, como nós, se case com um Bunyan, mas é raro. Conheço um homem de Lingaa que se casou com uma bela garota Bunyan. Devia ir para a cama com ela uma vez por semana, a quinta-feira. Nos outros dias ele estava livre e podia até se casar com outra mulher."

Eu escutava Michael fascinado. À nossa volta as pessoas continuavam a cozinhar, a comer, a mendigar, e o menino a engraxar os meus sapatos. Michael, com seus quarenta anos, me falava seriíssimo dos Bunyan como outros teriam me falado de ações na Bolsa de Valores. E eu achava suas histórias magníficas! Também na tradição chinesa existem matrimônios entre almas mortas. O objetivo é, por exemplo, impedir que uma garota não casada venha como espírito mau atrapalhar os jovens do país.

"Uma vez aquele homem esqueceu seu encontro de quinta-feira", continuou Michael, "e a garota Bunyan, ofendida, não apareceu mais. Antigamente, quando alguém de Lingaa se casava, os Bunyan iam ao matrimônio e como presente emprestavam seus pratos de ouro para que os convidados pudessem comer. Aconteceu, porém, que um dos convidados escondeu um daqueles pratos com a intenção de roubá-lo, e os Bunyan desde então pararam de ir aos casamentos. Naquele mesmo período, um dos três picos misteriosos da montanha de Lingaa se rompeu. A montanha é sagrada. Tem 1.200 metros de altitude e ninguém consegue subir nela."

Michael contou que certas pessoas dizem já ter estado lá em cima, mas têm uma lembrança muito vaga de como fizeram a escalada. Ele conhecia uma mulher que tinha adoecido e que os médicos deram como morta. Depois, a ponto de morrer, a mulher vomitou ervas estranhíssimas e ficou curada. Disse que tinha sido presa por sete garotas Bunyan, levada para cima da montanha para que comesse em um pasto e depois trazida de volta para a cama. Isto a salvara.

Entre os três picos daquela montanha dizem que existe um lago. Michael, uma vez, tentou ir até lá com um amigo, mas não conseguiu. A estrada era escorregadia e muito perigosa.

Michael perguntou-me de onde eu vinha. Disse que era italiano. Italiano? Em Diak, capital de Lingaa, tinha vivido um italiano por mais de cinqüenta anos... Sim, um italiano. Era casado com uma mulher do lugar e teve seis ou sete filhos. Tinha sido um opositor do fascismo e escapou de Lingaa para não ser feito prisioneiro pelos japoneses quando ocuparam a Indonésia. Todos o chamavam Tuan Greg, sr. Gregório. Teria tomado um avião para poder encontrá-lo! Infelizmente tinha morrido há quatro anos, disse Michael. Os filhos tinham também nomes italianos, mas nenhum aprendeu a língua do pai.

"Os Bunyan", retomou Michael. "Os Bunyan querem sempre ver tudo limpo à sua volta. Se uma casa fica suja, não aparecem mais. São amigáveis, querem ajudar a gente dura, mas também querem que sejam respeitadas as coisas deles. Se você vai até a floresta e corta uma árvore que pertence aos Bunyan, acaba se perdendo e não consegue mais encontrar o caminho de casa. O *gharau*, por exemplo, árvore com a qual se faz o melhor incenso do mundo, pertence a eles, e é um problema cortá-lo sem lhes pedir permissão!"

"E esta permissão?", perguntei, para entender com quais critérios operavam esses Bunyan, evidentemente ecologistas.

"Eles só a concedem a quem se comporta bem na floresta, aparando a vegetação rasteira, limpando as clareiras, não cometendo ofensas nas casas dos Bunyan."

"Mas como se faz para reconhecer esses Bunyan?", perguntei a Michael, dizendo depois mentalmente a mim mesmo que talvez estivesse enlouquecendo eu também de tanto levar a sério essa história.

"É fácil reconhecê-los!", interveio Nordin, que tinha seguido toda a conversação com ar de quem acha tudo aquilo normalíssimo. "Basta olhar seu lábio superior, aqui", e, indicando a própria boca, acrescentou: "Os Bunyan não têm esta divisão que nós temos, debaixo do nariz. Seu lábio superior é simplesmente liso".

Passei o resto da minha primeira noite em Tanjung Pinang com aquele estranho bando a ouvir, uma depois da outra, histórias de magia, de gente com pele macia, de encontros misteriosos e continuando a comer as delícias das várias barraquinhas que Nordin buscava para trazer à nossa mesa.

À meia-noite o mercado ainda estava lotado como em pleno dia. Voltando sozinho à minha pensão, dei-me conta de algo que não tinha notado antes. Na multidão havia muitos loucos, alguns bem jovens: estranhos personagens sujos, com grandes barbas e cabelos longos e desgrenhados. Um deles ia e vinha com uma bolsa na mão, continuando a voltar-se e a olhar para o chão como se tivesse perdido alguma coisa. Outro quase corria, cantarolando litanias. Outros se arrastavam atrás de sacos plásticos cheios de mais plástico inútil. Havia ainda um outro apoiado sob o poste da luz como se esperasse alguém.

"Quem é você?", perguntou-me em perfeito inglês quando passei por perto. Estranhíssimo! Em inglês!

"E quem é você?", respondi espontaneamente. Estava escuro e não conseguia distinguir bem seu rosto. Quando tentei chegar mais perto para ver se seu lábio superior era liso, ele escapou.

15. O MISSIONÁRIO E O FEITICEIRO

TODO LUGAR É UMA MINA. Basta deixar-se andar. Dar tempo, ficar sentado em uma casa de chá, encostar-se em um canto do mercado, ir cortar o cabelo e depois seguir o fio da meada que pode começar com uma palavra, com um encontro, com o amigo de um amigo de uma pessoa que se acabou de encontrar e o lugar mais incolor, mais insignificante da Terra vira um espelho do mundo, uma janela da vida, um teatro da humanidade diante do qual poderíamos ficar sem precisar mais ir a lugar nenhum. A mina é exatamente ali onde se está: basta escavar.

Estava em Tanjung Pinang somente porque era a única destinação possível para quem quer deixar Cingapura via mar. Pretendia ficar apenas dois dias, tempo suficiente para encontrar passagem num navio para Jacarta, mas lentamente me envolvia no cotidiano daquela cidadezinha e poderia continuar ali por semanas, indo sempre atrás de alguém ou de alguma coisa que me interessasse. Tanjung Pinang: outro daqueles lugares difíceis de encontrar no mapa e no qual cheguei por meio de uma daquelas infinitas cadeias de acasos que compõem o destino e que tinha começado com o adivinho de Hong Kong. Ou antes?

Uma manhã levantei-me bem cedo, tinha corrido durante uma meia hora e fui procurar um lugar onde tomar café. E assim encontrei o Velho Yang. Ele acabava de tirar, uma por uma, as tábuas numeradas que constituíam a porta do seu restaurante, acendeu um cigarro e se pôs a varrer. De início fingiu não me ver, como fazem sempre os asiáticos, seguros de que com um estrangeiro é impossível se entender. Falei a ele em chinês e isto o persuadiu e o surpreendeu.

"Sou chinês eu também", disse-lhe.

"Chinês?"

"Sim, pertenço a uma minoria étnica: os italianos." É uma brincadeira que funciona sempre. A China é um grande império, habitado sobretudo pelos Han, "os homens floridos". Mas também por muitas outras "gentes em pequeno número", as minorias: os mongóis, os tibetanos, os uighur, os kazak, os dai, os hui, os miao, e — por que não? — os italianos. Do ponto de vista dos chineses a coisa soa verossímil, e alguns, às vezes, acham que não se trata de uma brincadeira.

Estava sempre juntando material para escrever um retrato dos chineses da diáspora e a história do Velho Yang era clássica e teria bastado para explicar tudo.

Seu pai tinha desembarcado na ilha de Pinang em fins do século XIX. Vinha da província de Cantão, que fica encostada a Hong Kong. Chegou apenas com a camiseta e o calção que tinha no corpo. Trabalhou nas minas de bauxita como cule. Quando acabou de economizar o suficiente, pediu para que lhe enviassem de seu vilarejo na China uma mulher, com a qual teve cinco filhos. Velho Yang era o primogênito e como tal ficou para sempre em Tanjung Pinang ocupando-se do pai e depois do restaurante que ele tinha aberto. Já os dois irmãos e as duas irmãs, em princípios dos anos 1950, foram enviados para estudar na China. Dezenas de milhares de jovens chineses, filhos de imigrantes pobres, partiram naqueles anos dos vários países do Sudeste Asiático para a mãe pátria. A China tinha sido liberada, as universidades, que antes eram privilégio dos ricos, estavam abertas a todos, e estudar não custava nada. Para os chineses da diáspora pareceu a ocasião ideal para dar uma educação chinesa aos próprios filhos. Muitos deles não voltariam mais. Viram-se envolvidos no drama daquele desgraçado país e acabaram vítimas da Revolução Cultural. O fato de que vinham do estrangeiro, de famílias que viviam em países capitalistas, tornou-os suspeitos. Foram denunciados como espiões, como contra-revolucionários, e mandados aos campos de trabalho para serem reeducados ou morrer.

Apenas em 1972, graças a Zhou Enlai, que pessoalmente se encarregou dessas "sementes do dragão" espalhadas no mundo, os sobreviventes conseguiram discretamente deixar a China. Mas para onde ir? Os países dos quais tinham vindo estavam todos combatendo suas próprias guerrilhas comunistas. Suspeitando que fossem agentes de Mao, não os deixavam voltar para casa. Alguns milhares deles ficaram por anos e anos no limbo de Macau. O Velho Yang nunca mais reviu os irmãos. Um morreu a pauladas, outro não conseguiu deixar a China e vive ainda hoje em Dailian; as duas irmãs, depois de passar anos em Macau, conseguiram ir para Hong Kong e dali para o Canadá, naquela contínua migração que levou os chineses para todos os ângulos da Terra.

Enquanto falávamos entrou o filho. Homem de negócios, nova geração. Fez uma sociedade com alguns parentes de Cingapura e comprava e revendia terras na ilha. Também ele com o bipe e o estojo dos óculos Ray-ban na cintura. Seu sonho? Imigrar. Para onde? "Para qualquer país em que a renda *per capita* seja mais alta que aqui", respondeu-me. Típico!

O Velho Yang e o Jovem Yang nasceram e viveram em Tanjung Pinang, mas não tiveram nenhum afeto por aquele lugar, nenhum relacionamento verdadeiro com seus habitantes originais. Achavam os indonésios rudes e incultos, eles que se orgulhavam de pertencer à "grande civilização chinesa", da qual todavia não tinham grande coisa. Sentiam-se chineses, chineses eram seus antepassados, e chineses seriam os seus descendentes. A China era sua pátria. Mas onde ficava esta China, não era muito claro. Não ficava na China de Mao e de Deng Xiaoping, ainda demasiado pobre, nem em Taiwan, demasiado pequena e insignificante. Ficava na idéia de China, em uma imprecisa "chinesidade" na qual todos da diáspora se reconhecem.

Sobre a ilha de Pinang o Velho Yang disse: "É um lugar ótimo, existe liberdade para fazer negócios e, se as coisas vão mal..., podemos sempre recorrer aos parentes na Malásia ou pedir ajuda aos de Cingapura". É assim que raciocinam os chineses, onde quer que tenham imigrado: os países onde vivem são para eles como mesas de jogo.

A Indonésia tem uma população de 190 milhões de pessoas. Os chineses representam apenas 2%, mas 60% do comércio do país está nas suas mãos, e os primeiros cinco grupos industriais e os maiores bancos são deles. Empresas chinesas produzem de tudo: de sabão a cimento, de cigarros a óleo de coco.

Até Tanjung Pinang está substancialmente nas mãos dos chineses: controlam a maior parte das lojas, os navios que fazem a ligação com as ilhas vizinhas, e têm o controle de todos os novos projetos de desenvolvimento. O primeiro karaokê da cidade pertence a um chinês, assim como os vários bordéis, camuflados também aqui em inocentes barbearias.

A história chinesa da diáspora eu a tinha toda ali: fortes, duros, trabalhadores, sempre prontos a ir mais adiante e a conseguir o passaporte de qualquer Estado que lhes garanta segurança e proteção, todos eles não têm senão um interesse: fazer dinheiro. Um dos novos modos para alcançar tal objetivo é construir, colocar cimento em tudo, e nisso os chineses são a vanguarda.

A influência deles se estende agora sobre toda a Ásia. É assim que destroem Bangkok. Logo farão o mesmo com Rangoon, com Hanói e com cada uma das cidades nas quais terão acesso. São os chineses da diáspora que, com seus imensos investimentos, estão hoje refazendo à sua imagem as cidades costeiras da China. São eles o modelo de sucesso, os novos heróis da juventude chinesa, desorientada pela falência do maoísmo. Os chineses da diáspora me pareciam sempre mais como missionários daquele materialismo do qual eu tentava fugir.

Correndo pela manhã tinha visto que sobre a colina havia uma igreja católica. Nordin me disse que o pároco era um francês, instalado ali há pelo menos dez anos. Certamente era alguém com quem falar. Fui até lá a pé, durante a tarde.

As igrejas são sempre um oásis de paz, de ordem, de limpeza, com os bancos todos em fila, as paredes com os horários das missas e das orações. Deliciei-me com aquele contraste em relação à imundície da cidade.

O pároco francês não estava. Havia ido a um retiro em outra ilha e só voltaria dali a duas semanas. Já estava para ir embora, desiludido, quando um clérigo me seguiu, dizendo: “Se quiser, temos um padre holandês”. Esperei um pouco em uma bela sala ventilada e cheia de sol. Veio um senhor alto, elegante, nos seus cinqüenta anos, com os cabelos louros e longos, vestido com calças marrons e uma camisa branca leve. Nos pés tinha um par de sandálias de couro. Padre Willem estava em Tanjung Pinang, como eu, em visita há alguns dias. Vinha de Bangka, uma ilha mais ao sul, na via de Java. Os holandeses, interessados nas minas de zinco, a tomaram dos ingleses e em troca deram a eles Cingapura. Não fizeram um bom negócio!

Queria ter perguntado a ele o que sabia dos *dukun*, se também na sua ilha a magia era difundida, mas achei que não seria o melhor modo de estabelecer contato com um homem da Igreja. Disse então que me interessavam os chineses, e falamos um pouco sobre eles.

Padre Willem viajara por todo o arquipélago e, de acordo com ele, a situação era praticamente a mesma em todas as ilhas. Os chineses em toda parte são minoria, e onde quer que estejam são os que mais têm iniciativa, os mais ativos, os mais ricos. A diferença com os habitantes locais, segundo ele, era simples: "Um indonésio vai pescar e consegue apanhar muitos peixes. Está feliz, volta para casa e se deleita por dias com o que ganhou, pensando que pode repousar. Um chinês vai pescar e apanha muitos peixes. Pensa que chegou a boa estação, que achou um ponto ideal do rio. Descarrega o barco e volta para pescar, apanhando ainda mais peixes". De acordo com ele, era uma questão de raça e não havia nada a fazer.

Aproximei-me do argumento que me interessava, dizendo que alguém tinha me falado dos Bunyan. Claro, disse, eram famosos também na sua ilha. Mas os Bunyan ficavam sobretudo em Lingaa, que era a sua capital.

E a magia?

"É o verdadeiro mundo daqui", disse, como se quisesse logo esclarecer a sua posição, caso eu fosse o habitual cético profanador. "Se não se entende isso, não se entende nada na Indonésia. A magia está em toda parte, a magia determina a vida das pessoas mais que qualquer outra coisa."

Padre Willem nasceu na Holanda antes da guerra, veio para a Indonésia como missionário em 1960, acabou ficando e se tornando cidadão indonésio para evitar problemas de visto e de residência. "Quando cheguei, como bom europeu, pensei que a magia fosse superstição e que não podia aceitar nada dessas coisas. Mas com o tempo aprendi a respeitá-la. Agora a levo em consideração; no limite, se o senhor não me interpretar mal, diria que acredito nela. Na magia existe algo de profundamente real, de verdadeiro. Aqui as pessoas se dizem muçulmanas ou cristãs, mas são isso apenas na superfície. Debaixo das aparências existe este outro mundo, feito de crenças muito mais fortes e por isso muito mais verdadeiras."

A magia, me explicou, era de dois tipos. A "branca", praticada sobretudo pelos chineses que se valem dela para ter sucesso nos negócios ou para organizar bons casamentos; e a "negra", praticada exclusivamente pelos malaios, para manipular a vontade de outras pessoas, para fazer o mal, para colocar vinganças em ação.

Disse que em Java um amigo seu e colega, padre Lokman, dedicou mais de trinta anos ao estudo da magia negra e que adquiriu ele mesmo poderes mediúnicos. Sua conclusão era que a magia tem a ver com as ondas do cérebro. "Por que", disse, "quando encontramos uma pessoa, dizemos que ela é simpática enquanto uma outra nos parece insuportável? Existe algo que acontece nas comunicações invisíveis. Como se explica o amor? Perdemos o costume de fazer essas perguntas, mas o problema continua. Por que um sujeito vê uma mulher e se apaixona? Isso ainda não sabemos como explicar."

Achava magnífico esse padre que se colocava perguntas sobre o amor. Já tinha notado outras vezes com religiosos: falam do amor como se soubessem mais que os mortais comuns. E talvez seja assim: pensaram e refletiram mais sobre o assunto.

"Nos trinta anos que passei nas ilhas, vi coisas que se contasse na Europa seria tomado por louco. Vi pregos tirados do corpo das pessoas, vi um fundo de garrafa tirado do seio de uma mulher. Um homem da minha paróquia tinha uma grande dor nas costas. Foi ao médico. Fizeram-lhe uma radiografia e descobriram que tinha três pregos. Operaram-no, mas conseguiram tirar apenas dois. O terceiro não saía. Fizeram uma nova radiografia e descobriram outros sete. Tais coisas aconteceram sob os meus olhos. Em Bangka vi como um homem conseguiu de longe, apenas com a própria vontade, com o próprio pensamento, atear fogo na casa do seu inimigo em outro vilarejo. Enviou-lhe com a mente um prego em brasas que, penetrando numa das tábuas de madeira, desencadeou o incêndio. Apareceu entre nós um irmão leigo holandês, alguém que por anos tinha estudado a magia, que disse: 'Posso mandar o prego de volta de onde veio, mas posso fazer algo ainda melhor'. Colocou o prego no freezer da paróquia e o homem que o tinha enviado quase morreu instantaneamente de frio. Também me pergunto como é possível, como funciona. Mas tomo cuidado para não dizer que não acontece nada, que é loucura."

"Será possível que tudo isso pertença a uma sabedoria da qual não conhecemos mais as origens, mas da qual alguns sabem ainda usar a técnica?", perguntei. "Um pouco como a acupuntura. Funciona, mas não se sabe bem como." Ele concordou comigo.

"Meu avô conhecia três orações e as recitava quando éramos pequenos, para nos fazer passar a dor de dente", continuou o padre Willem. "O mal não passava para sempre, mas só até podermos ir ao dentista. Acredite, funcionava. Eu sou padre, conheço aquelas orações, mas se eu as recito, não têm efeito algum. Por quê? Talvez porque não acredite! Na minha ilha, quando alguém quebra um braço e não pode ir ao hospital, porque fica longe demais, a família procura um frango negro, um que tenha todas as penas negras, e o esmaga inteiro numa tina. Aquela massa é espalhada sobre o lugar do ferimento e, depois de quatro dias, o braço está curado. Acontece às vezes de o osso não ser recolocado direito e o braço ficar meio torto, mas o osso é religado. Como se explica? Por que um frango negro e não um branco? Não sei, não sei mas funciona. Vi com os meus olhos."

O missionário falava com ímpeto, com paixão, não para convencer a mim, mas como se devesse convencer novamente a si mesmo. As histórias que contava não eram excepcionais, eram as que em anos de Ásia a pessoa acaba escutando, antes ou depois, contadas por alguém. Escuta e então as esquece, porque são histórias em que não se pode acreditar. Mas aqui vinham da boca de um homem de Igreja, um homem que tinha consumido a vida com os problemas do espírito e que falava com base numa experiência de mais de trinta anos. Louco ele não era!

"E o amor?", disse voltando a um tema que lhe parecia caro. "Quando um homem deseja uma mulher, trata de encontrar um chapéu, um pedaço de vestido, algo que pertença a ela e o leva ao *dukun*.

Este o enrola e o homem o coloca sob o travesseiro... até que uma noite aquela mulher acaba vindo até ele. Não pode não vir. Chega atônita, numa espécie de transe, mas vem. É incrível."

Padre Willem contou que uma vez, quando tinha acabado de chegar à sua ilha, brincando com um *dukun* dissera: "Tente comigo! Mande-me uma bela garota!...". Os padres mais velhos o censuraram e o colocaram em guarda. Melhor não desafiar aquelas pessoas. A fé — disseram — é uma grande defesa contra a magia, mas também a fé tem seus altos e baixos, e um *dukun* potente poderia derrotá-la.

Para entender as práticas da magia negra, disse o padre Willem, é preciso entender que, na visão de um indonésio, não existe uma clara divisão entre objetos inanimados e seres vivos, sejam eles homens ou animais. Para um indonésio, muitos objetos têm vida. O *kris*, por exemplo, a faca mágica, tem um espírito, assim como um corpo que perde a vida, um cadáver, continua a ter em si um espírito. O poder do *dukun* consiste em saber usar aquele espírito, seja o de um *kris*, de um prego ou de um morto. Aquilo que resta no cadáver de um homem morto de forma violenta, especialmente se enforcado, esfaqueado ou suicida, é um ingrediente potentíssimo para a magia negra.

Assim como os amuletos podem ser "carregados" com uma energia positiva que protege o portador, um objeto, por exemplo uma faca, pode ser carregado por um *dukun* com uma força negativa para ser dirigido contra a pessoa que o usa. A faca, por intermédio da concentração do *dukun*, vira assim arma de um suicídio involuntário.

Padre Willem ouviu falar de um *dukun* capaz de fazer essa operação concentrando-se por pelo menos um mês sobre o objeto a ser animado. O princípio é que uma carga de energia é transferida da mente do *dukun* para o objeto por meio da meditação.

Depois, disse padre Willem, trata-se também de entender a linguagem, o modo pelo qual as pessoas se exprimem a propósito da magia. Na sua ilha, por exemplo, dizem que o *dukun* é capaz de falar às plantas. O que querem dizer é que ele conhece as qualidades das raízes, das folhas, das flores. Querem dizer que ele é capaz de usar as plantas para fabricar venenos que podem matar ou poções que podem aparentemente fazer reviver os mortos.

A interpretação que padre Willem me deu da magia era particularmente interessante porque se assemelhava àquilo que me pareceu ter entendido sobre o *feng shui*. De acordo com ele, por trás das práticas dos *dukun* existia a natural aspiração humana à harmonia, a necessidade de restabelecer um equilíbrio alterado. Uma mulher não ama um homem e este sofre por causa disso? Usa-se a magia para se recriar a harmonia, fazendo com que a mulher também se apaixone. Alguém cometeu um delito pelo qual não pagou segundo a justiça humana? Que o pague com a magia!

"Realmente não consigo entender como funciona", retomou padre Willem. "Mas ouça o caso da ilha Belitung, próxima à minha. No meio da ilha há uma montanha. Em cima da montanha foi colocado um retransmissor da TV de Jacarta. Para se poder chegar lá foi aberta uma estrada que sobe até o cume. O percurso se faz em jipe, mas é preciso pedir permissão ao espírito-guardião da montanha, o Penjaga, um estranho ser que vive a seus pés e que controla o acesso. Tente ir sem a sua permissão! O jipe pára, parece que não tem mais gasolina, que pifou. Não sei como explicá-lo, mas, acredite, é o que acontece!"

Depois, também ao padre Willem vem natural, como vem a mim, lamentar-se do mundo que muda rápido demais, da perda daquela diversidade que deu origem ao seu — e ao meu — fascínio pela Ásia.

"É triste, mas até a magia está desaparecendo", disse. "As pessoas recorrem sempre mais aos remédios ocidentais. A televisão mostra o resto do mundo e todos querem se tornar aquilo que vêem. É triste, mas é assim."

Interrompeu-se como se procurasse as palavras para dizer algo que tinha em mente há tempos, mas que achava difícil exprimir: "E agora assisto a um estranho fenômeno: eles se movem sempre mais rumo à minha civilização, e eu me movo sempre mais rumo à deles. Isso tornou-se para mim um verdadeiro problema de consciência", disse padre Willem. "Sou um padre, vim aqui trazer a minha fé, mas de algum modo me interesso sempre mais pela fé deles. Estou fascinado pelo outro mundo, o mundo verdadeiro, aquele situado sob o mundo das aparências feito pelo islã, pelo budismo e até pelo meu cristianismo."

Como o entendia!

A conversação com padre Willem pairou sobre mim, persistente como um perfume. Na manhã seguinte, indo correr, provei um grande prazer e algo de profundamente familiar com a idéia de que naquela igreja, com seu sino branco em cima da colina, havia um missionário que cheirava a magia.

Nordin foi ao chinês que tinha o barco para nos levar a Lingaa e Michael nos encontrou um guia para a ilha. Mas no último momento, quando tudo já estava organizado, decidi não ir. Preferia conservar a imagem dos Bunyan que fiz a partir dos relatos de Michael na primeira noite. Tudo o que pudesse ainda ver ou ouvir não teria sido mais que uma desilusão.

Não queria mais nem mesmo saber de Michael. Nordin me disse que estava se organizando para trazer para a ilha grupos de australianos. Tinha já preparado um folheto com o título "Aventura no Império Perdido". Até Lingaa estava para se tornar uma atração turística, e os Bunyan — eu tinha certeza — se fariam ver sempre menos.

Decidi partir. Às seis da manhã, do porto principal da ilha, Kijiang, a trinta quilômetros de Tanjung Pinang, passaria o navio de passageiros semanal rumo a Jacarta, e eu embarcaria nele. Comprar a passagem não foi fácil, mas, dando gorjeta a um agente, Nordin conseguiu uma. Nesse meio-tempo, porém, tudo aquilo que ouvi dizer sobre essa navegação entre as ilhas me arrepiou os cabelos. Muitas balsas tinham o casco leve, de fibra de vidro, incapazes de resistir ao mar forte. Nenhuma respeitava a mínima regra de segurança. Balsas autorizadas a transportar um determinado número de passageiros viajavam com o dobro ou o triplo desse total. A bordo não havia nunca coletes salva-vidas suficientes ou botes em caso de naufrágio. Os dispositivos antiincêndio não funcionavam. As portas de segurança estavam sempre bloqueadas pelas pessoas e pela bagagem...

Não tinha escolha, e já era muito que tivesse encontrado uma passagem. Além do mais, os adivinhos me diziam todos que não morreria antes dos oitenta anos!

A noite, porém, foi estranhíssima. A torneira do banheiro não fechava bem, a água pingava continuamente e, para mim, entorpecido pela insônia, parecia que uma terrível tempestade tinha se abatido sobre a cidade e que o navio para Jacarta não havia partido. Evidentemente procurava uma desculpa para não ir. Coloquei uma toalha em volta da torneira e adormeci de novo, mas apenas para ter um sonho: tinha chegado na nossa casa de campo, "Il Contadino", mas não conseguia encontrar as botinas. Tinha que ir acampar em Corno alle Scale, mas sem ter nada para pôr nos pés não podia partir. Estava decididamente decepcionado. Procurava e procurava as botinas, mas não conseguia encontrá-las.

Acordei e o sonho me pareceu uma mensagem muito clara do subconsciente: não partir, o navio afundará! Pensei em todas as histórias de premonição que conhecia. Mas o que é a premonição? Um puro acaso. Quantos, ao menos uma vez na vida, acreditando ter tido uma, acabam não fazendo aquilo que deviam fazer, não tomam o avião, não entram no carro! E depois não acontece nada: o avião não cai, o carro não sofre nenhum acidente. Então? Muitas vezes acontece o contrário, que a pessoa perde o trem no qual explode a bomba e dizem que ela teve uma premonição.

Cada vez que ocorre algo terrível sempre existe quem acredita ter escapado graças a algum tipo de sorte. Aconteceu assim com o desabamento de um hotel tailandês no qual morreram mais de cem pessoas. Alguém descobriu que a maior parte dos sobreviventes tinha no pescoço o amuleto de um famoso monge de Korat, e o preço daquela medalha subiu repentinamente até as estrelas. Mas se tratava de um amuleto comuníssimo entre as pessoas do lugar e ninguém foi controlar quantos, entre os mortos, o tinham no corpo.

A insônia alimenta as obsessões, e a minha mente fazia mais voltas que eu sobre a cama, tentando dormir. Não morrerei senão depois dos oitenta anos? Claro, porque está escrito que amanhã não tomarei aquele navio! Foi para isso que tive o sonho premonitório... E assim por diante, até a loucura. O belo é que não existe solução para esse problema do destino, dizia a mim mesmo, porque se pode ver a vida como se já estivesse escrita por alguém em algum lugar, ou, então, se pode ver como algo escrito por nós a cada momento. Ambas as versões são verdadeiras. Toda decisão pode ser vista como se fosse tomada por nós com base na livre escolha ou tomada porque estávamos predestinados a tomá-la.

Não seria este o sentido da profecia de Édipo que tanto marcou a nossa cultura? Um adivinho disse a Laio: "Seu filho o matará e se tornará amante de sua mãe". Para evitá-lo, Laio afasta Édipo, manda-o para longe. Somente assim Édipo, quando volta sem saber que Laio é seu pai, pode matá-lo e, sem saber que Jocasta é sua mãe, pode se tornar seu amante. Se Laio não tivesse dado ouvidos à profecia, nada teria acontecido. Mas a profecia se concretiza exatamente porque Laio a leva a sério e procura evitar as suas conseqüências. O destino é portanto inelutável, e a profecia é parte dele: serve para fazer acontecer aquilo que de outra forma os homens, por escolha própria, fariam com que não acontecesse. Os gregos! Os gregos entenderam e disseram tudo cinco séculos antes de Cristo e hoje devemos reinventar e redescobrir todas as coisas!

Pensava no mar em tempestade, naquele navio para Jacarta que teria virado sobre um dos lados para afundar em poucos segundos, e me veio à mente uma outra história que tinha ouvido naquele dia com Nordin, que quando menino fora pescador. Sua avó lhe ensinou que quando a pessoa está no mar e o mar fica agitado e dá medo, é preciso pegar dois ovos frescos, um com cada mão, recitar orações, fechar os olhos, pensar intensamente na própria salvação e depois atirar os ovos, um para a frente e outro para trás, nas ondas. Assim o mar se acalma. Nordin disse que tinha feito isso várias vezes e que sempre funcionou. Mas eu, aonde poderia ir agora, no meio da noite, encontrar dois ovos frescos?

A cabeça já pensava por conta própria e, olhando através da janela para a feia estrela iluminada com néon da mesquita, dei um salto: estrela, estrelas. Que fantástica combinação de estrelas deve ter sido aquela do quinto século antes de Cristo! Tantos grandes homens, todos nascidos naquela época: Sófocles, Péricles, Platão e Sócrates na Grécia, Zoroastro na Pérsia, Buda na Índia, Lao Tsé e Confúcio na China. Todos mais ou menos no arco de cem anos!

Hoje nasce muito mais gente! Mas não aparece nem sequer um assim. Por quê? A razão estaria nas estrelas?

Alguém bateu à porta. Eram quatro da manhã. O táxi que tinha reservado estava pronto para sair. Não podia dar para trás. Com ou sem premonição, iria para Jacarta.

Partimos na escuridão mais completa rumo ao porto. O carro era uma daquelas latas velhas, fruto de vários desmontes e mantido em pé com arame. No campo, paramos diante de um grupo de homens armados que, com lanternas de bolso, nas intimaram a estacionar: policiais ou bandidos? "Policiais e bandidos", respondeu o taxista. Dei-lhes um pacote de cigarros e prosseguimos.

Percorremos ainda outro trecho, e então o carro começou a bufar, engasgar, teve uma espécie de golpe de tosse e enguiçou. Morto. O motorista abriu o capô, mexeu com uns fios, mas toda tentativa de fazer com que ressuscitasse foi inútil. Ele estava preocupado, mas quando me viu rir todo alegre, se tranqüilizou. Acendeu um cigarro e sentou-se sobre o capô.

O céu se enchia com enormes nuvens cinza, ligeiramente iluminadas por um tênue tom avermelhado, e uma pequena estrela solitária perdia lentamente a sua luminosidade. Eu estava radiante. Era como se tivesse dado uma prova dos meus próprios poderes. Eu tinha acabado de enguiçar o motor daquele carro! Não iria a Jacarta e, se o navio tivesse afundado de verdade, aí sim é que eu teria de mudar de profissão! Feiticeiro!

Voltei para a cidade na garupa de uma motocicleta. À tarde um navio gêmeo daquele que ia a Jacarta passaria por Kijiang, com destino a Medan, na ilha de Sumatra. Para mim era muito conveniente. Teria por fim navegado pelo estreito de Malaca — algo que parecia tão difícil na Malásia — e teria tomado mais facilmente o caminho para casa.

Além disso, me sobrava tempo para ir visitar o mais velho *dukun* de Tanjung Pinang.

O vilarejo ficava a trinta quilômetros de Kijiang, na praia de Trikora. Sua casa era de madeira e apoiava-se sobre palafitas. O velho estava sentado sobre um colchão estendido no chão. Era magérrimo e respirava com dificuldade. Diante dele, apoiada contra a parede, estava a mulher, muito mais jovem. Era a segunda. Dois meninos brincavam com um gato sobre as belas tábuas do pavimento. O maior já tinha lido todo o Corão, disse o velho com orgulho.

O *dukun* não sabia exatamente quando tinha nascido. Sabia apenas que os netos já tinham filhos e então, com todas aquelas gerações vindas depois dele, pensava ter ao menos cem anos. E depois havia aqueles coqueiros diante da sua casa: ele tinha visto quando o pai os plantara e agora já estavam altíssimos.

A família tinha sempre vivido ali, e toda a terra em volta era deles. Sempre foram também os *dukun* daquela zona. Proprietários e magos: uma perfeita combinação para ter todo mundo nas mãos, pensei. E de fato: "Cada vez que dois se casam", disse o velho, "devem vir até mim para obter a bênção, caso contrário o casamento não dura, o casal não entra em acordo, o arroz deles estraga ou fica sempre cheio de pedras".

Tinha sido o pai a lhe passar os "poderes", no dia do seu casamento. "Os poderes devem ser dados a alguém da família, a alguém de confiança que saibamos que não o usará para o mal ou com egoísmo", disse o velho. Assim, o pai passou seus poderes a todos os filhos, tanto do sexo masculino como do feminino.

O *dukun* estava fraco e tinha dificuldade de manter-se ereto, mas sentia prazer em falar. Durante sua vida tinha usado os poderes para ajudar as pessoas a encontrar coisas perdidas, a recuperar objetos escondidos por ladrões, mas sobretudo os usara para curar as vítimas dos espíritos. "Os que são realmente malvados são os espíritos dos mortos violentos, das pessoas justiçadas, e esta ilha está cheia deles", disse o *dukun*. "Antes foram os holandeses... Mataram muita gente, depois os japoneses... Esta ilha é estranha, cheia de maus espíritos."

Se os *dukun* eram assim tão potentes, por que não usaram seus poderes para resistir à colonização holandesa e para combater os japoneses?, perguntei.

"Entre nós se costuma dizer: 'A magia não atravessa os oceanos'", respondeu o velho. "Quer dizer que, daqui, não se pode influenciar os acontecimentos em um outro continente. Quer dizer também que os estrangeiros têm espíritos que não conhecemos e sobre os quais não podemos agir. Com os europeus, em particular, é muito difícil usar nossos poderes."

Durante a guerra, porém, ele teve a chance de assistir a coisas realmente impressionantes. Quando os japoneses estavam para fuzilar um grupo de pessoas, alguns *dukun* conseguiam fazer com que todos desaparecessem. Tornavam as pessoas invisíveis. O velho jurava ter visto com os seus olhos, e os dois meninos que estavam escutando ficaram impressionados. A história continuará viva ao menos por outra geração.

Perguntei ao velho o que sabia sobre os Bunyan. Ele os conhecia. Estavam nas montanhas. Eram pessoas também, não espíritos.

Finalmente desabou o temporal que eu tinha temido tanto. Caía uma chuva densa e fresca e um belo vento úmido entrava na casa de madeira através das janelas e das portas abertas. O velho se pôs a tossir e disse que, desde quando adoecera, não tinha mais poderes. O último caso que tinha curado foi o de um rapaz de vinte anos a quem a cabeça e os braços repentinamente começaram a crescer. Ficavam sempre maiores. O velho lhe dera uma poção de ervas a ser ingerida três vezes ao dia, depois de recitar certas orações. Passado um mês tudo tinha voltado ao normal. A razão daquele malefício? O rapaz tinha roubado, disse o *dukun*. Aliás, ele tratara de outros casos semelhantes no passado. Pessoas que tinham roubado abacaxis na horta dos vizinhos viam crescer a barriga como se estivessem grávidas. A barriga estava cheia de abacaxi! Sucedia o mesmo a quem roubava coco, disse o *dukun*.

Claro que este era um belo modo para o *dukun*-proprietário aterrorizar os possíveis ladrões. Mas não seria talvez também uma resposta ao natural desejo de justiça e de harmonia que as pessoas têm dentro de si?

Dificilmente teria me acontecido outras vezes encontrar um *dukun* à beira da morte e ousei fazer a pergunta que tinha na cabeça desde que entrara naquela casa: "Você tem medo da morte?".

"Não sei... Sei apenas que no curso da vida vi espíritos de todos os tipos, vi fantasmas de velhas com cabelos brancos e muito longos, vi espíritos de animais, vi espíritos do mar que às vezes invadem o corpo dos pescadores quando estão longe, no barco, vi muitas coisas estranhas e espero ainda ver outras... mesmo depois", respondeu.

A mulher ficou preocupada e quis saber se eu também era um especialista em magia negra, com a intenção de roubar algum segredo do marido. A seu modo tinha razão, e lhe pedi desculpas. O velho ficou desapontado com a minha partida e quis dar a sua bênção. Uma a mais não me faria mal.

O motorista tinha estacionado o carro diante da enfermaria do distrito, onde havia, por acaso, o médico do governo responsável pela região. O que pensava ele do *dukun*? As pessoas acreditavam e isso bastava, disse. Para fazer passar uma febre, com os remédios normais, ele precisava de alguns dias. O *dukun* às vezes conseguia fazer o mesmo em poucos minutos; e as pessoas preferiam ir ao *dukun* em vez de à enfermaria. Ele mesmo, quando foi nomeado, quis prestar homenagem a eles. "O *dukun* possui a terra e assim tem o controle dos espíritos", disse o médico. "Aqui tudo funciona segundo uma lógica diversa daquela que aprendi na universidade, mas também esta é uma lógica. Então? Trabalho aqui e devo acreditar naquilo em que as pessoas acreditam."

Cheguei ao porto a tempo de ver o navio da manhã para Jacarta quando ele acabava de se destacar do cais: com dez horas de atraso. Uma mulher chorava desesperada em um dos quiosques que vendiam refrigerantes. Aproveitando a longa espera, ela foi a Tanjung Pinang para fazer compras e voltou quando as passarelas de embarque já haviam sido removidas. Tinha toda a sua bagagem, seus documentos e seu dinheiro a bordo. O diretor da Pelni Lines, severo, a repreendia, falava de disciplina, dizia que sua companhia não era responsável, que ela devia se virar por conta própria. Depois, gentilíssimo, ofereceu-se para lhe adiantar o custo da passagem de avião até Jacarta: assim ela chegaria antes do navio, recuperaria suas coisas e podia devolver o dinheiro pelo correio. Tudo a título pessoal. "Este não é um problema da Pelni Lines, mas um problema humano, e eu aqui sou responsável por tudo, até pelos problemas humanos!", disse irônico e bonachão, voltando-se para mim e piscando o olho de modo cúmplice.

Óculos escuros, boné de feltro com viseira e enfeites dourados, daqueles do tipo almirante americano, com seu nome de um lado e o da linha de navegação no outro, bigode ralo e desarranjado e uma bocarra cheia de dentes bem brancos. Navegara em todos os cantos do mundo e falava holandês, língua dos colonizadores, aos quais todavia não tinha respeito algum. "Estiveram aqui por trezentos anos e o que nos deixaram? As palmeiras!", disse indicando uma fila de belas comas vegetais contra o céu. Falava também um ótimo inglês e possuía um juízo muito sumário, mas preciso, sobre as mulheres de vários países: esplêndidas as italianas, sedutoras as espanholas, profissionais as francesas; mas horríveis as nórdicas, todas as nórdicas. "É a pele... aquela pele branca que me dá nojo", disse.

Visto que ajudava todos, podia me ajudar também? Tinha uma passagem para Jacarta, mas queria ir na direção oposta: para Medan... "Nenhum problema", disse. Depois, virando-se para todos os que tinham se ajuntado para acompanhar a história da mulher, e agora da minha — estivadores, passageiros, mototáxis, soldados e policiais gordos, com suas pistolas enferrujadas na cintura —, disse: "Ele não é apenas hóspede da Pelni Lines, é hospede do nosso país. Por isso, tapete vermelho!", e fez o gesto de desenrolá-lo diante dos meus pés. Todos riram. Pegou minha passagem, chamou um jovem ajudante, sussurrou-lhe alguma coisa e o tipo partiu.

Adoro esses personagens. Um pouco palhaços, um pouco fanfarrões e marotos, mas no fundo também calorosos. Adoro aquilo que fazem acontecer à sua volta, aquele contínuo complô de palavras sussurradas nos ouvidos de alguém que chega e logo parte de novo, de rolos de dinheiro que passam de mão e mão como se fossem butim, depois o golpinho com a mão conclusivo sobre o ombro, o sorriso resoluto e a seguir a voz grossa, as caretas, os gestos de ameaça.

Evert Bintang, diretor das Pelni Lines em Kijian, nasceu em 1939 no norte das Celebes. Entrou na juventude anticomunista e em 1957 estava na selva com um grupo de guerrilheiros de extrema direita, combatendo contra o regime meio esquerdizante do presidente Sukarno. Em 1962 foi anistiado, integrado às forças especiais e enviado antes ao Iran Jaya, para combater os separatistas, e depois para as Celebes, para "extirpar os comunistas", dessa vez sob ordens do governo. "Eu era de casa. Conhecia a zona, conhecia cada trilha porque tinha sido guerrilheiro também, e dos comunistas não deixamos escapar nem mesmo um. Nós os prendíamos, os amarrávamos e os jogávamos ao mar", contou.

Fazer aquilo talvez fosse até uma regra naquela guerra. Mas contá-lo assim, quase trinta anos depois, não era uma coisa de assassino? "Amávamos a pátria e estávamos prontos para tudo desde que não a víssemos cair nas mãos dos comunistas", explicou. Casara-se com uma mulher de Sumatra, e "essa mistura", como chamava seu casamento, tinha produzido "oito verdadeiros indonésios".

O problema da Indonésia, disse, é que se o governo central concede um pouco de liberdade às pessoas, o país se divide imediatamente em dez repúblicas diversas, porque todos querem ser independentes: os Batac, os habitantes de Acheh e os das Molucas... "E assim faremos o fim da União Soviética e da Iugoslávia."

Não estava tão enganado. A Indonésia de hoje é um império mantido em pé e dominando pela gente de Java. São os javaneses que detêm as posições-chave no exército e na administração civil. São também os javaneses, mais que qualquer outro grupo étnico, a se dar conta de que a força da Indonésia reside na sua capacidade de continuar unida. Daí a ditadura militar, daí o uso imediato e brutal da violência contra qualquer forma de dissensão, contra qualquer solicitação de maior autonomia. Daí a ocupação do Timor, território português no meio do arquipélago, e a repressão a seu movimento independentista.

Para os indonésios das outras ilhas o problema da coesão nacional é praticamente irrelevante — ninguém vê muito além do próprio vilarejo —, mas os javaneses estão determinados a manter o país unido e contam com o tempo para que se crie um sentimento mais forte de comunidade.

Dizendo-se protestante, o diretor aproximou-se do meu ouvido e sussurrou: "Somos uma minoria, mas temos futuro! Agora que salvamos nosso país do comunismo não queremos que caia nas mãos dos fundamentalistas islâmicos!". E me parecia já estar pronto para tomar de novo o fuzil e agarrá-los, amarrá-los e jogá-los ao mar. "Como indonésios acreditamos nos cinco princípios do Pancha Sila, e isso nos basta. O primeiro é: 'Todos os indonésios devem acreditar em Deus', o segundo...", e aqui se deteve. Por sorte, no grupo de pessoas que estava em torno de nós havia um estudante que repetiu mecanicamente os outros princípios, como todos aprendem na escola: "... humanismo, unidade dos indonésios, democracia e socialismo".

"Correto", retomou o nosso diretor, "até o socialismo. Sim, porque não queremos o liberalismo sem limites à americana... Mas o importante é que o primeiro princípio diz para acreditar em Deus, porém sem dizer em qual deles. Quer dizer que a Indonésia é um país com várias religiões e não apenas com o islã. Não apenas com o islã. Entendeu?", disse fazendo olhos de malvado. "Somos um arquipélago com 13.677 ilhas, grandes e pequenas, com 186 milhões de indonésios que acreditam nos cinco princípios do Pancha Sila. Então? Não queremos de modo nenhum fazer da Indonésia um país islâmico, mas um grande país, um grande, enorme país!" Estava exaltado: "E não se esqueça, estrangeiro, que o sol nasce do nosso lado, que o Leste é o Leste, o Oeste é o Oeste, e que isso não se pode mudar. Vocês ocidentais trabalham muito com a cabeça, mas com freqüência esquecem o coração... Já nós... Bem, deixemos isso para lá. O sol nasce aqui e nós um dia dominaremos o mundo porque temos todo o necessário. Temos terra, temos gente, temos recursos". Depois acrescentou: "... mesmo que não passemos de uns estúpidos vagabundos", e riu. "Estrangeiro, basta olhar para o sol que você entende o segredo... Na Noruega, durante seis meses ao ano não se consegue ver o sol nem sequer uma vez. Nós temos vistas esplêndidas do sol: o sol que nasce, o sol que morre. Na Noruega, nada, não se tem nada disso! O sol não nascerá nunca no Ocidente. Nunca. Então, estrangeiro, lembre-se: o futuro está aqui!"

O sol, o seu sol, estava se preparando para um daqueles esplêndidos crepúsculos de cartão-postal, com o céu ardente atrás da silhueta negra das palmeiras. Uma melancólica canção indonésia, transmitida no máximo volume nos alto-falantes de bordo, apontados na direção nos bancos, anunciou a chegada do meu navio: um grande navio branco e amarelo, sobrecarregado de gente que não parava de descer, descer e descer pelas escadas. Belas mulheres, magras e aprumadas, em sarongues coloridíssimos, homens em camisa de batique e bonés negros. "Pinang... Pinang... Pinang", urravam os taxistas, os motociclistas, os motoristas de ônibus, puxando as pessoas pelo braço, tentando pegar as bagagens ou os meninos para tê-los como clientes. A atmosfera do Oriente!

Pensei em Cingapura, deixada apenas poucos dias antes e agora remotíssima, como em um outro planeta. Que belo o mundo das caixas de papelão amarradas com barbante, que belas as trouxas, os abraços, o pegar e largar, os problemas resolvidos entre pessoas e não entre computadores, com tantas palavras e gestos e olhares inúteis, mas também com mais sentimentos, menos leis, menos regulamentos em um quiosque diante do porto, onde um diretor-patriota-filósofo-assassino paga com generosidade a bebida para todos: para seus amigos, para seus ajudantes, para uma mulher que perdeu o navio para Jacarta e para mim, estrangeiro, que com uma nova passagem embarco rumo a Medan!

16. Viva os navios!

O NAVIO FOI UMA VERDADEIRA ALEGRIA: um grande e belo navio feito uns trinta anos antes no porto de Hamburgo, com os passadiços de madeira, cabines com escotilhas, um restaurante, um salão de baile, um bar, uma mesquita e uma igreja. Em resumo, um navio como os de antigamente, como uma pequena cidade a ser explorada, na qual caminhar de cima a baixo, subir de um andar ao outro, debruçar-se sobre a amurada a olhar para o horizonte ou para procurar, entre os passageiros, o rosto interessante de alguém com quem se tem vontade de falar.

O navio viajava em meio a ilhotas desabitadas, cobertas de palmeiras, enquanto o céu e o mar tomavam a tonalidade do cobre. O espetáculo dos últimos raios de luz sobre o mundo tinha algo de religioso e, debruçados nas amuradas, desfrutando a comovente beleza da natureza que se descortinava à nossa frente, estavam, junto aos passageiros, os marinheiros em uniforme azul, os oficiais em branco e os copeiros com calças negras e colete vermelho com botões de ouro. Todos em silêncio.

Logo veio a hora da oração e depois a do jantar.

Que invenção extraordinária os navios! E devem desaparecer? Claro, me dizem: devem desaparecer por "razões de mercado", porque economicamente os navios não "rendem" mais. Assim funciona o nosso mundo e assim perdemos um outro prazer. Assim vamos acabar fazendo desaparecer também as mulheres! Invenção divina, elas! Claro: faremos com que desapareçam no dia em que descobrirmos como ter filhos mais economicamente em proveta, sem ter de esperar nove meses; quando descobrirmos que não existe mais "mercado" para o amor e que os homens podem colocar o pinto numa máquina programada eletronicamente para todos os desejos, sem o perigo de doenças, sem que ela não pretenda nada de nós, exceto dinheiro. Viva os navios!

Viva os navios! Com seus chiados, trepidações, suspiros. Com seu entusiasmo pela carícia das ondas, com seu deleite no amplexo do mar, os navios são feitos na medida dos homens. Conservemo-los em vida como um ato de amor. Usemo-los para tornar felizes os últimos românticos e para salvar os deprimidos! Façamos viajar de navio quem não suporta mais o peso da vida, quem não vê razão para continuar adiante, quem se sente sufocar, e economizaremos toneladas de pílulas, dispensaremos o Valium e o Prozac!

Depois do jantar, instalei-me na popa, deitado sobre as traves de madeira. Com o olhar perdido no infinito do céu, distraindo-me apenas com pensamentos que brincavam de correr um atrás do outro. Minha sensação era que, graças ao adivinho de Hong Kong, começava a reencontrar não apenas o prazer de viajar como também o de viver. Não tinha mais angústias, não sentia mais como um drama a passagem dos dias, escutava quem falava comigo, deliciava-me com o que acontecia à minha volta, estava à vontade para colocar ordem nas minhas impressões, para refletir. Tinha tempo e silêncio: algo assim tão necessário, tão natural, mas convertido num luxo que hoje somente pouquíssimas pessoas conseguem se permitir. É por isso que a depressão se expande!

Para mim ela começou no Japão. A vida era uma contínua corrida, cheia de deveres. Cada relacionamento era difícil, tortuoso. Não tinha — ou acreditava não ter — nunca um momento no qual recuperar o fôlego; nunca um instante no qual não me sentisse culpado por algo que deveria ter feito. Levantava-me pela manhã e parecia sentir o fardo do mundo sobre os ombros. Havia dias em que bastava ver o embrulho dos jornais debaixo da porta de casa e me vinha um nó na garganta.

Obviamente o Japão em si, com sua sociedade toda amarrada numa camisa-de-força, com sua gente sempre representando um papel sem nunca ser natural, era opressor. Mas eu também pagava o preço desse estranho trabalho de jornalista. É preciso estar sempre presente lá onde há um drama, e não se pode assistir impunemente durante anos a revoluções falidas, delitos não resolvidos, esperanças desiludidas, problemas sem solução. Vietnã, Camboja, Tiananmen: sempre cadáveres, gente que escapa e, lentamente, a convicção de que nenhum esforço adianta e que o momento da justiça nunca chegará. No fim até as palavras, usadas e reusadas para descrever sempre as mesmas situações, os mesmos massacres, a face dos mortos e o pranto dos sobreviventes, para mim pareciam ter perdido completamente o significado. Todas me soavam como expressões ocas.

Naquelas condições era natural ficar deprimido, assim como seria deprimente para quem quer que ainda tenha uma idéia do que a vida poderia ser e não é. A depressão se torna um direito quando a pessoa olha em volta e não vê nada ou ninguém que a inspire, quando o mundo parece escorregar em uma fossa de obtusidade e de grosseiro materialismo. Não existem mais ideais, não existe mais fé, não existem mais sonhos. Não existe mais nada de grande em que acreditar, nem um mestre a quem seguir.

Raramente a humanidade esteve, como nesses tempos, privada de figuras essenciais, de personagens-luz. Onde está um filósofo, um grande pintor, um grande escritor, um grande escultor? Os poucos que vêm à mente são sobretudo fenômenos de publicidade e de marketing.

A política, mais que qualquer outro setor da sociedade, em especial a ocidental, está nas mãos de medíocres. A causa é precisamente a democracia, que virou uma aberração da idéia original quando se tratava de votar para ir ou não à guerra contra Esparta e, depois..., de ir de verdade, ir pessoalmente, talvez para morrer. Hoje democracia significa, no máximo, ir a cada quatro ou cinco anos colocar uma cruz sobre um pedaço de papel e eleger alguém que, porque deve satisfazer a tantos, tem necessariamente de ficar em cima do muro, medíocre e banal como são sempre todas as maiorias. Se por acaso aparecesse uma pessoa excepcional, alguém com idéias fora do comum, com algum projeto que não fosse o de sossegar todos prometendo felicidade, não seria jamais eleito. Muitos nunca lhe dariam um voto.

E o que dizer da arte, aquele atalho à percepção de grandeza? Ela tampouco tem ajudado as pessoas a entender a essência das coisas. A música parece feita para chegar aos ouvidos e não à alma; a pintura é com freqüência uma ofensa aos olhos; a literatura também é sempre mais dominada pelas leis do "mercado". E quem ainda lê poesia? Seu valor de exaltação foi esquecido! Mesmo assim uma poesia pode acender no peito um calor forte como o amor. Uma poesia, mais que todos os uísques, mais que o Valium e o Prozac, pode "levantar o astral", aliviar a alma, porque eleva o ponto de vista com o qual olhamos para o mundo. Quando a gente se sente só, seria melhor encontrar companhia no ler belos versos do que ligar a televisão!

Angela diz que, se tivesse de eliminar uma das invenções deste século, antes da bomba atômica eliminaria a televisão. Pensando bem, ela tem razão. A televisão reduz nossa capacidade de concentração, embota as nossas paixões, nos impede de refletir, impondo-se como o mais importante — quase único — veículo de consciência. Ocorre que nenhuma verdade é mais falsa do que a da televisão. Ela transforma cada acontecimento, cada emoção em um espetáculo, com o resultado de que ninguém consegue mais se comover ou se indignar com nada. Por meio da televisão depositamos milhões de informações, mas nos tornamos moralmente ignorantes. A televisão distrai, faz passar o tempo! Mas é isso o que realmente queremos?

Quanto mais olhamos à nossa volta, mais nos damos conta de que o nosso modo de viver se torna sempre mais insensato. Todos correm, mas para onde? Por quê? Muitos sentem que este correr não corresponde a nós e que nos faz perder tantos velhos prazeres. Mas quem tem a coragem de dizer: "Parem! Mudemos de rota"? Se estivéssemos perdidos em uma floresta ou em um deserto, nos obrigaríamos a procurar uma saída! Por que não fazer o mesmo com este bendito progresso que alonga a nossa vida, nos torna mais ricos, mais sadios, mais belos, mas no fundo nos dá sempre menos felicidade?

Não é de estranhar que a depressão tenha virado um mal tão comum. É quase encorajador. É um sinal de que dentro das pessoas resta um desejo de humanidade.

Ao fim de cinco anos em Tóquio, sempre em meio aos sons e ruídos da multidão, sentia em mim como que um veneno e decidi que precisava me tratar. Depois de ter fechado a casa e mandado os móveis e os livros para a Tailândia, raspei a cabeça e, como um peregrino, fui escalar o monte Fuji. Escrevi meu último artigo sobre o inquietante Japão visto do alto daquela montanha sempre menos sagrada; e então me retirei para um chalé em meio ao bosque na província de Ibaragi. Por um mês. Não tinha ninguém com quem falar, exceto o cão, Baolí, que trouxera comigo. Passava horas lendo, escutando o vento entre as árvores, olhando as borboletas, desfrutando o silêncio. Depois de anos consumidos pensando sobre o destino dos vietnamitas, dos cambojanos, do comunismo, dos chineses, na ameaça do Japão, no futuro dos filhos, nos problemas de família, dos amigos e do mundo, finalmente tinha tempo de ter tempo. A natureza, a extraordinária natureza, me deu uma mão e me colocou em ordem.

Voltando à Europa, fui ver um famoso médico. "Se, às vezes, o peso do mundo parecer a você insuportável, tome uma destas", disse ele e me deu Prozac. Desde então aquela caixinha, nunca aberta, viajou sempre comigo, junto com o passaporte, os talões de cheque, as várias carteiras, e com o tempo virou uma espécie de talismã, como o óleo do *dukun* ou a tira de papel verde da xamã de Cingapura. Não imaginava quão útil seria um dia.

O navio continuava, seguro, sua palpitante viagem na escuridão. De tanto olhar o céu e de respirar fundo o ar fresco da noite, eu parecia me encher de estrelas. Se aquele monstro de sombra sempre pronto para atacar, que é a depressão, tivesse chegado ali, não teria encontrado lugar no peito de ninguém. Viva os navios!

Por volta da meia-noite passamos ao largo de Cingapura. De longe, mesmo aquela cidade tão perfeita, tão segura de si e opressora, não era mais que uma vaga luminosidade no horizonte.

Não havia outros ocidentais a bordo, e obviamente a minha presença chamou a atenção dos outros passageiros. Um deles era um velho chinês que, ao descobrir que eu falava sua língua, conduziu-me pelo barco para apresentar-me como um *trouvaille** a outros risonhos *hua ren*. Havia também um rapaz indonésio, alto, magro e extrovertido, que já tinha visto prosear em um ótimo inglês com uns mochileiros coreanos, tentando convencê-los de ir a uma pensão que dizia pos-

* "Achado", em francês no original. (N. do T.)

suir no lago de Toba. Quando se voltou para mim com o habitual "De onde você vem?", que é a introdução a uma série inexorável de outras perguntas, interrompi-o imediatamente indagando: "Diga-me, você acredita no poder dos *dukun*?". O mal-estar, como acontece com os asiáticos, o forçou a rir quase histericamente. Recuperou a compostura e me olhou com autêntica curiosidade, até com suspeita, quase como se eu fosse o agente secreto de uma potência inimiga e quisesse espionar a sua alma.

Não é preciso muito espaço para contar algumas das suas experiências. Eis a primeira: na família havia quinze irmãos, cinco dos quais mortos de doença, "dor de estômago, febre, asma". Ele era o mais velho. Um dia, uma grande soma de dinheiro desapareceu naquela casa. Os pais suspeitavam de um garoto muito pobre que adotaram havia pouco para viver na família como filho adotivo e servo. A mãe e o meu informante foram a um *dukun*. Este os colocou diante de uma tigela cheia d'água (como a minha bacia em Florença, quando era menino!) e ali dentro, como em um televisor, vêem o garoto suspeito entrando no quarto e pegando o dinheiro. Confrontam-no, ele confessa o roubo e devolve o dinheiro.

"Será que você e sua mãe não projetaram na água as imagens da própria suspeita?", perguntei ao jovem. "Se fosse um desconhecido, será que teria visto a mesma coisa na água? Como alguém faria para imaginar um desconhecido?" O jovem estava surpreso que eu não tivesse entendido e me contou uma segunda história.

Uma prima sua namora um rapaz que conhece desde que era menina e com quem fizera todos os estudos até a universidade. Depois da formatura, ambos vão cumprimentar amigos e parentes no vilarejo natal. Entre as pessoas que encontram, há também uma amiga comum de infância que dá a eles de presente uma pequena boneca. Quando retornam a Medan, a prima fica estranha. Logo que anoitece começa a se irritar, se comporta com vulgaridade, maltrata os pais. Também o noivo muda: sonha continuamente com a jovem do vilarejo e quer voltar a vê-la. Os dois se deixam.

Alguém na família sugere que se trataria de um caso de magia negra. Mas os pais, ambos intelectuais, se recusam a acreditar. Uma tia insiste e o meu informante acompanha a prima para ver um *dukun*. O mago diz que o mau-olhado deveria ter sido transmitido por meio de um objeto carregado de energia negativa... Claro: a boneca! O *dukun* a abre e dentro dela encontra um punhado de alfinetes. Toca o pé da moça e também dali, sem que saia sangue, o mago retira alfinetes e fios de algodão negros e vermelhos.

Meu informante jurava ter visto tudo isso com os próprios olhos. De qualquer modo, depois daquela operação, a moça e o namorado voltaram ao normal e se casaram. Nisto eu também acreditava.

Finalmente eu navegava no estreito de Malaca. Tão almejado quando visitei Kuala Lumpur, agora estava ali, sem piratas, mas poluidíssimo. Desde a aurora, viajando do Sul para o Norte, o mar vinha ao nosso encontro como uma torrente de lixo com sacos, garrafas e caixas de plástico, restos de madeira de alguma serralheria junto da costa e grandes manchas de óleo, às vezes negras, às vezes brilhantes e iridescentes.

O estreito não parecia nunca como um verdadeiro estreito: quando se via um lado da costa não se via o outro, e a maior parte do tempo ambos desapareciam, dando a impressão de que o navio estivesse no meio do oceano. Ninguém parecia preocupar-se com os piratas.

Na terceira refeição depois de embarcar, comecei a odiar a tolerância religiosa. Como os muçulmanos não comiam porco e os chineses não comiam alimentos picantes, e os hindus são vegetarianos e os batak não sei o quê..., era preciso, todas as vezes, encher o estômago com uma insípida sopinha de repolho e batata, grandes pratos de arroz branco e peixinhos fritos. O fato de que os indonésios devessem acreditar em um deus, que os deuses são muitos, e que cumpre respeitar a todos certamente não favorecia a boa cozinha a bordo.

Mas onde, senão naquele navio, teria aprendido tudo aquilo que me servirá na vida sobre o comércio do bétele, a noz-de-areca? Quem me explicou a coisa toda foi um jovem paquistanês que tinha vindo à Indonésia para tomar posse da firma de um tio morto recentemente. Todos os meses exportava duzentas toneladas de bétele. (A noz, uma vez talhada, é colocada numa folha junto a especiarias e a uma pitada de cal. O embrulho serve para ser colocado na boca e mascado durante horas. É o bétele que torna os dentes negros e os lábios vermelhos.) As nozes maiores e mais saborosas vêm de Sumatra. O grande perigo é que certos parasitas minúsculos entrem na carga antes do embarque. Quando é assim, na hora do desembarque, todo o carregamento deve ser jogado fora. Por isso a carga deve ser regularmente defumada. "Mas no fundo é tudo uma questão de sorte, se com uma remessa o sujeito ganha ou perde dinheiro", disse o paquistanês.

Sempre uma questão de sorte: até com o bétele!

Chegamos no porto de Belawan, na costa oriental da Sumatra, no horário, com os alto-falantes a bordo transmitindo a melancólica canção de todas as paradas no máximo volume. Ao longo do cais estavam atracados velhos navios enferrujados com bandeiras desbotadas de países com nomes nunca ouvidos, todos vindos para carregar a grande e fedorenta riqueza da ilha: a borracha.

Entre Belawan e a cidade de Medan há uns trinta quilômetros que fiz a bordo de um *side-car*. Acho que dessa vez as primeiras impressões foram corretas: Sumatra é uma ilha ainda rica, mas cheia de gente pobre. Atravessamos férteis plantações de palmeiras, em meio à sujeira e a cúmulos de sacos plásticos, junto às fétidas barracas dos necessitados que trabalham ali. Em toda parte havia casebres e igrejas. Queria guardar quantas havia, mas logo perdi a conta. Eram de todas as religiões. Novamente uma questão de mercado: com o fato de que cada indonésio devia ter — mais ou menos por lei — um deus, e que muitos não o tinham, vários vendedores se apresentaram para desfrutar a abertura dessa demanda de almas. Havia batistas, carismáticos, evangélicos, adventistas do sétimo dia e tantos outros. Para o governo, quanto mais missionários, melhor: todos dão uma mão na luta contra o comunismo.

Permaneci em Medan quatro dias. Tinha de ver alguns preeminentes chineses que, como em outros lugares, controlam as rédeas da economia, mas antes de trabalhar passei no escritório da Pelni Lines. Fui ao diretor e lhe perguntei o que tinha acontecido com o navio semanal que partiu de Medan para Jacarta, o mesmo no qual não quis embarcar. Olhou para mim, justamente preocupado. "Nada, senhor. Por quê?"

O navio não tinha afundado, e portanto a minha premonição tinha sido falsa. Melhor assim, caso contrário começaria a ter medo de todos os meus pensamentos! Seja como for, o sujeito continua a suspeitar de que a premonição possa existir e o fato de que uma vez em mil ou em dez mil ou em um milhão possa se verificar basta para reforçar aquela suspeita. Demonstrar com os fatos disponíveis o contrário é muito mais simples, mas também menos interessante. Será que isso não vale para as profecias?

Enquanto estava viajando, o presidente do Sri Lanka, Ragasinghe Premadasa, foi assassinado pela explosão de uma bomba muito potente, provavelmente colocada pelos Tigres Tâmeis, os mesmos guerrilheiros que em 1991 assassinaram o primeiro-ministro indiano Rajiv Gandhi. Premadasa era conhecido por ter entre os seus conselheiros alguns astrólogos famosos e especialistas no oculto, e a oposição o acusara no Parlamento de gerenciar os negócios de Estado sob influência deles. Ninguém o avisara? Ninguém o colocara em guarda? Sim. Em um jornal de Medan li que um astrólogo — vindo do campo, não um do seu séquito — encontrou-se com ele e lhe disse para ficar muito atento entre 14 de abril e 1º de junho. Naquele período o presidente deveria evitar viajar e aparecer em público. Muito bem! Este fulano tinha razão. Mas e todos os outros? Todos os que Premadasa consultava regularmente? E aqueles que no início do ano, nos horóscopos publicados nos jornais, previram saúde, riqueza e felicidade para o líder?

É como a roleta: sempre tem alguém que colocou sua aposta no número certo. Mas na rodada seguinte aquele alguém é um outro.

Também Medan era uma mina, um lugar cheio de fios que levam sempre a tantas histórias.

Uma delas valeria um pequeno romance. Um chinês me mostrou uma velha foto da família de Tjong Ah-fei, o homem que praticamente tinha fundado Medan. Tendo chegado ele também, no final do século XIX, paupérrimo da China, em pouco tempo tornara-se uma potência. Possuía oitocentos imóveis, quinze plantações e um banco. Tinha ainda o monopólio do ópio e era proprietário da casa que, mesmo abandonada, continua a ser a mais fascinante da cidade. Em

1908 Tjong Ah-fei se casara com uma bela chinesa de dezesseis anos e, em 1921, depois de fazer grandes obras de caridade, construído hospitais, escolas e um templo, morreu. A foto, que tinha ao centro a viúva, os filhos e uns vinte parentes por ordem de idade, era de 1927. À esquerda, na primeira fila, proeminente entre os chineses, atrevido e com ar desdenhoso, havia um jovem branco.

"E este, quem é?", perguntei.

"Um italiano... É uma longa história", disse o chinês. Levei algumas horas para destrinchá-la. Pietro Maurizio Lungo, nascido em 1899, jogador de tênis, ciclista e piloto de carros esportivos, trabalhava como bailarino em um *nightclub* de Genebra. Ali encontrara a jovem viúva de Tjong Ah-fei, que todos os anos ia à Suíça para tratar os filhos tuberculosos; em 1927 ele chegou a Medan como seu "secretário". Elegante e cosmopolita, Pietro Maurizio ditou moda nesta cidade de província. Sempre interessado em esportes, introduziu o ciclismo em Sumatra e organizou as primeiras corridas de bicicleta na história da ilha. Em 1959 encontrou uma belíssima javanesa quarenta anos mais jovem e casou-se com ela. Para tanto, converteu-se ao islã.

Infelizmente Pietro Maurizio tinha morrido alguns anos antes, mas consegui reencontrar a mulher javanesa e suas duas filhas. A de dezoito anos acabara de ser nomeada Miss Medan. Mostraram-me velhos álbuns de fotografia, cartas, recortes de jornal e eu, que adoro fuçar o passado, podia me perder atrás de um desses italianos aventureiros e vira-latas que deixam suas pegadas pelo mundo afora.

O mesmo chinês que me possibilitou ver a foto da família Tjong Ahfei me falou de um templo muito particular mantido por uma seita de virgens vegetarianas. Para continuar a tradição, cada uma delas adotava duas meninas. Pois bem, consta que essas virgens liam o futuro e uma delas usava as pétalas de uma flor que precisava ser colhida no seu jardim. Podia eu não visitá-las?

Da estrada, era impossível perceber que era um templo. Os chineses na Indonésia não têm o direito à própria identidade: não podem falar sua língua em público, não podem ensiná-la aos filhos, devem adotar nomes indonésios e renunciar aos originais, não podem expor anúncios escritos em chinês. Por isso os caracteres dourados sobre um grande painel negro do Templo da Fortuna Celeste estavam escondidos, como todo o resto, atrás de um alto muro. No entanto, uma vez atravessado o portão, era como entrar num ângulo da velha China, com nuvens de incenso, estátuas de várias divindades sobre os altares, pátios com vasos e plantas, um tigre de papel machê com dezenas de velas a seus pés e uma espécie de forno no qual os fiéis, para demonstrar seu desapego aos bens materiais, queimam pacotes de dinheiro. O dinheiro obviamente é falso — as notas douradas são emitidas pelo Banco do Inferno —, mas disso os deuses não sabem. Sempre práticos, os meus chineses!

Até as virgens eram à moda antiga, com seus cabelos muito longos amarrados em coque atrás da nuca e seus pijamas de seda rosa. A que se ocupou do meu destino, pálida e bela, estava sentada a uma mesa alta e quadrada. Mandou que eu fosse ao canteiro colher uma flor, uma espécie de grande margarida com o miolo amarelo e negro e as pétalas brancas. Perguntou-me quando e onde tinha nascido, olhou para as minhas mãos, para o rosto, e, arrancando uma a uma as pétalas e colocando-as em ordem à sua frente, como se fossem cartas, disse: *"Se foi operado antes dos trinta e oito anos, o será aos sessenta; viverá além dos setenta anos; está destinado a casar-me pela segunda vez e a ter um terceiro filho, do sexo masculino"*. (Talvez eu tenha feito uma expressão preocupada, porque ela logo ajuntou a continuação.) *"O segundo casamento não será necessariamente oficial. Pode ser uma segunda mulher como* xiao lao puó, *uma 'pequena mulher', uma concubina. É uma mulher que ainda não conhece, mas a encontrará no próximo mês, em junho. Sobre isso não há dúvida. As pétalas dizem que terá duas mulheres e um segundo menino além daquele que já tem e da filha"*. (Aqui acertou na mosca!)

"Quanto à sua vida profissional, teve um início muito equivocado..." (Bravo!, claro que trabalhar com as máquinas de escrever Olivetti não era tão adequado para mim quanto tamborilar numa delas!) *"Somente aos trinta anos começou a fazer aquilo que realmente queria..."* (Correto.) *"E somente depois dos trinta e oito começou a fazer sucesso."* (Bem, sim e não.)

A virgem disse que eu devia *"ficar muito atento durante o seu qüinquagésimo nono ano de vida porque enfrentará um grande obstáculo"*.

(Sempre aquele ano no qual quero ir a Hong Kong ver o fim da colônia! Também Rajamanickam disse algo do gênero.) *"Entre sessenta e quatro e sessenta e seis anos deve evitar ir a lugares perigosos ou zonas de guerra..."* (Que diabo a fazia pensar que exista esta possibilidade?) *"Também ali há um obstáculo."*

Sobre a questão do dinheiro a virgem vegetariana disse o mesmo que me diziam todos: *"O dinheiro lhe escapa das mãos. Use um anel de ouro no dedo médio da mão direita. De qualquer modo, não deve se preocupar, porque quando velho ficará rico e deixará... a seus* três *filhos grandes capitais e propriedades de terra"*. (A jovem lia nas pétalas, mas parecia olhar nas mesmas páginas do mesmo livro que já tinha sido lido por outros.)

Disse que aquele era para mim *"um ano muito afortunado, com muitas novidades, inclusive a* xiao lao puó, *a 'pequena mulher' que encontrará em breve"*. Esta monja que insistia tanto sobre uma segunda mulher me divertia e, bela como era, veio-me o impulso de lhe dizer: "Mas não poderia ser você?". Deu uma risada e concluiu, desculpando-se, se acaso tivesse dito coisas que não tinham me agradado ou outras que não eram verdadeiras.

Abençoou com algumas palavras e um gesto da mão as pétalas, embrulhou-as bem juntinhas num papel fino e cor-de-rosa, e deu-me como amuleto para ser carregado sempre comigo. O tabu? Óbvio: ser vegetariano. No entanto podia, de vez em quando, comer peixe, se eu quisesse.

No dia seguinte, durante o café-da-manhã no Hotel Dharma Deli, um remanescente do período colonial holandês, sentou-se a meu lado um distinto senhor indonésio. Vinha de Jacarta, em missão. Era funcionário do Ministério das Florestas, funcionário de baixo escalão, explicou-me, e por isso tinha de se aposentar no ano seguinte, aos sessenta anos, enquanto os de escalão superior, muito afortunados, podiam continuar a trabalhar até os 65 anos. Casado?, perguntou-me. Respondi "Não", e nisto lhe pareci também eu muito afortunado. Sua segunda mulher não parava de brigar com a primeira, e ele foi obrigado a expulsá-la de casa com a sua prole. Ficou com a primeira mulher e três filhos, mas agora tinha saudades dos outros.

Quem tinha mandado o homem para me contar essas histórias? O Céu, para me colocar em guarda contra a "pequena mulher" que encontrarei no próximo mês?

Em Medan estão representados alguns dos mais importantes países do mundo. Não por diplomatas profissionais, mas por cônsules honorários, geralmente velhos residentes com uma longa experiência no lugar. Certo de que tinha de aprender alguma coisa, fui procurar o cônsul alemão. Ele estava viajando, mas sua secretária se ofereceu para me ajudar. Sugeriu-me o nome de pessoas a visitar, marcou alguns encontros para mim e, no final..., caímos na conversa de sempre.

"*Dukun?* Meu avô era um famoso *dukun* na região do lago de Toba", contou a moça. "Era um rajá, um príncipe, e quando estourou entre nós a revolução contra o sultanato, e muitos outros rajás foram decapitados e suas casas incendiadas, meu avô foi poupado porque, com seus 'poderes', tinha feito o bem a todos. As pessoas do vilarejo o esconderam no subterrâneo e o sustentaram por dias. Quando morreu, tinha cento e dezoito anos. Era um especialista em magia negra, mas sobretudo conhecia muito bem as ervas da floresta. Minha avó o ajudava muito, ocupando-se das poções para os pacientes e principalmente criando patos, dos vermelhos."

"Patos?"

"Sim, porque os poderes de meu avô", disse a moça, "vinham dos patos, dos patos vermelhos. Tinha de comê-los ao menos uma vez por semana, e o pato devia ser preparado sem que ninguém o provasse. Quando recebia os pacientes, o avô segurava sempre um bastão de madeira todo entalhado com figuras. Ainda guardamos aquele bastão em casa. Era o símbolo de seus poderes."

Ele teve sete mulheres e dezoito filhos. O pai da moça era o primeiro filho da primeira mulher e, como tal, deveria herdar os poderes do *dukun*. "Meu avô, quando estava para morrer, chamou-o e lhe sussurrou algo no ouvido, mas meu pai disse que não podia e se desculpou: tinha estudado, convertera-se ao cristianismo, se tornado um pastor protestante e não podia se ocupar de magia", contou a moça. "Meu avô morreu muito decepcionado de não poder transmitir seus segredos."

A moça lembrava a casa do avô como um lugar "de grande paz e serenidade". De novo. Era a descrição que conhecia, como se realmente tivesse uma ligação entre harmonia e equilíbrio e natureza e exercício dos poderes ocultos.

Ao menos por esta razão me pareceu uma pena que o pai dela não quisesse continuar aquela tradição sobre as margens do lago Toba! Seria uma outra página arrancada, também ali, do nosso livro do conhecimento?

Em Medan tomei uma balsa que atravessou o estreito de Malaca e me deixou em Butterworth, a cidade da costa malaia em frente a Penang. Logo que coloquei os pés na terra comprei um jornal. Na primeira página aparecia a notícia sobre um helicóptero da aviação militar que se espatifou no chão, no dia anterior, com dois pilotos a bordo. Se quisesse ver um sentido na superstição, eu poderia ter encontrado algo de estranho que me ligava aos helicópteros e a Penang, mas me recusei: nem sequer li a notícia até a última linha e mandei a tal história do helicóptero para o fundo da memória.

Em Butterworth tomei novamente o amado trem para Bangkok, carregado de ingênuos mochileiros e daqueles estrangeiros de longa data, doentes da Tailândia — ex-soldados americanos, bandidos alemães e *dropouts* de vários tipos que sobrevivem gerenciando bares com garotas de programa —, que a cada três meses devem ir ao consulado de Penang para renovar seu visto de "turistas".

No fundo do meu compartimento — de segunda classe, porque a primeira tem ar condicionado e se morre de frio — vi sentar-se um monge, alto, com a túnica laranja, a cabeça raspada a zero e uma bolsa de pano amarela a tiracolo. Tinha a pele escura e de longe pensei que fosse indiano. Fui me sentar a seu lado. Era um holandês bronzeado!, de 35 anos, nascido no Suriname onde o pai era juiz, e que aos dezesseis anos foi enviado à Holanda para estudar e logo entrou em crise. "Vinha de um mundo pobre e sem modernidade, onde as pessoas estavam relativamente contentes, e me encontrei em um mundo de riqueza e de comodidade onde todos estavam infelizes." Isso o colocara no "caminho da busca", como dizia: seis anos na Índia como iogue, sem nunca cortar nem a barba nem o cabelo, sem nada além de um trapo em torno da cintura, o tempo todo meditando com um "grande mestre"; depois monge budista com vários "mestres", no Sri Lanka.

"O budismo é muito adequado à nossa mente ocidental, porque responde à nossa necessidade de racionalidade. Um princípio do budismo é: 'Não acredite em nada que não possa provar, não acredite em nada daquilo que não possa fazer você mesmo a experiência'. Os mestres são todos importantes", disse Bikku — preferia ser chamado assim, com o nome simples de todos os monges na Tailândia —, "a grande diferença é que os budistas apenas indicam o caminho e a você cabe segui-lo sozinho. Já os mestres indianos dizem: 'Acredite, tenha fé em mim e eu o levarei ao paraíso!'. E você acaba fazendo o caminho sentado no ombro deles."

Somente em um trem, com tantas horas de viagem pela frente, com a paisagem que escorre agradavelmente na janela e uma bela e inesperada tempestade tropical, com a água caindo a cântaros para encher as mãos, lavar a cara suada e se refrescar do calor, alguém pode se deixar andar e falar assim, sem levar em conta o tempo ou o aparente absurdo de conversar.

"Bikku, você acredita nos poderes?", perguntei-lhe.

"Claro. É através da meditação que você os adquire." Sobre isso não havia dúvida. Ele mesmo, disse, tinha conseguido com a meditação tratar de um tumor na garganta. Da sua bolsa tirou um livrinho roxo de poucas páginas, com a história de uma enfermeira birmanesa que, dada por condenada pelos médicos, pôs-se a meditar e se curou ela também de um câncer. Aquele livrinho era exatamente igual aos produzidos na China durante a Revolução Cultural, com as histórias das pessoas que se faziam operar sem anestesia ou que recuperavam a audição graças a uma citação de Mao. Sempre as mesmas histórias. No fundo, sempre o mesmo princípio: basta acreditar, o poder da fé faz o resto.

Bikku disse que não existe uma cura para todas as doenças, e que todo curandeiro é capaz de curar apenas algumas. O mesmo acontece com os "poderes". Existem mestres capazes de materializar o pensamento dos outros (você tem sede e o mestre cria um copo d'água na sua mão). Já outros sabem falar com as plantas ou adiar a própria morte. Sim, o mestre do seu mestre no Sri Lanka conseguiu viver "várias centenas de anos"; e mesmo o seu mestre, Ananda Maitreya, com bons 97 anos, era capaz de viver ainda quantos anos quisesse. Através da meditação!

Falando dos "poderes", Bikku disse que era preciso prestar muita atenção ao desenvolvê-los e que uma importante função dos mestres é guiar o fiel. Porque os "poderes" podem ser usados para o bem, mas também para o mal. Podem curar, mas também matar. Os *bomoh* e os *dukun* usam, para a magia negra, os mesmos poderes que os monges usam na via da iluminação.

Bikku, apesar da sua declarada necessidade de racionalidade ocidental, tornou-se um crente absoluto na via do misticismo oriental. Tinha necessidade de acreditar, me pareceu. Também ele, como Karma Chang Choub, sentiu que precisava encontrar um mestre e foi procurá-lo bem longe. Tinha a impressão de que, ao longo do percurso, acabou se perdendo, e que retomar o caminho de casa seria agora impossível.

Bikku estava voltando para um pequeno mosteiro perto de Hua Hin, onde vivia. Esteve na Malásia fazendo um tratamento para os rins. Desde quando entrou na vida monástica, estava sempre doente. Opinei que talvez fosse por causa da comida e do ritmo de vida. Ele não concordou comigo. Suas doenças, disse, eram uma espécie de purificação do *karma* ruim que acumulara nas vidas precedentes. A meditação servia ainda para extrair e se libertar daqueles males.

Também Bikku, como Karma Chang Choub, apesar dos anos de esforço, de renúncia e de duros exercícios espirituais, parecia-me uma pessoa infeliz. Fiquei tocado com o relato de uma experiência que fez no Nepal. Estava numa montanha e teve a sensação de que seu corpo se dissolvia e que ele virava parte de tudo que estava à sua volta, as plantas, as montanhas, a erva, o ar. Depois ouviu uma voz que lhe dizia: "Não. Não ainda. Não chegou o seu tempo...". A lembrança daquela sensação, disse Bikku, nunca o deixou, e o pensamento de que um dia seu corpo se dissolveria daquele modo lhe dava uma grande sensação de bem-estar. "Porque o corpo", disse, "é como um sapato estreito demais. A gente não caminha bem e tem vontade de jogá-lo fora."

Enquanto Bikku, magro e enfermiço, falava comigo daquele modo poeticamente mascarado sobre o seu desejo de morte, no corredor dois grandes e maciços americanos, proprietários de um bar em Pataya, discutiam sobre as dificuldades que tinham com as garotas de programa e sobre os sistemas que estavam inventando para que elas viessem trabalhar todas as noites e pagassem um percentual sobre o dinheiro que ganhavam com os clientes da noite. Uni-me a eles e, depois de duas horas de conversa, já sabia o suficiente para abrir, em caso de necessidade, um bar só para mim, contratando ao menos oito garotas (é preciso calcular que nem todas se apresentam todas as noites e sempre aparece um cliente disposto a levar consigo duas delas por uma semana!) para ganhar pelo menos 2 mil dólares por mês. Limpos!... Depois de ter pago também o percentual aos policiais do bairro! Onde, se não em um trem como aquele, receberia tal lição de sobrevivência?

Na hora do jantar Bikku bebeu apenas um suco de frutas e adormeceu. Passei a noite no vagão-restaurante, onde tinham marcado encontro os policiais, os funcionários do trem e os nossos proprietários de bar, que continuavam trocando histórias sobre garotas tailandesas. Bebemos todos aquela fatal mistura de uísque local com soda, gelo e suco de limão, que a longo prazo, dizem, causa cegueira, especialmente se é feito com álcool metílico. Mas como fazer para sabê-lo? O negócio é confiar na sorte!

Ao ir dormir, deixei aberta a cortina da minha cabine para desfrutar do vento. Uma grande Lua parecia pendurada com um prego na moldura da janela, enquanto o trem continuava sua corrida na noite cálida.

Acordei cedo para me despedir de Bikku que descia na estação de Hua Hin, uns duzentos quilômetros antes de Bangkok. Na evanescente névoa esbranquiçada da manhã emergiam, como retalhos de ouro, os pináculos dos templos entre a copa das palmeiras. Ao alto, sobre uma colina, entrevi o vulto do pequeno mosteiro no qual Bikku vivia.

Ainda um par de horas, e depois o trem diminuiu a velocidade e começou aquele seu agradável ruído sobre trilhos que se juntam, aquelas passagens sobre bifurcações e confluências que anunciam a chegada a uma grande estação. Finalmente Bangkok! Passaram-se dois meses. Dois meses viajando sem aviões por causa de um adivinho. Uma loucura, já pensavam muitos.

Mas ser tomado como louco me divertia sempre mais.

17. NAGAROSE

NUNCA CONSEGUI PROVAR por Somerset Maugham aquela admiração que geralmente inspira a maior parte de seus leitores. Sempre me pareceu um escritor excessivamente inglês, nada interessado na Ásia em si, mas apenas como fundo exótico para suas histórias de brancos.

Por acaso — por acaso!? —, com o carro já pronto no portão da Turtle House, indo às pressas no último momento procurar um livro para ler no mar, que os olhos caíram sobre *The gentleman in the parlour* pousado sobre a mesinha chinesa redonda da biblioteca. Era uma primeira edição que comprara em Cingapura, vinte anos antes. O livro tinha sido atacado pelas traças de Bangkok e acabava de voltar do encadernador.

Foi assim que depois, com grande emoção feita de prazer mas também de inquietação, como sempre acontece diante de um mistério do qual não se tem a chave, sentado sobre um cúmulo de cordas na popa de um pequeno navio de carga na rota de Bangkok ao Camboja, abri aquele livro e, começando a ler aqui e ali, me dei conta de que Maughan descrevia... exatamente aquela mesmíssima viagem, feita por ele numa embarcação semelhante em 1929!

O livro começava assim: "Nunca consegui provar por Charles Lamb aquela admiração que geralmente inspira a maior parte de seus leitores...". Maugham conta como busca, ao partir, um livro para levar consigo, como por acaso seus olhos caem sobre um volume de capa verde, e depois como começa a lê-lo a bordo de um navio...

Era um estranho ano, o meu! E a vida novamente tão esplêndida. Tão insólita. Tão cheia de surpresas. De coincidências?

Somerset Maugham começou sua viagem em Rangoon com destino a Hanói. E eu, onde tinha realmente começado a minha? Qual era o meu destino? E quem estava puxando os fios daquilo que me acontecia? Porque a minha impressão era que efetivamente existia alguém por trás deles!

A cadeia de causa e efeito que liga os acontecimentos humanos não tem fim, e por isso cada fato permanece sem uma verdadeira explicação. Eu estava naquele navio por uma série infinita de "por quês", dos quais era absolutamente impossível estabelecer o primeiro.

Há sempre uma inexplicável ponte de St. Louis Rey, em que pessoas diversas, com histórias diversas, vindas de lugares diversos se encontravam, por acaso, no átimo no qual ela cai; e todas aquelas pessoas morrem juntas no abismo. Mas o primeiro passo da viagem que cada qual fez para chegar pontualmente ao dito encontro não pode ser reconstituído.

Assim não era reconstituível o meu, e qualquer início que tivesse encontrado — o adivinho de Hong Kong, a salvação por um triz no Camboja, a decisão no Laos, até mesmo meu nascimento —seria inadequado. Talvez porque, bem no fundo, tal início não existe.

Chamei Leopold, um velho amigo que se ofereceu para me acompanhar nessa aventura, e os três — Somerset Maugham era já uma grande presença — celebramos o fato de estar ali, desfrutando o tranqüilo movimento de um navio chamado *Nagarose*.

Devia estar no Camboja para as eleições organizadas pelas Nações Unidas e a... sorte me ajudou. Ir por terra era difícil e perigoso. A fronteira com a Tailândia estava oficialmente fechada, e os khmer vermelhos, tendo decidido boicotar as eleições, ameaçavam a estrada entre Poipet e Battambang. O único ponto de ingresso no Camboja para os estrangeiros era o aeroporto de Phnom Penh.

Um dia, porém, lendo os jornais tailandeses, meus olhos caíram sobre o anúncio econômico de um navio que recolhia carga em Bangkok para Kompong Som, o porto da costa cambojana, e tratei de telefonar. O navio pertencia a um jovem americano que começava sua carreira como armador. Convidei-o para almoçar na Turtle House e o convenci a me levar a bordo. Leopold uniu-se a nós com entusiasmo.

Um grande personagem, Leopold. Bem-nascido, de uma velha e nobre família de militares na qual tantos membros deram a vida pela França, em 1968 achava-se em Paris como estudante de direito e "fez a revolução". Decepcionado pelo modo como tinha terminado, pôs-se no "caminho": Índia, Nepal, Tailândia e depois Indochina. Conheci-o em Saigon em 1975, no jardim do Hotel Continental, depois que a cidade foi tomada pelos comunistas. Aprumado, elegante, sempre com uma camisa de seda muito bem passada, Leopold não estava no Vietnã pela mesma razão que nós, jornalistas, homens de negócios ou aventureiros. Ele era um observador da vida, e Saigon em 1975 era um lugar ideal para alimentar aquela paixão. Após anos de vagabundagem, também ele precisou provar a si mesmo que era capaz de fazer algo. Foi a Bangkok e, por uma série de coincidências, fundou uma fábrica de jóias à qual deu um sonoro nome francês encontrado por acaso numa lista telefônica de Paris. Fez fortuna com ela. Mas tal situação não o satisfazia.

"Não se pode desperdiçar a vida fazendo coisas inúteis como jóias", me disse ele quando, depois de quinze anos, nos reencontramos. Decidira dar a fábrica em autogestão aos empregados e dedicar-se a outras atividades. "Presentear é melhor que vender", dizia. "No futuro, se tiver necessidade de algo, meus ex-empregados me ajudarão. Na Ásia a gratidão une mais que um contrato."

A nossa partida vinha sendo adiada dia após dia. Chovia e o navio não podia receber sua carga de açúcar. Depois, finalmente, disseram para que nos apresentássemos no cais 5 de Tomburi, do outro lado do Chao Paya, o grande rio de Bangkok.

O encontro com um navio é como ir ter com uma mulher com a qual só se falou por telefone. O sujeito vai com grande curiosidade e com uma imagem na cabeça, criada pela fantasia, que se mostra regularmente diversa da realidade. Pequena, enferrujada, pintada aos trancos e barrancos de azul-celeste e branco, com as pontes bem sujas, semeadas de bitucas, a bandeira de Malta escurecida pela fumaça da chaminé e o mastro principal torto pela pancada com algum guindaste, também o *Nagarose* não era como eu o imaginara.

Acompanhado por um jovem marinheiro, alto e distinto, que parecia completamente fora de lugar naquele ferro-velho, depositei a minha mochila na cabine que nos foi indicada. Era minúscula, quente e sem ventilação. Na porta, fiquei surpreso ao reconhecer um retrato de Aung San Suu Kyi, a heroína da resistência birmanesa contra a ditadura militar. "Fui um dos seus guarda-costas", disse o jovem, em ótimo inglês. "Estava matriculado no terceiro ano de física, mas, quando ela foi presa, tive de escapar." Toda a tripulação do navio era de origem birmanesa. Muitos, como ele, eram ex-estudantes, refugiados na Tailândia para escapar da repressão.

Zarpamos às seis da tarde. O *Nagarose* tinha acabado de percorrer algumas centenas de metros quando apareceu uma magnífica jovem num belo sarongue sobre a ponte estreita, indo arrumar na popa do navio uma coroa de flores de jasmim, fitas de seda colorida, bastões de incenso e um ramalhete de orquídeas. "Traz sorte. É a nossa proteção", disse o capitão de uns quarenta anos, também ele birmanês. Quarenta anos vividos intensamente, a julgar pelo seu rosto.

O navio deslizou ao longo da margem esquerda do Chao Paya, passando diante da Academia Naval, de vários pagodes e de um templo chinês sob uma grande escultura amarela em forma de moeda. Aqui e ali se viam ainda filas de velhas casas de madeira sobre palafitas, cada qual com uma escada que descia na água, onde alguns meninos mergulhavam. Antigamente, quando o rio era a principal via de acesso ao Sião, eram estas as imagens que chamavam a atenção dos viajantes antes do resplendor do telhado do Palácio Real mais à frente.

Às nove horas chegamos à foz. No grande farol, construído em meio à correnteza, deixamos o piloto tailandês e saímos em mar aberto. Diante de nós víamos centenas de pesqueiros com seus longos mastros de lâmpadas acesas sobre a água muito escura, e parecia que estávamos indo para uma cidade cheia de luz e de vida.

A nossa sala de jantar consistia numa longa mesa presa ao chão com dois bancos. Quando foi servida a refeição, não sentimos falta de nenhum grande restaurante. Era magnífica, como quem a tinha preparado: a jovem do sarongue. Tinha vinte anos, pele escura, ancas altas e fortes, seios afoitos como as tailandesas geralmente não têm. No pulso, trazia vários braceletes. Um deles, com um sininho de ouro, fazia acompanhamento musical a cada movimento seu.

O capitão a encontrara vendendo camisetas em um mercado de Bangkok. Tinha acabado de chegar da província e aquele era seu primeiro trabalho. Ele lhe perguntou quanto ganhava e lhe ofereceu mil *baht* (60 mil liras)* a mais por mês para ser sua mulher. Negócio fechado. O capitão depois também conseguiu que a contratassem como cozinheira no *Nagarose*. Ambos pareciam contentes com o contrato.

A mulher de aluguel é uma velha tradição na Tailândia; e Leopold e eu concordamos que se tratava de uma tradição muito civilizada.

Viajamos toda a noite em meio às luzes dos pesqueiros. Dormir debaixo da cobertura era impossível. O navio, construído na Noruega, era feito para os mares do Norte, não para os trópicos. Grandes tubos vomitavam o calor da sala das máquinas nas cabines, transformando-as em fornalhas. Com os pés nus, não era possível sequer caminhar sobre as placas de ferro do corredor, de tão quente que eram. Só algumas baratas passeavam tranqüilamente para cima e para baixo.

Os rapazes da tripulação se deitaram na cobertura. Já o capitão, com a nossa cozinheira, deitou-se num belo leitinho sobre o qual circulava a golfada de ar fresco do único ventilador a bordo.

Leopold e eu nos ajeitamos na ponte mais alta da embarcação, aos pés da chaminé. Mas não conseguimos adormecer logo. A noite, a atmosfera do navio e, de novo, aquele estar completamente fora do mundo e da rotina infundiram em mim a hilariante sensação de liberdade que é a minha droga; e em Leopold deram uma grande vontade de falar e de rir.

"Imagina só aquele americano que disse: 'Eu sou o proprietário do *Nagarose*'! Talvez nunca tenha colocado os pés no seu navio e passa todos os dias num escritório com ar condicionado ocupando-se de seguros e carregamentos de açúcar. E nós? Olha a gente aqui desfrutando o navio do homem!", disse Leopold, e a idéia de que o americano tivesse apenas um pedaço de papel que o declarava proprietário, enquanto nós, sem nem sequer uma passagem, tínhamos o seu navio, me fazia rir também.

"Na vida é preciso ser o que a gente é neste navio: passageiro. Não há por que possuir nada!", continuou Leopold, como para reforçar a sua decisão de se desfazer da fábrica.

* Cerca de trinta euros, atualmente. (N. do T.)

Acho que aquela foi a primeira vez em que me falou de John Coleman. "É um homem excepcional. Você precisa encontrá-lo", disse. "Ele é realmente um grande mestre e pode ensinar a meditar."

Pegamos no sono ali mesmo onde estávamos. Às vezes, com a mudança do vento, sentia umas baforadas de fumaça vindo na minha direção. Mas estava cansado demais para mudar de lugar. Fui acordado pelo sol.

Passei grande parte do dia sobre a ponte. Na popa, o cordame enrolava-se em grandes círculos que formavam como que grandes ninhos nos quais uma ave pré-histórica poderia ter depositado seus ovos. Ali estava eu, tomando sol e lendo Somerset Maugham, às vezes em voz alta para fazer com que Leopold participasse da "conversação".

Não lhe poupei a história de quando Somerset Maugham, recém-chegado a Bangkok, se instala no Oriental Hotel, tem um ataque de malária e a diretora alemã, para evitar que ele morra ali, tenta convencer um médico a levá-lo embora. Pobre Maugham! Deve estar virando na tumba agora que o Oriental se orgulha de ter contado com ele entre os hóspedes ilustres, dedicando-lhe uma suíte, exibindo seus livros encadernados num armarinho na Varanda dos Bambus e colocando sua foto sobre o cardápio com sugestões sobre o que ele teria comido no café-da-manhã e bebido ao pôr-do-sol.

Durante a tarde, o calor tornou-se insuportável. Mas estávamos na estação das chuvas e a tempestade das três horas nos trouxe seu pontual frescor. O céu ficou depois como um enorme afresco de tantos azuis, negros e cinzas, com nuvens branquíssimas, imóveis, como grandiosos monumentos.

O navio avançava lentamente, às vezes chegava até mesmo a parecer parado. De repente disparou o alarme de incêndio a bordo, mas ninguém pareceu se agitar. Era culpa de um superaquecimento nas caldeiras, e o capitão deu ordens para que reduzissem ainda mais a velocidade: no máximo três nós. Chegaríamos a Kompong Som com um dia de atraso.

O mar ficou deserto. O único navio que vimos por horas e horas foi um outro velho cargueiro com tripulação birmanesa, conhecida da nossa. Tentaram colocar-se em contato com eles via rádio, mas ninguém respondeu.

"Viajar só tem sentido se o sujeito volta com uma resposta na mala", exclamou Leopold. "Você que viaja tanto, já a encontrou?"

Também para ele o navio era uma pausa, uma liberação da rotina. Leopold passava os longos instantes vazios que a navegação nos dava refletindo sobre o que lhe passava pela cabeça e eu era o saco de areia contra o qual o boxeador treina seus golpes. Este me feriu duramente, porque aquela resposta eu sabia não ter encontrado. Aliás, pelo caminho acabei perdendo umas duas ou três certezas que antes acreditava ter. Talvez aquela fosse a resposta, mas não foi o que lhe disse; e tentando suavizar o tom da conversa, acrescentei que viajava porque minha natureza é a de um fugitivo: antes ou depois devo sempre escapar de onde estou. Leopold não se deu por satisfeito.

"Vivemos os dois há anos na Ásia e tivemos estranhas experiências", disse. "Devíamos ao menos ter extraído uma centelha. Não se pode voltar para casa com as malas vazias e apenas um punhado de histórias para contar, como velhos marinheiros."

Nunca pensei nessas tais malas e menos ainda naquilo que enfiaria dentro delas ao retornar. Se é que quero retornar!

O navio engasgava e cada exalação parecia a última. De repente ouvimos um grande estrondo como de pedras num moedor. Um jovem de cabelos longos, encarregado dos motores, coçou a cabeça e desapareceu no ventre ardente do navio. Dessa vez a culpa era de uma bomba. Enguiço reparável. E avante.

Estava no meu ninho de cordas, lendo Maugham, e veio me visitar um passarinho. Voou à minha volta várias vezes, piou, chegou bem perto e partiu de novo. Durou poucos segundos, mas que bela surpresa, ali, no meio do mar!

Para o jantar, a bela cozinheira tinha preparado pernil de porco recheado, peixe frito e verduras ao gengibre. Arroz tinha à vontade. Comemos todos juntos, exceto os dois rapazes que ficaram de guarda na ponte de comando escrutando o mar sombrio, sem uma única luz. Como se os pratos já não tivessem sido picantes o suficiente, os birmaneses pegavam continuamente as malaguetas em um velho pote de vidro e, a cada bocada, davam uma mordida nelas. Depois do jantar, o marinheiro mais jovem preparou para todos uns rolinhos de bétele para mascar.

O capitão percebeu que para mim e Leopold aquela não seria a sobremesa mais adequada, e mandou pegar uma garrafa de gim e uma de suco de limão. Ficamos juntos até de madrugada. Para ele, éramos a pausa, a liberação da rotina, e queria desabafar. Tinha 44 anos e navegava há vinte. Tinha estado quase em todo lado e feito quase tudo, do contrabando de cigarros ao de produtos eletrônicos. Sua família estava em Rangoon, mas não podia mais voltar. Tomara posição contra a ditadura e seria preso. Os membros da tripulação o tinham escolhido, um por um, e eram muito fiéis a ele. Pena que todos fossem desperdiçados num navio como aquele, com trabalhos que não valiam nada!, disse. O chefe de máquinas era um engenheiro e dois marinheiros eram estudantes de arquitetura. Por causa da ditadura militar, a Birmânia ficou atrasada e era tratada com desprezo por todos, especialmente pelos tailandeses, acrescentou o capitão.

Os tai, disse, só pensavam em dinheiro. Até o budismo deles era mercenário. Já na Birmânia... e colocou a mão sobre o peito para mostrar seu Buda. Naquele momento percebeu que eu também tinha um igual no colo e, como se faz nesses casos, cada um de nós tirou a correntinha e, com as mãos juntas, ofereceu ao outro para que o admirasse.

Seu Buda o salvara em várias situações.

Disse-lhe o mesmo do meu. Talvez fosse verdade, mas nunca tinha pensado nisso antes. Também aquela vez em Poipet, quando os khmer vermelhos estavam para atirar, eu o trazia no colo; mas na ocasião, nem depois dela, não relacionei os dois fatos. Aquele Buda, para mim, não era um amuleto. Era o objeto de um hábito, como o relógio que a pessoa coloca no pulso todas as manhãs. Eu o tinha desde 1972. Quando cheguei pela primeira vez ao Camboja, notei que os soldados durante as batalhas colocavam na boca os pequenos Budas que tinham no colo. Disseram-me que ajudava a proteger das balas e decidi que precisava arranjar um também.

Comprei um de marfim e fiz com que fosse montado por um ourives chinês. Precisava levá-lo para ser abençoado por um monge, e Pran, meu intérprete — que ficaria depois famoso, quando a histórias da sua vida sob Pol Pot e sua fuga para a Tailândia viraram o tema do filme *Gritos do silêncio* —, sugeriu que eu fosse ao chefe do pagode mais sagrado de Phnom Penh, situado sobre a misteriosa colina no meio da cidade. Pran organizou uma cerimônia e fixou o preço: eu deveria pagar pelo afresco de uma cena da vida do Iluminado no teto de madeira que os monges estavam restaurando.

E assim uma tarde me achei sentado no chão, diante de bonzos que cantarolavam estranhas litanias destinadas a me proteger.

"Do quê?", perguntou o chefe do pagode a Pran, entre um canto e outro.

"Eles é que devem saber", sussurrei eu. Pran traduzia, mas o bonzo continuava sem entender de que tipo de coisa queria ser protegido.

"Mas afinal, o que faz este seu estrangeiro?"

"É jornalista."

"Ah, muito bem", exclamou o bonzo, como se este fato finalmente esclarecesse tudo. "Então deve ser protegido do fogo, da água e da sífilis." E retomou de bom grado a salmodiar com os demais. O pequeno Buda me foi restituído. Fiz a oferta estipulada e desde então nenhum daqueles males me deu problema.

Também aquele Buda, porém, tinha os seus tabus. Era preciso tirá-lo do corpo para fazer amor. Pran me explicou que "nos casos urgentes" bastava colocá-lo, com a correntinha, atrás das costas. O importante era que não visse!

A bela cozinheira se pôs a ler histórias em quadrinhos no leito sob o ventilador. Depois, vendo que o capitão não chegava, adormeceu sozinha. E nós continuamos a conversar. Ao fim da garrafa de gim o capitão queria fazer a revolução para liberar a Birmânia dos ditadores, Leopold queria liberar o mundo com a força da meditação, e eu queria trazer todos de volta na história para entender o ponto no qual tínhamos tomado a estrada errada.

Quando voltei ao meu lugar debaixo da chaminé, com o navio que continuava farfalhando, sulcando as ondas fosforescentes, a noite estava extraordinariamente escura, e o céu, sobrecarregado de estrelas, tinha uma profundidade que me pareceu nunca ter visto antes. Dormi muito bem até que da cozinha começou a vir um perfume de incenso e de ovos fritos. A bela cozinheira tinha sido a primeira a se levantar, colocado tudo em ordem, feito suas ofertas ao pequeno altar e estava preparando o café-da-manhã.

"Um dia ela também se libertará da escravidão do capitão e a encontraremos convertida em aeromoça em um avião da Thai International, servindo omeletes congelados", disse Leopold. Ela certamente teria adorado; mas eu preferia lhe fazer votos para que tal sonho nunca se concretizasse.

Entramos no cais de Kompong Som exatamente com um dia de atraso. Somerset Maugham, meio século antes, tinha levado bem menos para percorrer a mesma distância. As praias eram muito brancas. Atrás da crista das palmeiras não se viam construções, e o Camboja, de longe, parecia uma ilha deserta.

Os marinheiros tinham todos tomado banho, colocado calças e camisetas limpas e estavam prontos para desembarcar. Nós também. Mas do porto, que ao chegar mais perto víamos aninhado numa baía, não zarpou o rebocador que devia nos trazer o piloto. "Aqui é o *Nagarose*... *Nagarose*, estão ouvindo?", continuava a chamar o capitão pelo rádio. Ninguém respondia. Uma hora. Duas horas. Nada. Os birmaneses colocaram novamente seus uniformes de trabalho e recomeçaram a circular pelo navio.

Li Maugham deitado sobre um dos bancos da cantina. Quando desembarcou, ele também foi a Phnom Penh e dali para Angkor. Como tantos outros visitantes, ficou impressionado sobretudo com Ta Prom, o templo abandonado na selva, porque ali na natureza que reconquistava as pedras colocadas pelos homens sentira "a mais potente de todas as divindades".

Quanto a mim, sempre me impressionaram mais os templos em que a obra do homem em si parece resvalar o divino. Existem alguns lugares no mundo nos quais a pessoa se sente orgulhosa de ser membro da raça humana. Um deles é certamente Angkor. Por trás da sofisticada e intelectual beleza de Angkor existe algo de profundamente simples, de arquetípico, de natural, que chega ao peito sem ter que passar pela cabeça. Em cada pedra há uma intrínseca grandeza da qual cada pessoa acaba por levar consigo a extensão.

Não é preciso saber que cada particular tinha para os construtores um significado específico, que cada pedra, cada escultura, cada átrio, cada pináculo eram peças do imenso mosaico que devia representar os vários mundos, inclusive o mais elevado, com o mítico monte Meru ao centro. Não é preciso ser budista ou hindu para entender isso. Basta a pessoa se deixar levar para sentir que, de algum modo, já esteve ali antes. "As ruínas de Angkor já tinham me aparecido nas visões da infância, eram já parte do meu museu", escreveu Pierre Loti em 1901, quando o *Peregrino de Angkor* se aventurou na selva recordando como, em menino, tinha tentado ver através da janela da casa paterna aquelas míticas torres.

Em 1972, do alto da janela do Grand Hotel de Siem Reap, eu também vira aquelas torres, as torres de Angorwat, mas não consegui chegar perto delas. Os khmer vermelhos tinham ocupado todo o complexo dos templos, e aquelas agulhas cinzentas sobre o verde da floresta me pareceram uma miragem inatingível. A estrada que conduzia do hotel em linha reta até os templos era interrompida depois de sete quilômetros por um fosso. O *front* passava por ali, e aproximar-se dele significava colocar a própria vida nas mãos de um franco-atirador escondido numa árvore.

Quando, oito anos depois, consegui fazer os últimos seis quilômetros daquela estrada, Angkor me pareceu ainda mais comovente, mais trágica, mais misteriosa do que a imaginara.

O regime de Pol Pot e dos khmer vermelhos tinha acabado de ser derrubado pela intervenção vietnamita e os cambojanos que encontrei, doentes e esfomeados, pareciam os sobreviventes de uma raça perdida e desorientada que não tinha mais relação nenhuma com a grandeza testemunhada por seus monumentos.

Com o passar do tempo os khmer tinham esquecido de Angkor, sua grande capital, construída entre os séculos IX e XI e abandonada em 1431, depois que os siameses a submeteram a ferro e fogo. Se não fosse por Mouhot, que "redescobriu" Angkor para o mundo, e pelos próprios cambojanos, os khmer não teriam uma história que os contasse.

De fato, naquele imenso complexo tinha de tudo. Tinha vida: a passada e a futura. Sim, porque Angkor era também, entre outras coisas, uma espécie de profecia deixada na pedra para a posteridade. Ou ao menos assim me pareceu, quando nela cheguei entre o bramido dos macacos e o estridular das cigarras. Aquela sensação nunca mais me deixou.

Eu era o único visitante. Pich Keo, um dos velhos guias, sobrevivente dos massacres de Pol Pot, me acompanhava. O Camboja era um imenso campo de morte, e a grandeza de Angkor parecia espelhar estranhamente a grandeza daquela tragédia.

Em um dos grandes baixos-relevos vi as mesmas cenas de tortura, de gente esquartejada, feita em pedaços, empalada, morta a pauladas ou atirada aos crocodilos que ouvira dizer viajando pelo país. As mesmas histórias que ouvira contar pelos sobreviventes dos campos da morte estavam ali, na pedra, esculpidas dez séculos antes. Uma profecia? Uma advertência? Ou simplesmente a constatação da imutabilidade da vida que é sempre alegria e violência, prazer e tortura? Nos baixos-relevos era assim. Ao lado das cenas de assustador sofrimento havia outras de grande serenidade; ao lado de carrascos que incutiam terror, bailarinas com corpos sinuosos. Orgias de dor e orgias de felicidade, tudo sob os grandes sorrisos de pedra, sob os olhos semicerrados daquelas misteriosas caras na selva. Não havia dúvida: a mensagem de Angkor permanecia a mesma há séculos. Sobre a arquitrave de uma porta uma mão antiga esculpira a escrita que Pich Keo traduziu: "O sábio sabe que a vida não é senão chama agitada por um vento violento".

As horas se passavam. Da cabine de comando, eu continuava a ouvir a voz de um dos rapazes que tentava: "Aqui é o *Nagarose*... *Nagarose*, estão ouvindo?". Nenhuma resposta. Era muito estranho olhar na noite aquela cidadezinha a poucas centenas de metros, ver os faróis dos carros, ouvir o ruído de uma motocicleta. Tudo tão próximo e tão distante.

Apenas às dez da manhã seguinte o rádio de bordo captou uma resposta. O piloto viria, mas não logo. Precisávamos esperar.

Veio a bordo no início da tarde. Era o único a conhecer o porto e tinha feito seu trabalho sob todos os regimes anteriores. Até mesmo sob os khmer vermelhos: precisavam dele para fazer atracar os navios de seus aliados chineses que os abasteciam.

Às quatro da tarde Leopold e eu nos despedimos de todos e desembarcamos. Estávamos no Camboja, livres para ir onde quiséssemos... mas sem um visto de ingresso. Seria um problema na hora de partir, pensei. O problema mais urgente era ir a Phnom Penh.

Entre Kompong Som e a capital correm 296 quilômetros. A estrada asfaltada é uma das melhores do país, mas exatamente porque serve como principal via de escoamento é também a mais insegura. Soldados governamentais disfarçados de khmer vermelhos, khmer vermelhos autênticos e simples bandidos colocam um tronco no meio do asfalto, esvaziam os caminhões e roubam os carros. De vez em quando, para se fazer respeitar, matam um par de vítimas.

Descemos em um hotel de Kompong Som aberto há pouco para hospedar funcionários das Nações Unidas e de todas aquelas organizações comprometidas no esforço internacional de levar democracia para o Camboja. A primeira impressão foi a de que, no ritmo do dólar, a democracia avançava com sucesso. Kompong Som, que ainda um ano antes não tinha mais que uma mísera luzinha acesa depois das oito da noite, se tornou uma *ville lumière*, com vários restaurantes e bares abertos até tarde e uma grande discoteca para onde afluíam dos vilarejos da província muitas garotas vestidas como bonecas e maquiadas como as máscaras do teatro japonês — é o primeiro sinal da liberação e da recuperação econômica!

Meu quarto ficava bem embaixo da pista de dança e não dormi até a uma da manhã, quando a batida da música parou e uma multidão feliz, de garotas alugadas ou por alugar, especialistas em ajuda humanitária, soldados e policiais internacionais, homens de negócios e observadores eleitorais, cansados e suados, desfilou entre duas alas de mendicantes khmer em velhos uniformes militares, que ofereciam à misericórdia dos passantes chapéus vazios, pernas decepadas, braços sem mãos e tantos patéticos sorrisos. A comunidade internacional, vinda ao Camboja para trazer democracia, finalmente ia para a cama.

Em Kompong Som a unidade mais importante das Nações Unidas era um batalhão da Legião Estrangeira francesa. Recebeu-nos um coronel alto, elegante, olhos azuis, duas cicatrizes na face como feitas sob medida, seguro de si e muito gentil. Quando ouviu o insólito sobrenome de Leopold, olhou-o fixamente. "... Como o comandante de Diem Bien Phu?", perguntou. "Sim, meu primo", respondeu Leopold. O coronel bateu continência e o saudou militarmente, como se estivesse diante de um dos caídos naquela batalha, um herói da Legião.

Convidou-nos para o café-da-manhã e obviamente pouco depois nos perguntou por que tínhamos chegado ali via mar. Contei-lhe a minha história e o coronel observou: "Pena que o senhor não estivesse naquele helicóptero em Siem Reap. O adivinho disse: 'Se você sobreviver a um acidente aéreo em 1993...'. Então o senhor devia estar naquele helicóptero e sobreviver. Somente assim estaria seguro de viver até os 84 anos!". Era divertido que não tivesse pensado nisso antes.

O coronel nos aconselhou a partir logo para Phnom Penh. As emboscadas costumavam acontecer no começo da tarde. Deixou que levássemos conosco como intérprete um velho vietnamita, que já tínhamos encontrado no mercado e que falava chinês, khmer, inglês e francês. Também ele, como o piloto do porto, trabalhou como informante para todos os regimes do passado (talvez não para o de Pol Pot), e a Legião lhe dava cinqüenta dólares por mês para que fizesse um relatório diário sobre os rumores que corriam na cidade. Freqüentemente, ele nos contou, os relatórios consistiam em apenas três letras: RAS (*rien a signaler*).*

O velho espião foi para nós de grande ajuda. Encontrou um carro com motorista disposto a guiar até Phnom Penh, e depois ao longo da estrada parou várias vezes nos vilarejos para se informar sobre a situação nos trechos mais perigosos.

Por quilômetros e mais quilômetros a estrada estava deserta, sem que cruzássemos com um carro sequer. Atravessamos as carcaças de veículos atacados que enferrujavam jogados no acostamento. O mormaço criava miragens ao longe e às vezes realmente parecia que, a cada cem metros, havia troncos cortando a via e pessoas armadas movimentavam-se sobre o asfalto. Estávamos com o fôlego suspenso e o silêncio era sinal do medo que cada um guardava para si.

Ao chegar na periferia de Phnom Penh todos respiramos aliviados. "Missão cumprida: RAS", disse o espião vietnamita. E caímos na risada.

* Em francês no original, algo como "nada a registrar". (N. do T.)

Pedi para que o motorista estacionasse o carro, peguei os passaportes, meu e de Leopold, e entrei no aeroporto. Fingindo-me importante e agitando um salvo-conduto das Nações Unidas vencido há meses, misturei-me aos passageiros que faziam fila diante do balcão onde cada qual, por vinte dólares americanos, recebia seu visto de ingresso. Preenchi os formulários, assinei por mim e por Leopold, paguei e me apresentei ao guichê de imigração.

"E este?", perguntou o policial.

"É o passaporte do meu amigo... ali está ele, ocupando-se das malas", disse, indicando a multidão. Puum... puum. Duas batidas, duas carimbadas e em um instante eu já estava do lado de fora.

Foi assim que, no dia 20 de maio de 1993, cheguei a Phnom Penh vindo de Bangkok, oficialmente... de avião!

18. Camboja: a sobrancelha de Buda

No Camboja eu não dormia bem. Havia algo no ar que, à noite, com o silêncio, ficava à superfície, se insinuava à minha volta, me fazia ficar em guarda e impedia que me abandonasse à profundidade do repouso. Mesmo quando conseguia adormecer, era sempre num sono breve, leve, do qual despertava continuamente para sentir de novo aquela presença, para olhar em torno e não ver nada. Ninguém.

Durante a guerra nunca me acontecera. Começou a primeira vez que voltei, viajando pelo país, pouco depois da queda de Pol Pot.

O que se passou no Camboja de 1975 a 1979, sob o regime dos khmer vermelhos, desafiava qualquer fantasia de horror. Era mais assustador de qualquer coisa que um homem pudesse imaginar. Toda a sociedade tinha sido virada pelo avesso, as cidades abandonadas, os pagodes destruídos, as religiões abolidas e as pessoas regularmente massacradas em uma contínua orgia purificadora. Um milhão e meio, talvez 2 milhões de cambojanos — um terço da população — foram eliminados. Procurei aqueles que tinha conhecido e não encontrei ninguém. Todos acabaram como "fertilizante nos campos", porque até os "contra-revolucionários", diziam os khmer vermelhos, deviam, ao menos como cadáveres, servir para alguma coisa.

Viajei por um mês através do país martirizado, recolhendo testemunhos sobre aquela loucura. As pessoas estavam tão aterradas, tão imbecilizadas pelo horror que freqüentemente mal conseguiam contar ou preferiam evitá-lo. No campo, indicavam-me os "centros de coleta para a eliminação dos inimigos" — em geral, velhas escolas —, onde permaneciam traços das torturas, dos poços onde não era mais possível beber porque estavam repletos de mortos, de arrozais onde às vezes não se podia caminhar sem tropeçar nos ossos daqueles que, a golpe de bastão, para economizar as balas, haviam sido massacrados.

Em toda parte se descobriam novas fossas comuns. Havia sobreviventes que não conseguiam mais subir num barco desde quando viram seus familiares levados ao meio de um lago para serem jogados aos crocodilos. Outros não conseguiam mais trepar em palmeiras porque os khmer vermelhos tinham usado as árvores para colocar à prova suas vítimas, decidindo quem devia viver ou morrer. Aqueles que conseguiam chegar até o topo eram considerados camponeses úteis; os demais, intelectuais a serem eliminados.

Desde então o Camboja nunca mais foi o mesmo. Traços daquele sofrimento espalhavam-se por toda parte, e a invisível carga de dor que tinha se acumulado nos quatro anos de Pol Pot enchia o ar, oprimia cada silêncio e tornava insones as noites. Também eu não podia mais ouvir a voz do geconídeo, a lagartixa falante, nem seus gritos, e perguntar, como se costuma fazer com as pétalas de uma margarida: "Morrerei?... Não morrerei?... Morrerei?". Não podia mais olhar serenamente uma fila de palmeiras sem pensar instintivamente que as mais altas eram as mais cobertas de cadáveres. No Camboja até mesmo a natureza perdeu sua revigorante inocência.

Com Leopold, fomos até o Monorom Hotel no centro de Phnom Penh. Não foi fácil encontrar um quarto. A cidade tinha sido invadida por estrangeiros: soldados, administradores, especialistas disso e daquilo, jornalistas.

Depois de ignorar por anos a tragédia desse país, a comunidade internacional finalmente interveio de forma massiva. Certamente não para colocar ordem, para punir os assassinos e restabelecer um mínimo de decência na vida! Fazer coisas do gênero era "politicamente" impossível. A China, que desde sempre apoiara Pol Pot e os khmer vermelhos, não estava disposta a abandonar seus protegidos e assim, para o pequeno Camboja, as "Grandes Potências" tinham encontrado uma daquelas soluções que servem para justificar todo tipo de imoralidade: um compromisso. Com os Acordos de Paris, assinados com grande pompa em 1991, os massacres foram esquecidos, torturadores e vítimas acabaram sendo colocados no mesmo plano, os vários grupos combatentes foram convidados a depor as armas e seus líderes a se candidatar nas eleições. Que vencesse o melhor! Como se o Camboja de 1993 fosse a Atenas de Péricles.

Dessa vez, eu estava em Phnom Penh há poucos dias e tinha a impressão de assistir a uma grande representação de loucura.

Em um palácio dos anos 1930, que tinha sido a residência do governador francês, instalara-se o Quartel-General da UNTAC, a autoridade das Nações Unidas encarregada de aplicar os Acordos de Paris. Todos os dias, em um belo terraço, um jovem de nacionalidade francesa dava informações e instruções aos quinhentos jornalistas vindos de todo o mundo para assistir às "primeiras eleições democráticas na história do Camboja". Outro jovem, de nacionalidade americana, explicava que era proibido tirar fotografias de eleitores nas urnas e perguntar a eles, quando saíam da cabine de votação, em quem tinham votado.

Nos andares superiores, nos pequenos escritórios montados nas grandes salas de antigamente, outros funcionários internacionais, advogados e juízes emprestados de vários países, professores universitários contratados pela ONU, cada qual diante do próprio computador, trabalhavam elaborando planos para o desenvolvimento e a modernização do país, redigiam a nova Constituição, escreviam leis para reorganizar as alfândegas, eliminar a corrupção, reestruturar o sistema escolar e pôr em funcionamento os hospitais. Diziam que aquela era para o Camboja uma ocasião única para colocar tudo de pé, para voltar a ser um país normal. O mundo inteiro estava ali para ajudá-lo.

No papel, era verdade. As Nações Unidas estavam no Camboja há mais de um ano com uma força-tarefa de 22 mil homens, entre militares e civis, e com 2,5 bilhões de dólares para gastar. O problema era que, com toda aquela gente e aquele dinheiro, as Nações Unidas não tinham conseguido fazer aquilo que os Acordos de Paris estabeleceram como primeiro passo do processo de paz: desarmar os combatentes. Os khmer vermelhos se recusaram categoricamente a depor as armas e continuavam a preparar emboscadas e a matar, enquanto seu líder formal, Khieu Samphan, o número dois de Pol Pot, o sujeito que racionalizara o genocídio, continuava a viver em

Phnom Penh e a encontrar-se com os representantes da ONU e os embaixadores ocidentais, que lhe apertavam a mão e o chamavam de "Excelência".

Mas a comunidade internacional não podia aceitar uma derrota. A finalidade de toda operação eram as eleições. Então, que houvesse eleições! Mesmo se para elas ainda faltassem todas as premissas. O importante — diziam os diplomatas — era colocar novamente de pé a economia, iniciar o processo de paz. Os khmer vermelhos mais cedo ou mais tarde tomariam parte na coisa.

Tive a impressão de que a "comunidade internacional" — este estranho, indefinível amontoado de gente de todas as cores, de todas as medidas, de todas as línguas, que em comum tinham apenas o interesse de ganhar, como ajuda de custo para um dia, o que um cambojano médio ganhava em um ano, 150 dólares americanos — quisesse continuar no Camboja ao custo de qualquer compromisso.

O destino dos cambojanos não era a grande prioridade do momento. Para as Nações Unidas era prioritário levar a cabo a intervenção no Camboja, de modo a poder repetir a operação em outro lugar.

Mas as Nações Unidas, quem eram?

Fazia a barba, ouvindo o rádio portátil que sempre trago comigo, e ao escutá-la parecia que o mundo tivesse nas mãos deste novo, onipresente, sábio e justo governo: as Nações Unidas. As Nações Unidas estavam no Camboja, as Nações Unidas tinham algo a dizer sobre o Iraque, tinham que intervir na ex-Iugoslávia e na África. As primeiras notícias de todos os boletins diziam respeito a elas.

Depois saía pelas ruas de Phnom Penh e as Nações Unidas eram soldados indonésios (os mesmos responsáveis pelo massacre de Dili na ilha de Timor), soldados tailandeses (os mesmos que tinham disparado sobre uma multidão desarmada no centro de Bangkok); Nações Unidas eram também os policiais de algumas ditaduras africanas. Todos vieram, com uma boina azul na cabeça, para trazer a democracia e o respeito aos direitos humanos.

Uma coisa as Nações Unidas tinham feito. Com sua presença restituíram a confiança aos homens de negócios. Em Phnom Penh o preço das casas era alto como em Nova York, em toda parte abriam novos hotéis, restaurantes, discotecas e bordéis. O processo de paz introduzira novamente aquela lógica da economia de mercado que não conhece princípios, exceto o lucro.

No intervalo de poucos meses o Camboja se transformou a meta dos especuladores, sobretudo dos chineses vindos de Bangkok, de Kuala Lumpur e de Cingapura, que, graças à imensa corrupção do aparato administrativo local, colocavam as mãos sobre os recursos do país e se metiam nos tráficos mais escusos, desde remédios vencidos ao contrabando de carros e de pedras preciosas. Um homem de negócios — americano — tentava sepultar no Camboja as escórias nucleares que nenhum outro país queria.

Em toda parte apareciam novos grandes *outdoors* dizendo: "Angkor: o orgulho da nação". Um convite para visitar os templos? Não! Uma nova cerveja. A destilaria que a produzia era o resultado do único investimento estrangeiro no setor industrial. Talvez a cerveja não fosse aquilo de que os cambojanos mais precisavam naquele momento, mas a economia tinha sua própria lógica. Como a natureza! Após anos e anos de guerras e massacres, a vida voltava a triunfar sobre a morte, mas o fazia no mais primitivo, no mais cruel dos modos, com o homem que tornava a ser lobo do homem.

Nas calçadas de Phnom Penh aumentavam os bandos de mulheres e crianças sujas e famintas que mendigavam. Aumentavam também os cintilantes, novíssimos Mercedes, contra cujo vidro fumê aqueles desgraçados batiam inutilmente com o nó de seus dedos ossudos.

A paz estava recriando rapidamente duas Cambojas: a dos poucos ricos e a dos muitos pobres; a das cidades e a do campo. Repetia-se a situação do passado, a mesma da qual Pol Pot tinha se aproveitado. Sua teoria era: a cidade é corrupta, é podre, não pode ser salva. A única solução é abandoná-la e recomeçar do princípio. "É preciso retornar à pureza do grão de arroz", dizia. De acordo com Pol Pot, tudo aquilo que tinha vindo do exterior abastardara e enfraquecera os khmer. Para retornar à grandeza de Angkor era preciso cortar toda a ligação com o exterior e eliminar todos os sinais da presença estrangeira. Daí a decisão de explodir o Banco Central, deixando maços de dólares voando ao vento; daí a demolição, pedra por pedra, da catedral católica; daí a evacuação das cidades que eram o símbolo da modernidade não cambojana que os khmer vermelhos detestavam. A cidade era o mal.

E ei-la, Phnom Penh! Viva e corrupta, a ressurgir das cinzas. Vista das cabanas dos camponeses ainda infestadas de pernilongos e de malária, a cidade parecia de novo algo a ser eliminado, depurado, e já havia, especialmente entre os jovens, quem voltava a desejar Pol Pot. Não era uma loucura?

Mas não era igualmente louca a pretensão das Nações Unidas de resolver todo o problema cambojano em pouco tempo, simplesmente com eleições? E não eram loucos, quase como Pol Pot, aqueles funcionários que, com o computador, com novas leis, novos programas e tanta boa vontade, pensavam, como ele, poder refazer o Camboja?

Se a comunidade internacional quisesse fazer algo pelos cambojanos, deveria colocá-los sob uma redoma de vidro por uma geração, protegê-los de seus vizinhos-inimigos, tailandeses e vietnamitas, da voracidade dos homens de negócios vindos como gafanhotos desfrutar da chance de levantar algum dinheiro. Deveria antes de tudo ajudá-los a viver em paz, a redescobrir a si mesmos... E depois, talvez, poderiam até perguntar a eles se queriam uma monarquia ou uma república, se preferiam o partido da Vaca ou da Serpente.

Em vez de enviar especialistas em direito constitucional, em economia ou em comunicações, as Nações Unidas deveriam enviar um grupo de psicanalistas e de psicólogos que se ocupassem do assustador trauma que esse povo sofreu.

Um psiquiatra-antropólogo na verdade existia, mas estava ali a título privado, com uma bolsa de estudos da sua universidade e uma câmera de vídeo. Maurice Eisenbach, 43 anos, australiano, estava convencido, como eu, de que as Nações Unidas, com sua maciça presença estrangeira e sua lógica, estavam varrendo o pouco da cultura khmer que milagrosamente sobreviveu aos bombardeios sistemáticos dos americanos e aos massacres de Pol Pot.

A tarefa que Maurice tinha se imposto era recolher os últimos testemunhos daquele mundo em vias de extinção. Uma das cadeias de transmissão da tradição khmer para ele eram os *kru*, os feiticeiros, os curandeiros do vilarejo, e há meses ele viajava através do Camboja para localizar os poucos sobreviventes e reunir uma espécie de manual da sua "sapiência".

"Segundo os *kru*", dizia Maurice, "a maior parte das doenças é causada por espíritos. Um recém-nascido se agita no berço? É porque a mãe da vida precedente tenta entrar em seu corpo para levá-lo embora. Para os cambojanos os espíritos são reais como o são para nós os vírus. Quem entre nós já viu o vírus da AIDS? Mesmo assim, acreditamos nele. A verdade é que nem nós nem eles podemos determinar as nossas vidas. Eles chamam a este fato destino, nós o chamamos genética. Mas, que diferença faz?"

Maurice, como psiquiatra, dizia que os cambojanos são vítimas de um trauma de massa. Continuam a ter medo e não sabem do quê. "Visto que o tempo para eles não existe", dizia, "têm medo da morte de anos passados nos quais viram tanta gente desaparecer, têm medo da vida de hoje na qual se vêem a si mesmos como mortos." De acordo com Maurice, nenhum funcionário das Nações Unidas se perguntava quais podiam ser as conseqüências profundas das políticas que estavam sendo adotadas, o que significaria para os khmer toda a propaganda sobre as eleições. "Os khmer estão doentes", dizia. "Mas qual médico já receitou a democracia como cura para as doenças da alma?"

Segundo Maurice, a tragédia da intervenção da ONU, assim como vinha sendo levada avante, era que os verdadeiros khmer jamais conseguiriam virar modernos, democráticos, capitalistas, e que os únicos a se aproveitar da situação seriam os cambojanos de origem chinesa. No campo habitado por cambojanos puros, dizia ele, o progresso teria chegado apenas sob a forma de mais exploração: "Com cada novo hotel, com cada novo supermercado que se abre, os cambojanos são forçados a se distanciar mais um passo da sua civilização".

Maurice era o único a me entender quando eu sustentava que, em vez de todos aqueles capacetes azuis, de todos aqueles técnicos do desenvolvimento, as Nações Unidas teriam feito melhor se enviassem ao Camboja algum especialista em fantasmas para exorcizar aquelas emanações que tornavam o ar tão pesado e as noites tão insones.

O único modo de encontrar Hoc era ir de manhã cedo para a sua casa, próxima ao Mercado Olimpo, onde a mulher tinha uma pequena venda de arroz.

Hoc era jornalista. Tinha uma lambreta e, cada vez que eu ia a Phnom Penh, recorria a ele como meu taxista e intérprete, não apenas para a língua, mas sobretudo para a política. Tinha por ele um grande afeto: para sobreviver teve de fazer todas as piruetas da política cambojana, mas em seu coração permaneceu um puro.

Nascera sob Sihanouk, quando era obrigatório ser monarquista. Estudara direito no tempo em que era preciso declarar-se republicano. Escapou dos campos da morte de Pol Pot fingindo-se camponês marxista-leninista. Quando, em 1979, os vietnamitas intervieram no Camboja para pôr fim ao regime de Pol Pot, Hoc se tornou comunista filo-soviético e como tal mandaram-no estudar em Hanói e em vários países do Leste Europeu. Com a queda do muro de Berlim e a chegada das Nações Unidas e de tantas organizações internacionais, Hoc, como vários colegas seus, poderiam converter-se uma última vez e encontrar algum trabalho bem remunerado. Mas não. Continuou membro do partido, embora dono da própria cabeça. Mantinha-se afastado dos círculos da corrupção sempre mais amplos e por pouco dinheiro dirigia um semanário político.

Encontrei-o em seu quarto de cimento, aberto para a rua. Pedi-lhe para me ajudar com a história das eleições e ainda achar para mim o melhor adivinho da cidade. Dessa vez não era tanto o meu destino que me interessava — colecionara já várias versões sobre ele —, quanto a resposta a um pensamento que desde o início do ano rondava a minha cabeça: se é realmente possível prever o futuro, se o homem realmente traz em si as sementes daquilo que lhe acontecerá, o Camboja era o lugar certo para obter a prova. No arco de quatro anos, uma pessoa a cada três foi morta nesse país, a maioria das quais de maneira violenta. Os adivinhos tinham previsto isto? Houve alguém a colocar as pessoas em guarda contra a possibilidade de um banho de sangue?

Se na palma da mão existem sinais que indicam uma doença aos dezoito anos e a possibilidade de um enfarte aos 52, o que deveria aparecer nas mãos dos 2 milhões de cambojanos que em 17 de abril de 1975 viram seu mundo acabar? As fossas comuns do Camboja estavam cheias de gente predestinada a acabar ali. Se ninguém pôde ler aquele seu futuro, queria dizer que quem quer que pretendesse saber fazê-lo era um impostor. Queria dizer que o futuro não está na mão de ninguém, não está nas estrelas. Queria dizer que o destino não existe.

Hoc não sabia quem era o melhor adivinho de Phnom Penh, mas conhecia um no qual sua mulher ia regularmente. Ficava atrás do mercado de Doeun Thkol.

Fomos para lá no fim da tarde. Sua casa situava-se ao alto, sobre vigas de madeira, em uma rua de barro toda esburacada. Subimos por uma escada íngreme. Tiramos os sapatos e nos sentamos a esperar à larga mesa posta no terraço.

O adivinho estava num quarto escuro, iluminado apenas por uma lâmpada a óleo. Sobre a porta estava escrito com giz: "A paixão da carne, o ciúme, a violência, a embriaguez, a intransigência, a ambição: se não conseguires te libertar de nenhum destes males, nunca serás tranqüilo". Surpreendeu-me novamente que ali, como quase sempre em torno desses personagens, houvesse uma magnífica paz. O homem ocupava-se do destino de toda uma família.

Despertou minha curiosidade ver como naquela casa Hoc se comportava respeitosamente e fazia os gestos prescritos para a mulher que nos veio trazer água. Era comunista, mas permanecera khmer, e o adivinho era para ele um sacerdote. Como todos os khmer, também Hoc acreditava no poder dos amuletos.

Ele chegou a ter um muito poderoso: um Buda que sua mãe lhe dera em 1979 e que o protegera durante os anos da guerra contra os restos do exército de Pol Pot. O tabu daquele amuleto era que Hoc não podia comer carne de cachorro. Uma vez, contudo, por cortesia em relação aos conselheiros militares vietnamitas com os quais viajava, Hoc teve de experimentar um pedaço do assado de cachorro deles, e naquele mesmo instante os khmer vermelhos atacaram o vilarejo no qual se encontravam. Salvou-se por milagre.

A julgar pela forma como, ao contá-la, Hoc arregalava os olhos, a história devia ser verdadeira. Ele com certeza a vivera assim. Mostrei-lhe o meu Buda, e Hoc me perguntou desde quando eu não o recarregava. Recarregar? Sim, os amuletos com o tempo perdem sua força e devem ser recarregados. Meu Buda não era recarregado há mais de vinte anos? De acordo com Hoc já devia estar "apagado". Ele conhecia um bonzo, em um pagode não muito distante do aeroporto, excelente em dar força aos amuletos. Era o mesmo que recarregara também o seu! "É um estranho bonzo", acrescentou Hoc. "Às vezes se apresenta como um velho, às vezes como jovem." Aquela descrição despertou minha curiosidade. Um dia iríamos até ele.

A família que veio se consultar com o adivinho saiu. Era a vez de uma mulher que veio com a filha, e nós nos sentamos no chão atrás delas.

A mulher queria vender um terreno e pedia conselhos sobre como proceder. O adivinho lhe disse que dentro de cinco dias duas mulheres viriam para perguntar o preço, mas que seria difícil fechar o negócio porque o terreno não tinha um bom acesso. A mulher reconheceu que era verdade. A maior parte dos terrenos têm problemas de acesso, pensei.

A mulher quis então saber o que devia esperar daquela jovem filha que estava ajoelhada a seu lado. O homem disse que deviam voltar dentro de uma semana para a resposta: não é fácil prever o futuro de uma menina tão nova. Leva tempo! Pareceu-me justo: quanto menos passado a pessoa tem, mais difícil é prever seu futuro. Não há sinais suficientes, o rosto ainda não tem uma história, e o adivinho, que freqüentemente não é senão um psicólogo instintivo, tem pouco ou nada em que se apoiar.

Hoc me traduzia em voz baixa naquele seu adorável *patois* francês da Indochina, cheio de verbos no infinitivo e de tantos *monsieur* e *madame* usados no lugar de "ele" e "ela". Notei que a coisa o interessava. Era a primeira vez que ia ali, mas o fato de que o adivinho fosse o mesmo que sua mulher consultava despertou sua curiosidade.

O adivinho, um homem em torno dos sessenta anos que fazia este trabalho desde jovem e conseguiu evitar a morte fingindo dos khmer vermelhos para ser um condutor de triquixá, estava sentado na posição de lótus contra uma parede. Quis saber quando e em qual dia da semana eu havia nascido. Quarta-feira, respondi. Escreveu sobre uma folha de papel alguns números em forma de pirâmide e, referindo-se continuamente a eles, começou:

"Na marcha da sua vida, você já devia ter morrido várias vezes. Até os vinte e um anos, você teve várias dificuldades tanto econômicas como de saúde..." e assim por diante, como eu já sabia, as mesmas coisas um pouco verdadeiras e um pouco falsas. Nada interessante, nada novo, exceto que o ano em curso era o qüinquagésimo sexto da minha

existência (também para os khmer, como para os chineses, quando o bebê nasce já tem um ano de vida) e que fui vítima de um furto: eu teria perdido algo que estimava muito. Não queria ofendê-lo e deixei-o continuar mais um pouco. Depois o interrompi para fazer a única pergunta pela qual viera: será que não tinha lhe acontecido, antes de 1975, prever que Pol Pot chegaria ao poder, assassinando assim tanta gente?

O adivinho ficou surpreso. Pensou não ter entendido bem a pergunta e Hoc teve de traduzi-la de novo.

"*Não. Mas ninguém naquela época me fez uma pergunta do gênero.*" Pareceu-me ridículo. Depois acrescentou: "*Seja como for, estava já tudo escrito na profecia de Buda. Os khmer a conheciam. E ela se concretizou*".

Quando nos despedimos, o adivinho perguntou a Hoc como estava a esposa. Hoc ficou pasmo. Dissera-lhe apenas um par de coisas sobre si, e o adivinho entendeu imediatamente quem ele era. Fácil, disse comigo mesmo, em uma sociedade pequena, para alguém que presta atenção em detalhes e possui dotes psicológicos entender cada pessoa. Difícil sou eu que venho de longe, de outra cultura, com outros modos de me exprimir e com outras perguntas.

"Que negócio é esse de profecia de Buda?", perguntei a Hoc enquanto calçávamos os sapatos.

"É uma coisa em versos que todos conhecem, mas eu não me lembro direito", disse.

Insisti, e Hoc começou a recitar com dificuldade, como se buscasse na memória, uma rima:

Lá estão as casas,
mas não os habitantes.
Lá estão as ruas,
mas não os passantes.
Lá estão as escadas,
mas não quem as sobe.
Os corvos negros parecem inermes,
mas dentro do fruto
residem os vermes.
Só em Angkor se faz festa

mas da humanidade não resta
senão quem está onde pousa
a sombra de uma árvore
da chuva.

Extraordinário! Tinha tudo: a evacuação de Phnom Penh com as casas e as ruas deixadas desertas; os khmer vermelhos nos seus pijamas negros que chegam trazendo os frutos da paz, mas na verdade dando início ao massacre; Angkor, o único lugar intocado pela revolução; e, no final, os sobreviventes são tão escassos que podem estar, todos, na sombra de uma grande árvore.

Mas a rima de quando era? Hoc não sabia. Antes de Pol Pot? Não se lembrava, e eu fiquei com a dúvida de que fosse algo recente, feita *a posteriori*, para explicar o passado. Também isso convinha descobrir.

Saímos e já estava escuro. Nas casas da vizinhança se viam os pequenos fogareiros sobre os quais as pessoas preparavam o jantar. Passaram ao nosso lado, correndo e saltando entre as poças, brancos muito suados em roupa de ginástica: funcionários da UNTAC que faziam o *jogging* vespertino sob a casa de um adivinho khmer. Dois mundos — pensei — que não se encontrarão jamais. Eles que corram!

Havia apenas uma pessoa que podia me dar a resposta científica sobre a questão da profecia de Buda, e se encontrava em Phnom Penh: Olivier Vermon, estudioso da Escola Francesa do Extremo Oriente, especialista em língua e budismo khmer.

Olivier vivia no Camboja há alguns anos e assumira a seguinte missão: reconstituir a memória religiosa dos khmer que Pol Pot quisera destruir. Andava pelo país afora recuperando, principalmente nos pagodes, todo tipo de folha de bananeira com um texto, todo tipo de velho manuscrito sobrevivente às fogueiras dos khmer vermelhos. Fotografava-o, transcrevia-o num computador e, juntando pedaços achados aqui e ali, reunia os “clássicos” da tradição. Imprimia-os a laser, em várias cópias, e os distribuía às bibliotecas, aos pagodes, às escolas budistas que começavam a reabrir. Um trabalho de monge beneditino.

Encontrei Olivier em seu minúsculo escritório encaixado entre a muralha externa do Palácio Real e o Pagode de Prata. A profecia de Buda? Claro, Olivier a conhecia! Disse que existiam várias versões e que ele mesmo encontrara traços dela, em partes diversas do país. Os manuscritos mais antigos remontavam há 150 ou duzentos anos, mas talvez a profecia fosse bem mais antiga. As folhas de bananeira não duram muito tempo, e uma das tarefas tradicionais dos jovens bonzos era exatamente fazer novas cópias dos velhos textos que se tornavam ilegíveis. Recitei para Olivier a rima de Hoc. Nunca a tinha ouvido, mas segundo ele era possível que fosse uma versão popular e atualizada da velha profecia. Esta — falou Olivier — dizia, *grosso modo*:

"Por volta da metade da era budista" (a era de 5 mil anos se inicia com o nascimento de Buda, em 543 a.C., portanto a metade exata dela corresponde ao ano 1957), *"um palácio de ouro e de prata surgirá na encruzilhada de quatro rios"* (onde o Mekong e o rio Bassac se encontram, formando quatro ramos, Sihanouk construíra um cassino. Devido aos sucessivos acontecimentos políticos, o cassino jamais entrou em funcionamento. Hoje transformou-se no Hotel Cambojana). *"Depois disso acontecerá no país uma grande guerra e o sangue das vítimas chegará até o ventre dos elefantes"* (a guerra americana e depois os massacres de Pol Pot). *"A religião será eliminada"* (Pol Pot proibira todas as atividades budistas, destruiu os pagodes e matou a maioria dos monges). *"Depois chegará um homem travestido de chinês"* (Sihanouk volta de Pequim), *"acompanhado por um elefante branco com as presas azuis"* (os veículos brancos da ONU com as boinas azuis dos soldados a bordo). *"Haverá uma outra breve guerra, até que um monge trará as sagradas escrituras das montanhas Kulen"* (hoje uma das bases dos khmer vermelhos) *"e mudará o nome do país de Kampuchea"* (assim se chama o Camboja em khmer, e a palavra quer dizer "*karma* de dor") *"para Nagar Bankat Puri. Só então reinará a felicidade, todas as doenças desaparecerão, cada homem terá cinqüenta mulheres e viverá até a idade de duzentos e vinte anos."*

Claro que a profecia parecia exata... vista retrospectivamente. Mas ainda assim era impressionante! Olivier de Vernon chegou a escrever um ensaio sobre essas estranhas "coincidências".

* * *

O dia da eleição começou com uma grande e linda chuva. Era domingo. Os cambojanos puseram suas melhores roupas e se apresentaram entusiasmados às várias urnas. A atmosfera era de festa.

E era mesmo. Em toda parte havia soldados da ONU com os uniformes de seus países e os capacetes azuis; em toda parte havia estrangeiros que dirigiam as operações de votação, que observavam, que fotografavam. Em toda parte havia jornalistas, câmeras de TV, microfones. O próprio ato de votar era um insólito e divertido espetáculo para os cambojanos. Para impedir que houvesse fraude e que as pessoas exercitassem seu direito mais de uma vez, quem votava tinha de tingir o indicador da mão direita com uma tinta invisível que depois, sob uma lâmpada especial, tornava o dedo fosforescente mesmo depois de horas. Era uma magia que deixava abobalhados os cambojanos.

Votar em quem? Os partidos eram tantos. Cada partido era representado com um símbolo sobre o qual se devia fazer uma cruz: havia a serpente, a vaca, o retrato de Sihanouk e o perfil das torres de Angkor.

O partido comunista, no governo, encabeçava a cédula e, na sua maneira autoritária de ser, ordenou que as pessoas fizessem a cruz bem no primeiro da lista. Mas qual era o primeiro? Bastava virar de cabeça para baixo e o primeiro virava o último. Foram muitos os que, incapazes de ler ou avessos a este tipo de coisa, ficaram perdidos na cabine girando e regirando aquela folha sem saber o que decidir.

No final correu tudo bem, e a consciência do mundo, principalmente o ocidental, pôde se consolar com mais outro "triunfo da democracia".

Desde que Sihanouk retornara de Pequim para retomar seu velho lugar como chefe de Estado, o Palácio Real foi pintado e decorado de novo, voltando a ser o centro de gravidade da política cambojana. Aos visitantes ingênuos e de pouca leitura era apresentado como a residência dos "antepassados" de Sihanouk, mesmo se na verdade o palácio, como todos os monumentos de Phnom Penh, tivesse sido construído pelos franceses durante a época colonial exatamente para dar à monarquia local um pouco de dignidade real.

O famoso Pagode de Prata também era de data recente, ao passo que o assim chamado "Tesouro da Coroa" consistia numa modesta coleção de presentes oferecidos ao Camboja por visitas do final do século XIX. O pavilhão Napoleão III, todo em ferro, foi construído pelos franceses em Suez na ocasião da abertura do canal e, depois de servir a tal objetivo, foi mandado em oferta ao rei do Camboja, que o colocara diante da Sala do Trono.

Somente das três sacras jóias, símbolo do poder monárquico, se dizia que fossem antigas, mas tinham misteriosamente desaparecido com a partida do último governador da república pró-americana, o general Lon Nol, pouco antes da chegada dos khmer vermelhos. Uma das jóias era uma espada usada com fins divinatórios: cada vez que o rei devia tomar uma importante decisão, os adivinhos da corte iam ler as respostas do céu às questões de Estado nos sinas do orvalho sobre a lâmina.

Sihanouk, ao voltar àquele palácio que antes o vira rei, depois primeiro-ministro e enfim prisioneiro dos khmer vermelhos, achava-se assim sem dispor de nenhum de seus emblemas tradicionais de poder. Mas ele não precisava deles. Estivera na cena política do país por mais de meio século, a maior parte dos cambojanos o reverenciava como um deus-pai da nação, e isso lhe bastava. Reinava com uma dignidade toda pessoal sobre aquele palácio que alguém tinha decorado com atrozes poltronas falso Império, tapetes de pouco valor e alguns velhos retratos de si e da mulher Monique, feito por um pintor indonésio e resgatado dos depósitos. Sihanouk não precisava de ornamentos. Sentia-se herdeiro em linha direta de toda a grandeza cambojana.

"O senhor está sentado à mesa do rei de Angkor", disse-me o dia em que fui convidado a almoçar no palácio logo depois das eleições. A mesa em si não passava de um longo aparato de madeira encerada, comprada na Tailândia. Mas era verdade que naquela ou em outra mesa, sempre presidida por ele, como o próprio fez questão de sublinhar com ironia, antes de mim sentaram-se grandes personagens como Mitterrand, Tito e De Gaulle: "meu herói", como o chamava Sihanouk.

Comíamos continuamente escrutados pela guarda norte-coreana que Kim Il Sung, "meu grande amigo", lhe havia dado em cortejo.

A conversação era sobre política, mas logo consegui introduzir o tema dos fantasmas contando que tinha ido em busca do de André Malraux no velho Hotel Manolis. Naquele edifício na Praça do Correio, hoje podre e decadente, o escritor francês, ainda jovem, hospedara-se com a mulher no tempo da sua famosa expedição a Angkor. Em Angkor Malraux roubou um dos grandes capitéis do templo de Bantei Serei. Foi descoberto e condenado a três anos de prisão, que todavia não cumpriu.

"Malraux não era um ladrão, era um amante da arte", interrompeu-me Sihanouk. "Não foi um furto. Foi um rapto de amor!" Sua tia, disse Sihanouk, devido àquele episódio, sempre se recusara a apertar a mão de Malraux, mas para ele era um grande sujeito.

Foi então que perguntei a Sihanouk se algum dos adivinhos da corte, que sua mãe e sua tia consultavam, ainda estava vivo. Interessava-me aquela tradição, expliquei. Sihanouk dirigiu a minha pergunta a uma das senhoras presentes, e esta, como todos os presentes a quem Monseigneur interpelava, uniu as mãos sobre o peito, inclinou a cabeça e sussurrou a fórmula de reverência: "*Pom Chá... Pom Chá*"; e meu amado argumento se perdeu ao longo da mesa.

Não que a questão não interessasse a Sihanouk... Desde quando retornara ao Palácio — entrando pela "Porta da Vitória" e indo imediatamente agradecer aos espíritos de seus antepassados —, Monseigneur teve de ocupar-se do mundo do oculto tanto quanto o da política.

Pouco depois do seu retorno circulou uma "profecia" segundo a qual Sihanouk morreria no prazo de um ano. Para evitar aquele destino — dizia-se nos mercados de Phnom Penh —, Sihanouk fizera um pacto com o Rei dos Mortos: sua vida em troca da de 50 mil jovens cambojanos, muitos dos quais se ofereceriam voluntariamente. O Palácio foi forçado a emitir um comunicado oficial para desmentir quer a "profecia", quer todos os rumores a respeito. A história foi levada tão a sério que muitos jovens começaram a atar fios brancos no pulso, para demonstrar ao Rei dos Mortos que não queriam estar entre as vítimas.

Outra crise foi provocada pela sobrancelha de Buda. Quarenta anos antes, Sihanouk trouxera de uma viagem à Índia aquela preciosa relíquia que lhe tinha sido presenteada por Nehru. Os astrólogos da época disseram que o lugar mais propício para conservar aquela sobrancelha era diante da estação. E ali, no meio da praça, Sihanouk fizera construir uma *stupa*, um relicário. Em 1992, contudo, uma princesa, sobrinha de Sihanouk, bailarina e maga — alguém que, graças a vários sonhos premonitórios, escapara aos massacres dos khmer vermelhos nos quais Sihanouk perdera catorze entre filhos e parentes estreitos —, "descobriu" que aquela *stupa* estava no lugar errado e que os problemas do Camboja nasciam do fato de que aquela relíquia se encontrava irreverencialmente próxima a um ambiente sujo e caótico como a estação e, pior ainda, continuamente exposto ao sol. "Enquanto Buda for deixado ao calor, o país queimará", dissera a princesa.

Sihanouk lhe deu ouvidos. Fez com que removessem a sobrancelha e a colocassem à sombra de uma grande árvore aos pés da colina no centro de Phnom Penh. Depois deu início às obras para a construção de uma nova grande *stupa*, com a altura de cinqüenta metros, que mudará o panorama da capital. A misteriosa colina, erigida segundo uma lenda pelos inimigos do Camboja para manter abaixada a cabeça da *naja*, símbolo das forças do país, não será mais, com seu pequeno pagode, o ponto mais alto da cidade. A nova *stupa* de Sihanouk com sua sobrancelha de Buda a dominará... mudando assim o destino do país.

Ao final do almoço, enquanto Sihanouk nos acompanhava visitando os vários salões e nos apresentava Micki, seu cão, uma das senhoras da corte aproximou-se de mim para me perguntar se queria encontrar a mulher que tinha sido a cartomante da rainha-mãe. Viria ao Palácio às cinco da tarde. Despedi-me de Sihanouk e, discretamente, fui colocado a esperar em um edifício da secretaria.

Ela chegou pontualmente. Uma mulher magra com os cabelos bem curtos, uma longa saia de seda negra e uma camisa branca. Sentamos no chão separados por uma toalha sobre a qual a mulher distribuía as cartas, segundo determinada ordem.

"O senhor é filho de uma família muito abonada e potente", começou, e compreendi — também eu sempre mais "sensível" — que poderia ter ido embora ali mesmo. De fato, durante quase uma hora disse as coisas de sempre: que com a idade de dez anos e dez meses estive muito doente, que um casal de pessoas influentes tinha me roubado uma idéia, que em outubro devia tomar cuidado com duas

pessoas que tentariam arruinar minha reputação: uma com oito anos a menos que eu, a outra com a minha idade. Disse que durante a minha vida não faria nunca fortuna e se alguém me propusesse um bom negócio deveria ficar de fora. Perderia tudo.

Queria agradecê-la e me despedir, mas não podia. Pela janela via Sihanouk passeando pelo jardim com Micki. Teria sido terrivelmente embaraçoso se me revisse ali, depois de eu ter me retirado. Assim a mulher continuou e eu acabei por lhe perguntar se via algum perigo no meu futuro. Sim: um, entre os dias 20 de julho e 1º de agosto. *"Nesse período evite atravessar uma fronteira e, se for mesmo obrigado a fazê-lo, então preste muita atenção em seus documentos de viagem"*, advertiu. Era exatamente o período no qual eu contava partir, por terra, para a Europa!

Daquela cartomante não me restou grande coisa, exceto o gosto de estar diante da mulher que no seu tempo, com sua prosa, influenciara os destinos de uma corte e de estar escondido do rei, que passeava no jardim com seu cão. Quando finalmente consegui ir embora sem ser visto, por uma porta secundária do Palácio, pareceu-me saltar para fora da página de um livro de fábulas.

Um dos novos ambientes na moda, onde se reuniam à noite os representantes da comunidade internacional, era o No Problem, uma espécie de club-café-restaurante aberto em um velho casarão colonial. Uma noite, sentado ao lado de uma mesa de funcionários da ONU que não conhecia, ouvi contar a história de um jornalista alemão a quem um adivinho cambojano disse para não voar e que se salvou não embarcando, no último momento, no helicóptero russo que tinha caído em Siem Reap.

Até aquela história tinha agora vida própria e seria contada e recontada, sempre com novos particulares e com novos acréscimos, tornando-se assim sempre mais verdadeira.

Passei minha última noite em Phnom Penh no Palácio. Sihanouk mostrava ao corpo diplomático o produto mais recente de uma de suas velhas paixões: fazer cinema. O filme era a história de amor entre um jovem doente de câncer e uma enfermeira. O título parecia feito de propósito para exorcizar uma das tantas profecias que lhe diziam respeito: "Ver Angkor... e morrer".

O Palácio, ligeiramente iluminado pela luz quente de algumas lâmpadas apontadas contra as paredes ocre, estava mais belo e irreal que nunca. Sihanouk, em grande forma, com microfone na mão, traduzia contemporaneamente em francês e em inglês os diálogos em khmer da tela. Estávamos no pequeno pavilhão a céu aberto, diante da Sala do Trono. Um vento fresco passava entre as colunas, leve, como se fosse a respiração da noite. Sob o céu estrelado reinava uma paz magnífica e surreal.

Na aurora, com Hoc e Leopold, que tinha ido e voltado a Bangkok de avião apenas para fazer comigo o último trecho da viagem via terra, partimos de táxi para Battambang, esperando prosseguir ainda naquele mesmo dia até a fronteira tailandesa. Apesar de suas ameaças, os khmer vermelhos mantiveram-se relativamente tranqüilos e o tráfego até Poipet corria com regularidade. O posto de fronteira estava teoricamente fechado, mas tínhamos ouvido que os funcionários da UNTAC, se viajavam a bordo de carros com o emblema da organização, podiam ir a Aranyaprathet, na Tailândia, para fazer compras ou para jantar.

Em Poipet o táxi nos deixou na praça do mercado. Tive vontade de rever o muro contra o qual os khmer vermelhos me colocaram em abril de 1975. Permaneci ali alguns minutos parado, em silêncio, como se fosse realmente a tumba de alguém. Pensei em todas as coisas que, desde então, tinham me acontecido, todos os lugares que visitara, todas as pessoas que conheci, as infinitas palavras que escrevi; pensei em tudo aquilo que não teria feito se tivesse acabado ali. Tanto e, no fundo, nada.

Vimos um carro branco com o símbolo da ONU passando em direção à fronteira. Ao volante havia uma jovem japonesa que ia a Aranyaprathet para se encontrar com o namorado. Tanto ela quanto os soldados em guarda na barreira fronteiriça pensaram que também fôssemos da UNTAC e, num piscar de olhos, nos encontramos fora do Camboja.

A polícia tailandesa tinha sido avisada pelo meu escritório de Bangkok e um funcionário muito gentil, que já tinha saído para jantar, voltou para carimbar os passaportes e nos ajudou a encontrar um carro. Fiz os últimos trezentos quilômetros de estrada até Bangkok dormindo. Sem pesadelos e sem sonhos.

19. Vietnã: o destino dos cães

O MÊS DE JUNHO PASSOU sem que a profecia da virgem de Medan se concretizasse. Não encontrei a minha *xiao lao puó*, a segunda "pequena mulher" que me fora prometida, ou, se a encontrei, não dei por ela. Trabalhei num artigo sobre a corrupção na UNTAC e noutro sobre os khmer vermelhos que continuavam a encontrar financiamento vendendo na Tailândia madeira e pedras preciosas.

Usei aquele mês também para preparar a minha viagem anual para a Europa. Sobretudo tentei obter visto para os vários países que, com o trem, teria de atravessar: tarefa nada fácil, porque alguns, como o Vietnã, preferem que todos os visitantes cheguem em um aeroporto e, apenas após longas explicações e insistências, concedem um visto "via terra" válido exclusivamente para determinado lugar da fronteira que vem escrito no passaporte.

Passei a última noite escolhendo coisas para levar comigo, sabendo que, aonde ia, não haveria carrinhos, escadas rolantes e carregadores para me facilitar a vida. Tinha me despedido de todos e já me achava tomado pela habitual alegria de cair na estrada, pelo sempre renovado alívio que me dá saber que ninguém poderá me alcançar, que não fiz reservas nem sou esperado em parte alguma, que não tenho compromissos exceto os criados pelo acaso. Adoro este misturar-me a uma multidão, este virar um viajante qualquer, livre do próprio papel, da imagem que a pessoa tem de si e que é às vezes uma jaula tão estreita quanto o corpo. Seguro de não esbarrar em alguém com quem tenho de conversar, livre para mandar ao diabo o primeiro que tentar fazê-lo.

Nesse espírito, apenas com o peso de uma mochila nas costas e de uma bolsa na mão, saí uma manhã da Turtle House e parti para uma grande viagem, das mais longas de minha vida, das mais lentas, aquela na qual queria me sentir mais livre: Bangkok–Florença. Meu destino era o Ocidente, mas tive de começar indo rumo ao Oriente. Uma vez que era impossível atravessar a Birmânia na direção da Índia, o modo mais seguro de deixar a Tailândia era entrar no Camboja, prosseguir para o Vietnã, depois para a China, a Mongólia, a Sibéria e mais adiante, mais adiante ainda até chegar em casa.

"Até mesmo uma viagem de dez mil léguas começa com o primeiro passo", dizem os chineses que, para qualquer situação, têm sempre pronto um provérbio para explicar tudo. A minha viagem seria de cerca de 20 mil quilômetros, mas era exatamente aquele primeiro passo que parecia ser o mais difícil. Como chegar a tempo na estação? A rua Sukhumvit estava completamente entupida pelo tráfego. Em meia hora, meu carro tinha avançado apenas uma dezena de metros e não havia esperança de que a situação mudasse. Agradeci ao motorista, peguei minha pequena bagagem, sentei-me na garupa de um mototáxi e este, ziguezagueando entre os carros parados, pegando vielas paralelas, contramãos e subindo várias vezes na calçada, me levou, sem maiores dificuldades, até a estação. A tempo.

Diante de mim não tinha mais que um longo, longuíssimo par de trilhos, interrompido apenas aqui e ali pelos eventos dos últimos anos. O trem levou cinco horas para chegar em Aranyaprathet: uma corrida através do "reino dos sorrisos" que não sorri mais.

A fronteira com o Camboja estava lotada de gente que se dedicava a uma atividade extremamente rentável: o contrabando. Carregados de caixas e sacolas, centenas de tailandeses e cambojanos iam e vinham sem que ninguém os perturbasse de um país ao outro, sob os olhos dos soldados de ambos os Estados. Aproximei-me, tentando passar eu também misturado na multidão, mas o fato de estar vestido de branco me traiu e fui imediatamente parado: "Não. Não. Os estrangeiros não podem atravessar. É proibido", disseram os soldados. "Os estrangeiros devem ir de avião." Essa conversa eu conhecia bem, mas não fraquejei. Na Ásia nenhuma proibição é absoluta, nenhuma regra é inflexível, e, logo, por um preço muito razoável, terminei sendo "contrabandeado" no Camboja no banco traseiro de um carro "autorizado".

Antes da guerra, a linha ferroviária cambojana chegava até a Tailândia. Mas com o país arruinado e com todos os seus bens colocados a leilão, até os trilhos dos primeiros trinta quilômetros depois da fronteira foram vendidos como ferro-velho. Por isso o trem para Phnom Penh parte agora da cidade de Sisophon. O trem? Não exatamente. Uma série de escangalhados vagões de gado, cheios de mercadorias de contrabando e passageiros — muitos sentados no teto —, enfrentam duas ou três vezes por semana os 330 quilômetros até Phnom Penh. A hora de partir é irregular e nunca chega a ser anunciada antecipadamente para confundir os "bandidos" que costumam atacar e saquear a composição. Basta uma mina, um tronco atravessado sobre a ferrovia. Os bandidos — ou os soldados do exército regular? — disparam, matam um par de desgraçados somente para gerar medo nos demais, pegam tudo e somem. A notícia é comunicada, se tanto, com umas poucas linhas nos jornais da região. Às vezes nem mesmo isso.

Sentei-me entre as cestas, os pacotes e os passageiros. Eram todos khmer de pele muito clara, os khmer do campo, da floresta. Gente de outra época.

A ordenada e simples beleza dos arrozais me ajudou a afastar a idéia dos bandidos. Mas quando o trem entrou em Phnom Penh soltei um suspiro de alívio, mesmo percebendo que a estação oferecia um espetáculo desolador, invadida por um exército de mendigos, de sem-teto e de desesperados de todo tipo. Alguns produzidos antes, pela guerra, outros produzidos agora, com igual crueldade, pela liberdade econômica de mercado.

Em Phnom Penh lembrei-me do bonzo "potentíssimo", aquele que às vezes se apresentava como jovem, às vezes como velho, sobre o qual Hoc me falara. Pensei que, com a viagem que tinha pela frente, não seria má idéia "recarregar" o Buda que eu trazia no pescoço.

Hoc não tinha certeza se o bonzo ainda estava vivo. A mulher ouviu dizer que bandidos roubaram seu mosteiro e que o tinham matado. Decidimos tentar de qualquer maneira, na manhã seguinte bem cedo, para que eu pudesse depois prosseguir para Saigon.

A aurora foi uma daquelas que deixam uma eterna nostalgia. A coma escura das palmeiras de açúcar contra um céu imaculado de tonalidades pastel, os espelhos d'água dos arrozais com o reflexo dourado dos pagodes. Viajávamos sobre a lambreta de Hoc. Os últimos cinco quilômetros de estrada em campo aberto estavam cheios de buracos, e rimos muito com a idéia de que, antes de "recarregar" meu Buda, ninguém nos estava protegendo e podíamos ficar bloqueados no meio do nada.

O bonzo não tinha sido morto, ou pelo menos não a sua encarnação juvenil. Mais que um mago ou um santo, pareceu-me um comandante de pára-quedistas. Era forte, musculoso e mantinha com punho de ferro os 120 monges colocados abaixo dele.

Hoc lhe explicou o meu caso, o perigo dos aviões e a história do meu Buda que desde 1972 não tinha sido "recarregado". O monge disse que para um trabalho bem-feito eu teria que ir a sete pagodes e fazer com que sete bonzos o recarregassem. Como não tinha tempo, que oferecesse ao menos sete flores brancas de lótus à grande imagem do Iluminado que dominava seu templo. Fui cumprir a tarefa, pensando em como este número sete era "mágico" em todas as culturas de todos os tempos: sete dias da semana, sete anões, sete anos de vacas gordas, bota de sete léguas e... as sete flores de lótus. Até no Camboja!

O bonzo disse para me preparar, colocando também junto à correntinha do Buda todos os objetos que carregava habitualmente comigo, especialmente durante as viagens. Era preciso "carregá-los" também, para que me protegessem. Enquanto isso, ele iria se ocupar de outros pacientes.

Um grupo de jovens loucos e epiléticos estava à sua espera. Trazidos de várias partes do país, estavam nus a um canto do jardim, com apenas um *krama* em torno da cintura e sob a grande árvore junto a um odre cheio d'água. Alguns não conseguiam ficar parados, outros tremiam. O bonzo pegou com ambas as mãos um balde, mergulhou-o no odre e, recitando em voz alta rezas ou fórmulas mágicas, começou com toda a força que tinha a regar aqueles desgraçados que tinham se colocado de joelhos. Um balde depois do outro, até que o odre ficou vazio e os loucos, talvez pela magia, talvez apenas pela ducha fria, se acalmaram.

Hoc me disse que o bonzo era especialista em curar traumas de guerra e que aqueles eram todos ex-soldados.

Felizmente meu caso era diverso: um "meio banho" bastava — disse o bonzo —, mas se eu preferisse podia ficar nu também. Preferi não ficar. Pegou o Buda e os objetos que eu tinha selecionado — meu velho Rolex, a velha Leica e uma pinça com a qual guardo o dinheiro no bolso —, colocou-os sobre uma bandeja de prata e jogou por cima flores de jasmim, juntou as mãos, recitou rezas e espargiu — ainda bem para a minha máquina fotográfica! — apenas algumas gotas de água. Quanto a mim, que estava sentado sobre uma cadeira com uma coroa de flores entre as mãos juntas, versou lentamente todo um jarro de água que, da cabeça, escorreu pelo pescoço e pelas costas. Depois desta, uma outra e outra ainda. Tudo sempre salmodiando.

Em vez de me concentrar na bênção, pensava no quanto foram mais espertos os doidos que ficaram nus. Porque no final eu estava molhado como um pinto e não tinha como mudar de roupa.

Uma vez concluído o banho-cerimônia, o bonzo deu-me uma pequena imagem de Buda numa folha de papel-alumínio. Toda vez que me sentisse em perigo — me explicou —, devia imediatamente colocá-la no centro da testa e dar golpes com a palma da mão como se tentasse enfiá-la dentro da cabeça. À guisa de demonstração, deu-me ele mesmo um par de pancadas que sacudiram todo o meu cérebro.

Fiz a oferenda e partimos.

Ao sair, Hoc me traduziu uma legenda que notara sobre a parede do templo: "A vida não é tua e te pode ser arrancada a qualquer momento. Reflita sobre isto!".

De toda a encenação da "recarga", aquela era talvez a única coisa que me ficou.

A ferrovia cambojana, mesmo nos tempos coloniais, nunca foi ligada à do Vietnã. Ainda hoje continua a ser assim, e o meio mais veloz para ir de Phnom Penh a Cidade Ho Chi Minh, como agora se chama a velha Saigon, é o automóvel. Existem dezenas deles, bem arrebentados, com as portas amarradas com arame, circulando como ônibus entre as duas cidades e transportando milhares de marceneiros, pedreiros, pintores e prostitutas vietnamitas em busca de fortuna.

Para as pessoas do Vietnã, o Camboja virou uma espécie de Eldorado: o país é pouco povoado, os arrozais são férteis, os rios estão cheios de peixe e as cidades são cheias de gente que enriqueceu rapidamente com os tráficos da guerra e depois com os da paz e das Nações Unidas.

Em Neak Leung carros, caminhões e carretas devem subir sobre uma balsa para atravessar o Mekong. O possante rio, denso de limo e de história, corta o Camboja de Norte a Sul em duas partes, e nenhuma ponte une as duas margens cambojanas. Há séculos o grande perigo desse país é ser desmembrado ao longo daquela fronteira natural: a margem ocidental ficaria na órbita da Tailândia, a oriental na do Vietnã. A pressão demográfica dos dois vizinhos (a Tailândia com seus 60 milhões de habitantes e o Vietnam com seus 70 milhões) ameaça ainda hoje o Camboja, povoado por apenas 8 milhões.

O Camboja termina com um grande arco do triunfo de pedras rosa, encimado pela reprodução das torres de Angkor. Dali tive de fazer a pé uma centena de metros para chegar a um portal de cimento cinza e desajeitado que assinala o começo do Vietnã. Os estrangeiros que se apresentam ali são raríssimos, e minha chegada criou grande curiosidade, uma revista minuciosa dos meus pertences e um interrogatório no qual a pergunta recorrente foi: "Por que não tomou um avião?". É mesmo, por quê?

Talvez também para descobrir que o mundo é um complicado mosaico de países, cada qual com uma fronteira para atravessar. Talvez para me reconscientizar de que a terra não é uma massa monocromática pontuada de aeroportos, como sugerem as cartas das linhas aéreas. Ou talvez simplesmente para recuperar a emoção de atravessar fisicamente, a pé, e não pelo ar, uma verdadeira fronteira como aquela.

A diversidade em relação ao Camboja fica logo patente. Depois das planuras khmer, semidesérticas, o Vietnã parece absolutamente entupido, sufocado de gente. Onde quer que coloquemos os olhos, não vemos senão gente e gente. Gente que corta, que bate, que remenda, que costura ou cozinha naquela que parece ser uma obsessiva preocupação em sobreviver.

Desde a fronteira até Saigon há 73 quilômetros, e estes foram os últimos, até a Europa, que tive de fazer de carro — este também escangalhado e trêmulo.

Ao entrar em Saigon percebi de repente que não estava preparado para ela. Tinha pensado em todas as coisas práticas, mas não nas que aquele retorno representava para mim. A Saigon que veio ao meu encontro era uma fossa de humanidade. Senti-me perdido e quase tive medo. Naquela cidade vivera alguns dos momentos mais intensos da minha vida. Mas dessa vez o passado me pareceu algo do qual devia ficar longe.

Comecei evitando os hotéis onde tinha vivido: o Continental, cujo belo terraço aberto para a praça tinha sido modernizado com feios vitrais e ar condicionado; o Majestic, com sua vista sobre o rio e agora também sobre imensos cartazes publicitários. Fui me hospedar numa pensão barata para mochileiros. Alguns dos amigos de antigamente tinham morrido, como Cao Giao, meu velho intérprete e mestre, morto de câncer após anos nas prisões do regime comunista ao qual apoiara. Estava indeciso se devia procurar os outros.

Passeei horas e horas ao acaso pela cidade e, embora já a conhecesse, não reconheci nada nem ninguém. Era como caminhar no inferno: em cada esquina alguém tentava chamar a minha atenção oferecendo-me um chapéu, um passeio de triquixá, uma sopa ou a companhia de uma garota. Ainda que tivesse mudado o nome e oficialmente se chamasse Cidade Ho Chi Minh, Saigon voltou a ser Saigon: uma cidade de decadência, corrupção e vitalidade totalmente orientais; uma cidade extremamente materialista, mas ainda mais caótica, mais suja, mais indecente e mais meretriz que nos tempos da guerra.

A memória pode ser um esplêndido refúgio e, se um dia ficar velho como dizem os adivinhos, terei prazer em fuçar como se faz num baú de família, esquecido no sótão. Mas a memória também pode ser um terrível peso, especialmente para os outros. Caminhando, continuamente acompanhado por alguma recordação, me dei conta do quanto eu era odioso com aquela minha memória: odioso para as pessoas da minha idade, porque com as minhas recordações do passado lhes impedia de mentir sobre as promessas feitas e não atendidas; odioso para os jovens que vivem hoje e não querem ouvir como era o mundo de ontem. Eu era odioso, mas ao menos inócuo. Naquela guerra perdi ilusões e nem sequer isso se via. Mas que dizer daqueles que, nas revoluções, falidas como todas as outras, tinham perdido pernas, braços, olhos ou até mesmo a juventude, e que agora se arrastavam pelas ruas mendigando? Eles, sim, é que eram odiosos com sua memória tão física, tão visível, pesando sobre todo mundo!

Na manhã do dia 30 de abril de 1975 chorei de alegria ao ver os carros blindados do Exército de Liberação entrarem em Saigon: era o fim da guerra, e os vietnamitas se tornavam patrões do próprio país. Dez anos depois, quando retornei, chorei de desespero ao ver como os comunistas desperdiçaram a grande e histórica ocasião de fazer do Vietnã um país realmente livre. Agora estava ainda mais triste. A falência estava em toda parte. Estava na vida de cada vencedor.

Durante os anos da guerra fiquei impressionado com alguns revolucionários que conhecera: eram pobres, duros, mas dedicados a uma causa na qual acreditavam. Alguns me pareciam ser como santos modernos. Também eles em vinte anos perderam a aura e se tornaram figuras comuns, banais. Um deles fez sociedade com comunistas franceses e trabalhava com importação-exportação. Outro, como ele mesmo dizia conservando ao menos a ironia, fazia o "trato dos amarelos": recrutava operários vietnamitas para sociedades de construção coreanas! Outro ainda, que tinha sido uma figura mítica para os vietcongues, disse-me que a tragédia tinha sido vencer a guerra. Se a tivessem perdido, seriam obrigados a ir embora, a mudar, e assim teriam melhorado. Os vencedores acreditam não ter nada a aprender.

Dei-lhe razão. Se a vitória comunista serviu para colocar de pé a sociedade que se via à minha volta, então dava no mesmo que tivessem vencido os outros! Aquele tipo de sociedade, eles saberiam fazer melhor!

O trem S-10 para Hanói é conhecido como "Expresso da Reunificação". Mas, blindado como era, parecia pertencer aos tempos em que o Sul filo-americano e o Norte comunista ainda faziam a guerra. Todas as janelas eram dotadas de grades para serem abaixadas "em caso de necessidade".

"Qual necessidade?", perguntei.

"Bandidos!", explicou-me um dos meus companheiros de viagem, um ex-soldado. Com uma pequena gorjeta para a bilheteira, conseguiu arrumar lugar para sua jovem mulher num banco do nosso compartimento e assim, em vez de seis passageiros éramos sete, deitados sobre aquelas hastes de madeira cobertas por uma suja almofada de palha. Uma velha que falava o tempo todo e um soldado viajavam na parte de cima; viajando do outro lado dois estranhos jovens sem bagagem e há dias com a barba por fazer.

O trem era sujo, pobre e primitivo como se fosse montado às pressas por um ferreiro. Já na saída faltava água na privada. Tentei dormir, mas não foi fácil. Cada vez que o trem parava eu era tomado de assalto por uma multidão de mulheres aos gritos, crianças e mendigos que tentavam subir, vender alguma coisa ou conseguir uma esmola. Muitos passageiros desciam para se agachar em torno de mulheres que, sob a tenda, preparavam tigelas de ensopado. Na obscuridade da estação a iluminação das lamparinas a óleo tremulava como vaga-lumes: uma visão medieval. Pobre Vietnã! A única modernidade que este país parece ter conhecido foi a da guerra. As armas, os aviões, os mísseis são coisas de agora; todo o resto ainda pertence ao passado.

A noite estava sem luar, cheia de estrelas. Sob o dorso negro das colinas se adivinhava a presença de vilarejos graças à claridade de pequenos fogareiros sobre os quais as pessoas preparavam a comida. A cada estação se repetia o assalto dos vendedores e a gritaria das compras. No meio da noite a bilheteira entrou no compartimento, fez com que ficássemos todos de pé e se pôs a revistar os leitos. Um passageiro tinha denunciado o desaparecimento da sua bagagem e era preciso identificar o ladrão. Não o encontraram.

A aurora foi pura como se estivesse para começar o primeiro dia do mundo, com o céu sem uma nuvem e a água dos arrozais imóvel como um espelho no qual se contemplavam as palmeiras e as colinas.

Por dois dias e duas noites o trem engasgou pela costa rumo ao Norte: um longo e sibilante cortejo de miséria. Não para os vilarejos por onde passávamos! Para estes o trem era símbolo de riqueza, de abundância, e a cada estação, infalivelmente, uma floresta de braços mirrados se estendiam para dentro das janelas. Alguns tinham algo a oferecer: garotinhos em trapos vendiam água quente em deformados bules de alumínio cobertos de palha; meninas vendiam pedaços de cana-de-açúcar. A maioria oferecia suas mãos nuas. Os inválidos subiam para mostrar seus membros defeituosos, os cegos para entoar suas cantigas. Os policias punham toda essa gente para fora. Claro que eram vítimas da guerra, mas no Vietnã somente os mortos são honrados como heróis. Para eles existe um monumento em cada cidadezinha, em cada vilarejo. Para os mutilados não há senão desprezo: são um peso.

Bilheteiros e fiscais eram ex-soldados. Recebiam um salário de fome (15 mil *dong*, cerca de quinze dólares por mês), mas se arranjavam com os vários negócios que o trem lhes permitia fazer. Compravam em Saigon um televisor importado da Tailândia e o revendiam em Hanói. Com cada unidade ganhavam dez dólares. O importante era ter o capital inicial de setecentos dólares para comprar o primeiro televisor.

A velha falastrona e a mulher do ex-soldado faziam também grandes negócios. Ambas tinham rolos de dinheiro escondidos no decote, e o nosso compartimento lentamente se encheu de cestas de uva, de espetinhos de peixe seco e de plantas medicinais comprados nas várias estações. A velha alterava o preço até que o trem se punha em movimento, depois, com a mercadoria já na mão e com o vendedor correndo preocupado junto do trilho, no último momento jogava o valor que tinha decidido pagar. Era pegar ou largar! Em Hanói revenderia tudo com um lucro notável. Os dois jovens mal-arrumados e sem bagagem não tinham dinheiro nenhum para investir e ficavam só olhando.

A paisagem fora da janela era de uma comovente beleza. Igualmente comovente era a humanidade que se via em toda parte. Na hora das refeições, quando a vendedora de bilhetes chegava com um panelão para distribuir colheradas de caldo em gordurosas tigelas de alumínio, um bando de pivetes magros e sujos se arrastava pelo corredor esperando, furtivos, os restos que enfiavam em sacos plásticos. Entravam pelas janelas e, das janelas, assim que o trem reduzia a velocidade, pulavam para fora num contínuo jogo de azar com a morte.

Durante toda a segunda noite o trem viajou junto ao mar. Quando o olhava pela janela, cada vez que a ferrovia fazia uma curva, parecia uma longa serpente luminosa.

Na aurora chegamos em Kim Lu. A população estava já pronta com bacias d'água nas quais boiavam latas de cerveja cortadas como copos. Eram pias portáteis para que lavássemos o rosto. Dezenas de meninos, de mulheres e de velhos, cada qual com um balde na cabeça, tinham esperado horas pela nossa passagem. Assim como tinham esperado os cães que se precipitavam sob os vagões na esperança de conseguir alguma migalha da nossa riqueza.

O ex-soldado com a mulher notou a minha surpresa e me explicou que estávamos na província mais bombardeada pelos americanos. Com as mãos imitava os B-52 que lançavam suas cargas de morte e as pessoas que choravam. Uma história de vinte anos antes, mas ainda uma justificativa para a miséria presente.

Passada a cidade de Vinh, os alto-falantes anunciaram algo que não consegui entender. Meus companheiros se precipitaram a puxar para baixo a grade das janelas. E por quê? Estávamos atravessando a região na qual nascera Ho Chi Minh, e eu queria fotografar o trabalho nos arrozais. Chateado, levantei a persiana de ferro... apenas para levar na cara uma bola de lama e de esterco lançada pelos camponeses, enquanto uma saraivada de pedras chovia contra a parede de ferro e as janelas blindadas.

Para os herdeiros do "tio Ho" o trem era o símbolo de todas as promessas que a revolução não tinha mantido. Carregados de burocratas do partido, de habitantes da cidade grande, de comerciantes espertalhões, aquele comboio de comodidade e de luxo — ao menos aos seus olhos — passava, sem se preocupar com eles. Os camponeses se sentiam traídos, postos de lado, e não paravam de descarregar contra o trem a sua raiva, atirando tudo aquilo que encontravam ao alcance da mão.

De repente, por causa daquela saraivada, dei-me conta eu também de que há dois dias o Vietnã que corria através das janelas era feito exclusivamente de cabanas, que seus "cafés", "dentistas", "oficinas" para concertar bicicletas, "lojas" de costureiros e barbeiros nada mais eram que míseros tetos de palha sustentados por quatro hastes de bambu, que as pessoas estavam todas vestidas de trapos remendados e que os meninos estavam todos descalços.

O trem deslizava através dessa miséria insinuando-se com seu apitar constante. A ferrovia às vezes corria ao longo da estrada principal e às vezes a atravessava. Raramente havia um bloqueio para os carros e a única advertência era o apito. Um homem de bicicleta não teve tempo para sair do caminho e foi atropelado. O trem parou por alguns minutos e voltou a partir. Acontece disso em todas as viagens, me disseram.

Finalmente os alto-falantes transmitiram uma música patriótica. Depois a voz melíflua de uma mulher anunciou que estávamos chegando. O trem desacelerou, como se devesse abrir caminho entre as hortas, as casas e as bicicletas. Resvalando em dezenas de lojas e barracas, entrou em Hanói.

A estação, construída pelos franceses no tempo em que o Vietnã, era uma colônia, parecia uma miniatura de Versalhes: um patético contraste com a massa de gente raquítica e empoeirada que dormia ao longo das plataformas e sobre as escadas.

"Sabe onde posso encontrar uma casa de ópio?", perguntei a um dos condutores de triquixá diante do modestíssimo hotel para viajantes vietnamitas próximo à estação, no qual decidi me hospedar. O homem saiu da sua cansada letargia, sorriu com a boca desdentada, fez com que me acomodasse na cadeira e pedalou pela noite de Hanói.

Ao longo da calçada desconexa, ao pé de velhas casas outrora pintadas de amarelo e sob belas árvores francesas, sufocadas por fios de luz e anúncios, formigava a habitual, pobre, pálida e enfermiça humanidade de calças-curtas e camiseta sem manga. Suada, cansada e irritada. Cada entrada era uma lojinha, em cada tenda havia um vendedor de cigarro, de jornais, de gasolina. Dois bancos em torno de uma mesa eram um café, uma bomba e um balde de água, um borracheiro. Cada conversa parecia uma briga, e freqüentemente o era.

Tudo parecia apodrecer: os tetos, as portas, as paredes e até as próprias pessoas. A cidade fedia a mofo. Sempre gostei de passear em cemitérios, mas este imenso cemitério que era Hanói não me inspirava grandeza alguma.

A "heróica", austera e silenciosa Hanói da guerra se tornou apenas uma cidade de miséria, onde tudo estava à venda. Se alguém quisesse fazer uma viagem simbólica nas ilusões políticas da minha geração, bastava partir dali, onde a noite voltou a ter mil segredos.

O homem do triquixá conhecia o seu. Deixou-me diante de um beco escuro entre dois grandes edifícios do centro. Um jovem me acenou e assim encontrei a rua no velho ventre da Ásia que o fogo da revolução quis varrer para sempre mas que retornou à vida. Atravessamos um pátio, subimos pela elegante escada de madeira de um velho palácio colonial, passamos junto a uma fila de cabanas construídas sobre aquela que tinha sido a varanda, caminhamos sobre a borda de um terraço, sobre um balcão e, depois de superar uma escada de madeira e uma portinhola, encontramos a penumbra de uma bela sala, toda forrada de bambu e densa de um odor doce e familiar. Sobre um fogareiro, numa caneca de ferro, o ópio estava sendo refinado. Sobre o pavimento coberto de esteiras de palha estavam deitados alguns jovens, cada qual com a cabeça encostada sobre um apoio de madeira. Uma bela mulher magra, com a pele branquíssima, passava de um ao outro com a pequena lâmpada a óleo sobre a qual se apoiava a pipa.

Com a luz daquela chama vi as sombras de outros corpos deitados ao longo da parede, o perfil de uma pequena rã entalhada sobre a pipa que passava de mão em mão, e a tatuagem de uma borboleta sobre o ombro nu de uma jovem deitada ao meu lado.

Fiquei ali cerca de uma hora, gozando aquele tênue torpor, sem memória, sem peso, sem desilusões. Ao sair, estava como que reconciliado com o mundo e tive vontade de sorrir ao ver que o opiário estava a poucos metros do *Jornal do Partido*.

O triquixá estava à minha espera e lhe pedi para dar uma grande volta na cidade antes de me levar para o hotel. Nenhum meio de transporte oferece ao passageiro tal conforto majestoso, tal sentido de liberdade, tal frescor no rosto como o triquixá. O meu planou ao longo da avenida em torno do Lago da Espada Encontrada, diante do Palácio da Ópera, da velha residência do governador francês, depois virou em direção ao rio e das ruelas da cidade velha. Sentia como se estivesse a bordo de uma astronave que deslizava no espaço entre o passado e o presente, mas sem ter mais a obrigação de comparar, de julgar. História e política não mais me diziam respeito. Fascinava-me somente a vida que, tenaz, gulosa e lasciva, continuava a florir em meio àquela podridão. O triquixá viajava rapidamente entre ruas que murmuravam vícios e tentações, deixando-me recolher apenas imagens desconexas: corpos nus sob o cone de luz de um poste, mulheres confabulando, risadas e gestos obscenos de garotas apoiadas numa porta e, de vez em quando, o salto de uma ratazana saindo de uma parede esquecida sem pintura havia décadas.

Durante a noite — não sei se sonhando ou se imaginando de olhos abertos —, vi-me jogando fora um dicionário com o qual tinha trabalhado até então e pegando um novo no qual só havia palavras positivas.

Depois, ainda semi-inconsciente, vieram-me à mente, sem razão alguma, as seguintes palavras: "Cuidado ao atravessar a fronteira... com os documentos de viagem". A cartomante de Phnom Penh! Parecia que o perigo estava para acontecer mais ou menos naqueles dias. Tratei de verificar o passaporte e..., realmente, meu visto de saída do Vietnã não era "via terra". Os funcionários da embaixada de Bangkok tinham se "esquecido" de escrever "Passo da Amizade", o posto de fronteira com a China. Se tivesse chegado ali, teria seguramente sido mandado de volta!

Mesmo estando em Hanói, não foi fácil obter aquele visto. Foi preciso interceder com cartas, recomendações e mais dois dias de espera.

Antes lhe cortou um pouco de pele, bem atrás da orelha, depois afundou a faca e lentamente se pôs a procurar a veia a ser cortada. Quando começou a escorrer o sangue, o homem pegou uma panela para recolher o líquido. O cão estava de cabeça para baixo, amordaçado, pendurado pelas patas no umbral da porta e não conseguiu sequer gemer. Um bando de meninos olhava e saltitava em torno, quase todos indiferentes. O homem esfolou o cão e o reduziu a pedaços: o peito para ser recheado, as coxas, talvez, para um assado.

Saí para a última corrida matutina nas ruelas em torno da espelunca na qual estava hospedado e aquele esquartejamento doméstico me deu uma grande raiva. Como podia a morte — mesmo a de um cão — ser assim tão banal? Depois pensei numa notícia que lera pouco tempo antes nos jornais, e tive vontade de rir: em Tóquio tinham aberto os primeiros consultórios de astrologia para animais domésticos, sobretudo gatos e cães. Em Hanói não teriam problema em adivinhar o futuro: o destino dos cães é acabar dentro da panela! Depois me enfezei com os cães. Dizem que têm tanto faro! Como não sentem, então, que esses vietnamitas fedem a carne de cachorro há séculos? Por que não percebem que o homem, que estimam como grande amigo, é desprovido de escrúpulos?

Até mesmo a vida dos cães seguia com a habitual falta de sentido de todas as vidas. Correndo mais um pouco, vi muitos outros cães idênticos àquele que acabavam de esquartejar, que brincavam com os meninos, que lutavam entre si e que reviravam montanhas de lixo das quais os mendigos já tinham se servido.

Tentei obter o endereço de um adivinho, mas a primeira impressão foi de que em Hanói não teria sido fácil encontrar algo do gênero. Disseram-me que ninguém acreditava na coisa e que eles não existiam mais. O erro foi ter perguntado aos funcionários do Ministério dos Assuntos Estrangeiros, aos quais tive de me dirigir por causa do "visto via terra". Depois, através da costumeira cadeia de encontros casuais, conheci uma mulher que sabia de uma maga. Ela mesma a consultara algumas semanas antes: o filho, drogado, tinha tirado o televisor de casa para vendê-lo no porto de Haiphong para comprar heroína. Ela não sabia o que fazer. "Espere três dias e o garoto voltará", lhe disse a maga. E assim foi.

A mulher era a quintessência de tudo aquilo que provocava meu desespero no Vietnã. Vinha de uma família de grandes revolucionários, participou na guerrilha e se casou com um combatente. Quando a guerra acabou, porém, o marido arrumou uma amante mais jovem e deixou-a sozinha com o filho cheio de problemas.

A maga morava não muito longe do Templo da Literatura e fomos até lá de triquixá. A casa era muito modesta, pouco mais de um cubo de cimento. A maga tinha uns cinqüenta anos, era magra e com os cabelos estranhamente presos. Tinha um ar caloroso e simpático. Começara a "ver" depois de adoecer gravemente. A cura veio de um raio de luz que recebera.

Estávamos sentados sobre minúsculos banquinhos em torno de uma mesa pequena e baixa. Não quis saber nada de mim. Tomou minhas mãos, as acariciou, olhou-me nos olhos e começou a falar com voz doce e amável. O que tinha a dizer já não me interessava mais. Tinha entendido os vários mecanismos e a aproximação de cada descrição e previsão. Só que, depois de um pouco, me perguntou o ano em que eu nasci e o ano em que nasceu minha mulher...

"*Mal*", disse a mulher. "*Para alguém do tigre como você é absolutamente desaconselhável, aliás perigoso, casar-se com um coelho.*" (Exatamente o contrário do que dissera a maga de Cingapura.) "*Foi sua mulher quem o impediu de fazer uma boa carreira e de ter sucesso. Você deveria separar-se dela por longos períodos, caso contrário terá graves problemas de saúde.*"

Achei isso interessante porque, interpretando cada uma daquelas frases de modo pessoal, havia algo de verdadeiro sobre meu relacionamento com Angela: se estávamos juntos havia bons trinta anos era porque tínhamos alternado grandes presenças com grandes ausências. Ainda quando os filhos eram pequenos, e eu ficava em casa por mais de duas ou três semanas, ficávamos insuportáveis. Angela dizia: "Mas não acontece nada no mundo? Não tem uma ofensiva no Vietnã?". Então algo acontecia e eu partia. Ficava fora por uns quinze dias, e o retorno era magnífico para todos. Muitos casamentos acabam simplesmente por tédio. Certamente não era o que a maga queria dizer, mas foi nisso que ela me fez pensar.

"*Daqui até o fim da vida você não terá grandes problemas. Há apenas um ligado ao terreno onde está. Debaixo da sua casa há um morto jovem que o impede de virar rico...*" (Eis a razão!) "*Toda vez que você ganha dinheiro, ele dá um jeito de destruí-lo. É preciso que você aplaque a alma dele ou que abra uma nova porta no canto sudeste da casa: uma porta aberta para o lado da Índia.*"

Entrou uma bela mulher, com seus cinqüenta anos, que escutou o meu "destino" e se preparava para dizer algo. Falava um ótimo inglês e disse vir com freqüência à maga, que acabou se tornando sua melhor amiga. A mulher, engenheira ferroviária, tinha estudado na China, foi membro do partido e era casada com um alto funcionário. O marido — ele também! — tivera uma amante e a maga a ajudara dando conselhos. Quais? Ter paciência, falar com o marido, enfrentar junto com ele o problema, entendê-lo. Conselhos que qualquer amigo teria dado, mas que nem seus colegas de trabalho nem os do partido tinham dado. Não seria esta também uma função dos adivinhos?

Eu estava mais uma vez entre mulheres cinqüentonas com problemas matrimoniais consultando uma simples charlatã. Ainda assim continuava a achar as mulheres muito mais agradáveis e humanamente mais interessantes que os homens, e até a charlatã me parecia mais simpática que meus santos revolucionários que viraram comerciantes.

Perguntei à maga se via riscos para mim com os aviões. Não. Absolutamente nenhum, disse. Mas que ficasse atento com os trens. Estes, sim, é que eram perigosos para mim!

"Que pena, amanhã mesmo tenho de tomar o trem para Lam Son na fronteira chinesa", disse-lhe.

"É isto o que você não deve fazer! Não o tome... é um trem cheio de bandidos e ladrões. Com freqüência são os próprios policiais a se fingir de bandidos e a roubar os passageiros. Mude de programa! Vá de avião! Aquele trem para você é perigoso!"

Àquela altura já não sabia mais se ela me falava como maga ou como passageira da ferrovia vietnamita. Eu, de qualquer modo, não lhe daria ouvidos.

20. Um navio no deserto

Durante a noite caiu um grande temporal. Mas nem mesmo isso tirou da estação de Hanói seu sufocante odor de latrina. Como um exército derrotado e em retirada, centenas de passageiros esperavam por seus trens acampando nas escadas, corredores e ao longo das plataformas. Ainda estava escuro e não consegui encontrar meu trem. Toda vez que perguntava a um policial ou a funcionário da ferrovia, o sujeito levantava a mão numa direção diversa. Finalmente uma mulher — viva as mulheres! — me guiou através de uma fila de vagões estacionados, me fez passar diante dos trens que estavam para partir e me entregou ao responsável do expresso para Lam Son.

O trem que conduzia à fronteira chinesa era ainda mais modesto do que aquele que me trouxe de Saigon. Os acolchoados de palha estavam mais sujos e mais desfiados. Minha presença causou um grande problema às autoridades: como proteger a mim e a meus pertences? Decidiram expulsar todos os passageiros das duas filas de bancos próximos aos lugares reservados aos policiais, de tal modo que eu ficasse sempre sob vigilância oficial. Quem quer que tentasse se aproximar do meu lugar foi mandado embora.

Talvez a maga tivesse razão afinal: aquele trem costumava ser atacado por bandidos! Ou seriam os policiais o verdadeiro perigo? Também a cartomante de corte em Phnom Penh dissera que viajar no final de julho teria sido perigoso.

O trem partiu às 5h30. Estava começando a clarear o dia, e a Hanói que vi acordar da minha janela era um desolador espetáculo de casebres, cortiços, depósitos, galpões e barracas remendadas: um enorme galinheiro onde cada cubículo era circundado de arame farpado. Cacos de vidro cimentado demarcavam o recinto que devia proteger míseras propriedades das eventuais incursões de seus míseros vizinhos.

Atravessamos o rio Vermelho: vermelho de um barro que tornava a água um caldo viscoso. Alguns velhos faziam ginástica ao longo dos dois sentidos da ponte reservada às bicicletas. Foi aqui que em 1954 entraram em Hanói os guerrilheiros e que saíram os franceses derrotados. Foi sobre esta ponte que um soldado vietnamita deu, com desprezo, um chute no traseiro de um oficial francês.

O trem era muito lento. Durante horas viajamos em meio aos arrozais, e sua ordem, seu verde milenar, depois da cinzenta Hanói, eram revigorantes.

Em uma estação subiu o homem da pipa à água. Tinha uma cesta com uma lamparina a querosene, um bule e dois copinhos. A pipa era de bambu. Coloca-se uma pitada de tabaco, chupa-se pelo bocal e escuta-se o borbulhar da água através da qual passa a fumaça, respira-se com força e o sujeito fica bem tonto. Vem uma sensação de desmaio, mas o copinho de chá, forte e amargo, ajuda a recuperar a consciência.

Em outra estação subiu um cego cantando suas canções, mas não teve sorte. Devido à minha presença, os policiais o empurraram para fora. Dois rapazes sem passagem foram trazidos para o meu lado, algemados ao acento e esbofeteados pelos policiais. Um deles chorava, mas o outro manteve um ar desafiador, como se fosse acertar as contas mais tarde. Tentei olhar o trem com os olhos dos meninos que nos saudavam dos arrozais, dos jovens nos vilarejos de pedra por onde passávamos, e compreendi que nossa passagem era uma tentação permanente. Naquele mundo que não mudava, o trem era a única esperança de movimento: o trem levava embora, o trem estava carregado de gente diversa, o trem ia para longe. Na fantasia deles o trem é símbolo de poder, de alegria, de riqueza, de mudança. Por isso todos correm para o trem, se jogam na sua frente, tentam trepar nele, empoleirar-se sobre o teto: os cegos, os mendigos, os meninos, os larápios, os aleijados, os rebeldes e todos aqueles que têm um sonho a realizar ou uma raiva a desafogar.

Na estação de Dong Mo o trem parou por meia hora para dar a todos tempo de comer em algumas barraquinhas ao longo da ferrovia.

Quando partimos de novo para a montanha, o trem ia tão devagar que os jovens conseguiam descer para beber em uma fonte e subir novamente correndo. As montanhas eram selvagens e úmidas. Foi esta faixa de terra que os chineses ocuparam em 1979 para "punir" o Vietnã por invadir o Camboja e derrubar Pol Pot. Quando se retiraram, destruíram tudo o que havia ali.

Antigamente a ferrovia do Vietnã atravessava a fronteira e se unia à rede chinesa. Mas os chineses durante aquela incursão cortaram e levaram embora os trilhos dos últimos quilômetros. Assim, uma vez chegando na estação de Dong Dan, o trem não pode mais seguir avante. Para percorrer os 164 quilômetros desde Hanói tínhamos levado exatamente oito horas.

Fiz os últimos quilômetros que restavam até a fronteira na garupa de uma lambreta. Os fiscais vietnamitas foram pedantes. O pessoal da alfândega quis revistar minha mochila, os funcionários da polícia, arrogantes e descorteses, examinaram meu "visto via terra" com uma lente de aumento.

Do último posto de fiscalização vietnamita até o chinês há cerca de um quilômetro. A estrada é íngreme e atravessa uma densa floresta. Estava só e a caminhada a pé até a China me encheu daquela trepidação de uma pessoa que vai ao encontro de alguém que ama e não vê há muito. Ali estava de novo uma fronteira que via, que sentia fisicamente. De novo a alegria de um país que tinha a impressão de merecer pela fadiga que enfrentei para chegar, lentamente, a uma de suas entradas. Não haveria aquele tocar a terra incerto dos pneus de um avião. A primeira imagem não seria a de uma torre de controle, de uma pista de cimento! E, com efeito. Ao superar uma curva, levantei os olhos, e a China, com a sua história, a sua cultura, a sua grandeza estava toda ali, numa imponente e velha fortificação, com um alto portão de madeira coberto de pregos sobre o qual surgiam três grandes ideogramas: "Passo da Amizade".

Em volta, sentia-se uma calma sóbria e antiga. Provei uma grande emoção, como a de voltar para casa. O contraste não podia ser mais explícito. Deixava para trás um pobre, duro e teimoso pequeno país e entrava num majestoso império, seguro e cheio de si.

O império era velho e gigantesco e se definia ainda socialista. No entanto ele também já não parecia reconhecer mais que um deus: o dinheiro. *Qian* foi a primeira palavra com a qual a China me acolheu; e *qian*, dinheiro, foi a palavra que me acompanhou, como uma obsessão, em cada conversa, cada comentário que ouvi nos cinco dias que levei para atravessar o país de Sul a Norte.

Os fiscais do "Passo da Amizade" brigaram com os soldados do Exército de Liberação para trocar meus dólares no mercado negro. Os passageiros do microônibus que me levou até a primeira estação ferroviária, em troca do meu *qian*, me ofereceram micos minúsculos, serpentes gordas e outros raros animais selvagens, a maioria seguramente presentes no Livro Vermelho das espécies em via de extinção. Não comprei nada, e todos prosseguiram a viagem nas suas jaulas de bambu até as panelas dos grandes restaurantes da China meridional para onde estavam destinados.

Um trem local me levou até Nanning. Dali os trilhos continuariam sem interrupção até a Europa, até Florença. Tratava-se apenas de encontrar a passagem.

Até poucos anos atrás os estrangeiros na China tinham tratamento privilegiado e eram paparicados como "hóspedes de honra". Suas passagens eram vendidas em guichês especiais. Hoje não é mais assim.

"Estrangeiro? Para a fila como os outros!", ordenou-me o primeiro funcionário ao qual me dirigi. Na sala de espera da estação de Nanning alguns milhares de pessoas se acotovelavam diante de acanhadas janelas protegidas por grades de ferro. Em pé sobre um parapeito construído acima dos guichês estavam alguns robustos policiais que, com a descarga de seus cassetetes elétricos, mantinham sob controle a multidão suada, ondulante e litigiosa. Cada qual buscava uma maneira de pular a corda para fazer valer o próprio privilégio. A um oficial do Exército de Liberação que queria passar na minha frente dei um pito "maoísta". Disse-lhe que o significado do seu uniforme era "Servir ao povo!". Todos riram, como se aquela famosa frase de Mao com a qual gerações de chineses foram educados fosse agora apenas uma tirada espirituosa. Naquele momento, porém, fez o coitado sair em retirada.

Precisei de três horas para comprar a passagem: tempo suficiente para me dar conta de uma animosidade antiestrangeiros que nunca sentira antes na China. As relações de respeito — talvez forçado — que existiam antigamente entre estrangeiros e chineses não existem mais. A impaciência é recíproca. Nos chineses, ela se mistura agora a inveja, a raiva e a uma sempre menos velada aspiração racial de fazer as contas com os que "vêm de fora".

Nanning é uma das cidades em plena expansão da China do Sul. Seus arranha-céus tentam imitar os de Hong Kong. Elegantíssimos hotéis novos, restaurantes cintilantes, nightclubs e *massage-parlours* são o oásis de uma nova classe de privilegiados que se locomovem de Mercedes, carregam celulares sempre colados na orelha e se fazem escoltar por guarda-costas.

De Nanning até Xiana a distância é de 2.381 quilômetros, que o trem levou dois dias e duas noites para percorrer. As passagens que consegui comprar eram válidas apenas para os "acentos duros". Mas o chefe do trem se definiu um "colecionador de cédulas estrangeiras" e, em troca de alguns dólares para a sua "coleção", consegui um acento-leito.

O trem estava lotado, mas a cada estação novas massas de gente magra, suja e cheia de bagagens se atiravam contra as portas e tentavam subir no compartimento. Nos tempos de Mao, um chinês que quisesse viajar precisava de uma permissão especial do secretário do partido da sua unidade de trabalho. Hoje todo mundo é livre para ir aonde quiser, mas a liberdade também comporta ausência de proteção. Agora é preciso virar-se sozinho, e as massas deixadas ao salve-se quem puder provocam medo com seu potencial de violência e caos. A pressão da ideologia desapareceu. No seu lugar não surgiu nenhum outro sistema de valores ou de regras sociais e em toda parte verifica-se um óbvio e progressivo retorno da anarquia. Os que têm *qian*, dinheiro, se tornam sempre mais potentes e agressivos; os que não têm, sempre mais indefesos.

O próprio trem valia como exemplo para esta mudança. Era passado o tempo em que os bules, mesmo nos compartimentos "duros", eram constantemente enchidos com água quente e as empregadas da ferrovia com suas trancinhas se precipitavam em cada parada para limpar a maçaneta das portas. No meu trem ninguém se ocupava com mais nada, ninguém varria mais regularmente os corredores e, com o passar das horas e dos dias, o odor que subia das cozinhas se parecia cada vez mais com o das latrinas, diante das quais havia sempre uma fila impaciente e rumorosa de gente batendo na porta.

Maquinistas, cozinheiros e policiais constituíam uma espécie de máfia que evidentemente não estava ali para "servir ao povo", mas para enriquecer de todo modo possível.

Passando pela região de Guilin, vi suas famosíssimas montanhas, mas me encantei, assim como no Vietnã, sobretudo com os arrozais, com sua ordem e seu conteúdo de trabalho acumulado. Em toda parte a agricultura me transmite uma impressão de força e o sentido que esses países têm por causa dos camponeses. Mao os arregimentara e os envolvera na política. Seus sucessores vão ter muito trabalho para mantê-los sob controle!

Quando nos aproximamos de Xian, os cozinheiros e os garçons vieram recolher sacos cheios de abacaxi que tinham escondido debaixo dos nossos acentos.

Xian se anunciou com uma nuvem amarelada de pó e poluição. Sobre as paredes das casas ao longo da ferrovia, onde antigamente se liam as últimas palavras de ordem da política, grandes anúncios publicitários convidavam a comprar cigarros, vinho, motocicletas e cremes de beleza.

A cidade parecia ferver de atividade. Logo ao sair da estação fui abordado por uma garotinha em minissaia:

"My name is Milly. Do you want sex?"

"Se quero sexo? Onde?"

"Lá adiante, no Hotel da Liberação."

Mulheres sorridentes e cheias de maquiagem tentavam atrair clientes para os cantos mais escuros. Jovens com megafone chamavam os passantes para entrar nas suas "Salas de Vídeo". Jamais, nos cinco anos em que vivi na China, me senti tão estranho, tão inseguro, tão em perigo de ser agredido ou roubado como naquele momento.

Comprar a passagem seguinte também foi complicado. Mas novamente aprendi algo. Na bilheteria havia outros estrangeiros fazendo fila — na sua maioria jovens viajantes tensos e irritados. Todos pareciam ter uma relação terrivelmente conflituosa com os chineses. Ao menor sinal de desacordo, mostravam-lhes os punhos, davam empurrões. Nos meus tempos de China isso seria impensável. Os chineses tinham conseguido impor tal respeito de si que nenhum estrangeiro teria se permitido atacar diretamente ou ofender um nativo. Mas aqueles eram também os tempos em que uma chinesa não podia ir para a cama com um estrangeiro, no qual um estrangeiro na China não podia possuir nada, não podia contratar operários, empregar uma secretária ou pagar uma amante.

Para ir de Xian a Lanzhou tomei o trem número 44, famoso pela máfia que o controla. O "chefe dos chefes" estava sentado no restaurante. Apresentei-me e falei sobre o meu problema: "Tenho uma passagem para os acentos duros, mas como você pode ver, sou grande e comprido e gostaria de poder me alongar para dormir". Negócio fechado: com cinqüenta *yuan* obtive um lugar no vagão "macio". Uma vez que ele controlava também a cozinha, por dois dólares a mais pude desfrutar de um belo jantar, servido excepcionalmente sobre uma toalha branca, e não — como costuma acontecer — sobre o plástico melado com os restos dos outros. Pouco depois, porém, desapareceu uma das minhas máquinas fotográficas. Parte da gorjeta? Inútil reclamar com os policiais. Talvez tivessem sido exatamente eles a roubá-la.

Ou quem sabe era o furto que tinha de sofrer? "Este ano você será vítima de um furto. Perderá uma coisa à qual é muito apegado", disse o adivinho de Phnom Penh. Não tinha sido capaz de adivinhar o massacre de 1,5 ou 2 milhões de pessoas no seu país, mas previu o furto de uma máquina fotográfica num trem da China! Mesmo assim, se quisesse fazer rimar um fato com uma profecia, este teria sido perfeito. Até porque não me lembro de ter sofrido outro furto na vida.

À medida que o trem chinês rugia em direção ao norte, esquecia lentamente o novo, vulgar e agressivo caos das cidades e redescobria a velha e revigorante ordem da antiga natureza trabalhada pelo homem. Atravessamos o Gansu, uma das regiões mais atrasadas do país. A terra era amarela, os campos pequenos, os asnos magros e os camponeses, como sempre, curvados sobre o próprio trabalho. Aquela era ainda a velha e pobre China que não dá notícia, que não tem impressionantes taxas de desenvolvimento e onde ninguém vai investir. Sobre a parede das casas de barro se lêem ainda os *slogans* revolucionários, e sobre os telhados havia bandeiras vermelhas ao vento. Vista da janela, aquela era a China na qual Mao ainda poderia continuar vivo: homens e mulheres tinham ainda uniformes azuis e pelas ruas só havia bicicletas. Ali era como se as reformas de Deng Xiaoping ainda não tivessem chegado ou como se tivesse ocorrido uma resistência de esquerda contra a atual onda de capitalismo descontrolado que está atropelando as cidades.

Quanto tempo ainda pode durar tudo isso? Meus dois companheiros de viagem estavam convencidos de que em breve as contradições explodiriam. Um deles era um major do Exército de Liberação e falava da possibilidade de uma nova guerra civil: província contra província, regiões da costa contra as do interior, camponeses contra habitantes da cidade. Não era o único no Exército a dizer tal coisa, observou. O outro companheiro era um velho quadro do partido, aposentado. De acordo com ele, todo o sistema colocado de pé pelos comunistas depois de 1949 estava para ruir. "Os professores vão parar no mercado em vez de na escola porque ganham mais com o pequeno comércio do que com o ensino. Os policiais não prendem mais os ladrões porque eles mesmos se tornaram gângsteres. Como pode um país ir adiante assim?", disse para que todos o ouvissem. Até essa liberdade de falar teria sido impensável alguns anos atrás. "O único modo de parar a anarquia", concluiu, "é que o Exército e as forças de segurança tomem em mãos o país e imponham novamente a ordem com a força."

"Do comunismo de Mao ao gangsterismo de Deng, ao fascismo de quem?", perguntei.

Sim, a China em breve se transformaria num país fascista, disse o velho quadro. O major parecia estar de acordo. Contudo, ninguém sabia dizer o nome de quem seria o *führer* chinês.

Durante toda uma tarde o trem viajou ao longo do deserto de Gobi, depois, por um dia inteiro, ao longo do rio Amarelo. A natureza era muito pobre e selvagem, mas o homem a tinha domado e feito com que frutificasse. Fios de postes elétricos se perdiam no horizonte. Por centenas de quilômetros a ferrovia estava protegida por canteiros de erva plantada tenazmente nas bordas do deserto para bloquear o avanço da areia, que de outro modo teria engolido os trilhos. Em toda parte eu via represas, pontes, canais de irrigação e extraordinárias barreiras verdes de álamos plantados até o infinito para defender a longínqua Pequim das tremendas tempestades de pó: todos, todos esses projetos foram realizados com o trabalho coletivo dos últimos quarenta anos. Quem fará esse tipo de trabalho no futuro?

Meu trem dobrou em direção ao Oriente para se dirigir a Pequim, e eu desci em Huhehot para tomar o expresso rumo ao norte, na Mongólia.

Fiquei em Huhehot um dia e uma noite: tempo suficiente para lavar as roupas sujas durante a viagem, dormir numa cama de verdade e passear sem estar espremido num corredor, e sim nas calçadas de uma grande cidade cheia de gente, bicicletas, automóveis, velhas carretas puxadas por jumento e outras puxadas por homem. Perdi-me ao escutar os sons e a compará-los com os do passado. As reformas de Deng mudaram até os ruídos da China! Antes, numa rua lotada se ouvia apenas sapatos de pano se arrastando; agora era tudo um trinado contínuo. As grandes lojas difundiam música ocidental e em algumas fontes foi instalado um sistema que ofuscava o belo som da água com o assobio de alguma orquestra. A fonte diante do meu hotel tinha refinado o sistema com o acréscimo de luzes que mudavam com o movimento dos esguichos, seguindo o ritmo da música.

Continuava a ouvir aquela palavra: *qian*, "dinheiro", com a qual fui acolhido na China. Um homem, atrás de uma banca, a repetia mostrando calcinhas de mulher. Não entendia por quê e me aproximei: eram calcinhas especiais, com um bolso secreto para esconder dinheiro!

A compra de uma nova passagem foi novamente uma pequena aventura. Quando, às seis horas da manhã, os guichês abriram, as passagens já estavam todas vendidas... no mercado negro. Paguei pela minha o dobro do valor devido e, entusiasmado, subi no expresso para Ulan Bator.

Finalmente um trem onde se podia caminhar nos corredores e usar as latrinas sem que alguém batesse continuamente na porta. Os poucos passageiros eram sobretudo mongóis. Estranhos personagens com os quais me diverti observando cada manobra. Um deles, munido com a chave de fenda que trazia na calça, abriu o teto do compartimento e enfiou nele uma caixa de papelão. Outro, com uma longa barra de ferro, pôs-se a pescar na barriga do trem através de uma pequena escotilha no corredor. Já tinha ouvido falar numa "via mongol da droga" que, desde Yunnan, no Sul da China, vai até Ulan Bator, atravessa a Sibéria, a Polônia e conduz até a Alemanha. Será que eu estava observando seus "carteiros"?

Os chineses no trem eram pouquíssimos. Não têm por que ir à Mongólia, onde são malvistos e temidos. A Mongólia é vastíssima e todavia conta com apenas 2,5 milhões de habitantes e se sente justamente ameaçada pela superpopulosa China. Para os descendentes de Gengis Khan, os chineses já tomaram uma bela fatia daquilo que antigamente era o país deles — a província da Mongólia Interna com Huhehot como capital — e é justamente para se defender de Pequim que a República da Mongólia decidiu virar um Estado-satélite da União Soviética.

Os mongóis eram até poucas décadas um povo nômade, e tudo aquilo que hoje têm de moderno é a cópia do modelo soviético. Até mesmo a distância entre os trilhos é de 1,52 metro, como nas ferrovias da ex-URSS. Por isso em Erliang, a última estação chinesa, toda a composição é levada para um hangar e os eixos com as rodas chinesas são substituídos pelos do tipo soviético, bem maiores. A operação durou cinco horas, e os chineses aproveitaram para vender aos mongóis montanhas de mercadorias. No centro de Erliang tinham organizado um grande mercado onde estavam expostos todos os principais bens de consumo chineses. Os mongóis enchiam suas sacolas com roupas e alimentos. As garrafas de cerveja saíam em engradados de dez unidades, ligadas com fios de plástico.

Quando a composição se pôs em movimento, era um trem mais de mercadorias que de passageiros.

A China terminou simbolicamente com um imponente arco do triunfo e uma torre de guarda encimada por uma grande estrela vermelha. A barreira baixa de arame farpado que assinalava a fronteira se perdia na planície verde e deserta. Como querendo não ficar para trás, a Mongólia tinha, a poucos metros de distância, seu próprio arco do triunfo, igualmente de estilo soviético, como também acontecia com o uniforme dos soldados e dos fiscais alfandegários que subiram no trem.

Nem bem atravessamos a fronteira e os passageiros mongóis se meteram a fazer festa. Estavam na casa deles e brindavam com uma garrafa de cerveja depois da outra. Assim que esvaziavam o vasilhame, o atiravam pela janela, e a noite foi pontuada por um contínuo estrondo de vidros vazios arrebentando contra os trilhos.

Sob a luz prateada da lua, a infinita extensão da pradaria era como um mar muito calmo e o trem como um navio. Às vezes parávamos em "estações" de cidades que pareciam feitas apenas de um punhado de casas. Raramente vi uma figura humana, mas na obscuridade passamos junto a grandes manadas de cavalos, multidões de bois e centenas de camelos.

O sol despontou sobre uma monótona extensão verde e vasta a se perder de vista e começou a brincar com o trem produzindo sombras que, como num espelho deformado, alongavam e diminuíam, serpenteando à nossa volta. O espaço, o imenso espaço sem uma única pessoa, representava um grande prazer depois da China, sempre tão sufocantemente cheia de humanidade.

O horizonte era uma finíssima linha de ouro ao longe. Não se via nada, absolutamente nada além daquela imensa superfície verde. Não o verde-jade dos arrozais, ou o denso e escuro de uma selva, mas um verde-pálido, monótono, sem vida. Nem uma colina, nem um rio, nem o dorso remoto de uma montanha, nem um ponto de referência, exceto a ferrovia e os postes de luz que corriam ao nosso lado aos milhares, todos iguais.

O que produz na mente essa monotonia? Um povo que vive, procria e morre nesse universo todo igual, com que pode sonhar senão com demônios?

Sentia dificuldade em reconhecer nesses mongóis que encontrava pela primeira vez como grupo os descendentes daqueles conquistadores que submeteram a ferro e fogo meio mundo, que por quase cem anos governaram a China e fizeram de Pequim a própria capital. Apenas na sua beleza física havia ainda algo de grande neles.

Entrando na Mongólia o trem perdeu seu ar profissional de máquina moderna e tornou-se como uma caravana, sem horários nem precisão de pontualidade. Às vezes parava sem nenhuma razão aparente, exceto a de permitir a um passageiro cumprimentar o parente numa *yurta* próxima. Ao pôr-do-sol do segundo dia o trem parou durante duas horas para esperar o outro que vinha na direção oposta. Todos os passageiros desceram para desfrutar da bola ardente do Sol que desaparecia por trás do horizonte e das quatro casas da "estação" do lugar apareceram os habitantes e os cães para ver o que acontecia.

Na doce chegada, a sonhada Ulan Bator das estepes não se apresentou a mim com os telhados dourados de seus famosos templos lamaístas, mas com o fundo de suas chaminés socialistas. O ingresso na estação, oito horas depois do previsto, foi uma festa. Familiares e amigos que esperavam na plataforma ajudaram os passageiros a descarregar suas enormes sacolas, suas caixas cheias de mercadorias chinesas e as poucas garrafas de cerveja que ainda sobravam.

Finalmente chegamos! Chegamos, sim, porque a Ulan Bator não fui sozinho.

21. Com meu amigo fantasma

Estivera comigo durante anos, sem que me desse conta. Depois, um dia, por acaso — sempre aquele acaso que parece decidir cada instante da existência — o notara, fiquei fascinado com a sua história e lhe prometi que, juntos, iríamos a Ulan Bator. Para mim seria a primeira vez, mas ele conhecia a cidade desde quando ela se chamava Urga e prometeu me servir como guia. Foi ali que, escapando da morte sempre à espreita, em busca de proteção e de liberdade, fizera as mais extraordinárias experiências de sua vida, antes de alcançar aquilo que acreditava querer e passar depois anos de fama e banalidade esperando morrer. Mas não é assim, sempre, a vida? Corre-se na esperança de algo que, uma vez obtido, nunca é tão belo como tinha sido o correr com a esperança! Mesmo nas minhas andanças em busca de adivinhos era sobretudo aquele andar que contava.

Ferdinand Ossendowski, nascido polonês em fins do século XIX, oficial na guerra russo-japonesa e professor de geografia industrial na Universidade de Pietroburgo, acabou trabalhando como engenheiro de minas em Krasnoyarsk, no coração da Sibéria. No inverno de 1920, quando os bolcheviques avançaram sobre a região, soube que estava na lista dos proscritos e fugiu antes para o Sul, esperando alcançar a Índia através do Tibete, depois pelo Leste, ziguezagueando por toda a Mongólia em direção a Pequim. Na Ásia eram tempos de grandes comoções, com vários exércitos perseguindo-se e bandidos que aterrorizavam as populações. A fuga de Ossendowski, continuamente envolvido em batalhas e emboscadas, em constante perigo de vida, durou quase dois anos. Certa vez anunciou-se inclusive a sua morte, depois que seus documentos foram encontrados em uma floresta sobre um cadáver desmembrado pelos lobos. Mas tinha sido ele a matar aquele homem, um comissário bolchevique, e a trocar os documentos para conseguir uma nova identidade e enganar assim os inimigos.

A história daquela sua fuga épica, através de uma das regiões mais misteriosas da Terra, através das montanhas e das pradarias do "País dos Demônios", como era então chamada a Mongólia, sobre o pano de fundo da guerra civil russa e das várias lutas no coração da Ásia, fez de Ossendowski o "Robinson Crusoé do século XX". O relato de suas aventuras, publicado em Nova York em agosto de 1922 com o título *Beasts, men and gods* foi um grande sucesso.

Comprei aquele livro por duas libras esterlinas durante uma de minhas temporadas estivas em Londres e por anos deixei-o na estante de casa. Até que, no início do meu ano sem aviões, atraído pelo título, folheei-o e li sobre o encontro que Ossendowski teve, em maio de 1921, com o barão Ungern von Sternberg e sobre a viagem que ambos fizeram a Urga. Ossendowski estava presente quando, uma noite, dois adivinhos diversos — um lama, usando dados no Templo das Profecias, e uma mulher, queimando ossos no fogo — disseram ao barão que este teria apenas mais 130 dias de vida. E assim foi: em fins de setembro, Ungern, traído por alguns de seus oficiais, foi entregue e justiçado pelos bolcheviques. Como e quando morreu exatamente nunca ficou claro, mas se passaram 130 dias depois daquela noite e a morte deve ter sido terrível, como estava previsto.

Ungern era um personagem estranho e controvertido, do qual hoje é difícil conhecer a verdadeira identidade. Descendente de uma velha e nobre família do Báltico, com antepassados que tinham sido cavaleiros e cruzados, mas também piratas e malfeitores, Ungern, ex-oficial da marinha russa, convertido ao budismo, se tornou um dos mais ferozes e famigerados combatentes contra a Armada Vermelha que avançava rumo ao Leste. O barão estava convencido de que a revolução bolchevique fosse a "Grande Maldição" da qual falavam as profecias e que a guerra entre "brancos" e "vermelhos" fosse o choque entre as forças do Bem e do Mal previsto em várias religiões. Ungern se sentia um homem do destino, estava obcecado por sua missão de salvar a humanidade da "depravação da revolução", e tinha se entregado àquela luta com uma determinação e uma crueldade que o tornaram famoso. Quando suas tropas, um emaranhado de russos e mongóis, de idealistas visionários e assassinos psicopatas, passavam por um vilarejo ou cidade, todos os suspeitos de simpatia pelos comunistas acabavam, no melhor dos casos, pendurados nos postes da rua.

A propaganda bolchevique fez de Ungern um monstro, e talvez o fosse. Mas para os velhos mongóis Ungern era um herói, um novo Gengis Khan, a reencarnação do Deus da Guerra porque, entre outras coisas, combateu pela manutenção de uma república mongol independente, que não fosse satélite nem de Pequim nem de Moscou, como efetivamente aconteceria depois.

Ossendowski descreve Ungern como uma figura trágica, um homem que aceita com coragem a profecia da própria morte, preso como estava na rede de mistérios e lendas mongóis com a qual ele mesmo ficou fascinado. Ossendowski conta de um velho lama que lhe fez aparecer, com as roupas que ele conhecia, a mulher deixada na Europa. Conta de outro lama que ressuscitou um homem apunhalado à morte. Como cientista, membro da Academia de França, Ossendowski explica tais episódios como fenômenos de hipnose dos quais ele e seus companheiros — que "vêem" exatamente as mesmas coisas — seriam vítimas. Mas como explicar que um mongol, dono da pousada onde o Ossendowski se hospeda uma noite, lera-lhe o futuro num osso de cabra colocado no fogo, advertindo-o contra uma emboscada da qual ele, graças a esta profecia, conseguiu depois se salvar?

Nasceu assim minha promessa de viajar a Ulan Bator com o personagem! Queria reconstituir os vestígios dessa história, queria encontrar uma ligação com os adivinhos de antigamente. Como sempre viajava leve, mas junto com um romance de Jean Hougron a ser lido atravessando a Indochina e com o *Overland to China* de Archibald Colquhoun destinado à Transiberiana — um livro mais pesado do que aquilo que valia, escrito por um inglês que provavelmente era espião travestido de jornalista —, trouxe comigo também a velha cópia amarelada de *Beasts, men and gods*.

Descer do trem em Ulan Bator com aquele volume, lido e relido, debaixo do braço foi como estar na companhia de um fantasma:

o livro era ele, Ossendowski. Permaneci em Ulan Bator durante uma semana inteira e não nos deixamos nem por um momento. Ele descrevia os lugares de antigamente e juntos íamos revisitá-los. Ele falava de certos ritos e juntos buscávamos alguém capaz de celebrá-los novamente.

Não foi fácil. Tinham se passado exatamente 72 anos, e aquela revolução, que Ungern tentara em vão combater, se abateu realmente como uma "Grande Maldição" sobre a Mongólia, mudando a face do povo e do país.

Em 1921, quando Ossendowski chegou à cidade, Urga, debruçada sobre as margens do rio Tola e cercada por colinas e montanhas cobertas de florestas, era como um vasto acampamento, o quartel-general de Bodgo Khan Hutuktu, o Buda Vivente, a terceira mais importante reencarnação do budismo tibetano depois do dalai-lama e do tashi lama. Aquela Urga literalmente não existe mais. As colinas e as montanhas estão secas. Dos mais de cem mosteiros de então restam apenas três, oficialmente classificados como "museus". Dos 30 mil Budas de ouro e bronze que faziam o orgulho de Urga restam apenas algumas dezenas, não mais sobre os altares, mas fechados em mostruários. Mesmo aquele Buda gigantesco de bronze dourado, sentado na posição de lótus em meio a um platô no centro do antigo templo de Gandan desapareceu, doado à pátria soviética para fazer canhões durante a Segunda Guerra Mundial. Aquela estátua — conta Ossendowski — nunca agradou a Ungern: era recente demais e sobre seu rosto não havia ainda as lágrimas de dor e da alegria das pessoas que só o tempo lhes teria deixado. Como tinha razão o sanguinário e culto barão! Às coisas novas falta aquela carga de história que sempre acrescenta *pathos*.

Os 60 mil lamas de antigamente foram reduzidos a uma centena: alguns velhos que regressaram há pouco para a cidade, graças à nova política de liberalização; os demais eram jovens noviços. Até a simples tarefa de procurar os lugares de outrora é em si mesma de grande dificuldade. A cidade foi completamente reestruturada, todos os velhos nomes mudaram, e as novas gerações não têm lembrança do passado. A elas foi dito apenas que o passado é a causa do subdesenvolvimento e do atraso da Mongólia.

Logo na primeira manhã, quando saí durante a aurora para a minha corrida cotidiana e cheguei na vastíssima Praça Vermelha, com seus grandiloqüentes edifícios socialistas e um solitário varredor de rua que limpava aquela vazia imensidão, Ulan Bator me pareceu uma cidade de brinquedo, dada como presente de Natal por um pai generoso ao filho para convencê-lo de seu amor. E um pouco era mesmo. A revolução ensinara também aos mongóis a desprezar o próprio passado, a ter vergonha da sua velha cultura e a sonhar em serem "modernos": modernos como os soviéticos com os quais a revolução tinha vindo. O símbolo da modernidade era a cidade, e portanto mesmo os mongóis, nômades, pastores e homens da estepe, habituados a viver nos acampamentos de *yurtas*, tiveram de possuir uma. Os soviéticos trataram de dá-la: com ruas enormes, com grandes palácios brancos e amarelos, com um mausoléu para o herói nacional, feito com o mesmo mármore e a mesma forma, colocado na mesma posição do mausoléu de Lenin em Moscou, com um museu, palácios públicos cheios de colunas que não sustentam coisa alguma, com um Palácio da Cultura que é uma espécie de Pártenon apoiado sobre um Coliseu, com as casas populares distribuídas como num tabuleiro e supermercados com vitrines e prateleiras vazias, mas com o mesmo e idêntico odor dos soviéticos.

Por trás de uma das tantas colunas da praça deserta apareceu um homem, que parou na minha frente e em perfeito inglês me disse: "Por favor, não ria, mas você estaria interessado em comprar um lobo?". Não tive tempo para pensar que era doido. Correu para trás da coluna e voltou com uma esplêndida peliça. Aproveitei para lhe perguntar em que direção ficava a velha residência de Hutuku, o Buda Vivente; mas dessa vez quem suspeitou estar diante de um doido foi ele.

Voltando ao hotel, comecei a dar meus telefonemas. Colegas que tinham estado na Mongólia nos últimos anos me deram alguns contatos. Mas era o nome de gente útil para jornalistas, gente oficial, e não exatamente o tipo de pessoas de que tínhamos necessidade, Ossendowski e eu. Já ao telefone, quando perguntava sobre o *dalcin*, a leitura do futuro no fogo, ou sobre o Templo das Profecias, ouvia um estranho silêncio. Acabei por renunciar e decidi me deixar conduzir pelo meu melhor contato: o acaso.

Com Ossendowski sempre debaixo do braço, fui passear pela cidade como turista. Uma coisa logo me chamou a atenção: a prática de ler o futuro não tinha desaparecido, ou pelo menos voltou a ser de moda com a recente liberalização.

Na estação central dos ônibus, entre os bêbados deitados no chão, vi um velho mongol que lia a sorte para um soldado. Lançava pedrinhas brancas sobre um lenço vermelho com desenhos geométricos, dividia-as em grupos de dois e depois de três e de quatro, as movia, as reunia de novo, murmurando fórmulas que soavam como poesias. Um velho método: lê-se o futuro no modo com que caem as pedras, assim como se lêem as cartas. A vantagem é que as pedras — normalmente vinte ou quarenta delas — se acham em qualquer campo e também que os quadrados e círculos podem ser desenhados no chão.

Diante de um dos novos grandes depósitos, vi outro velho que atraía a atenção dos passantes para ler a mão queimando *arz*, a perfumadíssima erva da Mongólia, seca e triturada bem fina como pó.

Em Gandan, o antigo complexo de templos e mosteiros do qual sobrou apenas a casca vazia de algumas estruturas, vi uma velha sentada aos pés de um poste em torno do qual as pessoas davam voltas e mais voltas, sempre em sentido horário, orando. Ela dizia o futuro usando um rosário budista: enrolava-o três vezes em volta do pulso e depois separava as contas em grupos de dois e de três. Pedi-lhe que fizesse o mesmo para mim.

"Você é um homem bom e generoso. Um bom devir está preparado para você e a linha da sua vida é reta. Ao fim desta viagem, um grande sucesso estará à sua espera."

"Só isso?", perguntei ao mongol embriagado, que, em francês, aproximou-se de mim para servir de guia e traduziu as palavras da velha.

"São todos uns malandros que se aproveitam dos turistas! Agora há liberdade e eles estão em toda parte", respondeu. Perguntei-lhe se conhecia alguém capaz de fazer o *dalcin*, mas ele não conhecia. Conseguiu todavia indicar-me, seguindo as descrições de Ossendowski, uma espécie de simples e pequena torre, diante da qual ainda havia duas filas de rodas de oração. O interior estava vazio, mas as paredes escurecidas pelo tempo, com manchas de móveis e estátuas desaparecidos, diziam que aquele lugar tivera uma história. Nenhum dos mongóis sentados ali em volta, sobre bancadas de madeira e dando de comer a uma revoada de pombos, sabia qual era. Mas aquele tinha sido o Templo das Profecias e foi ali que Ungern somou, com um punhado de dados lançados sobre a mesa baixa dos lamas, o número dos dias que ainda lhe restavam para viver: 130. Ao reler ali, com os pés sobre as mesmas pedras, as páginas de Ossendowski, pareceu-me que o templo se reanimasse, que tudo voltasse a seu lugar e, como em câmera lenta, que o barão lentamente fosse se ajoelhar e rezar diante da pequena estátua de pedra do Iluminado que tinha sido trazida até ali da Índia.

Depois daquela visita ao templo, Ungern foi receber a última bênção do Buda Vivente e levou Ossendowski consigo. Percorri a mesma rua, mas cheguei quando o "museu" já estava fechado. Um guardião me viu espiando através de uma fissura na porta central e me fez entrar. Ele queria me vender pequenas pinturas budistas retiradas de algum velho manuscrito, eu queria visitar sozinho aquele lugar e, rapidamente, na linguagem fácil dos gestos e do dinheiro, nos entendemos.

Uma grande paz de morte reinava no recinto. A grama estava alta e abandonada, e ao caminhar em meio a ela se sentia um forte odor de mato. Arranquei alguns tufos que estavam florindo e os coloquei entre as páginas do livro, persuadido de poder contentar meu amigo. Para Ossendowski era a mesma grama de então, o mesmo odor.

Avançando de pavilhão em pavilhão, entrei na última sala, a mesma onde Ossendowski e o barão foram admitidos na presença de Hutuku. Talvez porque os comunistas mongóis tenham sentido necessidade de mostrar algo do próprio passado, especialmente aos hóspedes estrangeiros, o lugar, na sua museificada atenção sem vida, permaneceu intacto. Um halo do último sol entrava do alto de uma janela fazendo-me ver as estranhas figuras de deuses e animais pintados sobre as paredes, os contornos dourados de Buda, os sorrisos e as caretas dos demônios alinhados ao longo da sala na penumbra dos estandartes e dos *tanka* que pendiam do teto. Na parede do fundo, alto como um altar, o trono dourado estava vazio. Não havia uma única vela acesa, nem um bastão de incenso queimando. Mas o uso centenário da manteiga de iaque tinha impregnado cada pedaço de madeira e de tecido e aquele odor antigo pairava ainda para me lembrar o passado.

Tive vontade de colocar Ossendowski no chão, sentar-me de pernas cruzadas diante do trono e dirigir-me a ele dizendo: "Mantive minha promessa. Aqui estamos". O ar estava imóvel, depois um sopro de vento agitou levemente as tiras de seda colorida que pendiam nas partes laterais de um *tanka*, e realmente me pareceu que aquele sopro animasse uma visão de outros tempos. Senti a presença de Hutuku sobre o trono, a de Ungern ao lado de Ossendowski, e a de outras pessoas por trás. Obviamente brincava de ver e sentir, mas descobri como é fácil criar uma sugestão quando a buscamos, e como os lugares e os objetos têm uma vida escondida que se revela a quem a conhece.

Adoraria continuar aquela brincadeira de fingir estar no passado, de viver ainda que por poucos instantes num outro tempo, ao qual tantas vezes tenho impressão de pertencer mais que no meu próprio. Mas pensei no guardião que logo viria para ver o que eu estava fazendo; e subitamente ouvi de novo os barulhos de hoje, as buzinas de ônibus ao longe, na rua, e a visão desapareceu. Comigo permaneceu apenas Ossendowski que, ao acompanhar-me até ali, tinha voltado a viver. Graças àquele livro que eu redescobrira, sua existência tinha se prolongado.

Voltei ao hotel pensando ainda no que tinha acontecido e percebi como o limite entre a realidade e a fantasia, entre a normalidade e aquilo que outros poderiam chamar de loucura, é tênue, às vezes quase imperceptível. Minha relação com o Ossendowski-livro residia naquele limite. Eu ainda era capaz de estar aqui ou ali, de "brincar" com o livro como se fosse Ossendowski, ou de acreditar que o livro fosse realmente ele.

O que era inegável era que eu, com a concentração do meu interesse, tinha extraído aquele volume do seu estado de morte, tinha lhe dado vida, fiz dele algo mais que um simples objeto, um livro entre tantos outros. Mas não era assim que os *kris* malaios adquiriam uma alma? Não era também este o sentido da famosa história tibetana contada por Alexandra David Neel? Um mercador vai até a Índia e a mãe pede para lhe trazer uma relíquia qualquer. Ele se esquece. Na viagem seguinte, se esquece novamente. Na terceira vez, quando está prestes a entrar em casa, mais uma vez sem a relíquia que a mãe queria tanto, arranca o dente de um cachorro morto num canto da rua e o leva para ela dizendo que pertencia a um grande santo. A mãe, cheia de felicidade, venera aquele dente. Outras mulheres também aparecem para rezar, e no final todas vêem raios luminosos sendo liberados daquela "relíquia". Daí o provérbio tibetano: "Se há veneração, até um dente de cachorro emite luz".

Estava cansado e decidi fazer uma exceção nas minhas regras de viagem e jantar num hotel. No grande salão socialista, contudo, não havia mesas livres.

"O senhor fuma?", perguntou um senhor ocidental que se sentava só.

"Não."

Sentei-me com ele. Era um meteorólogo americano que chegara há uma semana para ensinar o que sabia.

"Ah, o senhor se ocupa de previsões do tempo! Eu, de previsões do futuro", disse.

O homem ficou abobalhado, sem ver o que tínhamos em comum. Dizia que sua ciência tinha alcançado quase o máximo do seu desenvolvimento possível.

"Agora já se pode prever com 99% de precisão o tempo nos próximos três dias. O último grande passo que resta a fazer é o de compreender a teoria do caos. Com isso poderemos fazer previsões exatas num prazo de até dois ou três anos", disse.

"Mas se é possível prever o tempo, por que não prever o futuro de uma pessoa? Que diferença há? Nós também somos feitos de ar, água, nuvens, sonhos... e de depressões", continuei.

O meteorólogo estava convencido de estar diante de um desequilibrado e talvez, do seu ponto de vista, não estava totalmente equivocado.

Nos dias seguintes o acaso, várias vezes, me ajudou.

Parei pela rua para que engraxassem meus sapatos e o homem que, descalço, estava sentado ao meu lado no chão, sobre um pedaço de jornal, era um veterinário especialista em inseminação artificial de vacas. Tinha estudado na Alemanha Oriental e podíamos nos entender em alemão. Tinha um companheiro de escola — o mais brilhante da classe, disse — que virou monge e talvez pudesse me ajudar com o *dalcin*.

Uma manhã tomei um táxi, e o motorista, papo vai, papo vem, era o diretor da faculdade de geologia que tentava inteirar o salário guiando o carro de um amigo. Interessava-se pela história de seu país e ouvira falar num velho templo que acabava de ser reaberto e onde os noviços voltaram a estudar o mistério das profecias.

Depois, por intermédio da diretora do hotel, encontrei uma mulher que tinha sido por anos membro do partido comunista e funcionária do governo, mas que agora se interessava por religião; ela se comprometeu a me levar à mais famosa vidente da cidade.

O primeiro a aparecer novamente foi o veterinário. Telefonou bem cedo pela manhã, antes que eu saísse para correr. Estaria disposto a pagar por uma cabra que seria degolada na minha frente a fim de que se tomasse a omoplata para ser queimada? Claro.

Ao meio-dia estávamos em uma espécie de convento com dois andares, ambos de madeira, na periferia da cidade, não muito longe do mosteiro de Gandan. O veterinário disse que era um lugar onde o governo tinha reunido os lamas que voltavam do campo. Um forte odor de cabrito cozido saía das portas, onde mulheres e crianças se acotovelavam para ver este insólito estrangeiro que subia por escadas incertas e empoeiradas. O lama nos esperava em uma sala ordenada na qual reconheci todos os símbolos do bem-estar centro-asiático: uma garrafa térmica chinesa, um despertador, um radinho a pilha. O único móvel era um grande leito coberto por um tapete sobre o qual ele se sentava para receber os hóspedes. O lama era alto e magro. Tinha uma bela expressão aberta, uma túnica cor de vinho toda cheia de manchas, mãos sujas e unhas negras. Disse que aprendeu a fazer o *dalcin* com o pai que era pastor. O pai, por sua vez, aprendera aquela arte de um lama que também o tinha ensinado a Bodgo Khan Hutuku. Talvez não fosse verdade, mas não queria saber mais nada. A história era bonita assim, porque era o anel que fechava a cadeia de coincidências que me ligava a Ossendowski e ao barão, e que tinha me levado até ali.

Meu lama conhecia bem o passado. Sabia que tinha sido Hutuku o primeiro a prever a morte de Ungern. Os dois eram muito ligados — disse o lama —, mas nem mesmo Hutuku pôde fazer nada contra o destino do barão. Depois da guerra civil, Hutuku foi morar nos Estados Unidos, onde viveu até idade bem tardia. Sua reencarnação — segundo o lama — vive atualmente na Rússia.

Falar no passado fez com que ele se sentisse à vontade. "Quando Hutuku nasceu, um caçador viu no vale um grande fogo e a *yurta* de um amigo seu ficou em chamas", contou o lama. "O caçador se preocupou pela mulher do amigo que estava grávida e correu para ajudar. Quando chegou, o fogo tinha acabado e a *yurta* estava intacta. No interior da construção, encontrou-a com o recém-nascido. O fogo? Todos então compreenderam: era o sinal de que tinha nascido uma pessoa especial. Pouco depois, de fato, aquele menino foi reconhecido como a reencarnação do Buda Vivente."

"Era um estranho tipo, Hutuku", acrescentou o velho lama. "Era capaz de fazer chover. Pegava uma camisa, a estendia sobre uma corda e a sombra gerada por ela virava logo uma nuvem cheia de água."

O lama disse ter uns oitenta anos. Nasceu no ano do rato: 1912. "Agora me falta pouco", exclamou como se falasse de um encontro ao qual não via a hora de ir. Perguntei-lhe se tinha medo da morte. "Estou cansado desta vida e espero com ânsia entrar na próxima. Sei que será melhor, muito melhor e sem sofrimento", disse rindo. A palavra "morte" ele não chegou a usar durante toda a nossa conversa.

O *dalcin* foi preparado no pátio de uma casa distante e tivemos de caminhar meia hora por ruelas desconexas, ladeadas por intermináveis recintos de madeira atrás dos quais se escondia a extensão cinzenta das habitações mongóis, uma idêntica à outra. Atrás de uma porta verde ou talvez marrom com desenhos brancos havia um pátio de chão batido; de um lado um casebre de tijolos e barro, do outro, como lembrança ainda viva do passado nômade, uma *yurta* de feltro claro escurecido pelo tempo.

A cabra balia em meio a um grupo de meninos vindos para espiar. O velho lama entrou na *yurta*, mandou embora todos e se pôs a rezar. Vi a faca ritual, curva como uma meia-lua, passar das mãos do lama às de um jovem noviço. Ouvi confusão atrás da casa e depois de algum tempo o noviço retornou com um osso chato, grande como uma mão e com a forma de um leque. "É a omoplata", disse o lama, e com outra faca se pôs a tirar a carne que ainda restava. Depois, com um trapo, esfregou o osso até não haver mais manchas, deixando-o quase lustrado, de um branco amanteigado como o de certos velhos jades.

"A pureza material se reflete na pureza espiritual", disse o lama interrompendo as suas litanias. "Desta pureza depende a qualidade da profecia." A preparação do osso durou ao menos uma hora. O tempo escorria lento, pautado pelo murmúrio das orações e com o ruído das facas e das tigelas que vinham de trás da casa onde a cabra, presenteada à família que nos hospedava, era despelada e esquartejada.

Com o osso na mão erguido na altura dos olhos, como o padre que segura o cálice da hóstia, o lama se levantou e entrou na *yurta* para onde somente o meu veterinário-intérprete e eu o seguimos. Era importante que ele se concentrasse, que ninguém estivesse por perto nem que transmitisse a ele, ainda que involuntariamente, com o pensamento, as respostas que devia dar.

Nos sentamos no chão em torno de um braseiro improvisado num velho galão de gasolina. O fogo ardia lentamente, alimentado por pequenas bolotas como de erva seca e prensada. "Excremento de vaca", disse o veterinário. O lama jogou no braseiro um punhado de *arz*, que levantou uma grande fumaça cinza e encheu a *yurta* de um odor denso e agradável. O lama se desculpou por não ser um grande adivinho, disse que só podia procurar no osso as respostas às perguntas que eu fizesse.

"Quantos dias tenho de vida?", tinha perguntado o barão ao seu lama. Perguntei a mesma coisa ao meu. O lama me olhou intensamente nos olhos, colocou o osso na boca com a parte larga virada para cima, e repetiu sussurrando aquela mesma pergunta. Depois, voltando a rezar com dois bastões de metal, daqueles que os mongóis usam para comer, apoiou o osso na chama. Lentamente o osso foi ficando negro. O lama o segurou de novo, soprou as cinzas e, depois de olhar demoradamente as duas superfícies, com uma voz que se fez solene e uma linguagem que — disse-me depois o veterinário — era literária e sibilina, disse:

"Dependendo de onde nasce, a pessoa tem fé em deuses diversos. Mas você, mesmo tendo nascido algures, tem aqui o seu caminho. O budismo o ajudará mais que qualquer outra religião. Seu sinal vital é for-

tíssimo e, se seguir o caminho de Buda para o qual você foi feito, este sinal se reforçará ainda mais. Os caminhos do futuro estão abertos para você", concluiu, e jogou mais um punhado verde de *arz* sobre o fogo.

"Não há obstáculos que me aguardam no futuro?", perguntei. Lentamente o lama pegou no osso, sussurrou, rezou, olhou de novo as rachaduras que o fogo tinha feito e disse:

"Não há montanhas a escalar, não há precipícios a superar, apenas uma estrada plana..." (Que tédio, pensei!) *"Deve somente prestar atenção com as viagens de navio, especialmente se duram dias."*

Pensei em meu projeto de voltar à Ásia por mar da Europa e perguntei o que poderia fazer para me proteger.

"Vou lhe dar um mantra que é ótimo para você, e você o recitará sempre que se sentir em perigo. É o seguinte, escreva:

Om Dadid Ada
Om Dadid Ada
Om Muni Muni
Maha Muni Yésohá."

A sessão durou ainda algum tempo, com outras perguntas e respostas de pouca conta. Na verdade, não estava mais interessado.

A cerimônia me deixou frio e desiludido. Nem por um momento senti naquela prática, evidentemente muito antiga, surgida entre pastores, uma pitada do mistério que tanto tinha fascinado Ossendowski e a mim, quando o lia. Talvez porque os tempos dele eram de grandes comoções, talvez porque naquela época as pessoas viviam — e morriam — mais dramaticamente. Mas aquele rito, feito para mim numa *yurta* de Ulan Bator, perdeu todo o sentido que tivera quando a cidade ainda se chamava Urga.

O procedimento, os gestos, as fórmulas e as invocações ainda eram as mesmas. O que faltava era todo o resto: a consciência coletiva de um povo, seu medo, sua fé no oculto, sua esperança em alguma salvação. Ao meu *dalcin* faltava o espírito do tempo.

A Mongólia de 1921 era um país diverso do de 1993, e os próprios mongóis naquele meio-tempo se tornaram uma outra raça. Ali, como no Tibete, o governo era então representado por uma oligarquia de monges liderados por Hutuku, que vinha a ser ao mesmo tempo deus e rei, sacerdote e feudatário. Os lamas tinham todo o poder: eram os administradores, médicos, adivinhos, generais, magos e juízes. A vida era dominada por uma grande incerteza e a morte era uma constante companheira. Lendas e mitos eram para os mongóis verdadeiros e reais como o nascer do sol, e um lama era capaz de mandar algumas centenas de soldados mal armados para lutar contra o potentíssimo exército chinês, simplesmente fazendo aparecer diante de seus olhos, com o gesto de uma mão, a visão do futuro: uma vastidão de *yurtas* opulentas, prados cheios de manadas e mulheres vestidas de seda e cobertas de jóias. Os soldados acreditavam e viam realmente todas aquelas coisas pelas quais iam morrer.

A natureza era animada. Cada montanha era vista como o refúgio de um deus, cada vale como o esconderijo de um demônio. O inteiro e imenso país era a pátria do Mistério diante do qual o homem se sentia impotente. A terra era disseminada de ossos de antepassados pastores e conquistadores, de restos de antigas cidades, de capitais engolidas pela areia, e daquela terra também viria a salvação. Os mongóis de 1921 viviam convictos de que, enquanto o restante do mundo e eles mesmos iam rumo à ruína, ali, debaixo de seus pés, sobrevivia o Reino Subterrâneo, habitado por uma antiga tribo desaparecida há 60 mil anos e governada pelo Rei do Mundo, que desde então vinha descobrindo todos os segredos da natureza. Naquele Reino Subterrâneo não existia mais o mal; ali a ciência tinha se desenvolvido não com o fim de destruir, mas com o de criar; ali homens e mulheres eram detentores de toda a sabedoria. Ali estava escrito o destino de toda a humanidade.

Quando Ossendowski chegou à Mongólia, disseram-lhe que o Rei do Mundo fizera, trinta anos antes, uma rápida visita a certo mosteiro próximo a Urga. Assim que o mítico monarca entrou, todas as velas sobre o altar se acenderam, todos os braseiros começaram a queimar incenso espontaneamente, e ele, Rei de Agharti, descrito há séculos nos textos sacros, sentando-se no trono diante de uma assembléia dos mais importantes lamas da época, previra o futuro do mundo, iniciando com estas palavras: "Sempre mais os homens se esquecerão de suas almas e cuidarão de seus corpos...".

Os mongóis de 1921 acreditavam e viviam disso. Eis por que na Urga de Ossendowski, lugar de mistério, de horror, mas também de grande fascínio, podiam acontecer coisas inacreditáveis. Agora não mais. A modernidade varreu aquele universo de fé, "liberou" os mongóis da escravidão de suas lendas e de seus lamas, mas ao mesmo tempo esvaziou seus templos, tirou o sentido de cada uma de suas cerimônias e assim empobreceu suas vidas.

A profecia do Rei de Agharti se realizou plenamente: os homens não pensam senão na própria barriga e não há mais lugar para a poesia no seu mundo.

Antes de partir perguntei ao lama como ele fazia para ler as respostas no osso. Disse que tudo dependia das ranhuras feitas pelo fogo. O osso tem duas faces, uma deve ser voltada para quem faz o *dalcin*, a outra para fora, para quem pergunta sobre o futuro. Se as ranhuras aparecem na face externa, a resposta é positiva; se surgem no lado interno, é negativa. Outro critério é a direção das ranhuras. As melhores são as que vão do centro do osso para a borda. As ranhuras que vão para cima são sinal de boas mudanças, as que vão para baixo, de más.

"A resposta existe sempre", disse o lama. "Trata-se de tirá-la para fora do osso. A dificuldade reside toda nisso." Disse que no caso de dúvida podia-se tomar o osso, escondê-lo debaixo de uma axila e depois aproximá-lo das pessoas que falam, sem que estas o saibam: nas primeiras palavras que se ouvem está a indicação da resposta. Em suma, é mais ou menos como decidir fazer ou não certa coisa de acordo com o sexo da primeira pessoa que se encontra saindo de casa pela manhã: homem ou mulher.

Pagamos pela cabra, entreguei presentes que o veterinário tinha me aconselhado a levar, e pegamos os pacotinhos de *arz* que o lama nos deu para nos proteger contra vários males. O veterinário estava entusiasmado: a ele parecia ter visto algo de excepcional. Graças a mim, aliás, foi procurar seu companheiro de escola que tinha se tornado monge e, de qualquer modo, adquiriu uma nova perspectiva sobre a vida. Também eu era o "acaso" que mudava a sorte dos outros... na Mongólia.

No retorno, fizemos um longo pedaço de estrada a pé e passamos por vários mendigos: meninos sujos acocorados sobre restos de plástico na calçada, mulheres com cartazes explicando como ficaram viúvas, vítimas de incêndios ou de outras desgraças. "Regresso", disse com ironia o veterinário, depois que falamos tanto do "progresso" que, na minha opinião, não tinha ainda compensado os mongóis por tudo o que tirara deles.

* * *

A cena na qual o barão Ungern ouve pela segunda vez que sua vida está por um fio é descrita dramaticamente por Ossendowski, que estava presente. A mulher, uma espécie de pequena feiticeira, muito magra e alta, entra em transe, arranca o lenço que tem na cabeça, faz caretas de medo e de dor, se contorce, e enfim as palavras saem com dificuldade, mas precisas, da sua boca: "Eu o vejo... o vejo, o Deus da Guerra... A sua vida acabando... De maneira horrível... E depois há sombra... negra como a noite... Sombra... Cento e trinta degraus ainda faltam... Depois, as trevas... Nada... Não vejo nada... O Deus da Guerra desapareceu".

Ungern abaixou a cabeça. "Morrerei, mas não importa. A luta já começou e esta não morrerá. Ninguém poderá apagar o fogo no coração dos mongóis", disse ele. Depois, levantando-se, falou de sua visão de um grande Estado asiático e budista que em breve se estenderia dos oceanos Pacífico e Índico até as margens do Volga, um Estado governado por um homem mais forte que Gengis Khan, mais clemente que o sultão Baber, e que teria permanecido no poder até que, da sua capital subterrânea, não surgisse o Rei do Mundo. "Mas antes a Rússia deve lavar-se do insulto da revolução, deve purificar-se com o sangue e com a morte. Todos aqueles que aceitaram o comunismo devem perecer junto com suas famílias, assim até não lhes restar nenhuma semente e nenhum descendente", disse o sanguinário barão, partindo rumo ao seu destino.

A mulher que em 1921 leu o futuro de Ungern era uma famosa vidente, e seus poderes — dizia-se — advinham-lhe de ser filha de uma cigana. Conforme as lendas mongóis, apenas alguns seres humanos tinham estado no Reino Subterrâneo. Entre estes, alguns habitantes da Ásia setentrional, que aprenderam a chamar os espíritos dos mortos (os xamãs) e os ciganos, que retornaram com a arte de ler o futuro nas cartas, na erva e na palma da mão.

Para mim, encontrar em 1993 a mais famosa vidente de Ulan Bator, "uma espécie de feiticeira, com estranhas origens" como a tinham descrito, era continuar a minha viagem paralela com Ossendowski.

O encontro tinha sido marcado pela ex-comunista que se converteu ao lamaísmo. Ela mesma já era um extraordinário personagem.

Apresentou-se dizendo que era a reencarnação de um lama, que no ombro esquerdo tinha três sinais negros onde seu "predecessor" jogava a túnica e que, em todos os lugarrs religiosos aonde ia, a reconheciam imediatamente como alguém que já andara por muitas estradas. Até o dalai-lama, durante uma visita a Ulan Bator, a tratou de modo particular e a presenteou com algumas das suas pílulas especiais para se proteger em caso de perigo.

"De que ano você é?", perguntou-me guiando em direção ao nosso encontro com a "bruxa".

"De 1938, ano do tigre", respondi.

"Do tigre? Eu também, mas de doze anos depois. O tigre de 1938 tem oito manchas brancas. Seu elemento é a água. O tigre é generoso, controla seu território. Você sempre está à procura de alimento para a família e está sempre em guarda para protegê-la."

A quiromante de Cingapura dissera coisas semelhantes.

"No budismo", continuou a mulher, "o tigre é o grande inimigo dos demônios. Por isso é que nas cerimônias lamaístas há sempre um tigre, e a cauda do tigre é freqüentemente representada nos *tanka*. Nenhum animal é mais forte que o tigre. O tigre pode matar todos, mas tem um grande inimigo: o homem, porque é mais inteligente. Entre o tigre e o homem existe então uma relação de amor e ódio, de recíproca atração e de medo. Eu tenho um matrimônio difícil porque casei com um homem nascido no ano do macaco, e o macaco é o animal mais próximo do homem. Como muitas mulheres tigre, tenho dificuldade em ter filhos. As mulheres tigre são muito temidas. Por isso na Ásia uma mulher que é tigre não o diz nunca, caso contrário não encontra marido. O tigre busca sempre a qualidade, o melhor de tudo, e isso pode ser um grande defeito quando o tigre quer a melhor comida, os melhores vestidos, o melhor modo de viver. Então precisa controlar-se."

Escutava-a com grande prazer, quando veio-me à mente que os tigres são uma raça em extinção. Como farão os homens do futuro para se orientar sobre o próprio caráter, sobre a personalidade de seus vizinhos, quando então não terão mais os animais para observar? Quando não terão mais a natureza com a qual aprender?

Estávamos já fora de Ulan Bator e avançávamos em direção ao Norte. Passamos por um grande cemitério na pendência de uma colina. As estelas brancas, de madeira, todas em fila, assemelhavam-se a uma imensa paliçada. "Antes os mortos eram deixados na natureza, como comida aos pássaros, mas depois da revolução começamos a sepultá-los", disse minha companheira. "Se o corpo desaparecia no prazo de três dias, significava que o morto tinha sido uma pessoa boa. Se ficava ali por mais tempo, queria dizer que nem mesmo os animais o queriam e isso era um mal sinal para a sua reencarnação." Daquela tradição restou o fato de que os mongóis consideram sacros os corvos e os abutres, e ninguém os mata ou come.

Passamos diante de um templo recém-reaberto com um lindo par de animais dourados sobre o telhado e chegamos num grande bairro de *yurte*, cada qual circundada pelas costumeiras cercas de madeira torta. Até as portas, verdes e com estranhos pontos e círculos brancos, eram desconjuntadas.

A habitação da "bruxa" dava para um pátio desordenado no qual havia a *yurta* de sempre e, ao fundo, um casebre branco. Entramos pela cozinha, onde mulheres acocoradas no chão fritavam pastéis em um grande caldeirão cheio de óleo.

Seu quarto era muito bem-arrumado: uma cama com uma manta representando cavalos, malas, um baú com fotos de família e de homens em uniforme militar. No socialismo tudo é regulado, até o oculto, e os atestados que a mulher era membro da Associação Mongol das Pessoas com Poderes Especiais estavam emoldurados e pendurados na parede, junto com fotos suas com personagens importantes e outras comendas.

Assim que a vi, percebi que não havia palavra mais exata para descrevê-la: pequena, muito magra, a pele do rosto enrugada, cabelos longos e gordurosos, olhos muito pequenos e um dente de ouro. A mulher tinha um vestido verde com flores debaixo de um robe verde mais claro. Disse ter sido por algum tempo motorista de ônibus em Ulan Bator, mas que seus poderes a tinham impedido de continuar. Passando pelas ruas "sentia" continuamente o mal e o bem dos lugares e das pessoas, e se agitava muito com isso. Se um ladrão ou um assassino subia no ônibus, ela o "sentia" imediatamente e não era mais capaz de guiar. A mulher disse estar com 58 anos e ter nascido numa região do Norte, próxima ao deserto. De pais ciganos? Não sabia. Os pais eram muito pobres, mas seu nascimento lhes trouxera fortuna.

A primeira vez que percebeu ter poderes foi quando tinha nove anos. O pai a mandou para cuidar de um rebanho de cabras e a menina viu que os lobos e os cães tinham medo dela e não chegavam perto de seus animais. A partir de então, sua "missão" seria a de ajudar as pessoas. Se, por exemplo, percebia que alguém estava próximo à morte, ela, mesmo sem dizer nada ao interessado, conseguia prolongar-lhe a vida por mais três ou quatro anos. Nunca mais do que isso, disse com uma nota de modéstia.

Estava sentada na cama e me colocou sentado sobre um banquinho a seus pés. Respirava de forma estranha, dando contínuos sopros, como alguém que tenta tirar fios de cabelo de cima do rosto. Tomou um rosário budista e se pôs a me olhar com grande intensidade, mas como se procurasse algo, especialmente atrás das minhas orelhas. Depois olhou em um espelho que estava atrás de mim e que refletia as imagens de outro espelho colocado sobre o baú (foi para isso que me colocou naquele lugar). Olhando-me nos olhos, como se lesse ali dentro o que estava para dizer, começou:

"Sua família consiste de quatro pessoas. Você tem dois filhos, o primeiro é um menino e a segunda uma menina. Oito ou nove anos atrás, na sua vida houve um fato importante, um fato do qual não sei dizer se foi bom ou mal, mas um fato que mudou sua vida." (Muito bem, e aqui fazer rima ao que ela diz é fácil: a expulsão da China. Foi sem dúvida um fato que mudou minha vida, algo sobre o qual, por algum tempo, nem mesmo eu saberia dizer se foi benéfico ou maléfico. Somente hoje posso dizer: benéfico... Caso contrário, teria ficado preso àquele cadáver!) A minha senhora ex-marxista, reencarnação de um lama, traduzia.

"Até o final da sua vida não acontecerá mais nada daquele gênero, nada de mal, nenhum incidente. Você terá uma vida longa, muito longa: especialmente se se acalmar e começar a meditar..." (Ela também!) *"Diga-me três números inferiores a dez."*

"Três, seis, nove", respondi sem pensar muito. Pegou seu rosário, colocou-o em torno do pescoço e da cintura, fez algumas contas, separou os nós e depois disse:

"Seu número é o 18 mil. Deve adorar este número; não deve esquecê-lo nunca. Este número ajudará você por toda a vida. Se estiver em perigo, se ocorrerem problemas, pense intensamente neste número e tudo acabará bem. Lembre-se: 18 mil."

Levantou-se, tomou algumas penas de pavão, abanou-me e me soprou com força como se expulsasse espíritos.

"Qual trabalho você faz?", perguntou-me.

"Vivo de palavras, como você", disse. Depois, temendo que me tomasse por um concorrente e me colocasse talvez um mau-olhado, acrescentei: "Escrevo artigos, livros".

"Bem, no ano do porco..." (Queria dizer 1995 ou 2007?, perguntei-me.) *"... seus livros terão sucesso..."* (Estava a ponto de acreditar e de ficar alegre...) *"... porque no passado suas obras foram suprimidas, proibidas. Mas agora existe mais liberdade e mais facilidade para que as coisas circulem."* (Era claro que a "bruxa" não via o meu futuro, mas o... de um escritor mongol! Sua "profecia", como tinha notado no caso de outros, espelhava as condições locais.)

"Você tem um problema com sua mulher. Ela é contrária à sua profissão, é contrária a que você escreva, quer que você pare. Mas você não deve lhe dar ouvidos. Deve continuar. Sua mulher é muito ciumenta porque você viaja sempre..."

Após um início feliz me parecia que agora a mulher lesse realmente no livro errado e que não havia por que esperar mais nada de interessante. Disse uma série de coisas erradas sobre meu relacionamento com Angela, deu vários conselhos sobre como e quando nossos filhos se casariam, me colocou em guarda contra o alcoolismo de Folco (pobrezinho, ele que não toca nem em vinho! Mas o fato é que na Mongólia o alcoolismo dos jovens é um dos mais graves problemas!), e continuou com todas as obviedades que eu já conhecia e que não me espantei de encontrar em uma *yurta* mongol.

Não são estas as coisas que preocupam a maioria? Que tipo de coisa as pessoas querem saber? Se somos traídos pela mulher ou pelo marido, se a filha vai se casar, se o filho encontrará um bom trabalho. Será que existe alguém que vai ao adivinho perguntar se o problema do buraco de ozônio é corrigível? Se a população do mundo pode continuar a crescer livremente sem que tudo exploda? Ou se na Mongólia o fim do socialismo não fará pular também esta pobre gente da panela para a frigideira, retirando-a do seu agradável torpor e colocando-a, como todos nós, nessa corrida de cachorro atrás do coelho de plástico do falso bem-estar do consumo?

Sempre foi assim. Até os grandes e clássicos oráculos do passado não respondiam coisas diferentes. "Vencerei a batalha contra meus inimigos?" Sempre a sobrevivência, o amor, a morte. A inquietação é pelo imediato, pelo que acontece perto de nós ou dos caros a nós, da família. A curiosidade pelos acontecimentos do mundo, pelos fatos coletivos, sempre foi extremamente limitada.

A mulher pegou o rosário, soprou nele com força, colocou-o em volta do meu pescoço, soprou minha cabeça como para tirar pó ou espíritos malignos e disse que pensaria em mim, que rezaria por mim e que eu viveria feliz até os noventa ou cem anos.

Estava chateado comigo mesmo por ter vindo de tão longe para encontrar-me com uma feiticeira qualquer. Na cozinha se ouvia uma grande fervura e de vez em quando me chegava o odor delicioso de açúcar queimado. Pensei que seria bom comer um pouco daqueles pastéis... e aquele meu pensamento foi potente! Um instante depois a "bruxa" nos ofereceu o quitute. Era a melhor parte da visita, pensei. Ou talvez não. Como teria chegado à periferia de Ulan Bator? Como teria entrado em uma dessas casas todas iguais, se não tivesse este fio para seguir? A idéia me consolou.

Perguntei à "bruxa" se acreditava em reencarnação. Claro. E contou que, quando caminhava entre as tumbas de um cemitério, "sentia" quem tinha reencarnado e quem não. Uma idéia que nunca me veio! Coitados daqueles que não reencarnam e devem permanecer no velho cadáver em putrefação! *"Por isso é preciso respeitar pais e mães"*, disse a "bruxa". *"São pessoas que ajudaram um outro ser humano a reencarnar."* Nisso também não tinha pensado.

Antes de partir deu-me, como o lama, um pouco de *arz*, a erva verde perfumada, enrolada num pacotinho para ficar guardado sempre comigo como proteção. Deu-me ainda duas tigelas chinesas para comer. Caso se quebrassem, deveria conservar os cacos. Depois, como coisa ainda mais sagrada, deu-me uma foto sua, em formato 3 x 4, daquelas antigas com as bordas dentadas, para que de longe pudesse pensar nela melhor.

Tinha a impressão de que aquele maço de erva perfumada, que secava entre as páginas do livro, agradasse muito a Ossendowski. Porque lhe evocava, como às vezes só os odores podem fazer, os extraordinários dias que passara em Urga. Teria ido espontaneamente mais outra manhã com ele para rever a sala de Hutuku, mas já tinha marcado um encontro com o geólogo-taxista-diretor de faculdade e não queria desiludi-lo. Chegou trazendo consigo, como intérprete, um jovem elegante que falava ótimo francês. Trabalhava no Ministério das Relações Exteriores, mas seu sonho era estudar numa escola de comércio em Bordeaux e mexer com negócios.

Íamos rumo ao mosteiro de Gandan. Nos velhos tempos, Ghisir fora uma escola para monges astrólogos e adivinhos. Agora o tinham aberto para recomeçar a adestrar alguns jovens noviços na arte da profecia. "O abade é alguém que vê", dizia, guiando, o geólogo-taxista. O jovem intérprete era muito cético e até um pouco envergonhado de fazer parte daquela expedição. Estava vestido num belo blazer azul com botões dourados, calça azul-clara, camisa branca, gravata listrada e sapatos de couro bem engraxados: tudo o que é necessário para ser tomado como pessoa de respeito, para não ser parado por seguranças ao ingressar num hotel, onde, pagando em dólares, compram-se produtos de importação. Era um jovem lançado em direção ao futuro internacional e eu o levava à Idade Média mongol! Em um mosteiro.

Do velho complexo de edifícios restava pouco ou quase nada. Mesmo nos dois prédios ainda em pé não havia uma só estátua, uma pintura, um móvel velho, e o mato crescia sobre os telhados. Até as escadas de pedra que conduziam ao terraço do pequeno pavilhão onde estava o abade tinham sido removidas, e era difícil imaginar a atmosfera daquele lugar nos tempos passados. Somente alguns sons talvez fossem antigos. Em um salão nu, uma dezena de noviços, vigiados por um lama ancião sentado sobre uma cadeira alta, liam com obsessiva monotonia alguns sutras, ao rítmico tamborilar dos sinos.

O jovem intérprete achava absurdo que os noviços lessem em tibetano, uma língua que não entendiam. O geólogo-taxista lhe explicou que o budismo lamaísta é tibetano, que os originais dos textos sagrados estão naquela língua e que os textos mongóis foram destruídos. "Mas é uma loucura", dizia o jovem. Uma loucura, porém, que voltava à tona: muitos jovens pediam para se tornar noviços e os templos abriam novamente "como cogumelos", dizia o geólogo-taxista.

Talvez a falência da modernidade socialista conduza, também aqui, às origens? Um tipo que voltou do Norte do país há pouco tinha me contado que as raras fábricas daquela região fechavam por falta de matéria-prima e que muitos mongóis, operários, sim, mas desempregados, voltavam a viver alegremente como pastores. Não era de estranhar. O que a modernidade colocou no lugar de tudo aquilo que foi arrancado? Com que coisa substituiu os belos mitos e as lendas que varreu da história? Com o mito de uma escola de comércio em Bordeaux!

Esperamos um pouco porque diante da porta do abade havia uma fila de gente que queria vê-lo. Depois que todos foram recebidos — ficando o meu jovem intérprete irritado porque não tivemos a prioridade —, chegou a nossa vez.

O abade era um homem alto e forte, em torno dos quarenta anos, com um rosto arredondado e olhos como duas finíssimas fissuras. Sua pele era muito escura, os braços musculosos como os de um lutador, mãos grandes e estranhas, com a palma muito mais longa que os dedos e o polegar desproporcional. Seu aposento era pequeno e cheio de pó. Sobre a mesa, à qual estava sentado, apoiava-se uma caixa de madeira com trinta por setenta centímetros, com as laterais baixas, cheia de um pó cinza, finíssimo — cinzas de incenso.

Eu era o primeiro estrangeiro para quem lia o futuro. Seu método consistia em partir do ano de nascimento, perguntar um número inferior a 109, e com uma varinha de prata fazer complicadas contas nas cinzas, cancelá-las, fazer outras e traçar da vida um quadro que em um instante estava ali e no instante seguinte desaparecia com um simples movimento da caixa que devolvia às cinzas uma superfície lisa, sem marcas. Gostava dessas suas verdades porque eram mais efêmeras que os horóscopos escritos no papel.

O abade disse que era exatamente este o segredo: o fato de que cada cálculo era cancelado, que devia se lembrar deles de cabeça, que o obrigava a se concentrar e assim a "ver" melhor. Ao fim traçou nas cinzas algo e foi consultar uma pilha de folhas escritas à mão, mas recentes. "Sim", disse o abade. Na origem do seu sistema estavam os 108 volumes do Kangyur, o livro sagrado dos mongóis, mas o que contava mesmo eram os registros com as anotações sobre acontecimentos do passado, e estes tinham desaparecido. Tal material tinha sido reconstituído a partir de 1940, porém mais para trás não se conseguiu ir. Por isso fazer meu horóscopo era difícil para ele.

"Você sofre de distúrbios do coração?", perguntou-me.

"Ainda não", respondi.

Ele estava convencido de que ainda os teria: não graves, mas que os teria era seguro. Seja como for, disse-me que, se quisesse ficar são, nunca deveria cortar árvores.

A visita me interessava. Quanto aos "poderes" dos mongóis, porém, fiquei com as minhas dúvidas. Para o jovem intérprete aquela era mais uma prova de que tudo não passava de loucura... e de qualquer jeito ele ouvira falar de uma grande vidente, uma cega que se chamava Vanga. "Onde?", perguntei, novamente pronto a visitá-la.

"Na Bulgária, em uma cidadezinha na fronteira com a Grécia", disse.

Era hora do almoço e voltei para o hotel. Na sala do restaurante encontrei a situação de sempre. Nenhuma mesa livre. Comecei a me sentar onde um americano explicava à sua guia mongol algo sobre a China. Retirei-me antes de fazer o pedido. Sentei-me depois à mesa onde havia um libanês que tinha encontrado dias antes e que estava na Mongólia vendendo telefones franceses. Contei-lhe a respeito da manhã que tivera e da incrível vidente sobre a qual acabara de ouvir falar: Vanga.

"Vanga?", interveio o jovem que estava sentado na frente do libanês. "Ela é realmente muito potente. Sou búlgaro e posso ajudá-lo a ter um encontro com ela, senão é preciso esperar meses." Disse que a zona na qual habitava Vanga era, junto com o Tibete, um dos lugares do mundo mais carregados de energia. Era disso que vinha grande parte do seu poder. O mesmo dizem os *faith healers*, os curandeiros das Filipinas!

O búlgaro me deu os números de telefone de alguns amigos seus que, em Sófia, me ajudariam a encontrar Vanga. Um deles era o porta-voz do chefe de Estado.

O acaso é o destino? O que teria me feito sentar ao lado de um búlgaro que sabia de Vanga?

Durante a noite estudei os mapas das linhas ferroviárias. Uma vez chegando em Varsóvia, podia muito bem ir para o Sul, rumo a Sófia, em vez de para o Oeste, rumo a Berlim. O desvio me custaria apenas alguns dias a mais.

22. Os sacoleiros da Transiberiana

Os crepúsculos de verão em Ulan Bator são lentos e gloriosos. As montanhas se iluminam de uma extraordinária luz com cores pastel que vão do verde ao azul, ao violeta, como as cores das faixas de seda que os homens e as mulheres mongóis colocam em torno da cintura como cinta. Aquele que eu estava admirando seria o último, com um céu alto e puríssimo e as colinas com uma lancinante doçura. O sol não acabava nunca de desaparecer e projetava sombras sempre mais longas sobre a multidão com os braços levantados para saudar o trem e sobre o ladrão que, no último momento, tentou tirar do meu bolso a minha pequena Minox.

Cada qual sem que o outro soubesse, cada qual com um talismã para me presentear, tinham vindo todos para me desejar boa viagem: o geólogo-taxista-diretor de faculdade com uma medalha de bronze de Gengis Khan; o veterinário-intérprete com uma série de pequenos Budas de gesso colados num prato de madeira; a ex-marxista, reencarnação de um lama, com três das suas últimas pílulas presenteadas a ela pelo dalai-lama — para serem tomadas com um gole d'água, em caso de perigo —; e seu marido, alto funcionário do governo, mais prático que todos, com uma sacolinha de plástico com úteis provisões de cerveja e caviar.

Estes são momentos nos quais o indivíduo preferiria que o trem partisse sem demora. Mas o meu deixou Ulan Bator com meia hora de atraso, prolongando a conversa um pouco embaraçosa através da janela.

A viagem de Ulan Bator para Moscou leva cinco dias. "Transiberiana" é uma palavra que sempre me fez pensar em algo *démodé* e romântico. Em seu *Overland to China*, Colquhoun, que viajou por ela em 1898, conta que os vagões *de luxe* tinham sais de banho, uma biblioteca, salas de ginástica e de música, com um piano. Eu sabia que não era mais assim, mas aquela imagem ficou na minha cabeça e, quando a funcionária da bilheteria me perguntou: "*De luxe?*", automaticamente respondi: "Sim".

Quando me apresentei para pegar o trem, contudo, no meu compartimento *de luxe* havia apenas o acento. Estava tudo ocupado por enormes sacos e caixas, em cima dos quais apoiava-se um mongol, lá pelos seus trinta anos, corpulento e com as bochechas vermelhas: meu novo companheiro de viagem.

"*Businessman?*", perguntei-lhe, usando uma palavra que agora em toda parte é sinônimo de prestígio.

Com a cabeça fez sinal afirmativo. Graças a Deus, descobrimos que podíamos nos entender em chinês. O trem estava repleto desses *businessmen*. Cada compartimento estava lotado de sacos e pacotes estourando de mercadorias. Até o espaço debaixo dos acentos-leito estava ocupado por bornéis e caixas de papelão, o mesmo valendo para os corredores e as latrinas. Em todo aquele longuíssimo trem pareceu-me não haver um único viajante com malas normais.

O trem era russo. Alguém tinha me avisado que na Rússia de agora tudo o que tem a ver com comida está nas mãos de uma máfia de georgianos e, só para tirar a prova, logo depois de partir fui inspecionar o vagão-restaurante. E, de fato, o chefe dos garçons, Vladimir, era de Tbilisi. Apresentei-me dando-lhe uma nota de cem dólares e pedindo para que se ocupasse de mim. Funcionou perfeitamente: durante a viagem toda tive um lugar limpo à mesa, caviar fresco e vodca gelada.

Compreendi como iam as coisas na nova Transiberiana assim que o trem atravessou a fronteira e entrou na Rússia. Logo na primeira estação os mongóis começaram a abrir os sacos e a pendurar suas mercadorias pela janela a fim de atrair os russos: minha romântica Transiberiana tornara-se um prosaico bazar ambulante que em cada estação era tomada de assalto por uma multidão com sede de comprar. Na maioria eram mulheres que se atiravam como possessas contra as laterais do trem para agarrar capas de plástico, guarda-chuvas, sandálias, vestidos para criança que os mongóis suspendiam sobre a cabeça delas... inalcançáveis até que não tinham em mãos o preço desejado.

Costeamos o longo lago Bajkal, grande como o mar, calmo e liso. À noite, iluminado por uma esplêndida fatia de lua, parecia feito de mercúrio.

Passamos Irkusk, e fora da janela continuou a escorrer a *taiga*, a mesma do dia anterior, com as mesmas pequenas bétulas de caule branco, prados verdes cheios de flores e chalés feitos de madeira com suas janelas brancas e azuis. Cada vez que o trem diminuía a velocidade e se ouvia a bifurcação dos trilhos ao aproximar-se de uma estação qualquer, os mongóis se excitavam, abriam seus sacos e tiravam as reservas de baixo dos acentos-leito.

"Krasnoyarsk!", berrou a mulher responsável pelos vagões *de luxe*, e na luz esplêndida de outro crepúsculo siberiano o trem parou. A cidade de Ossendowski! Foi daqui que ele partiu. Sob a cobertura das plataformas, a multidão, como fera numa emboscada, saltou contra a composição, tentando agarrar uma malha, um impermeável, um par de sapatos de plástico: belas garotas de minissaia, velhas matronas com lenço na cabeça. Os únicos a não se mover eram os homens embriagados, sujos e mal barbeados, que estavam acocorados aos pés de dois postes de luz sorrindo filosoficamente ante a ocasião que estavam perdendo.

Passando por Krasnoyarsk, onde sua odisséia começara, pareceu-me que o ciclo da minha viagem com Ossendowski tinha terminado. Talvez ele tivesse gostado de descer ali para ver como mudou pouco a vida das pessoas naquela cidade desde o dia em que escapou para salvar a vida, e a revolução, tão odiada pelo barão, colocara suas raízes! Pensei que podíamos nos despedir ali. Tomei o livro, agradecendo-o pela magnífica companhia que tinha me feito, e, de brincadeira, abri ao acaso, dizendo-me que o que estava para ler seriam suas palavras de adeus. Meus olhos caíram sobre a primeira linha da página 188: "... terrível, maldito barão. Ninguém pode decidir o próprio destino". Enfiei então o volume em um dos pacotes que trazia comigo para enviar, de quando em quando, à minha casa coisas das quais não tinha mais necessidade, e assim deixar mais leve a minha bagagem. Eu o colocaria no correio na próxima parada.

* * *

Tomsk, Novo-Sibirsk, Omsk: dia após dia, em cada estação, grande ou pequena, o mesmo espetáculo se repetia. Logo que as pessoas ouviam o apito do trem das maravilhas, saíam de casa e se precipitavam, excitadas, para a estação. Às vezes parecia que toda a população das redondezas corria ao longo dos trilhos. As negociações eram fechadas em poucos segundos: agarra-se algo, paga-se, e o trem retoma viagem, deixando para atrás alguns entusiastas olhando uma feia jaqueta ou um par de sandálias de plástico e os desiludidos que não conseguiram comprar nada. Para ter uma nova chance, teriam de esperar mais dois dias.

Entre uma estação e a outra, os mongóis bebiam e dormiam. Fora passavam, monótonas, as bétulas.

Que estranho destino, o da Transiberiana! Construída há cem anos, no auge das aspirações imperiais russas na Ásia como linha de defesa contra a China, tornou-se agora a linha de reabastecimento com a qual os pobres russos, derrotados pela história, se revestem de vestuários chineses. Em vez de duquesas e espiões, generais e aventureiros de meia Europa, a Transiberiana é agora usada pelos descendentes de Gengis Khan que, sim, percorrem novamente a estrada de suas conquistas de antigamente, mas eles também, coitados, dessa vez como simples sacoleiros.

A cada despertar, fora da janela havia sempre a *taiga* e na mesinha do compartimento, estendidos sobre uma folha de jornal, havia sempre os ravioles recheados com carne de cabra que continuavam a exalar um horrível odor. "Se mantêm sem estragar até por mais de uma semana", disse meu companheiro *businessman*, e me explicou que em Ulan Bator, em fins de outubro, cada família compra um boi inteiro, arranca-lhe o couro e o coloca no terraço de casa. Com o frio a carne se congela e, durante o inverno, a comem aos poucos. O mesmo se faz com um par de cabras.

Entre os passageiros dos compartimentos ao lado havia uma bela mulher, ex-engenheira de minas obrigada a se especializar no tráfico de japonas de couro. Havia também uma estudante universitária de literatura francesa que viajava com um carregamento de chinelos, agasalhos esportivos e capas de chuva. Era o trabalho do irmão, mas o avô previu o futuro lendo as pedras e viu que aquela viagem não teria sido propícia para ele e a família a mandou no seu lugar. Cada mongol tinha investido cerca de mil dólares em mercadorias e esperava retornar a Ulan Bator com o triplo. Os mongóis podem se reabastecer na China sem problemas, não precisam de visto para entrar na Rússia e assim tiram proveito da situação de estar no meio.

Em Marinsk, Vladimir disse para fechar bem a porta do vagão e a do compartimento: era a estação da máfia e dos gângsteres.

"Skolka? Skolka?", berrava a multidão sem rosto quando o trem, no meio da noite, entrou na estação de Ekaterinburg, onde a família do czar foi trucidada pelos bolcheviques. "Quanto? Quanto?", perguntavam sem ver o que compravam. Punhados de notas e sacos plásticos com a desejada mercadoria passavam de mão em mão na penumbra. Meu mongol aproveitou para se desfazer de sapatos sem par que tinham lhe sobrado e de um impermeável com uma grande mancha de gordura.

Na metade da viagem me dei conta de que não era o único europeu no trem. No último vagão havia um jovem francês com uma bela jovem da República Centro-Africana com a qual tinha acabado de se casar. No outro vagão *de luxe* havia um diplomata búlgaro e um elegante senhor parisiense, arquiteto, de 64 anos. Vinha da Mongólia, onde estivera por quinze dias. "Interessado em budismo?", perguntei. Sim e não. A mulher era uma famosa vidente. Recentemente tinha ficado paralisada e mandou que ele a "recarregasse" de energia, que na Mongólia — dizia — abunda. A mulher usava aquela energia sobretudo para curar as pessoas.

"Não pretende curar casos de câncer, mesmo se às vezes consegue, mas é boa sobretudo com as doenças psíquicas", disse o arquiteto. Cada sessão com a mulher dura ao menos duas horas. Seu método consiste em pedir para desenhar antes uma árvore — porque a árvore é a fonte, o símbolo da vida, disse —, e então um homem ou uma mulher. Dizia que cada um de nós é protegido por sete camadas de pele, algumas das quais são luminosas. Contou com entusiasmo de uma última viagem feita com a mulher aos lugares "altos" da França: lugares nos quais tinha ocorrido algo de particularmente espiritual. Ali também ela tinha ido para pegar "energia". Será que o encontrava novamente por acaso?

O homem era muito simpático, caloroso, e se sentiu bem mais à vontade quando lhe contei por que eu também estava naquele trem. Disse que sem dúvida eu devia ir a Paris para encontrar sua mulher e me deu um cartão de visitas com o endereço do casal. Fiquei com aquele cartão no bolso por dois dias, depois, uma tarde, vendo passar as eternas e monótonas bétulas pela janela, pensei que poderia passar o resto da minha vida indo de um lugar a outro à caça de adivinhos e videntes. Existiria sempre o melhor de todos, sempre o próximo: talvez aquela mulher, mas deixei que o vento levasse embora da mão aquele endereço. Ao vê-lo dando voltas no ar, junto do trem, tive a sensação de renovar a minha liberdade de escolha. Decidi também não ir à Bulgária procurar por Vanga e de não encontrar nenhum adivinho em Moscou.

Nova estação, novo assustador assalto da multidão ao trem. Era a manhã de um dia normal de trabalho, mas parecia que a cidade inteira, com as crianças que deveriam estar na escola, com os operários que deveriam estar na fábrica, estivesse reunida nas plataformas. Altíssimos berros, enormes negócios. Quando o trem partiu de novo, uma velha chorava desesperada e batia inutilmente a palma da mão vazia contra a porta que acabava de fechar. Berrava por ter pago sem receber seu agasalho esportivo. Os mongóis responderam que o tinham dado, mas que um ladrão arrancou a mercadoria da sua mão. Não podiam fazer nada.

O trem partiu e a multidão correu atrás, levantando uma nuvem de poeira que enevoou a estação. "África! África!", disse Vladimir. "Povo russo grande história, mas não sistema, sistema não bom", e riu. Também a velha correu um pouco, continuando a bater contra a porta, depois o trem ganhou velocidade e a vi, desconsolada, colocar de novo o lenço na cabeça e desaparecer na multidão empoeirada.

Na estação de Barabinsk também fui tomado pelo frenesi de vender. Pedi a meu mongol um impermeável. Por quanto podia passá-lo adiante? Por 20 mil rublos. Fiquei alguns minutos gritando aquele valor para as pessoas que chegavam, tocavam a peça e iam embora. Então veio um jovem, colocou na minha mão duas notas de 10 mil rublos e eu lhe dei o impermeável.

Voltando a bordo, dei ao mongol o seu dinheiro, todo orgulhoso. Mas ele caiu na gargalhada. Falsos! Eram notas de mil rublos que alguém, com grande habilidade, acrescentou um zero. Bastava passar um pouco de saliva em cima e o zero sumia.

Nas longas horas costumávamos nos visitar. Veio me encontrar o jovem francês com sua bela mulher centro-africana. Ele também tinha uma história de clarividência para contar. Um amigo seu na África foi curar a diarréia com um feiticeiro. Este fez alguns desenhos de homens estilizados na areia e lhe disse que em quinze dias receberia notícia que uma mulher, muito próxima dele, estava grávida. O amigo não acreditou, mas uma semana e meia depois chegou uma carta da irmã que lhe anunciava estar esperando um filho.

O que dizer? Que todo mundo tem uma história na qual acreditar. "Ela acredita ainda que na África existem homens que viram crocodilos", disse o francês sobre a mulher. "Para ela, aquelas criaturas que comem crianças nos rios não podem ser simples crocodilos... Só podem ser homens maus que viraram crocodilos."

Lentamente o nosso compartimento foi se esvaziando. Depois da cidade de Perm, o meu mongol, com as bochechas sempre mais vermelhas de cerveja e de vodca, já tinha vendido tudo o que trouxera. Nas estações seguintes começaram a subir russos que tinham algo a oferecer aos mongóis, agora já endinheirados. Um homem veio com uma caixa cheia de remédios, duas jovens com pistolas alemãs. Meu mongol, por 150 dólares, comprou uma para se defender dos "gângsteres de Moscou". Um jovem russo tinha apenas um maço de cartas, mas com elas organizou uma pequena jogatina.

Na estação Daniloff subiram algumas belas e muito provocantes russas com seus cafetões e, de repente, o compartimento número 5 do meu vagão *de luxe* se transformou num bordel.

Por toda uma noite o trem engasgou ao escalar os Urais, deixando finalmente para trás as bétulas e a Sibéria. Na aurora a paisagem abriu-se em grandes planícies cheias de trigo maduro e pontilhada de casas não mais feitas de troncos de árvore.

A estudante de francês me falou da "mancha mongol", um estranho sinal na pele pouco acima do osso sacro, com o qual quase todos os mongóis vêm ao mundo: uma conseqüência do fato de quc montaram cavalos durante séculos, disse. A mancha desaparece nos primeiros meses de vida. Sua avó lhe contou que às vezes também na

Europa há crianças que nascem com aquela mancha: um traço deixado pelos homens de Gengis Khan que lá chegaram no tempo de suas conquistas.

O restaurante se enchia sempre mais de jovens *businessmen*. Entravam impávidos diante de Vladimir, pediam cerveja e vodca, bebiam, ficavam vermelhos e despencavam sobre as mesas.

Vladimir conhecia a vida e tinha uma visão clara de como ia o mundo. Tudo aquilo que era bom, ordenado, bonito e limpo para ele era "normal". A liberdade de se arranjar? "Normal." Amar mulheres? "Normal." O que não era "normal" era a Rússia, porque não havia mais ordem, porque entre mafiosos, gângsteres e policiais não havia mais diferença, e com a mão fazia um gesto: "todos iguais", uns como os outros, tudo misturado. Indicava as divisas de um oficial e dizia: "Máfia; não normal". "Democracia?", perguntava-se retoricamente e respondia: "Não normal. Povo russo precisa de ditador. Grande ditador para Rússia é normal. Stalin para Rússia é normal". Não creio que dizia isso apenas porque Stalin era, como ele, um georgiano. Dizia porque, com a falência do comunismo e a queda do Império Soviético, pessoas como ele não sabem o que esperar, não vêem em torno a si nenhum grande homem ao qual confiar a própria sorte.

Subiram ameaçadores soldados em uniforme camuflado e com grandes cassetetes. Milicianos. Foram para a frente e para trás, recolhendo o dinheiro dos mongóis. "Mil rublos por ter fumado no corredor", ou simplesmente para não ter problemas.

Lentamente o trem foi se acalmando. Vladimir, com um assistente, arrastava para fora do vagão-restaurante os mongóis embriagados e os depositava no corredor da classe econômica. Alguém ainda entrava e saía do compartimento número 5.

Depois sentimos que se aproximava algo de novo, de esperado: o bate-e-volta das rodas com os trilhos se fez mais intenso, se tornou um diálogo a várias vozes, o trem passou sobre várias bifurcações, perdeu velocidade, estrilou, e entramos, serpenteando, numa grande cidade. A chefe do trem bateu nas portas dos embriagados e dos adormecidos urrando com voz alegre: "Moskva!! Moskva!!".

Eram três da manhã e uma chuva finíssima caía sobre a cobertura das plataformas quando, com enorme prazer, coloquei finalmente os pés na terra. Estávamos com seis horas de atraso.

O meu mongol apertou minha mão e desapareceu na multidão. Estava vestido com uma elegante jaqueta escura e calças jeans. Na mão trazia uma maleta de *businessman*, na qual, eu sabia, estavam punhados de rublos e uma pistola.

Depois de Moscou, o restante da viagem foi fácil. Um dia para atravessar a Bielo-Rússia. Depois Brest, a última estação daquele que tinha sido o Império Soviético. Os vagões foram colocados de novo no hangar, erguidos, os carros com rodas grandes retirados e substituídos com outros de bitola menor. Um último soldado de fronteira nos observou com um binóculo, atravessamos a fronteira e entramos na Polônia.

Ao longe vi entre as árvores o dorso de uma igreja. A Europa! As estações se apresentaram sempre mais ordenadas, os uniformes dos ferroviários mais limpos, e logo eu estava em casa. Um grande prazer.

Desfiz a mochila e distribuí aos amigos e parentes os óleos, pós, saquinhos, bilhetes mágicos e todos os outros talismãs que acumulei ao longo do caminho. O que não consegui tirar de mim foi a lembrança inquietante daquela enorme massa de humanidade desesperada, desorientada, ávida e irada que, do Vietnã à China, da Mongólia à Rússia, deixei para trás.

Se tivesse viajado de avião, nunca a teria visto.

23. Melhor que trabalhar em banco

O LIVRO SAIU EXATAMENTE quando deveria sair para ser "um grande sucesso". Como prescrevera a maga de Bangkok, não era nem grande nem pequeno demais, a capa era colorida com tons pastel e no título havia o nome de um homem. Mas quando cheguei a Londres, as pessoas não faziam fila diante das livrarias, ainda que estas o exibissem na vitrine: outra prova, se ainda precisasse de uma, que não convém acreditar demais em adivinhos. Pelo menos não no que diz respeito aos detalhes. Porque, ao contrário, de um modo geral aquela visita a Londres de trem, depois de atravessar a Mancha e rever os brancos penhascos de Dover da amurada da balsa, foi um grande prazer que eu devia a um adivinho.

Em breve aquela bela e sadia distância, que por séculos fez dos ingleses "ingleses", e de nós, "continentais", desaparecerá com o ir-e-vir de usuários no asfixiante e, já o imagino, pouco romântico túnel sob o mar.

Em algum lugar existe alguém, em quem ninguém votou, a empurrar para que o mundo gire sempre mais rapidamente, para que os homens se tornem sempre mais iguais em nome de algo chamado "globalização", cujo significado são poucos os que conhecem e ainda menos os que disseram querer.

Em Londres eu estava nas mãos do meu editor e, entre uma coisa e outra perguntei à jovem que se ocupava de mim se não podia me ajudar a encontrar um adivinho — um bom, conhecido —, e ela marcou o encontro: à uma hora, no número 11 de Mon Mount Street; perguntar por Mister Norman.

Desci do táxi com certo embaraço. Uma coisa é ir como explorador, como jornalista em busca de uma verdade, ver um velho lama em Ulan Bator, outra bem diferente é encontrar um adivinho no centro de Londres. Na Mongólia a pessoa sente ter, até consigo própria, um álibi. Mas qual álibi tinha eu para estar na Mon Mount Street?

O embaraço aumentou quando, estando a rua interditada ao tráfego, tive de fazer os últimos metros a pé e descobri que o número 11 era o de uma loja com o nome "Mistérios" escrito na vitrine. Era uma espécie de supermercado, de escola, de templo do oculto, àquela hora surpreendentemente cheia de jovens com ar de "alternativos": punks, aprendizes de feiticeiro e bruxinhas já no serviço ativo. Nas estantes estavam à venda todos os livros de magia, de milagres, de mistério, todos os tomos de budismo, filosofia oriental, astrologia e quiromancia que alguém pudesse imaginar. Tudo o que a pessoa quisesse saber encontrava-se ali. Tudo o que eu mesmo me iludia de ter farejado, talvez às vezes descoberto, estava com certeza naquela infinidade de opúsculos, de coleções de foto, discos ou videocassetes alinhados sobre as estantes.

Paguei as quinze libras esterlinas cobradas pela recepcionista da casa — um tipo com os cabelos cor de fogo, arranjados em grandes cachos —, peguei minha entrada, subi por uma escada coberta por uma esteira de palha e cheguei em um quarto dividido em vários cubículos, cada qual com seu adivinho, com seus pôsteres de divindades indianas ou budistas. Em um deles notei inclusive uma bola de cristal.

"Sou Norman. Foi você quem marcou a consulta?" O homem, em torno dos sessenta anos, com o rosto cinzento e o queixo pontudo e protuberante, estava vestido com uma jaqueta negra de couro e calças escuras. Tinha na mão um cigarro aceso. Fez com que eu entrasse no seu cubículo e me sentasse à sua frente, do outro lado de uma mísera mesinha. Nas paredes estavam pendurados alguns manifestos psicodélicos.

Norman disse que eu tinha direito a meia hora de consulta e que, como certamente queria ter tudo pelo qual pagara, era melhor começar logo.

Pegou um grande maço de cartas com figuras e cores fortes. Pediu-me para misturá-lo três vezes; depois, pegando sempre a sétima carta do maço, fez sua construção e começou a análise:

"Você está para iniciar um novo ciclo na sua vida e está prestes a dar passos no escuro. Como você é alguém que gosta de desafios, obterá sucesso. Grande sucesso... Não há dúvida. Olhe. Neste maço há quatro cartas potentes e você tirou três, aqui, todas juntas... por isso lhe digo: faça mesmo tudo o que pretende e conseguirá atingir a meta. Deve somente prestar atenção na saúde, porque você é uma pessoa que consome muita energia. Às vezes energia demais. Procure manter sua bateria sempre bem carregada."

Eu o interrompi pedindo para dizer tudo, absolutamente tudo aquilo que estava vendo, mesmo que fossem coisas horríveis.

"Não há nada de negativo no que vejo nas cartas... Claro, você um dia morrerá, como eu, como todos, mas as cartas não me dizem quando. Aqui não vejo a sua morte... Talvez um astrólogo consiga vê-la. Você é uma pessoa que gosta de estar sob pressão, estar em perigo, arriscar. Mas se surge uma bala, esta não o atingirá, mesmo se for por poucos milímetros, e você sairá sempre vivo. É isso o que dizem as cartas. Toda a sua vida está sob um sinal preciso: 'Afortunado mais que rico'. Eis as cartas, está vendo?" (Não via senão figuras, e estas a mim não diziam nada.) *"Estas são as cartas da sorte, mas das cartas da riqueza não há nem mesmo uma. Nas cartas eu vejo também uma mulher, uma mulher com um caráter forte, que tem um grande papel na sua vida..."*

Norman foi avante por mais vinte minutos, fumando um cigarro depois do outro, embaralhando as cartas, fazendo com que eu escolhesse uma e dispondo suas construções antes de sentenciar sobre vários assuntos que eu já conhecia bem. Eram os mesmos de Bangkok a Ulan Bator e a Londres: a morte de uma pessoa próxima nos meses passados ou próximos; uma pessoa mais jovem que eu, com quem deveria procurar ficar de acordo no mês de outubro, um amigo que poderia me trair, grandes vantagens entre 10 de outubro e 20 de novembro, e assim por diante.

Olhei o relógio e decidi usar os últimos dez minutos para falar de Norman, e não de mim. Eu o interrompi perguntando-lhe se acreditava nas coisas que dizia ver nas cartas.

"Não cem por cento, caso contrário não teríamos mais nenhuma responsabilidade sobre nossas ações", disse. Depois acrescentou: *"As cartas lêem a sombra das coisas, dos acontecimentos... O que eu posso fazer é ajudar as pessoas a mudar a posição da luz e assim, com o livre-arbítrio, mudar as sombras. Nisso acredito realmente: nós podemos mudar as sombras"*.

Pareceu-me uma das mais belas descrições que já ouvi sobre o trabalho de um adivinho: mudar as sombras. Bela e justa se, como Pirandello e *Rashomon* nos ensinaram, não existe uma verdade, mas existem muitas, dependendo de quem e como se vêem as coisas!

Disse-lhe por que eu estava ali, e Norman, em troca, acendendo o enésimo cigarro, contou-me por que ele também estava. Por anos tinha sido caixa num banco. Não agüentava mais e pediu demissão. Passou de um trabalho a outro, mas nenhum lhe dava o suficiente para viver nem tanta satisfação como ler as cartas. Das quinze libras esterlinas que os clientes pagavam, metade ia para ele, a outra metade para a loja. Ao fim do dia, ficava com a sensação de ter realmente ajudado ao menos umas duas pessoas.

Gostei do Norman. Não possuía evidentemente "poderes" especiais — se os tivesse, teria ao menos parado de fumar! —, mas era um sujeito com grande bom senso. Parecia-me sincero, e estou certo de que às vezes, com as coisas que dizia, podia mesmo acabar ajudando alguém a tirar um pouco de sombra e a colocar mais luz na própria vida. Como o adivinho de Betong, que "sentia" as garotas com AIDS, a mulher de Hanói ou a "bruxa" de Ulan Bator.

Adoraria embarcar em Londres e descer pelo Tâmisa até o mar, como um marinho conradiano, mas o navio para Hamburgo partia de Harwich e tive assim de tomar um trem para chegar à costa. A coisa também foi agradável porque me deu tempo de observar os belos e ordenados campos ingleses, sem nada que os perturbasse, nem sequer fios de alta-tensão. Via-se na paisagem um particular cuidado para manter a natureza. E isso era revigorante.

Chamou a minha atenção, desde quando cheguei à Europa, como este continente não aparenta a própria idade, como não se afobou em mudar de cara; antes, como era às vezes até orgulhoso daquela que já tinha e de como se esforçava para conservá-la. Depois da sanha autodestrutiva da Ásia, isso era um grande alívio.

Zarpei de Harwich no início da tarde e na aurora do dia seguinte cheguei à foz do Elba. Transcorreram-se ainda seis horas de um lento deslizar até atracarmos no cais de Altona, mas foram seis horas agradabilíssimas entre as elegantes margens desse rio ao longo do qual passou toda a história e chegou toda a riqueza de Hamburgo.

Hamburgo é um porto. Se sabe e se repete; mas eu nunca tinha compreendido isso até que, como um hanseático retornando depois de meses de mar, não vi no horizonte os telhados de Cuxhafen, as casinhas dos capitães e as mansões brancas dos ricos mercadores ensolaradas entre as árvores majestosas de Blankenaese, e enfim os pináculos de cobre esverdeado dos campanários dessa desejada cidade. Estive em Hamburgo dezenas de vezes, mas foi preciso um adivinho de Hong Kong para me fazer sentir a sua verdadeira alma.

Aquela não foi a única novidade. Quando me encontrei com os responsáveis da *Der Spiegel*, eles me disseram: "Sabemos que você quer ir morar na Índia. Muito bem. O lugar de correspondente ficará livre no fim do ano. A partir de 1º de janeiro queremos você em Delhi".

Uau! Então tinha razão o cego de Bangkok, e com ele todos os adivinhos que disseram que eu iria morar em outro país em 1994! Não disse nada, mas a coisa me pareceu realmente estranha e achei graça nela.

Para mim, todavia, era complicado deixar Bangkok assim tão cedo. E, além do mais, como teria partido? De avião? Lembrei que um dos meus videntes disse que um bom período para mudar de casa seria depois de 8 de abril.

Discutimos um pouco sobre essas datas e nos pusemos de acordo sobre uma transferência para a Índia no dia 1º de maio de 1994, de modo a satisfazer as exigências de todos. Até as do meu destino!

A seu modo, o adivinho de Hong Kong, depois de anos, continuava a me dar presentes. O próximo seriam dezoito longos, lentos e muito repousantes dias de silêncio e de solidão a bordo de um navio na rota entre a Europa e a Ásia, atravessando os grandes mares da história: o Mediterrâneo, o mar Vermelho, o Golfo Pérsico, o oceano Índico.

Por alguma estranha razão estamos habituados a pensar nos fatos humanos como acontecimentos na terra, a ver o passado na consistência dos monumentos, naquilo que foi construído, nos restos do que foi destruído e nas tumbas. Mesmo assim, grande parte da história, e muitas vezes exatamente a parte mais dramática, foi escrita nos mares onde os homens não deixaram traços de si, onde tudo foi engolido pela água que é hoje como era há mil ou 100 mil anos atrás: ilegível. O mar inspirou os grandes sonhos de conquista do homem. No mar jogaram à própria sorte civilizações e impérios. Foi a promessa de terras desconhecidas além do horizonte que moveu os grandes navegadores a confiar suas vidas ao mar.

A idéia de voltar para casa, em Bangkok, sobre aquelas águas cheias de história e de não refazer, via terra, o mesmo percurso que fizera de trem me atraía muito. Além do mais, me agradava a idéia de um longo período de isolamento num navio que, uma vez separado da terra, seria inatingível.

Os navios são um dos mais velhos, mais clássicos e mais agradáveis modos de se mover no mundo. Infelizmente também um modo que está rapidamente desaparecendo: outro dos prazeres aos quais, pela necessidade de sermos modernos, estamos renunciando. Os navios existem ainda. Todos ainda têm cabines para passageiros, mas as regras da burocracia e das companhias de seguro as tornaram inacessíveis.

Eu tive sorte. Em Cingapura fui jantar na casa de Roberto Pregaz, o italiano que dirigiu o velho Raffles Hotel nos seus anos de glória, antes que também fosse modernizado e virasse um supermercado do turismo de luxo. Perguntei-lhe se conhecia alguém trabalhando para uma linha de navegação italiana que tivesse contato com o Oriente, e Roberto me deu o endereço de um capitão, amigo seu, dirigente do Lloyd Triestino. Escrevi para ele e a resposta que recebi foi muito cortês e encorajadora. Se assinasse alguns papéis isentando a sociedade de navegação de toda e qualquer responsabilidade pelo que pudesse me acontecer a bordo, podia embarcar — dessa vez com Angela — num navio de contêineres, o *Trieste*, que zarpava de La Spezia para Cingapura no fim de setembro: um verdadeiro presente.

O presente começou com a própria La Spezia. Conhecia-a só de nome. Era o lugar de onde vinham dois colegas meus da universidade e provavelmente, se não fosse por aquele navio, não teria nunca colocado os pés nela. Teria perdido assim a chance de conhecer uma deliciosa cidade oitocentista, construída por ordem de Cavour,* com grande senso estético, por um almirante, quando a Itália, que acabava de ser unificada, teve necessidade de um arsenal e de uma base para sua Marinha militar. Estávamos em uma pequena pensão no centro, e desfrutamos a visita percorrendo tudo a pé.

A partida do *Trieste*, prevista para um sábado, foi adiada para segunda-feira, depois para quarta-feira, e assim tivemos tempo de ir também a Portovenere e passar um dia inteiro em Lerici, esplêndida naquele elegante abandono que caracteriza as cidades de mar na baixa estação.

Foi voltando de ônibus, ao longo do litoral, que vimos o *Trieste*, imponente e feioso, entrar no porto. Quando nos aproximamos para subir, o navio, com duzentos metros de comprimento, nos pareceu imenso. O volume dos contêineres que ocupavam todo o tombadilho era como blocos de casa, entre os quais restavam alguns estreitos becos, e a impressão foi a de entrar numa cidade deserta.

Com o advento do contêiner, os navios perderam a antiga elegância, e os portos, o seu vivaz formigar de humanidade. O porto "novo" de La Spezia parecia o set de um filme de ficção científica. Enormes guindastes se moviam para a frente e para trás carregando e descarregando pesadas caixas de ferro de todas as cores, colocando-as sobre caminhões ou sobre navios, depositando-as sobre cúmulos de outras caixas, tudo automaticamente, ao som de um contínuo alarme que não alarmava ninguém: sobre a área portuária não se via vivalma, como se tudo fosse manobrado por algum distante computador e os homens não existissem mais.

Foi liberatório partir e ver as luzes daquele porto espectral se perderem junto a um fulgor esparso ao longo da baía na esfumaçada obscuridade da noite.

Por quase três semanas não tocamos mais a terra e os dias se seguiram, um após o outro, constantemente à espera de uma meta: a vista da

* Camillo Benso, conde de Cavour (1810-61). Político monárquico-liberal piemontês, obteve apoio da França e da Inglaterra na luta contra a Áustria pela causa da independência italiana. (N. do T.)

Sicília e Cariddi, a passagem através do estreito de Messina, a entrada no canal de Suez, a parada nos Lagos Amargos, o ingresso no mar Vermelho e o cruzamento de um dos pontos mais quentes da Terra.

Tínhamos uma cabine espaçosa e cômoda, com uma grande escotilha através da qual mesmo durante a noite podíamos acompanhar a viagem do navio. Originalmente tinha sido uma das cabines para os oficiais em formação, mas estes quase não existem mais e por muito tempo ficou inutilizada. A própria tripulação, por razões de economia, estava reduzida a um mínimo de dezoito homens que, devido aos turnos e ao trabalho na torre de comando, quase nunca eram vistos.

Os dias se passavam rapidamente, ritmados pelas cerimônias de almoço e de jantar no salão com os oficiais elegantes em uniformes brancos, senhores de velhas maneiras, cheios de mesuras e histórias de mar para entreter os hóspedes. A comida, preparada por um cozinheiro napolitano, era ótima e nunca foi repetido o mesmo cardápio.

Levantava-me com o sol, fazia minha corrida dando dez voltas ao redor do navio, depois passava horas e horas sentado na popa longe do barulho dos motores lendo, me perdendo com o olhar no mar ou observando um membro da tripulação que ao longe, sozinho, raspava a ferrugem de um arganéu. No silêncio pontuado pelo estalido dos contêineres, levemente sacudidos pelo ondear do navio, pareceu-me entender finalmente os marinheiros: também eles eram fugitivos, também escapavam do mundo de "terra", dos compromissos sociais, do peso das relações para viver semanas e meses naquele universo constante e continuamente mutável de água e de céu, para desfrutar do simples dorso de uma ilha no mormaço ou de um farol que pisca na escuridão.

Que gente bonita, os marinheiros! Mas também eles destinados a desaparecer. Já nem sequer se chamam mais assim: "marinheiros", "marujos" e "homens do mar" foram abolidos e, no seu lugar, por razões sindicais, surgiu uma nova categoria: a dos "comuns polivalentes", os faz-tudo.

Acontece o mesmo com a sabedoria marinhesca, acumulada ao longo dos séculos: o mundo moderno não sabe mais o que fazer dela. Os instrumentos agora funcionam por conta própria. Antigamente, um marinheiro devia aguçar o olhar para reconhecer, num certo eriçar das ondas, a presença de um cardume de peixes, para enxergar de longe a navegabilidade de um golfo ou para perceber a tempo um fundo baixo demais no qual o navio poderia encalhar. Hoje todo este trabalho é confiado aos radares e sonares, que cada vez mais são precisos. E mesmo assim, quanto conhecimento está se perdendo! Quantas antenas naturais caem da cabeça do homem ao serem substituídas por antenas eletrônicas!

"Tudo é automático. Não é mais preciso olhar para o mar!", dizia desconsolado o capitão. E o mar, quando olhamos para ele, é extraordinário! A cada hora torna-se diverso, com diversas cores, diversa intensidade, diversa consistência, diversos sons, diversos movimentos, diversos espetáculos: uma vez são os delfins que emparelham com o navio, outra vez é uma baleia que afunda veloz, como que assustada pela nossa monstruosidade, depois são os cardumes de peixes-voadores que brincam demoradamente com a quilha, e os tubarões que — diziam os marinheiros — naquela região vão copular e reproduzir ao largo de Gibuti.

Todo encontro no salão terminava com um lamento sobre o que havia mudado nos navios e sobre a poesia que a tecnologia tinha tirado da vida no mar. A culpa, dizia o chefe de máquinas, é dos americanos, que gastaram tanto dinheiro para ir à Lua e, não encontrando por lá nada para ser explorado, precisam agora recuperar os próprios investimentos, reciclando para uso civil a tecnologia desenvolvida para aquela viagem e vendendo-a pelo mundo afora.

Ele estava convencido de que em breve os grandes transportes internacionais serão confiados a submarinos completamente controlados por computador, sem tripulação nenhuma, e com motores que não terão de enfrentar as dificuldades e as forças contrárias da navegação de superfície.

O cozinheiro não gostava sobretudo do telefone que tirou de todo mundo o hábito de escrever para casa e fazia gastar dinheiro inutilmente com três minutos de conversação semanal feita apenas de "Alô. Está me ouvindo?", "Sim. Ouço você claramente", "Eu também".

Por todo o tempo que passei a bordo tive a sensação de assistir a algo que terminava. Depois, um dia, aquela sensação ganhou contornos precisos: a nossa viagem era um funeral. Pouco depois de dobrar o cabo Guardafui (vale dizer: "olha e foge"), o telegrafista recebeu uma mensagem dos sindicatos que convidavam a tripulação a fazer greve: a sociedade estatal, proprietária do *Trieste*, tinha iniciado negociações para colocar o navio à venda. Ao retornar, este passaria para o controle de alguma multinacional, que o rebatizaria, o registraria em algum país mais conveniente e substituiria os meus italianíssimos "comuns polivalentes" por marinheiros asiáticos, talvez chineses, pagos com menos de cinqüenta dólares por mês.

Aquela era assim a última viagem de um dos poucos navios que ainda hasteavam a bandeira italiana.

Sentado na popa, perguntava-me quanto ainda poderia durar um mundo assim, conduzido exclusivamente pelos critérios incultos, desumanos e imorais da economia. Vislumbrando a sombra de ilhas distantes, imaginava alguma ainda habitada por uma tribo de poetas preservados para quando, depois da Idade Média do materialismo, a humanidade recomeçaria a inserir outros valores na própria existência.

Um dos grandes prazeres do navio era ter tempo para deixar a mente elucubrar com os pensamentos, jogar com a fantasia, vasculhar entre as coisas mais absurdas. Às vezes me parecia passar através de um filtro todo o peso das lembranças acumuladas na vida. Às vezes era como redescobrir num sótão caixas de velhas fotografias esquecidas. Sentia que este abandono era reparador.

Dispor de tempo é uma cura simples para os males da alma, mas que ninguém parece se permitir facilmente. Durante anos sonhei, nos momentos de depressão, colocar idealmente sobre a porta do meu quarto um aviso dizendo "Saí para almoçar" e depois fazer com que tal ausência durasse dias ou semanas. Finalmente consegui. No navio eu estava sempre "fora para o almoço" e tinha todo o tempo para observar uma revoada de andorinhas que, no Mediterrâneo, instalou-se a bordo e de vez em quando saía para dar voltas sobre o mar e depois se esconder entre os contêineres. Tinha tempo para pensar no tempo, em como por instinto acho sempre o passado mais fascinante que o futuro, em como o presente quase sempre me entedia e preciso imaginá-lo no modo como o recordarei um dia para poder desfrutá-lo agora. Tinha tempo para me comover com o súbito aparecimento — sabe-se lá de onde? — de um solitário passarinho cinzento com o peito amarelo e asas com faixas negras que pousou sobre uma polia bem próxima de mim e não parava de me olhar.

Para ler, trouxera comigo dois livros de Mario Appelius, um jornalista de antes da guerra, hoje completamente esquecido e posto na lista negra por ter sido fascista: outro exemplo de como, nestes tempos de tanta pretensa liberdade de pensamento, os preconceitos continuam pesados.

Appelius era um grande viajante, com um instinto para a história e uma grande compreensão para os dramas da humanidade. Sua descrição de um encontro com um chinês de além-mar em uma casa de ópio em Pnom Penh ou da coroação de um imperador-menino na velha fortificação de Hué no Vietnã são magistrais. Appelius entendeu muito sobre o caráter do colonialismo, sobre as aspirações dos povos da Ásia e sobre as conseqüências da modernidade que, já no seu tempo, ameaçava a sobrevivência de velhas culturas e civilizações. Sua dor pelo desaparecimento dos Kas, os míticos selvagens das montanhas laosianas, era autêntico. O fato de que Appelius permaneceu até o fim um convicto fascista e que foi a sua voz a repetir no rádio o famoso moto "Deus amaldiçoe os ingleses" fez dele uma não-pessoa, um nome a não ser pronunciado. Ao lê-lo, parecia-me fazer-lhe justiça.

Às vezes, nas horas de ócio, eu passava em revista os vários adivinhos que encontrara, tentando achar um fio condutor em tudo o que ouvira deles. Parecia-me que, assim como o sentido de viajar está no caminho, também no oculto o que conta é a busca, o fazer perguntas, e não as respostas que vêm das rachaduras de um osso ou da leitura de uma mão. A resposta no fundo é sempre dada por nós.

As etapas do navio ao longo do percurso continuavam sempre com intervalos mais longos e os dias passavam na espera dos pontos assinalados a lápis na carta do capitão. Por três dias navegamos em pleno oceano, aguardando apenas o momento de passar ao lado da ilha de Minicoy; mas, quando chegamos, viu-se somente o piscar de um farol. O leprosário sobre a praia, do qual todos os oficiais tinham falado, foi impossível enxergar mesmo com uma luneta.

Na embocadura do estreito de Malaca passamos junto a um grupo de ilhas. Uma delas era pequena e desabitada, circundada por rochas e penhascos; em outra, maior e coberta de palmeiras, despontava o dorso branco de uma igreja católica. Era a ilha de Wé, onde está sepultado Nino Bixo, o companheiro desiludido de Garibaldi que veio à Ásia tentando fazer fortuna e afogar suas frustrações depois da expedição dos *Mille*.* Antigamente os marinheiros italianos que passavam por ali subiam na cobertura para saudar aquele personagem, mas até este hábito foi abandonado.

Entramos no golfo de Cingapura no meio da noite. O piloto chinês que veio a bordo sussurrou suas ordens em um *walkie-talkie* e, no mesmo momento em que o *Trieste* atracou no cais número 4, os guindastes, apesar do temporal que vinha abaixo, puseram-se a descarregar os contêineres e a carregar outros, destinados ao Japão, para onde o navio seguiria viagem antes de retornar para a Itália.

A tripulação foi proibida de descer e de ir à cidade. As operações de reabastecimento acabariam em poucas horas e o navio partiria de novo imediatamente, tentando recuperar o atraso acumulado e também para evitar as multas impostas pelos regulamentos internacionais.

Quando a polícia nos deu permissão para desembarcar, todos estavam tão ocupados com seus afazeres que o momento das despedidas e a troca de presentes foi acelerado, e por isso menos embaraçoso.

O capitão, em nome de toda a tripulação, nos deu um saco de papel com algo leve dentro. Abrimos o presente ao chegar no hotel. Era uma bandeira: a do *Trieste*, do qual tínhamos sido os últimos passageiros.

* "*I Mille di Garibaldi*" é o nome com o qual ficou conhecida a expedição de aproximadamente mil milicianos – *i mille* – que desembarcaram em Marsala, na Sicília (11 de maio de 1860). O episódio marcou o início da guerra que anexaria o reino das Duas Sicílias à casa de Savóia, permitindo de fato a criação do reino de Itália. (N. do T.)

24. O ASTRÓLOGO SEM RIMA

A GENTE SE HABITUA A TUDO. Eu me habituei a viajar lentamente. Angela tomou o avião em Cingapura e em duas horas estava em Bangkok, enquanto eu tinha ainda à minha frente dois dias de trem. Decidi dar uma parada em Kuala Lumpur, onde o amigo M. G. G. Pillai conseguira marcar para mim um encontro com o "famoso" adivinho que não pude ver em abril.

O encontro seria no seu "consultório", situado na *shopping arcade* de um dos grandes hotéis, entre lojas de suvenires, escritórios de linhas aéreas, costureiros de vestidos prontos em 24 horas, cabeleireiros e um farmacêutico-jornaleiro. Tinha sido a sua "fama" e a dificuldade de encontrá-lo o que fizeram crescer em mim a curiosidade e a vontade de conhecê-lo.

Assim que o vi não gostei dele. Era homem de uns cinqüenta anos, pequeno, com os cabelos ralos e crespos, olhos de míope e rosto seboso. Notei de imediato que tinha um tique: movia continuamente o ombro direito para a frente e tive a impressão de uma pessoa pouco à vontade consigo mesma, um fraco, alguém que com certeza não podia "enxergar" a vida dos outros. Nos dedos da mão direita tinha três anéis. O mais arrogante deles era grande, com uma pedra coral, enfiado no polegar. Não sei por quê, mas tenho certa prevenção contra mãos aneladas e, quando vejo uma, mesmo se for de mulher, sinto uma instintiva necessidade de me retirar.

O adivinho mandara me avisar pela secretária que antes de ir vê-lo eu não podia beber álcool, chá ou café. Já isto tinha me parecido um pequeno truque para impressionar os clientes e de se dar importância, como se sua leitura sobre o futuro, naquele mezanino de um hotel, por uma tarifa que variava conforme a pessoa quisesse previsões para o prazo de três anos, seis ou para toda a vida, tivesse algo de religioso.

Tinha razão padre Willem, o missionário da Indonésia: existe algo nas comunicações invisíveis entre os homens que ainda não conseguimos explicar. Encontramos alguém e nos dizemos que é simpático. Por quê? Por que eu achava absolutamente insuportável aquele homem, que nunca tinha visto antes, que não tinha me feito nada? Além do mais, ele, talvez percebendo esta minha reação, fazia de tudo para me agradar, era gentil e maleável, e isso me irritava ainda mais. Minhas invisíveis comunicações com ele começaram tortas desde o primeiro instante. Não tinha ainda dito uma frase e eu já o achava um homem sem forma, sem calma interior e sem sabedoria. Talvez eu também, de tanto ver esses tipos que passam a própria vida mexendo na vida dos outros, desenvolvi um instintivo modo de "decifrá-los" e de distinguir os que realmente tentavam entender e ajudar dos espertalhões. Distinguir os que possuíam algum poder a mais dos impostores.

O adivinho disse trabalhar naquele "consultório" há vinte anos. Antes disso era professor. Perguntei-lhe se não tinha sido um acontecimento particular, um trauma, a fazê-lo mudar de atividade. Disse que não.

Enquanto preparava sua escrivaninha, colocando em fila as canetas e ordenando papéis com o cuidado obsessivo de um pequeno burocrata, disse que seu sistema era uma especial combinação indiana de astrologia e de palmística. Isto lhe permitia, disse, enxergar até a vida dos pais de uma pessoa, e com isso ter um quadro mais exato de seu caráter e de seu destino. Cada palavra sua me irritava, me irritavam seus gestos e as manchas de sujeira que notei sobre o assoalho vermelho. Irritou-me ainda mais quando, tendo dado a hora e a data de nascimento, ele — como se fosse uma bela notícia — disse que tínhamos nascido no mesmo mês do mesmo ano, com só uma semana de diferença!

Éramos, portanto, do mesmo animal. Tigre, ele?

Fez os cálculos usuais, em voz alta — como para me impressionar —, disse que com os estrangeiros os cálculos são mais difíceis porque é preciso levar em consideração a latitude e a longitude do lugar de nascimento, depois fez uma premissa que nunca ouvira antes de ninguém e que também era muito tola: *"Direi o seu passado e o seu futuro com base em antigos sistemas indianos. O que direi a você ficará absolutamente entre nós. A discrição é importantíssima. Direi toda a verdade: a bonita e a feia. Não poderei ser completamente preciso sobre as datas porque apenas Deus o é, até com os segundos. Um astrólogo pode apenas fazer aproximações..."*. Depois concluiu: *"Você já consultou outros astrólogos na sua vida?"*.

Fiz que sim com a cabeça. Perguntou-me de qual signo acreditava ser.

"Virgem", respondi.

"Mas, como, os astrólogos que você consultou não lhe disseram que você não é de Virgem? Você é de Peixes... sim, oitenta por cento de Peixes e vinte por cento de Leão. Os astrólogos que você consultou não eram grandes mestres."

O homem era impossível. Pegou uma grande lente de aumento e uma lâmpada de bolso para ler a minha mão. Depois de olhar para ela demoradamente, começou:

"Senhor Tiziano, na sua família há problemas de diabetes e você também sofre desse mal..." (De jeito nenhum, imbecil!, tive vontade de dizer, mas me contive e não disse nem sim, nem não, para ver até onde ele chegaria.) *"Sua vida é dominada pelo sexo..."* (Nada a ver!) *"Você se sente atraído pelas mulheres e as mulheres por você... Com o sexo você fez muitas experiências, claro não tantas quanto Casanova, o maior amante da história da humanidade, mas ao menos metade."* Aquele comentário "o maior amante da história da humanidade" era patético e me fez pensar que talvez fosse um desejo dele: ser Casanova e não astrólogo! Me veio uma onda de carinho por aquele senhor um pouco raquítico, já um pouco curvo, com cabelos sebosos e cujo problema, obviamente, era atrair as mulheres. *"Sobre isso não resta dúvida: no seu horóscopo o sexo é fortíssimo e na sua mão o monte de Vênus é proeminente. Na verdade, você não está nem sequer muito interessado em falar com uma mulher. O que lhe interessa é ir logo para a cama. Esta é a pimenta da sua vida, senhor Tiziano. Não é assim?"*

Sorri, esperando parecer ao menos enigmático e fazê-lo continuar.

"Nisso o senhor puxou de seu pai..." (Pobre papai, que encontrou minha mãe, se casou com ela e acho que não conheceu nenhuma outra mulher até morrer, aos 77 anos!) *"Seu pai ainda está vivo, não é verdade?"* (Permaneci calado.) *"Não se ofenda com isso que estou para lhe dizer, mas seu pai foi um grande mulherengo: seu horóscopo é claro nesse sentido... Sim, vejo bem os seus pais. Sua mãe é triste e os dois brigam... Quando você era pequeno, na sua casa havia sempre briga por causa das amantes de seu pai e você sofreu muito. Nos primeiros anos da sua vida você também teve problemas na escola, era o último da classe enquanto seus irmãos e irmãs eram brilhantes..."*

"Não tenho irmãos nem irmãs, sou filho único", disse, como para puni-lo pelas suas tolices, mas ele logo se recuperou:

"... então quer dizer que sua mãe sofreu vários abortos, e é por isso que você agora se interessa pelo oculto e vem a mim para entender a sua vida. Você carrega a cruz de todas aquelas almas..."

O homem era exasperante, mas tanto que até já me divertia, como acontece numa ópera com um cantor desafinado. Na primeira derrapada a gente sofre, na segunda ainda mais, depois começamos a esperar pela próxima para rir dele. O homem começava a me dar até certa pena. Confundia-se entre folhas, cálculos e palavras, como um cachorro na água; e quase senti vontade de lhe sugerir algo correto para me dizer. Mas era como se ele também tivesse um seu destino: parecer ridículo.

"Quando jovem você queria fazer carreira militar..." (Nunca pensei nisso, nem de brincadeira!) *"Queria se tornar oficial, mas não conseguiu. Na sua mão, porém, vejo que agora você com freqüência tem a ver com VIP's, personagens importantes na política e no exército. Recentemente você teve tempos difíceis com o trabalho porque seus chefes não o consideravam como deviam e depois teve um grave problema amoroso... Em 1991 houve na sua vida uma mulher de pele clara, muito clara, talvez uma chinesa ou uma coreana, que fez você sofrer muito. Ela não o incomoda mais, mas agora eu vejo uma outra, uma mulher que está para entrar na sua vida e que lhe dará muitos problemas..."*

"Que mulher, adivinho?"

"Vejo-a perfeitamente, é uma mulher muçulmana." (Não daquelas com véu, espero!) *"Sim, porque você entrará sempre mais em contato com o islã e esta mulher é seguidora do islã... Você deve ter tido outras*

mulheres muçulmanas no passado..." (Não... que pena!) "*Mas esta é particular. Você se casou duas vezes, não?*"

"Não."

"*Então o seu é um casamento infeliz, e por isso houve tantas, tantas outras mulheres na sua vida. Quando nasceu sua mulher?*"

"Dia 9 de abril de 1939."

"*Ah, aí está, aí está! Sua mulher o torna infeliz: é uma pequeno-burguesa petulante, insuportável, que não deixa você nunca em paz, que se preocupa sempre com o que dizem as amigas, os vizinhos...*" (Pobre Angela, este adivinho lê pelo avesso em todos os quesitos!) "*Você tem diabetes, não?*"

"Não."

"*Então deve ser algo com a bexiga, com o fígado... Ah, sim, você teve hepatite!*"

"Não. Nunca."

"*Quantos filhos você tem?*"

"Adivinha."

"*É difícil falar sobre os filhos... Mas acho que o primeiro é...*" (Agora se trata de ter sorte, a alternativa é simples... E ele novamente erra.) "*O primeiro é do sexo feminino.*"

"Não! É um menino."

"*... Bem, então você tem dois filhos e também o segundo é menino... e, desculpe-me se digo isso, mas sua mulher deve ter tido vários abortos... Aqui, no seu horóscopo, e na sua mão, eu os vejo claramente... Vários abortos. Você fará grandes progressos nos últimos anos da sua vida, porque na sua mão existem duas linhas da vida...*" (Isto parece verdade, todos vêem isto!) "*... e se você quisesse, poderia virar um curandeiro. Seu vigésimo ano de vida foi um desastre...*" (Não!) "*Mas o ano realmente terrível, no qual tudo deu errado, foi 1971, você estava confuso e não sabia o que fazer.*" (Pelo contrário, foi o ano no qual decidi vir para a Ásia!)

Nesse ponto me mantive calado. Deixei-o falar, não queria mais contradizê-lo, mas os fatos o fizeram por mim.

"*Quer na sua mão, quer no seu horóscopo, vejo que você tem uma pinta debaixo do pé e que é uma pinta significativa.*"

Sabia que minha única pinta era aquela óbvia, visível, na testa, mas não disse nada. Ele me fez tirar os sapatos e as meias, pegou a lanterna e procurou, procurou, e não encontrou nada.

A cena destes dois senhores, eu sentado numa cadeira com os pés levantados, o outro com uma lente de aumento e uma lanterna procurando o que não existia, era para morrer de rir, e foi ele a voltar a um assunto mais sério: minha vida pregressa. Começou, sempre em voz alta, a fazer estranhíssimos raciocínios e contas com nomes de planetas, números e ainda outros nomes e números, para ao fim concluir:

"88, 5, 16... Isso é claríssimo: você nasceu, Tiziano Terzani, em Florença, cinco anos, cinco meses e dezesseis dias depois da sua morte precedente..."

"E onde morri?"

"Não, isso eu não posso dizer. Isso eu não vejo, mas se quiser posso lhe dar o endereço de quem sabe fazer tal coisa...", e sua explicação sobre por que não via aquilo foi talvez a coisa mais verdadeira que me disse em toda a "consulta".

"Veja bem", disse, *"eu tive de me especializar. A grande maioria dos meus clientes é de chineses, e, se tivesse me ocupado de vidas passadas, teria ido à falência. Aos chineses não interessam as vidas passadas, mas esta vida. Eles estão interessados em fazer dinheiro, e o que querem saber é até que ponto podem trapacear seus clientes e enganar seus amigos. Para eles só o que conta é esta vida, nem as vidas de antes nem as de depois."*

Pobre adivinho! Até ele foi vítima do prosaísmo destes tempos e dos chineses da diáspora! Talvez cem anos atrás tivesse sido um astrólogo melhor! Agora falava, falava tanto, mas nada do que dizia fazia rima com os fatos! Precisei lhe transmitir uma onda de simpatia, para que finalmente começasse a dizer coisas mais sensatas.

"No meu setor eu sou bom e posso lhe dizer isso com certeza: não se meta nos negócios ou perderá tudo. Nunca dê dinheiro emprestado, porque não o verá nunca de volta. Nunca dê garantia para cobrir o empréstimo de ninguém e não invista em Bolsa de Valores. O dinheiro não foi feito para você."

Olhou para a minha mão esquerda e disse que já tinha estado na prisão duas vezes na minha vida e a razão era que tinha irritado as autoridades de governo ou do exército. Nisto ele não errou.

Conforme os preços da sua tabela, pela quantia que paguei ele me devia a previsão dos próximos três anos e a fez com abundância de particulares e datas. Substancialmente disse que meu problema maior era a saúde.

"Em 1979 você teve uma doença de pele..." (Não.) *"E ela voltará a aparecer. Entre hoje e o qüinquagésimo oitavo ano de vida você vai ter uma repentina e gravíssima doença... Talvez um infarto... mas acho que você vai se salvar. Entretanto, deve prestar muita, muita atenção."* Disse que nos três anos seguintes eu viajaria muitíssimo, que, além da muçulmana, teria muitas amantes, e que corria o risco de contrair doenças venéreas, talvez até mesmo AIDS.

Disse que antes de 6 de setembro de 1996 compraria outra casa e que devia prestar atenção aos esportes perigosos. Havia uma boa possibilidade de que perdesse o olho esquerdo. Quanto a morrer, se conseguisse superar a *"repentina e gravíssima doença"* dos três anos seguintes, poderia viver até os 76 anos, mas não estava certo disso. Certeza mesmo é que morreria longe de Florença, provavelmente no Vietnã ou na China, de qualquer modo não seria no Ocidente, mas no Oriente.

Veio-me à mente a única piada que tinha ouvido a propósito de adivinhos. "Para os próximos dez anos sua vida será horrível, você terá grandes problemas e nada vai dar certo", diz o adivinho. "E depois?", pergunta, ansioso, o cliente. "Depois? Depois você vai se habituar!"

Já estava habituado às tolices dele e, só para não ofendê-lo, perguntei o que tinham lhe ensinado vinte anos de trabalho e se, na sua opinião, o homem tinha liberdade de escolha.

"Esta é uma pergunta que vem atormentando os filósofos indianos há seis mil anos", disse com aquele seu modo chato de dar peso às banalidades. *"A liberdade de escolha é uma ilusão. Grande parte da vida é predeterminada. A gente nasce numa família, num país, num tempo que não pudemos escolher, assim como não pudemos escolher o corpo no qual nascemos"*, e fez uma careta de desgosto, indicando o seu. *"Saber certas coisas com antecipação pode nos ajudar a minimizar os efeitos do nosso carma, mas só do carma leve, não do pesado. O carma pesado é como um tufão que se abate sobre uma pequena ilha. Não é possível alterá-lo, pode-se apenas esperar que passe.* No karma *leve, ao contrário, podemos influenciar. Com pedras, por exemplo"*, e me mostrou as do seu anel, como se já não as tivesse notado. *"O corpo"*, disse, *"tem sua aura, e esta pode ser reforçada. Tudo depende da justa escolha das pedras."*

Este então era o adivinho da moda em Kuala Lumpur, o mesmo que até seu colega Kaka em Penang tinha dito que gozava de grande fama (e que anunciara a Kaka que ele morreria de infarto aos 52 anos. E ele já tinha chegado aos 65!). Era também o mais banal, o menos inspirador, o menos estranho de todos os estranhos personagens que encontrei na minha viagem, e me pareceu que com ele podia encerrar o assunto.

25. TV PARA OS CORTADORES DE CABEÇA

É JUSTO QUE OS CORTADORES DE CABEÇA renunciem a seus macabros rituais para se dedicar a outro mais inócuo, mas igualmente desumano, de passar horas e horas diante de uma caixa de ilusões, chamada televisor? É justo que a luz quente e íntima das lanternas a óleo seja substituída pela luz sem relevos e azulada dos tubos de néon? Que o comovente tilintar dos sininhos movidos pela brisa do ocaso seja sufocado pelo barulho de uma discoteca que acaba de abrir na margem de um lago, onde os sacos plásticos e as latas vazias de cerveja importada já bóiam despudoradamente sobre o esplêndido flutuar das flores de lótus?

O "progresso" agora chega em toda parte. Mesmo onde não existem estradas ou aeroportos, uma simples antena sobre a árvore basta para captar as sedutoras mensagens, os venenosos sonhos da modernidade, e os lugares no mundo nos quais a pessoa ainda tem chance de colocar, ainda que retoricamente, estas óbvias, anti-históricas perguntas, são agora pouquíssimos. Um desses lugares era um canto remoto da Birmânia oriental entre a cidade de Kengtung e a fronteira chinesa. Havia mais de meio século toda a região, devido a acontecimentos internos e à xenofobia de seus governantes, estava fechada para o resto do mundo e, portanto, como que vedada naquela mágica beleza que pertence às coisas sem tempo.

O encanto acabou. Depois de ter aberto, com o trabalho forçado dos prisioneiros acorrentados, a estrada até Kengtung, os birmaneses, doze meses depois, sob pressão de Bangkok e de Pequim, abriram também o trecho de Kengtung à província de Yunnan, transformando toda a região em uma zona de passagem entre a Tailândia e a China, em um mercado livre para todos os tráficos: desde o da heroína até o das virgens.

Um dos últimos cantos de indomada natureza foi assim devorado pela lógica do lucro. E naquele estupro participei também!

No início de dezembro estive num dos 46 carros da caravana que estabeleceu a primeira ligação entre a cidade de Chiang Rai, no Norte da Tailândia e a de Kunming, no Sul da China. A via estava aberta, o resto viria por si mesmo. Antigamente as potências coloniais mandavam missionários na vanguarda dos territórios que pretendiam conquistar. Hoje os novos colonialistas da Ásia, homens de negócio sem bandeira e com vários passaportes, mandam na frente os turistas.

China e Tailândia estão separadas por uma faixa de terra selvagem e montanhosa que pertence à Birmânia. No entanto China e Tailândia querem reforçar seus laços econômicos e têm para tanto necessidade de uma via direta de comunicação terrestre. Meu "Rally da Amizade", apresentado como dez dias de "turismo de aventura", destinava-se a demonstrar que as montanhas birmanesas não representavam mais obstáculo ao desenvolvimento comum e que a abertura da estrada correspondia aos interesses de todos. Para os organizadores, a viagem foi um grande sucesso. Para mim, uma contínua razão de desespero.

A estrada, tortuosa e insegura, que fiz no início do ano de Mae Sai a Kengtung, tinha sido agora duplicada e estava para ser asfaltada. Os prisioneiros foram removidos e mandados para trabalhar nas pedreiras da montanha, para não incomodar a vista dos turistas. Em seu lugar havia grandes tratores, guindastes e caminhões, vindos da Tailândia. Nos vilarejos tinha aumentado o número de casas de tijolo com o dinheiro ganho pelas meninas nos bordéis no lado de fora da fronteira. E a própria Kentung, no período de poucos meses, mostrava já todos os sinais da inelutável vitória da "modernidade" sobre a tradição, do brega sobre o espontâneo. Atrás da cabeça dos Budas nos pagodes começavam a aparecer auréolas psicodélicas, feitas com círculos concêntricos de lâmpadas multicoloridas e intermitentes. Nas casas já se viam muitas luzes de néon, e na margem do lago Neung Ting foi aberta uma ensurdecedora discoteca.

O mercado de manhã era ainda uma grande "aventura", com sua fantástica coleção de humanidade — os caçadores Meo, as mulheres Padaung, os Lisú, os Karen, os Paó das montanhas —, e cada um tinha consigo algo para vender ou trocar. Uma mulher Akka, com seu suporte de madeira sustentado por uma cinta atada à testa, mostrava a turistas tailandeses uma bela coberta decorada na velha maneira tradicional. Um deles lhe ofereceu uma nota de quinhentos *baht*. A mulher fez que não a queria. Um outro do grupo lhe ofereceu então duas notas de cem *baht*. A mulher pegou o dinheiro e entregou a coberta. Todos riram, inclusive a pobre Akka, que foi embora convencida de que duas notas valiam mais que uma só!

Na missão italiana, a única mudança em dez meses era que faltava uma das freiras. Tinha morrido em novembro e a enterraram no cemitério da igreja.

A parte realmente mais "aventurosa" da viagem começou depois de Kengtung. A floresta tornou-se densa, e a estrada, recentemente aberta pelo trator, dobrou por uma costa íngreme. Nos vilarejos pelos quais passávamos, as cabanas de madeira se agrupavam em torno de branquíssimos pagodes. Maurice Collis, o escritor inglês, o último viajante ocidental a passar por esta zona em 1938, conta que, ao ouvir o barulho de um carro, os camponeses se ajoelhavam: só podia ser um príncipe! Nossos jipes não inspiravam o mesmo respeito, mas a curiosidade era tal que as pessoas se precipitavam das roças e das casas para a estrada e se deixavam cobrir pela nuvem de poeira que deixávamos para trás.

Foram necessárias duas horas para chegar a uma velha ponte de ferro que atravessava um pequeno rio. Ali a caravana parou.

"É aqui a fronteira?", perguntei a um oficial birmanês que parecia ser o comandante do lugar.

"Não, faltam ainda uns cinqüenta quilômetros, mas o controle é feito aqui."

"Por quê?"

O oficial não respondeu e me devolveu o passaporte, como se dali em diante eu e todos os outros não fôssemos mais assunto da sua competência. E de fato não éramos.

Assim que a caravana atravessou a ponte, foi parada, e os carros foram inspecionados de novo. Dessa vez por estranhos soldados: pequenos, com cara inchada, uniformes de tipo chinês como os do khmer vermelhos, e os AK-47 levantados. A bandeira que tremulava no pequeno forte deles, cercado de bambu cortado como ponta de lança, tinha listras coloridas, diversas das de Rangoon. Nas cartas geográficas aquela região figura ainda como Birmânia, mas na verdade tínhamos entrado no "País dos Wa", os cortadores de cabeças. Deram-nos ordem para não descer dos carros e de manter as janelas bem fechadas. Era absolutamente proibido tirar fotos. Ninguém nos sorriu, ninguém nos fez um aceno. O "turismo de aventura" não parecia interessar os Wa... até que os organizadores pagassem uma "taxa" de quinze dólares por carro e os Wa ficassem felizes de nos deixar passar.

Os Wa são gente de montanha. Por anos lutaram ao lado da guerrilha comunista birmanesa contra Rangoon. Depois, quando os comunistas perderam o apoio de Pequim, fizeram as pazes com o governo e se puseram a cultivar ópio; aos Wa não restou senão fazer o mesmo. Obtiveram uma espécie de autonomia para seu "país" e ali, obviamente com o beneplácito da Birmânia de um lado e da China do outro, viraram produtores em tempo integral de heroína. E com isso também concorrentes de Khun Sa, o grande rei da droga que opera mais ao sul.

Tenho curiosidade em observar como a cultura jurídica ocidental, que formalmente virou a lei do mundo, na Ásia não fincou raízes, e como conceitos, tipicamente nossos, de "direito", de "Estado", de "fronteira", são aqui adaptados às tradições e aos interesses locais. Os chineses, por exemplo, sempre consideraram essas regiões na margem do seu Império do Meio "zonas súditas" que deviam tributos ao Filho do Céu, mesmo sem estar sob sua jurisdição direta. Na essência os chineses vêem a zona ainda assim, hoje. As fronteiras modernas colocam uma parte dos Wa na China e outra na Birmânia, mas para os chineses os Wa permanecem uma de suas tantas "minorias". Não é por acaso que o chefe do "País dos Wa", juridicamente — diríamos nós — em território birmanês, é um tal Li Minxiang, perfeitamente chinês, ex-membro da Guarda Vermelha, ex-conselheiro da guerrilha comunista birmanesa e agora, ele também, prosaicamente convertido à produção de droga.

O quartel-general de Li Minxiang fica em Moglá, a "capital" do "País dos Wa", uma cidadezinha a apenas cem metros da barreira da fronteira que assinala o início da China. Em Moglá fomos absolutamente proibidos de parar, mas não foi difícil reconhecer, no alto da colina, com uma antena parabólica no telhado (graças à qual todas as noites se pode assistir à CNN), a casa de Li Minxiang. Vista através da janela do carro, Moglá tinha o ar de um lugar qualquer, assim como os Wa, os cortadores de cabeça, tinham ali o ar de serem muito bem-comportados. Em uma espécie de café que dava para a rua vi, sentados sobre bancos de madeira, grudados diante de um televisor, uns cinqüenta jovens que a empoeirada passagem da nossa caravana distraiu apenas por poucos segundos.

Os chineses são grandes comediantes, e os ensaios para a chegada do "Rally da Amizade" devem ter sido feitos várias vezes. A cancela da fronteira, com a pintura branca e vermelha ainda fresca, foi erguida na chegada do primeiro carro, e os policiais, todos com uniformes novos em folha, repetiram: "Bem-vindos à China. Vocês são pioneiros. Esperamos que muitos outros os sigam". A passagem, depois de tantos anos, dos primeiros ocidentais era um grande acontecimento, e a televisão de Yunnan tinha sido convocada para registrá-lo.

No centro da cidadezinha de Daluó as autoridades chinesas tinham organizado uma de suas típicas recepções para celebrar a "amizade dos povos". Para mim foi a chance de dar uma volta naquele estranhíssimo lugar. A maioria das casas era nova ou ainda em construção. Chamava a atenção uma agência bancária. Das cabines telefônicas era possível ligar para todo o mundo. Todos conheciam Li Minxiang e diziam que vinha com freqüência a Daluó. Quando se perguntava sobre ópio e heroína, todos sorriam. Um policial disse que tínhamos acabado de passar na frente da refinaria, antes de atravessar a fronteira.

A situação era perfeita para realizar o interesse de todos os protagonistas. Deixando uma parte de seu território nas mãos dos Wa, o governo de Rangoon podia pretender que não tinha nada com o tráfico da droga feito por aqueles "rebeldes", mesmo se com certeza recebia uma porcentagem dos lucros. Os chineses, por sua vez, podiam afirmar que não tinham nem o cultivo nem o refinamento dentro da sua fronteira, mesmo se com certeza se aproveitavam do fato de que grande parte da heroína de Li Minxiang passava pela China para ir para o resto do mundo.

Depois de Daluó o "turismo de aventura" era completamente gerenciado pelas autoridades chinesas. Uma meia dúzia de carros da polícia precedia e seguia o nosso comboio. Nos vilarejos e nas cidades que atravessamos, toda a população tinha sido convocada para estar alinhada ao longo do percurso e para manifestar o próprio "espontâneo" entusiasmo pelo "Rally da Amizade".

Os chineses contam muito com a abertura permanente dessa estrada para fazer com que cheguem os produtos da sua indústria de consumo aos países do Sudeste Asiático e à Índia, passando pela Birmânia. Os tailandeses estão igualmente interessados numa ligação direta com a China para desenvolver as regiões mais atrasadas do Norte e para expandir sua influência às zonas da Birmânia habitadas pelas populações aparentadas com os tai, como os Shan.

Quando a caravana entrou em Kunming, cidade já famosa nos tempos de Marco Polo — que permaneceu nela alguns dias, relatando depois o surpreendente costume de as mulheres locais se oferecerem aos visitantes sem que os maridos levassem a coisa a mal —, a primeira impressão foi a de ter chegado em Hong Kong: novíssimos edifícios de vidro e de aço apontavam contra o céu. Já nas ruas, vigiada por policiais cada vez mais vestidos como generais de uma ditadura latino-americana, formigava a habitual, imensa e pobre multidão de chineses. Muitos ainda estavam vestidos com os velhos uniformes azuis dos tempos de Mao.

Mao. Em Kunming não o esqueceram, com certeza! Cada carro que via tinha, pendurada no espelho retrovisor, uma grande medalha: em uma face havia a foto clássica de Mao jovem, em Yenan, na cabeça o boné verde e a estrela vermelha; na outra a foto de Mao velho, com a pinta no queixo. "Dá sorte. Protege contra acidentes", disse-me um dos motoristas do hotel. De deus da revolução, Mao virou o deus do tráfego. Talvez também aquele seja um modo extremamente sábio

— e prático — dos chineses para exorcizar o *pii*, o espírito de um homem que, quando vivo, pesara tanto sobre suas vidas e que, obviamente, não queriam vê-lo voltar como morto para atrapalhar os seus sonhos. Ao respeitá-lo como uma divindade, pensavam mantê-lo tranqüilo.

Estranho destino, o de Mao! Quis dar vida a uma nova China, refundando sua civilização, impondo novos valores, e acabou por destruir o pouco que ainda restava da velha. Foi Mao quem quis tirar dos chineses aquela última consciência de serem diferentes graças à sua civilização, para colocar na cabeça deles que eram diferentes por serem revolucionários. Bastou demonstrar que aquela revolução era uma falência para que a tragédia chegasse a seu epílogo, para que os chineses ficassem à deriva e fossem tomados pela corrente dos tempos: a de se tornar como todos. Pobres chineses!

O destino dessa extraordinária civilização que tinha, realmente por milênios, tomado uma outra via, que tinha afrontado a vida, a morte, a natureza, os deuses de maneira diversa dos outros, me entristecia! A civilização chinesa era aquela que tinha inventado um modo seu de escrever, de comer, de fazer amor, de se pentear; a civilização que por séculos curou diversamente seus doentes, olhou diversamente para o céu, as montanhas, os rios; que teve uma idéia diversa de como construir casas, de fazer templos, uma outra concepção da anatomia, um diverso conceito de alma, de força, de vento, de água; a civilização que descobriu a pólvora e usou-a apenas para fazer fogos de artifício em vez de projéteis para canhões. Aquela civilização hoje procura somente ser moderna como o Ocidente. Quer se tornar como a ilha de ar condicionado que é Cingapura; que produz jovens que sonham apenas vestir-se como representantes de comércio, em fazer fila diante dos *fast-foods* do McDonald's, em ter um relógio a quartzo, um televisor colorido e um celular.

Não é triste? Não digo para os chineses. Mas para a humanidade em geral, que perde muito ao perder a sua diversidade e em se tornar toda igual. Mao compreendera que, para salvar a China, era preciso protegê-la contra a influência ocidental e forçá-la a buscar soluções chinesas ao problema da modernidade e do desenvolvimento. Ao colocar o problema Mao teve grandeza. Grande tinha sido também ao se equivocar quanto à forma de resolvê-lo. Mas sempre grande, Mao: grande poeta, grande estrategista, grande intelectual e grande assassino. Mas grande como a China. Assim como agora é grande a sua tragédia.

Se alguém, daqui a alguns séculos, conseguir olhar para trás na história da humanidade, o fim da civilização chinesa lhe aparecerá como um grande desperdício, porque com ela acabou uma grande alternativa cuja existência talvez garantisse a harmonia do mundo.

Não é um acaso que tenham sido os chineses a descobrir que a essência de tudo é o equilíbrio entre os opostos, entre o *yin* e o *yang*, entre o Sol e a Lua, a luz e a sombra, o macho e a fêmea, a água e o fogo. É na harmonia entre as diversidades que o mundo se governa, se reproduz, está em tensão, vive. Por isso existem razões para lamentar o comunismo, não enquanto tal, mas enquanto alternativa, contraposição. Sem ter mais isso, criou-se hoje no mundo um desequilíbrio, e a mesma parte que acredita ter vencido sofre agora daquela falta de tensão que no fundo estimulava a sua criatividade.

Partimos enfim de Kunming na aurora e passamos um dia atravessando uma bela natureza e uma humanidade desesperada. As montanhas, os rios, os terraços de arroz e de plantações de chá eram imponentes, mas as casas de barro que víamos ao longo da estrada eram habitadas por pessoas com ferramentas em mau estado, sujas, empoeiradas, pobres e desgrenhadas: pessoas que não figuram mais nas estatísticas de crescimento econômico!

Ouvi dizer que na China, como resposta ao aumento do materialismo, além do renovado interesse pelo oculto houve uma notável multiplicação de eremitas. Sempre mais gente abandonava a sociedade e buscava refúgio nas montanhas. Yunnan era uma das metas preferidas. Vi dois deles, com faixas nos pés, vestidos à antiga, o cabelo recolhido em coques, marchando com um bastão de peregrino na beira da estrada. Aquelas figuras permaneceram por muito tempo em minha mente como uma aparição.

No caminho de volta a caravana fez uma nova parada em Kengtung, e uma senhora birmanesa, a quem na ida tinha pedido ajuda para encontrar o melhor adivinho na cidade, conseguiu marcar encontro com um jovem que diziam ter excepcionais poderes.

Ele morava em uma das tantas casas de madeira alinhadas numa bela rua coberta de pedregulhos. Quando chegamos, ele estava na porta nos esperando: um jovem magro com seus trinta anos, ar exaltado e a cabeça coberta com cabelos rebeldes. Conduziu-nos ao primeiro andar por uma escada capenga. Nos sentamos no chão, sobre um pavimento de madeira coberto por um pedaço de plástico verde e marrom. Depois das perguntas e dos cálculos de sempre, começou a falar da minha vida. Disse que aos 55 anos eu estava diante de uma grande virada, que tinha decisões a tomar, e que recentemente tinha recebido uma soma de dinheiro que não tinha a menor correspondência com o meu salário. Disse que sim, pensando num prêmio que acabara de receber, e isto pareceu lhe dar coragem.

"Nos próximos dois meses você encontrará uma pessoa que ocupa posição mais elevada que a sua, não em termos de poder ou de dinheiro, mas de espiritualidade, e esta pessoa vai melhorar a sua vida. Isso acontecerá exatamente entre o fim de janeiro e o início de fevereiro."

Pensei no curso de meditação ao qual tinha decidido ir. Aconteceria exatamente naquele período. Será que fui eu a dizer a ele ou foi ele a "enxergar"?

"Na sua mão há duas linhas da vida. Ambas são muito fortes. Você tem a possibilidade de viver por muito tempo e de elevar-se espiritualmente. Depende de você, mas ainda pode falir. Dentro de seis meses acontecerão muitas mudanças na sua vida." (Claro, pensei, no dia 1º de maio estarei na Índia.) *"A partir do ano que vem sua vida continuará a melhorar dia após dia, ano após ano, por um longo período até morrer."*

O jovem pegou a minha mão com a palma virada para cima e colocou a sua a alguns centímetros de distância, virada para baixo. Fechou os olhos como para se concentrar e, dali a pouco, sua mão começou a tremer.

"Sinto calor", disse. "Você tem uma grande força... Você tem capacidade para virar vidente... Eu o sinto, estamos em comunicação... Você tem algo com a Índia... Já esteve lá?"

Estava chocado. Claro que tinha algo a ver com a Índia, mas ele, como podia saber disso? Tinha acabado de dizer, dentro de mim, a palavra "Índia". Mas ele, como pôde ouvi-la?

"Sim, já estive lá. Mas por que você me pergunta?"

"Porque ela está atrás de você... eu a vejo...", disse, sempre com os olhos fechados.

"Quem?"

"Uma deusa indiana... Uma deusa que o protege, que está sempre com você... Qual é a sua religião?"

"Nenhuma, para ser sincero."

"Na vida passada você era budista, e agora tem a tendência de retornar ao dharma, *à via de Buda... Quando você chegar à Índia, faça logo uma doação... Não beneficência aos pobres, mas uma doação a uma instituição budista, ao budismo. Você medita?"* Também esta era uma palavra na qual eu acabara de pensar. Será que a "sugeri" a ele?

"Não, ainda."

"Faça-o, porque nesta vida ou no máximo na próxima você alcançará o Shambhala e terá o poder de ajudar os outros... E sua vida então se prolongará, e você poderá controlar sua morte. Preste atenção, tudo será decidido nos próximos seis meses. Tudo depende de você. Você sempre teve um sexto sentido, um instinto que sempre o ajudou. Você esteve em zonas de guerra e sobreviveu porque era capaz de ver o perigo no seu futuro e evitá-lo, mas agora deve dar mais passos e, em breve, vai poder enxergar o futuro dos outros."

Era com certeza um dos personagens mais estranhos, mas também mais autênticos que tinha encontrado entre tantos videntes, e eu mesmo sentia que "estávamos em comunicação". Mas quem falava a quem? E de que modo?

"E os meus filhos?", perguntei, para recolocar o assunto em algo concreto e controlar suas capacidades. Era como se tivesse entendido.

"Você tem dois filhos, o primeiro é homem, a outra é mulher", respondeu depois de se concentrar... ou depois de ter lido a resposta na minha cabeça?

"Você vê problemas no futuro deles?", perguntei.

"Não. Nenhum... Nem mesmo no de sua filha, que o está preocupando..."

"Qual?", disse eu, sabendo que pensava na feiticeira de Bangkok.

"Que não vai se casar... Se casará, não tenha dúvida."

Realmente era impressionante como parecia capaz de ler as respostas que eu mesmo dava dentro de mim às perguntas que fazia em voz alta.

O jovem tinha sempre a mão sobre a minha e, a um certo ponto, eu também tive a impressão de sentir calor, algo que passava de um para o outro. Obviamente era uma sugestão. O lugar, os sons e os odores do ocaso, a fumaça dos fogões cozinhando, a agradável pausa de paz depois de dias de pó, de carro, tudo me punha em sintonia com aquele estranho personagem. Claro, parecia que eu tinha com ele muito mais coisas em comum do que com todos os "turistas da aventura" com os quais passara a última semana.

"Você já ouviu falar em U Ba Khin?", perguntou-me. *"É um birmanês que fundou uma escola de meditação e que agora têm alunos em todo o mundo. Siga o seu método. É o melhor para pessoas como você, que quer continuar a estar na vida mundana sem retirar-se num mosteiro, mas continuar aprendendo do mesmo jeito."*

Contou ter meditado por três anos, mas ter percebido seus "poderes" apenas recentemente. Aconteceu por acaso: numa cidadezinha do Norte da Birmânia, quando desapareceu o cofre da prefeitura, ele, um dia, concentrando-se, conseguiu ver quem o tinha levado embora e onde o escondera.

Não tinha meios de verificar o que existia de verdadeiro naquela história, como em tantas outras que alguém, pela vida afora, escuta e depois passa a contar com o prazer de pensar que poderiam até ser verdadeiras.

O jovem disse que desde então ouvia certas vozes, enxergava o futuro das pessoas, e ficou difícil continuar trabalhando no escritório de planificação econômica da prefeitura do qual era funcionário.

Acompanhou-me até a porta e, ao se despedir, disse que nos veríamos de novo. Não podia imaginar como. Em menos de um ano estivera já duas vezes em Kengtung e tinha a sensação de que para mim aquele era um adeus, não apenas da velha capital dos Shan, mas de um tipo de Ásia à qual tinha me afeiçoado e da qual Kengtung virou um símbolo.

A caravana partiria na aurora e, como não era minha vez de guiar, decidi não desperdiçar aquelas últimas horas dormindo. Esperei que todos fossem para a cama, e que a discoteca no lago fechasse, para dar sozinho uma volta pela Kengtung deserta, mas novamente animada de sombras e de sons antigos. Caminhei até a porta da cidade, que permanece tristemente de pé, com um pedaço da velha muralha ao lado, em meio à rua que tinha sido alargada. Ouvi novamente o tilintar divino dos sininhos do pagode de cima da colina e, entre a copa das árvores que se erguiam sobre o muro branco dos mosteiros vi a sombra de um passante projetada pela lua. Caminhava lento, com a cabeça ligeiramente curva, como alguém que, absorto nos últimos pensamentos sobre o sentido da vida, segue um funeral. Era eu.

O resto da viagem foi monótono. Na noite do dia seguinte estávamos de novo na Tailândia. Em Chiang Mai tinha sido organizado, em um dos novos hotéis de grande luxo para "turistas da aventura", um banquete para celebrar o sucesso do "Rally da Amizade", com distribuição de medalhas e diplomas. São situações que tento evitar como a peste e, assim, fui diretamente à estação de ônibus para prosseguir minha viagem a Bangkok.

Tive sorte. Se não tivesse chegado naquela mesma noite a Chiang Mai, teria perdido uma magnífica ocasião: o convite para passar o Ano-Novo com o diabo.

26. Ano-Novo com o diabo

A mensagem dizia apenas para comparecer no dia seguinte a certa pensão de Maehonsong, um vilarejo no Noroeste da Tailândia. Que esperasse ali, alguém entraria em contato comigo. Para mim significava pôr-me imediatamente a caminho, fazer ainda mais nove horas de ônibus atravessando as montanhas, mas não pensei duas vezes. A mensagem era a resposta ao pedido, feito junto com Bertil Lindner, colega sueco especialista em coisas birmanesas, por meio de intermediários de Bangkok, para encontrar um dos homens mais procurados no mundo: Khun Sa, o "Príncipe das Trevas", há décadas o Senhor da Guerra no Triângulo de Ouro, o último grande traficante de droga depois que Noriega acabou numa prisão dos Estados Unidos e Pablo Escobar em uma tumba na Colômbia. Uma outra história para escrever sem ter que tomar aviões!

O momento era perfeito: os generais da ditadura de Rangoon, tentando agradar à comunidade internacional e se fazerem perdoar pelo assassinato de milhares de estudantes e pela prisão da senhora Aung San Suu Kyi, tinham acabado de anunciar uma ofensiva militar contra ele. Khun Sa, por sua vez, tinha declarado a secessão da União Birmanesa dos territórios controlados por ele, nomeando-se presidente de um Estado independente chamado "País dos Shan".

Usei as longas horas de ônibus para dormir. Em Maehonsong achei a pensão que tinham me indicado, peguei um quarto e encontrei Bertil, que tinha vindo diretamente de Bangkok. Juntos, esperamos.

Bertil é um ótimo companheiro de aventuras e com ele já tinha passado alguns dias na selva birmanesa atrás dos rebeldes Karen e das primeiras formações armadas dos estudantes democratas. De origem sueca, viera à Ásia logo depois dos estudos e, um pouco como eu, sentira-se em casa. Se seu compatriota, Sven Hedin, o grande explorador do início do século, tivesse tido uma reencarnação, poderia perfeitamente ter sido ele. Em 1985 Bertil foi a pé por dezoito meses através da zona montanhosa da Birmânia setentrional, casou-se com a telegrafista de um dos grupos da guerrilha e escreveu o primeiro de uma série de livros a respeito da região. Sobre a Birmânia, era uma espécie de enciclopédia ambulante.

Na manhã, enquanto tomávamos café, à nossa mesa sentou-se um homem contando cerca de trinta anos de idade, com uma cara chinesíssima e ar de gângster de Xangai de antes da guerra: blusão de couro, cabelos penteados para trás e bigodes finos. Disse que tudo estava organizado e que tínhamos pela frente de oito a dez horas de marcha. Estávamos prontos? Que o seguíssemos.

Com o jipe de Bertil, fizemos trinta quilômetros por uma estrada asfaltada. Graças a uma bússola que trago sempre comigo, vi que íamos para o Norte. Ao chegar a uma espécie de fábrica, circundada por altas paliçadas de madeira, fomos entregues a outras caras estranhas, todos com ar chinês, que nos indicaram onde esconder o carro e nos ofereceram, sem dizer palavra, um pouco de chá. Logo apareceu um jovem Shan com três mulas e nos pusemos em marcha. Um animal carregava nossas mochilas e as provisões de água, as outras duas serviriam caso quiséssemos prosseguir montados.

Durante as primeiras duas horas o caminho foi fácil. Ladeamos uma bela montanha calcária com grutas, depois começamos a subir e a descer por uma série de colinas, e nos molhamos em riachos com água que chegava até o joelho. No início da tarde, suando sempre mais, subimos por um íngreme penhasco. A floresta se fez sempre mais densa e as árvores, mais altas. Seguíamos uma trilha traçada pela passagem de mulas, e isso tornava a caminhada particularmente difícil. Os animais de carga, às vezes em caravanas de cem cabeças, colocam as patas sempre no mesmo ponto, criando, especialmente na estação das chuvas, uma ininterrupta série de buracos. É preciso prestar muita atenção para não colocar o pé dentro de um deles.

A natureza era um contínuo e fascinante espetáculo. Ao longo do caminho encontramos uma *bandit krate*, uma serpente com listras amarelas e negras, muito venenosa mas não agressiva, e grandes e fosforescentes centopéias.

Ao pôr-do-sol estávamos sobre a crista mais alta e a vista para o Ocidente era de exuberante maravilha. O sol baixou em um fulgor cor de ouro e de fogo atrás de uma série de cadeias montanhosas, cada qual com uma nuança particular de verde, de azul, de violeta, de negro, que mudava com a distância. As mais próximas eram macias e rugosas por causa da floresta; as distantes, duras e precisas.

Quão enganosa pode ser a beleza! Aquele panorama tirava o fôlego com sua vastidão, sua calma, sua vitalidade. Mesmo assim era dali, debaixo daquelas árvores majestosas como catedrais, daquelas crinas de bambu exuberantes como fogos de artifício, que partia a trilha de dor que atravessa todas as fronteiras, que vara todos os mares, chega a todos os países para entrar nas nossas casas e matar nossos filhos. O que tinha diante de mim era o coração do Triângulo de Ouro — também este, que nome enganoso! —, a fonte de grande parte da heroína hoje produzida no mundo. O homem que, assim tão exaustivamente, eu ia encontrar, reinava sobre aquele império de morte.

A noite chegou rápida e escura, com trinado de pássaros, urros de macacos e tantos misteriosos murmúrios e grunhidos de outras criaturas que já não conseguia mais ver.

As últimas três horas de marcha, todas em descida, foram particularmente duras. Tive cãibras na batata da perna, uma forte dor de cabeça e depois... uma pontada no peito. Não é assim que começa um infarto? Logo me veio à mente o abade de Ulan Bator, aquele que nas cinzas do incenso viu que eu teria distúrbios do coração. Pensei também no astrólogo desafinado de Kuala Lumpur, ele também seguro de que viria a ter uma gravíssima doença antes dos meus 58 anos. De nada valeu me dizer quantas outras coisas aqueles adivinhos não tinham acertado. Minha mão se dirigiu instintivamente para a pinta que tenho na testa, sinal, segundo a maga de Cingapura, de que morreria em terra estrangeira. Mais estrangeira do que esta floresta! Com Bertil, a quem gostaria de "ditar minhas últimas vontades"... Esta expressão, que me veio por acaso na cabeça, me fez rir, e o verdadeiro medo que então ocupou meu pensamento foi que a pessoa poderia tomar a palavra de um adivinho tão a sério a ponto de fazer acontecer o que ele previra e realizar a profecia. Em vez de me "autoprovocar" um infarto, dei uma bela respirada e continuei a caminhar.

O céu estava estrelado, mas à nossa volta a escuridão era total. Era a noite de lua nova de dezembro, e com ela os Shan celebram o início do seu Ano-Novo. As festas duravam uma semana, e exatamente para essa ocasião tínhamos sido convidados por Khun Sa. Para os Shan o ano que estava começando, na metade de dezembro, não era 1994, e sim 2088, porque sua conta parte do ano no qual eles se converteram ao budismo e construíram seu primeiro pagode sobre as margens do lago Morto no Yunnan.

Mais algumas semanas e teria terminado também o nosso 1993. Também o meu ano sem aviões? Não exatamente. O adivinho de Hong Kong era chinês e, para ele, como para todo o mundo dominado pela cultura do Império do Meio, 1993 não acaba em 31 de dezembro, mas com a primeira lua nova da primavera. E esta lua nasceria somente no dia 8 de fevereiro de 1994. Se realmente quisesse me ater à sua profecia, tinha de resistir até aquela data.

Estávamos marchando há nove horas quando chegamos num vale. Era noite funda. Ouvi o escorrer de um riacho, mas já me achei dentro dele antes de enxergá-lo. Na margem oposta havia uma grande casa de madeira, isolada. Ao entrar, sob a débil luz de uma lâmpada a querosene, vi o perfil de algumas pessoas que ficaram de lado. Ouvi uma mulher dar ordens em chinês e um jovem nos trouxe chá quente.

"Você de onde vem?", perguntei-lhe.

"De Yunnan!"

"Para fazer o quê?"

"Trabalhar", respondeu. Achei que não podia lhe perguntar mais nada. A mulher falou com alguém por meio de um *walkie-talkie* e dali a pouco uma caminhonete veio nos pegar. Fizemos cerca de meia hora por uma estrada de terra e finalmente, em meio a uma planície circundada de montanhas ainda mais negras que o céu acima delas, paramos diante de uma cidadezinha inteira, com barracas de feira armadas na praça e uma multidão de gente que passeava, comia e se divertia com vários jogos de quermesse. Dezenas de jovens soldados, de uniforme limpo e bem passado, com os fuzis nos braços, estavam de guarda discretamente no escuro.

Tínhamos chegado a Ho Mong, a Capital do Mal, como os jornalistas chamavam este surpreendente lugar situado em território brimanês, mas a apenas uma dezena de quilômetros da fronteira tailandesa.

A única recomendação que nos foi feita antes de iniciarmos a marcha era a de não deixar que o exército tailandês nos visse. Este diz controlar rigorosamente a fronteira e não quer de modo algum dar a impressão — especialmente a observadores estrangeiros — de colaborar com os "rebeldes" e de ter ligações com os traficantes de droga. Bangkok mantém ótimas relações diplomáticas e comerciais com o regime ditadorial de Rangoon, e oficialmente nega ter contatos com Khun Sa e seu "País dos Shan".

Tudo tinha funcionado à perfeição: ninguém nos tinha visto. Fazia frio, e o "ministro das Relações Exteriores" do "País dos Shan", que veio nos receber e nos levar à "Chancelaria de Governo", tinha um capuz de lã na cabeça e uma capa de vento sobre o pijama.

Passamos cinco dias em Ho Mong, e a estada foi repleta de descobertas e de surpresas. A primeira fizemos pela manhã, assim que nos levantamos, quando nos demos conta de que da Tailândia existem ao menos duas estradas que conduzem diretamente a Ho Mong, e que todos os outros "convidados" de Khun Sa tinham chegado comodamente de automóvel. Entre eles havia até oficiais do exército tailandês à paisana. Surpreendente! Desde 1990 Khun Sa é investigado nos Estados Unidos como traficante de drogas, e mesmo na Tailândia existe uma recompensa de 20 mil dólares pela sua cabeça! Nos fotografamos reciprocamente com grandes sorrisos.

Os outros convidados eram Shan vindos dos territórios controlados pelo governo de Rangoon — encontrei dois de Kengtung — e sobretudo Shan que residem no estrangeiro. Dentre eles estava a filha do velho *sawbaw* de Yawnghwe, o rei das Mil Bananas, imigrada nos Estados Unidos.

O "general", como todos o chamavam, não se fez esperar. Na hora do café-da-manhã um furgão estacionou diante da Chancelaria, seis soldados armados até os dentes saltaram para fora e, do acento ao lado do motorista, lento e elegante em um uniforme verde e marrom, com a bandeira do "País dos Shan" como única decoração sobre a manga, desceu Khun Sa.

A primeira impressão foi de simpatia: era claramente chinês como aspecto e estatura, tinha a cara esticada e lustrada, os olhos pequenos e muito vivazes, dentes manchados de nicotina; parecia seguro e tranqüilo. Instintivamente, por deformação profissional, olhei-o procurando um detalhe do qual teria me recordado, uma particularidade do rosto, um gesto que traísse quem era. Não colhi nenhum. Seu rosto não era mais imperscrutável que o de outros asiáticos, seu olhar não mais misterioso, indiferente, assassino, impassível, determinado ou cruel. Se tivesse encontrado Khun Sa no mercado, sem sua escolta nem uniforme, o teria tomado por um oriental entre tantos que faziam suas compras. Mas não é isso o que se diz dos grandes espiões?

Apertando a mão a Bertil, disse: "Ouvi falar muito no senhor. Suas palavras e minhas ações são flechas apontadas contra o coração dos ditadores de Rangoon". Bertil acendeu o cachimbo, embaraçado. Para um jornalista não existe nada pior que ser tomado como um "aliado". Seja qual for a causa. De Khun Sa, então!

Quis vir pessoalmente para nos convidar para a grande ceia de Ano-Novo em sua casa. De forma teatral, antes de subir lentamente no furgão e partir de novo, Khun Sa deu ordem a seus "ministros" de nos mostrar tudo o que quiséssemos ver, de nos explicar tudo, de nos deixar andar por toda parte.

Ho Mong é uma cidadezinha toda feita de casas com as paredes de madeira e com teto de alumínio ondulado. Os habitantes são cerca de 20 mil. Uma grande praça, ao centro do povoado, serve como campo de jogo, terreno de paradas e mercado. Todas as festas de Ano-Novo acontecem ali, onde tinham sido armados dois teatros, uma discoteca, alguns barracões de tiro ao alvo e uma passarela para concurso de beleza que, entre os vários prêmios, incluía o de "consolação" concedido a um travesti local.

Ao longo da estrada principal há cabeleireiros, costureiros, relojoarias, fotógrafos e um par de videolocadoras. *Jurassic Park* era muito requisitado. Todas as mercadorias vêm da Tailândia. A moeda usada é o *baht* tailandês, e até os carros circulam na mão esquerda das ruas como na Tailândia, e não na direita como no resto da Birmânia. Ho

Mong tem um templo budista com quatrocentos monges, três hotéis "para caixeiros-viajantes" e um bordel com umas quinze garotas.

Sobre a casa dos mais abastados despontam as parabólicas das antenas de televisão que captam todos os programas internacionais. Na entrada de uma modesta loja, que vende de tudo, de lanternas de bolso a cobertas, há um cartaz: "Telefone". Graças a uma linha especial com a Tailândia, de Ho Mong, a "capital mundial da droga", pode-se telefonar diretamente para qualquer ponto da Terra. Em uma cabine ouvi uma garota chinesa dizer a alguém em Taiwan para comprar uma passagem aérea de Bangkok a Hong Kong. Não é esta a rota que seguem os traficantes? Não são os gângsteres chineses que controlam a distribuição da droga no mundo? Não me arrisquei a fazer tal pergunta em voz alta.

A única construção de tijolos em todo o vale é a residência de Khun Sa: branca, apartada e alta sobre um pequeno morro, com um vasto jardim em torno dela, dois campos de tênis e uma bela estufa cheia de orquídeas; de longe parece simplesmente uma mansão californiana fora do lugar. Somente chegando mais perto o sujeito percebe que é também um *bunker*, protegido por ninhos de metralhadoras, baterias antiaéreas e todo um quartel de "fidelíssimos".

Para a ceia de Ano-Novo, que na verdade aconteceu em plena tarde — talvez para evitar as possíveis ciladas na escuridão, pensei —, Khun Sa abriu sua mansão a algumas centenas de oficiais do seu exército e aos funcionários da sua administração. Além da montanha de comida, aos hóspedes foi oferecido o espetáculo do "general" que cantava ao karaokê. Até ali! Em meio à floresta birmanesa, a grande atração era uma engenhoca moderníssima, com alto-falantes muito potentes e um megatelevisor, no qual corriam as imagens e as letras de famosas canções chinesas. Por dever de cortesia, acabei também com o microfone na mão, cantando desafinado como só eu, em dueto com o Rei da Droga. Nada podia divertir mais aquele público!

Ter feito rir a todos me rendeu, pouco depois, uma volta guiada pela casa. A residência de Khun Sa, com lareira na sala, carpete vermelho nos quartos, poltronas de falso couro cobertas por estofados de plástico e grandes estantes sem nenhum livro, mas cheias de videocassetes, era a realização dos sonhos de qualquer novo-rico, o símbolo de *status* de um bandido com desejo de respeitabilidade. Nas paredes havia fotos de alguns estrangeiros: um lorde inglês com a mulher, o filho de um chefe da polícia de Nova York, um ex-coronel americano das Forças Especiais.

"Por que estão aqui?"

"Amigos", foi a resposta.

"E a droga, general? Vamos falar disso?", arrisquei no fim da visita.

"Um outro dia... A entrevista, um outro dia. Hoje se festeja", disse Khun Sa alegremente.

Na manhã seguinte, Bertil e eu fomos levados aos escritórios do "governo" — uma grande barraca de madeira, com o chão de terra batida, diante da praça — para encontrar vários "ministros". O da Informação, um ex-veterinário, era encarregado de nos apresentar a posição oficial do "País dos Shan". E era a seguinte. Nós, Shan, somos uma minoria oprimida pelos birmaneses. Depois de várias tentativas de guerrilha conduzidas no passado por diferentes grupos, Khun Sa reuniu todos sob seu comando, e leva agora adiante uma guerra de libertação. O ópio é a arma com a qual travamos essa guerra. Adoraríamos poder cultivar outra coisa, manga, por exemplo, em vez das papoulas de ópio. Teríamos menos trabalho e ninguém poderia nos acusar de ser traficantes de droga, coisa que, sabemos muito bem, lança uma feia sombra sobre a nossa luta. O problema é que para cultivar mangas é preciso ter paz, ter estradas para ir vendê-las num mercado. Para o ópio não é preciso ter nada. Podemos vendê-lo aqui mesmo, porque os compradores vêm de muito longe para adquiri-lo. Cultivar ópio é, portanto, nosso único meio de sobreviver. Obrigarmos nossa gente de hoje para amanhã a parar com o cultivo da papoula significaria condená-la à fome. O único modo de cessar a produção da droga é ter paz e desenvolver uma economia alternativa. Ajudem-nos. Não queremos nada além disso.

O raciocínio não tinha nada de absurdo. O "ministro das Relações Exteriores", não mais com o capuz nem com o pijama, mas de terno e gravata para a ocasião, interveio para reforçar a mensagem mostrando-nos alguns documentos: desde 1980 Khun Sa ofereceu mais de uma vez ao Ocidente, e em particular os Estados Unidos, vender ou destruir toda a sua produção de ópio. Em troca, o general pedira ajuda econômica no valor de 300 milhões de dólares, num prazo de seis anos. Houve alguns contatos, mas ao fim nada se fez. No início de outubro Khun Sa escreveu uma carta diretamente ao presidente Clinton, reformulando sua antiga oferta, mas já tinham se passado dois meses e de Washington não veio resposta alguma, disseram os seus "ministros".

Era claro que o presidente dos Estados Unidos não podia começar a trocar cartas com Khun Sa. Mas não seria igualmente paradoxal que a indústria farmacêutica ocidental, tendo sempre mais necessidade de ópio para seus produtos, fosse pedir a países como a Índia para dobrar a sua produção legal, enquanto ali havia alguém disposto — ao menos era o que dizia — a vender a sua, considerada ilegal?

"Por que o Ocidente, em vez de tentar nos eliminar, não ajuda a nos desenvolver?", disse o "ministro das Finanças". "A repressão serve apenas para aumentar os preços e com isso tornar o tráfico da droga mais atraente."

As cifras lhe davam razão. Em 1948, quando a Birmânia se tornou independente, o Triângulo de Ouro produzia trinta toneladas de ópio. Em 1988, apesar de bilhões de dólares gastos em operações internacionais da polícia e de várias tentativas de destruir o ópio na fonte — por exemplo, com chuvas de substâncias desfolhantes sobre os campos de papoula —, a produção já tinha aumentado para 3 mil toneladas. No final de 1993, os homens de Khun Sa contavam com uma colheita de mais de 4 mil toneladas. Uma vez que são necessários dez quilos de ópio para produzir, por meio de refinamento, um quilo de heroína, isso significa quatrocentas toneladas do puríssimo "Branco da China" em circulação pelo mundo. Nunca a humanidade teve à sua disposição tanta droga... e nunca os interesses políticos e financeiros atrás desse tráfico foram tão vastos.

O poder de Khun Sa, no dizer de seus "ministros", reside no fato de que o povo Shan o apóia e que existe um exército de 40 mil homens que são absolutamente fiéis a ele.

Esses homens são às vezes pouco mais que meninos. Uma manhã, na aurora, vi os recrutas que se exercitavam no descampado ao centro do povoado: alguns pareciam não ter mais de dez anos. Disseram-me contudo que só aos dezesseis anos receberiam um fuzil e iriam para o *front* contra os birmaneses. Enquanto isso eram vestidos, nutridos e educados às custas de Khun Sa, e isso, para quem vem dos vilarejos das montanhas, não é pouco.

O exército é eficiente e a disciplina, férrea. Se um soldado deserta e é capturado, cortam-lhe a cabeça. Se no prazo de três meses o sujeito não é preso, as cabeças de seus pais são mostradas aos recrutas como sinal de advertência. O soldado que é descoberto fumando ópio ou injetando heroína é enviado para um centro de reeducação. A "cura" consiste em dez dias num buraco na terra com a profundidade de três metros e alguns meses de trabalhos forçados. Uma recaída comporta a execução.

Para quem trai, mesmo se involuntariamente, um importante segredo, não existe perdão. Um jornalista de uma rede de televisão japonesa, que esteve de visita em Ho Mong alguns anos antes de nós, e que regressou depois a Mehonsong, perguntara ao guia como fazia Khun Sa para enviar a droga até para o Japão, um país tão vigiado. O guia, que tinha bebido além da conta, disse que a droga viajava escondida em carros de segunda mão que Tóquio mandava para a Tailândia. Quando não eram vendidos, entravam de novo no Japão sem ter de passar pela alfândega. A notícia foi ao ar, e, pouco depois, o guia e todos os seus familiares foram encontrados misteriosamente assassinados.

Khun Sa não era certamente o Che Guevara dos Shan, o revolucionário idealista que seus homens queriam me pintar. Mas, quanto mais tempo ficava em Ho Mong, mais me convencia de que havia algo de igualmente falso e talvez de injusto na descrição de Khun Sa como o grande responsável pelo sofrimento provocado pela heroína no mundo.

Vendo Ho Mong na aurora, quando o povoado saía da cobertura de névoa da noite ao frio e as mulheres Shan se abaixavam para acender, a céu aberto, seus fogões a lenha debaixo de panelas negras de fumaça para preparar o café-da-manhã, tinha vontade de me perguntar se aquele lugar escondido na selva era realmente a capital do novo "Império do Mal", como os americanos diziam, e se aqueles homens, com seu líder Khun Sa, eram realmente os disseminadores de uma peste, ou se, ao contrário, também não eram mais que simples peças num jogo manobrado por forças muito mais potentes e invisíveis.

Fazer de Khun Sa o bode expiatório era cômodo aos interesses de muita gente, sobretudo dos americanos, que no passado tiveram um papel muito particular nos acontecimentos do Triângulo de Ouro e da droga. Foi a CIA, depois da vitória de Mao na China, a ajudar os restos do exército nacionalista do Kuomintang a se estabelecer na Birmânia e a financiar sua luta com a produção de ópio. Foi ainda a CIA, por intermédio dos tailandeses, a apoiar o próprio Khun Sa, quando o general, cerrando fileiras com o "Mundo Livre", dava uma mão na luta contra a guerrilha comunista na Tailândia.

Um fato que ninguém em Ho Mong negava era que a droga vinha dali e que Khun Sa financiava seu exército e seu Estado cobrando redondos 20% sobre o valor de cada transação: desde a compra do ópio nos vilarejos até a exportação da heroína além da fronteira.

Como tinha lugar a exportação? Não me disseram. As perguntas que permaneciam sem resposta em Ho Mong eram muitas, e isso tornava a estada um contínuo suspense. O que fazia um médico chinês de Kunming na sala de operações do hospital? "Vim para ajudar esta pobre gente!", disse-me, com ar de nem mesmo ele acreditar nisso. E o que vieram comprar ou vender os dois jovens chineses, também eles da China Popular, como "caixeiros-viajantes" no hotel onde Bertil e eu tivemos de nos hospedar para dar lugar na Chancelaria a novos e importantes oficiais tailandeses? E estes também, o que faziam, hóspedes de Khun Sa em Ho Mong?

Os agentes antidroga que trabalham nas várias embaixadas ocidentais em Bangkok estão convencidos de que a maior parte da produção de Khun Sa passa através da Tailândia e que quase sempre os sacos plásticos com o "Branco da China" viajam a bordo de veículos militares e da polícia. Entre quinhentos e mil oficiais estariam envolvidos diretamente no tráfico. Mas não seriam os únicos! "A maior parte destes arranha-céus é feita com o dinheiro da droga", disse-me algum tempo atrás um agente europeu, indicando a selva de novas construções que estava crescendo no centro de Bangkok. "A droga é um dos motores do milagre econômico deste país. Personagens do mais alto nível da sociedade estão com as mãos metidas na coisa!"

A ponta do iceberg às vezes torna-se visível. O homem que estava para se tornar primeiro-ministro depois da queda do governo responsável pelo massacre de Bangkok, por exemplo, teve de retirar-se repentinamente quando veio à tona que os Estados Unidos tinham lhe negado um visto de ingresso por suspeita de ligação com o tráfico de drogas.

Uma pessoa bem informada me contou que os grupos envolvidos com a droga em Bangkok começam protegendo e financiando alguns cadetes desde o dia em que são admitidos na Academia Militar e de Polícia, para fazer deles cúmplices quando, anos depois, se tornam coronéis ou generais.

A minha entrevista com o general foi marcada para a véspera da minha partida. O encontro teve lugar no jardim da sua residência, em meio às orquídeas. Tive a impressão de que ele gostava de representar o papel do presidente do "País dos Shan", entrevistado por um "representante da imprensa internacional", como fui definido, e Khun Sa trouxe consigo todo um séquito de homens para admirar o espetáculo. Quando sua cara seráfica abria em repentinas risadas às minhas provocativas perguntas, fazia-o também para a sua platéia.

"General, em toda a sua vida o senhor teve ligações com a droga. Foi o senhor, ainda muito jovem, a abrir a primeira fábrica de morfina na Birmânia. Agora, porém, se apresenta como um combatente pela liberdade do povo Shan. Não seria uma desculpa para continuar a fazer seus negócios tranqüilamente com a droga?"

Khun Sa acendeu um de seus cigarros, e depois, falando em Shan para que o "ministro das Relações Exteriores" traduzisse, respondeu com grande lentidão: "Antes de tudo, os negócios não são assim tão róseos como parecem ao senhor. Um carregamento de heroína, que aqui na nossa terra vale um milhão de dólares, vale cem vezes mais quando chega no país de vocês. Então quem obtém os melhores lucros? Com certeza não é Khun Sa! Com certeza não são os Shan!". Deu uma longa tragada no seu cigarro e continuou. "Por mais de trinta anos a verdade a meu respeito e a respeito do meu povo foi escondida por uma cortina de mentiras sobre a droga, difundidas pelos nossos inimigos. É hora de a verdade vir à tona. Nós não temos segredos. O senhor circulou livremente, falou com todos, olhou o que quis. Então, lhe pareço um diabo?"

"Um diabo, não, general. Os chifres e o rabo eu não estou vendo. Mas o senhor não há de negar que a maior parte da heroína que inunda nossos países vem dos campos de ópio que sua gente cultiva, vem das refinarias que o senhor controla, e é exportada sob a proteção de seu exército, não?"

Os assistentes de Khun Sa que estavam à nossa volta se preocupavam pelo modo com o qual eu falava com o general. Já ele parecia quase se divertir com a situação. "Não sou eu que obrigo minha gente a cultivar a papoula. São os birmaneses que nos obrigam a fazê-lo, porque nos atacam, porque tiram de nós nossas melhores terras e nos empurram para vivermos nas montanhas. Eu não controlo nenhuma refinaria. As refinarias estão nas mãos de homens de negócios estrangeiros. Quanto ao transporte, meu exército garante a segurança das trilhas para todos aqueles que as percorrem. Eu luto pela liberação do povo Shan. Para financiar esta luta, faço pagar taxas a quem ganha com a droga. Eis tudo."

Lembrei a Khun Sa que um ex-embaixador americano em Bangkok recentemente o definira como o "último grande inimigo da humanidade". "Noriega foi capturado, Escobar, morto... Não teme ter as horas contadas, general?", perguntei-lhe.

"Aquele embaixador, quando abre a boca, não fala, peida", disparou Khun Sa, e a platéia caiu na risada. "Quanto a me matarem... É possível. Já sofri quarenta e seis atentados. Claro, alguém vai tentar de novo! Mas o senhor acredita realmente que o problema da droga se resolveria com a minha morte? Se fosse assim, eu mereceria realmente morrer. Mas a droga é um problema mais antigo que Khun Sa. No século passado foram vocês, estrangeiros, a trazer e a nos impor a droga na Ásia. Agora é a Ásia que manda a droga para o Ocidente. Talvez seja uma questão de carma. O Ocidente paga pelas ações do passado." Não podia negar que tinha razão.

Passamos mais de três horas juntos. O ponto sobre o qual o general voltou várias vezes e de vários modos foi que, com relação à droga, "Khun Sa não é o problema, mas a solução", e que o Ocidente deve levar mais a sério as suas propostas. "O dia em que os soldados birmaneses se retirarem do nosso território, eu me comprometo a arrancar até a última papoula", disse. "O mundo deve me ouvir: dêem a nossa independência e os Shan pararão de cultivar o ópio."

E se fosse sincero?, perguntava-me.

"Os cultivadores e os drogados não têm nada a ganhar com a droga. São os traficantes, os intermediários, que ganham dinheiro", disse Khun Sa, e de novo me parecia que tinha razão. Olhava para ele tentando imaginar o que aconteceria se realmente Khun Sa decidisse parar com o ópio e com a heroína. Os traficantes acabariam com ele e colocariam no seu lugar outro sujeito qualquer que satisfizesse seus interesses, pensei.

O tráfico da droga, como qualquer outro *megabusiness*, se tornou parte do sistema mundial de investimentos e de lucros que não conhece fronteiras nacionais nem morais. Entre os grandes fantoches desse tráfico existem hoje importantes políticos, respeitados banqueiros e sólidos industriais que, de lugares bem distantes do Triângulo de Ouro, fazem girar as rodas dessa máquina bilionária.

Pensava de novo em toda essa coisa de droga: nos estrangeiros enforcados em Penang pela posse de poucos gramas; nas ingênuas garotas inglesas que, com a miragem de férias gratuitas na Tailândia, aceitaram transportar duas malas dadas a elas por um "amigo" e apodreciam agora numa cadeia de Bangkok; nos pobres drogados que, com a ilusão de levantar um pequeno capital, vão para as montanhas em torno de Chiang Mai, compram droga a pouco preço e são denunciados por quem a vendeu, porque a polícia deve interceptar uma quota anual de "diletantes" para permitir aos profissionais movimentarem-se livremente. Todos peixes pequenos — minúsculos — em comparação com os grandes tubarões protegidos, em segurança, nas coberturas das grandes cidades, nas sedes dos bancos, das companhias de seguro, no comando da polícia ou nos palácios de governo.

O dia acabava e o general continuava a falar. Sem o sol veio o frio, e alguém lhe trouxe sua jaqueta militar. Khun Sa viu que um velho do seu *entourage* tremia. Fez com que trouxessem outra e a deu para ele de presente.

Veio a hora do jantar e Khun Sa me convidou para comer com sua gente. Fez com que me sentasse a seu lado e sem intérprete, e, em chinês, acabamos falando de sua infância. Contou-me que seu pai era chinês, morto quando ele tinha três anos. A mãe tinha se casado novamente, mas ela, dois anos depois, também morreu. Khun Sa cresceu sem ir à escola, e só depois, já grande, aprendeu a ler e a escrever. Por isso fazia questão de que os recrutas de seu exército estudassem desde pequenos. Aos dezesseis anos roubou alguns fuzis e virou bandido. A fábrica de morfina, ele abriu para financiar seu grupo. Teve muitos filhos de várias mulheres. A última delas tinha morrido há pouco. Perguntei-lhe quando nasceu.

"Dia 22 de fevereiro de 1934", disse.

"A que horas?"

"Naquele tempo a hora não era registrada, mas acho que era de manhã", respondeu Khun Sa.

Comíamos numa mesa redonda de plástico, servidos por soldados muito jovens. A comida era Shan: ótima, com muita verdura cozida. Para beber havia apenas água. Com a antiga cortesia camponesa, Khun Sa de vez em quando limpava com os lábios suas baquetas e, com estas, colocava na minha tigela os melhores pedaços que escolhia na vasilha comum.

À maneira chinesa, despediu-se dizendo para voltar quando tivesse tempo. Aquela primeira impressão de simpatia que tinha me transmitido na Chancelaria permaneceu.

No "País dos Shan" só me faltava ver um adivinho. Ouvi dizer que o abade do pagode era um bom astrólogo, e na última noite pedi para vê-lo. Estava já na cama, mas Bertil e eu éramos visitantes incomuns e foram acordá-lo. Serviu-nos de intérprete um monge que durante a Segunda Guerra Mundial trabalhara num hospital americano.

Quando tudo estava pronto e o abade, enrolado numa grande coberta laranja, com a caneta numa mão para fazer os cálculos, sentado na posição de lótus diante de uma mesinha baixa, me colocou a pergunta de sempre, respondi: "Nasci no dia 22 de fevereiro de 1934. A hora eu não sei, porque naquele tempo não se registrava. Mas creio que fosse pela manhã".

Ninguém percebeu nada, e o monge, depois de cálculos e mais cálculos, começou sua litania:

"Você teve uma infância difícil e sem guia. Talvez tenha perdido os pais quando era ainda pequeno. A sua é uma vida de aventura, de riscos. Você é generoso com os outros e as pessoas o amam. No seu coração houve várias mulheres e você teve muitos filhos. Você mesmo não sabe exatamente quantos." Era impressionante.

"Este não é um ano bom para você. É um período de grande tensão. Um período crítico", continuou o monge. *"Deve prestar muita atenção na sua saúde... Existe a possibilidade de que você seja vítima de um acidente e que deva ser operado. O perigo vem do fato de você ser uma pessoa que gosta de se mover na escuridão, na noite, e, quando isso acontece, deve prestar muita atenção. O perigo maior será entre os dias 24 de setembro e 22 de novembro. Deve prestar igualmente muita atenção àquilo que diz. Até as palavras podem colocá-lo em perigo. Você tem muitos inimigos e cria sempre novos. Sua vida sempre esteve em perigo."*

Estava muito impressionado. O que o monge dizia, mesmo se ficasse como de costume num plano genérico, não podia ser verdade para todos, não podia ser verdade tanto para mim quanto para Khun Sa. O homem que o monge descrevia não era eu: era o general. Tinha dito aquela data de nascimento, em vez da minha, por brincadeira, um pouco porque estava cansado de ouvir que me repetissem as mesmas coisas. Mas diante das palavras do monge me senti como um ladrão, e por um instante tive medo de ser descoberto. Agora já não podia mais voltar atrás.

"Quando vou morrer?", perguntei.

"Você não passará dos sessenta e quatro anos", disse o monge. *"Vai morrer antes disso."*

"Como? Assassinado?"

"Não. De uma operação. Preste atenção aos rins e ao coração. Você corre um grande risco em 1996. Se sobreviver a este ano, então sua vida será sempre melhor."

"E o dinheiro?", perguntei.

"Você é alguém que tem muitos gastos. Com freqüência perde dinheiro porque alguém o engana e, para se recuperar, deve enganar os outros."

O monge olhava para a folha na qual fizera seus cálculos, olhava para mim, como se algo não o convencesse, e eu tive medo de verdade que tivesse entendido meu truque. Depois disse:

"É um estranho horóscopo o seu, um horóscopo cheio de mistérios. Você é alguém que poucos conhecem realmente, se você é uma pessoa boa ou má..."

Senti arrepios e quase não consegui mais tomar notas. Nenhum dos adivinhos que tinha visto até então chegou a falar de mim com a exatidão com a qual o abade, sem saber, falava de Khun Sa. Seria a data de nascimento? Ou era eu, de novo, sabendo ter dado a ele a data de Khun Sa, que transmiti a ele com o pensamento as três ou quatro coisas que sabia daquele homem? Mas em qual língua, visto que o adivinho falava apenas a dos Shan?

Depois de mim foi a vez de Bertil. Ele sabia com exatidão a que horas tinha nascido. Feitos os cálculos, o monge começou dizendo: "Sua mãe ainda está viva, mas não vejo seu pai. Talvez ele já estivesse morto quando você nasceu". Bertil ficou muito chocado. Era exato.

Intuição? Coincidência? A explicação mais simples é que aquele monge seria verdadeiramente um grande astrólogo: talvez o melhor que já encontrara. Ao me despedir dele estava contente com a idéia de que, para fazer uma brincadeira, o deixei escapar.

Uma minúscula fatia de lua pendia, prateada, sobre o vale quando voltamos para a pensão. O frio entrava nos ossos, mas havia uma bela paz em volta. O contorno sinuoso das árvores negras contra o céu estrelado era impressionante. Na grande praça do mercado alguns jovens recrutas de Khun Sa jogavam ainda no tiro ao alvo sob a luz de pequenas velas protegidas contra o vento com pedaços de papel colorido. Era uma cena adorável: a última imagem que levaria comigo da Capital do Mal.

Diante de nós tínhamos outras nove horas de marcha subindo e descendo as montanhas, e fui dormir lamentando um pouco não poder ficar ali jogando com eles.

27. O MEDITADOR DA CIA

E ASSIM ACONTECEU COMIGO TAMBÉM. Parado como uma rocha, sentado no chão, as pernas cruzadas, com as mãos pousadas uma sobre a outra na altura do umbigo, as palmas viradas para cima, as costas erguidas, os ombros relaxados e os olhos fechados, pensando na ponta do meu nariz, buscando aquele instante no qual a respiração, lenta e leve, entrando e saindo, toca um ponto preciso da pele. Uma hora depois da outra. Um dia depois do outro: sem nunca dizer uma palavra, comendo comida vegetariana — a última refeição sempre antes do meio-dia —, indo para a cama às nove sem ler uma página de livro para não me distrair, tentando ficar sempre consciente de cada gesto, de cada pensamento, de cada sensação.

A meditação: tinha passado metade da vida na Ásia e nunca me ocupei do assunto. Ouvia falar de gente que a praticava, que freqüentava esses cursos, mas me parecia algo que não me dizia respeito, uma coisa para desorientados, uma resposta de evasão aos problemas do mundo. É incrível, mas é assim. Na China, no Japão, no Tibete, na Coréia, na Tailândia e na Indochina tinha visitado dezenas de templos, passado dias e dias nos mosteiros budistas, mas o problema da meditação nunca cheguei a me colocar. Para que serve? Como se faz? Qual é o sentido dela?

Atraído pela beleza plástica das estátuas, tinha acumulado diversos Budas, vivi junto com eles — um birmanês, de bronze, presidiu silenciosamente a minha biblioteca por mais de vinte anos —, mas nunca tinha me perguntado o que estava fazendo ali, sentado na posição de lótus, com aquele seu sorriso magnânimo, olhos semicerrados, uma mão no ventre e a outra tocando o chão. Realmente nunca tinha me perguntado, como alguém que nunca quis saber o sentido de um Cristo crucificado que desde o nascimento teve sobre a cama.

Mas a vida também é um contínuo desperdício. Quantas pessoas belas encontramos sem perceber, e quantas coisas extraordinárias não se notam no caminho que fazemos todos os dias, voltado para casa! Como sempre acontece a ocasião justa, um acaso qualquer. É preciso que alguém pare você e que faça com que preste atenção nisto ou naquilo. O caminho que tinha me levado ao retiro de Pongyang foi o de um labirinto, mas no fim, um pouco seguindo o novelo dos adivinhos — "Medita!", tantos deles me disseram —, um pouco seguindo a trilha semeada por Karma Chang Choub, dei ouvidos a Leopold que, depois de ter me falado tantas vezes sobre seu "mestre", em novembro me disse que John Coleman viria para dar um de seus famosos cursos na Tailândia e me aconselhou a participar. "Deve compreender a meditação", dizia, "caso contrário o que você veio fazer todos esses anos na Ásia?"

A idéia de aprender a meditar com um americano, ex-agente da CIA, me parecia estranha, mas é verdade, como dizia Leopold, que quase sempre acontece de haver um mediador ocidental para entender certas coisas do Oriente.

O retiro era em Pongyang, no Norte da Tailândia. Sobre o flanco de um vale estreito e muito verde havia bangalôs de madeira com telhado de palha, dispersos entre exemplares de bambu gigante, clareiras de flores e bosques de chorões. Sobre o outro flanco do vale havia uma antiga selva com árvores de grandes copas espumosas. O pavilhão da meditação era um terraço de madeira, pouco distante de uma borbulhante cascata de água. O riacho formava depois um pequeno lago circundado por flores vermelhas e alaranjadas.

O dia começava antes de nascer o sol com os golpes de um gongo que, do terraço, ribombava, delicado mas severo, através do vale, fazendo logo aparecer as trinta lanternas a pilha dos participantes que, como vaga-lumes na escuridão, subiam a colina. Cada um se sentava sobre a própria almofada quadrada e meditava por uma hora, voltado para um palanque sobre o qual meditava o "mestre", ao lado de um pequeno altar com um Buda cercado de flores. Seguia-se o café-da-manhã, duas horas de meditação guiada, com um intervalo de quinze minutos, o almoço — vegetariano — às onze, duas horas de repouso, e depois novamente horas de meditação. Ao pôr-do-sol havia uma aula sobre *dharma*, a via de Buda. O gongo ritmava as horas. Seu último toque, lento e caloroso, era às nove, hora de ir para a cama.

Levei doze horas de trem e uma de carro para chegar a Pongyang, mas poderia ter voltado para trás no mesmo instante em que pus os pés ali. Os outros participantes já tinham chegado. A maioria era de senhoras de meia-idade, que já não eram mais belas nem amadas, mas inteligentes e ainda curiosas o bastante para não aceitar o papel de mediocridade que a sociedade reservava para elas. Por isso estavam em crise com a vida: o mesmo tipo de mulher com quem, durante o ano, acabei indo aos adivinhos. As tai eram claramente ricas; as estrangeiras eram todas veteranas de outras meditações, algumas fanaticamente budistas, como são todos os convertidos. Entre os homens não havia nenhum com uma característica marcante. Um suíço dizia estar ali porque a saúde era a sua "paixão". Outro, um pintor canadense, porque com a meditação esperava pintar melhor. E eu, o que pretendia? Sentia-me como o paciente na entrada de um manicômio que tenta se convencer de ter sido trazido ali por engano, ou que suas condições não eram tão graves como as dos companheiros.

Os "mestres", então — porque John Coleman tinha um assistente e tradutor tailandês —, formavam um insólito par. Coleman, um homenzarrão grande e pesado, jovial e simples, tinha tudo, exceto o ar ascético e santo que eu esperava de um meditador. Seu assistente, com uns sessenta anos, magro, esbelto e elegante, com cabelos brancos cortado a zero como um *marine*, parecia exatamente aquilo que era: um general da polícia militar.

John e o general se conheceram em Bangkok no início dos anos 1950, e tinha sido o segundo, então jovem capitão, a colocar John, jovem agente secreto americano, com o disfarce de *businessman* na via da meditação. O capitão, com os anos, fez carreira, foi *aide de camp* do rei, e se aposentara havia pouco com a fama de ter sido um dos mais honestos chefes de polícia que a Tailândia já teve. Devoto budista, praticou meditação por mais de quarenta anos, e agora tinha assumido a incumbência de transmiti-la aos outros.

Venci minha arrogância e fiquei. Os primeiros dias foram muito duros. Ao me sentar, a posição de lótus parecia bastante cômoda, mas depois de quinze minutos se tornava insuportável e depois de meia hora era uma verdadeira tortura: os joelhos pareciam se encher de alfinetes, as costas eram uma cãibra só, e o desejo de me movimentar tornava-se fortíssimo. Nunca, nem mesmo por um segundo, conseguia "meditar". Em vez de estar ali onde a respiração tocava a pele, a minha mente era "um macaco que saltava de um galho ao outro", como John costumava nos dizer. Eu não era capaz, nem mesmo por um instante, de fazer dela "um búfalo sólido e forte ao qual se coloca uma corda em volta do seu pescoço para prendê-lo a um tronco".

"Pense apenas naquele ponto, sinta apenas aquela sensação da respiração que toca a pele. Pense apenas naquele ponto...", dizia lentamente John, sentado em seu palanque como um grande Buda de cera. "No instante em que a respiração toca a superfície da pele, os tecidos nervosos respondem com uma sensação, com a experiência do toque... Fiquem conscientes daquela sensação... Fiquem conscientes da respiração que entra e que sai... e os focos de gula, de ódio, de ignorância, de desejo, de aversão vão se extinguir e a mente ficará calma, serena, livre do medo, da angústia..."

Meus pés estavam debaixo dos joelhos, os olhos fechados, as mãos em repouso, mas a cabeça, quando não se fixava na dor das pernas ou na vontade de me levantar e de berrar, vagava em todas as direções: escapava e não conseguia chamá-la de volta. Não a dominava, não era minha. Inútil. A dor se tornava insuportável, e ainda antes que John anunciasse o fim da hora, interrompendo o silêncio com seu "amém" que era: "Que possam todos os nossos méritos ser divididos por todas as criaturas", eu ficava frustrado de ver como havia quem ainda continuava a meditar serenamente.

Várias vezes estive a ponto de ir embora. Que sentido havia ficar com os olhos fechados diante de uma natureza lindíssima? Que sentido havia pensar apenas para negar cada pensamento e me impor artificialmente a dor, cuja dose a vida cedo ou tarde acaba dando a todos — e, claro, também a mim?

Ouvi os primeiros sermões do crepúsculo, irritado com a sua substância. "Tudo na vida é sofrimento. Nascemos provocando sofrimento, morremos sofrendo. Sofremos por aquilo que queremos, sofremos com o medo de perder aquilo que temos...", dizia John. Irritava-me quando ele falava em "energia de nível superior", em "afinar a lente de aumento da concentração". A idéia era que, uma vez superados os primeiros três dias pensando apenas naquele ponto onde a respiração toca a pele, a mente teria se acalmado. Seja o exercício — chamado *anapanaa* —, seja a sua explicação, tudo me parecia intelectualmente humilhante.

Havia contudo alguns prazeres. Um deles era o silêncio. Na cerimônia de abertura tínhamos nos comprometido, de modo bastante formal, a respeitar por toda a duração do curso os Cinco Preceitos: não matar (e isso valia para qualquer ser vivo, até pernilongos, razão pela qual em Pongyang não eram usados inseticidas), não mentir, não tomar o que não fosse dado, não manter relações sexuais ("nem consigo mesmo, nem com os outros", foi a fórmula usada), não consumir substâncias tóxicas (queria dizer, não beber café nem fumar). Nos comprometemos ainda a não comer depois do meio-dia, a não usar jóias, a não usar perfumes e a não dormir em cama demasiado cômoda. Além de tudo, nos comprometemos a manter o Nobre Silêncio, ou seja, a não falar e a não fazer ruídos que distraíssem os demais. E isso foi magnífico.

Durante os passeios entre uma meditação e outra nos encontrávamos entre participantes sem precisar conversar. Um sinal mudo da cabeça bastava. À mesa não era necessário dizer algo apenas para preencher o vazio, o que às vezes parece insuportável, com banalidades ainda mais vazias. Cada qual estava sempre só consigo mesmo.

O silêncio foi uma grande descoberta porque, sem aquele plano superficial das palavras alheias, dei-me conta também de que a grandiosa beleza da natureza residia no seu silêncio. Olhava para as estrelas e ouvia o silêncio delas. A lua não fazia ruídos, e mesmo o sol se levantava e se escondia sem nem sequer um sussurro. O fragor da cascata, o canto dos pássaros ou o sopro do vento entre os ramos das árvores parecia enfim parte de um extraordinário, animado e cósmico silêncio do qual eu usufruía e no qual encontrava paz.

Conclui que este dever do silêncio era mais como a devolução de um direito natural que nos foi usurpado. Pensei com horror em quanto tempo de vida a gente perde violentados pela cacofonia que inventamos com a ilusão de nos dar prazer ou fazer companhia. Cada um de nós deveria, de vez em quando, reafirmar este direito ao silêncio, para voltar a ouvir a si mesmo, para refletir e reencontrar um pouco de sanidade.

Outro prazer vinha do esforço. O fato de estar comprometido a respeitar as várias proibições adquiria, com o passar dos dias, sempre mais valor, e manter o compromisso dava a sensação de ganhar força. John dizia que aquele esforço servia para "criar uma base de moralidade" para o estágio seguinte da meditação. E era verdade que, lentamente, por ter feito o esforço, a pessoa sente merecer algo como recompensa. "Nos últimos dias você vão entender. Tudo fará sentido. Tudo encontrará seu lugar", repetiam John e o general, nos deixando esperar que, ao nos concentrarmos sobre aquele ponto onde a respiração toca a pele, teríamos tomado o controle da nossa mente e, com isso, teriam se aberto para nós novos horizontes.

Eis a verdadeira razão pela qual eu estava ali. Durante todo aquele ano passado na órbita dos adivinhos, de vários modos acabei por me encontrar diante desta palavra, a "mente", e por ficar fascinado com as possibilidades de seus "poderes". Ocorreu-me a idéia de que no Ocidente, por várias razões, com o passar do tempo o uso da mente foi sendo limitado, perdendo assim grande parte da sua capacidade. Interessava-me redescobrir, se é que realmente existira algum dia, aquela via esquecida. Poderia a mente ser como um órgão que se atrofia devido ao não aproveitamento de todas suas potencialidades?

Pensava em mim. Todos os dias, há anos, corro por alguns quilômetros, faço ginástica e procuro manter exercitados os músculos que me são úteis. Mas quando me ocupei da minha mente? Quando fiz exercícios para reforçá-la, para permitir a ela fazer tudo de que é capaz? A mente é um dos instrumentos mais sofisticados que temos à nossa disposição, ainda assim não a tratamos nem com uma mínima parcela da consideração com a qual tratamos os músculos da perna! Não a ensinamos a se concentrar, não a treinamos mais para desenvolver os poderes que no passado as pessoas atribuíam a ela.

Alexandra Davi Neel, a extraordinária exploradora francesa do Himalaia nos anos 1930, conta de lamas tibetanos capazes, com a mente, de se desmaterializar, e de outros capazes de se comunicar entre si a grande distância. Tudo falso? Talvez não. Talvez haja realmente algo na mente humana que, com o passar do tempo, acabamos perdendo. Foi essa hipótese, a de que em alguma parte do mundo existiriam ainda seres humanos capazes de usar a mente desse modo, que lançou alguns europeus à sua procura na Ásia. Em 1924 um jovem inglês, Paul Brunton, foi à Índia para encontrar iogues, eremitas e faquires, tentando entender como, por meio do exercício da mente, chegaram a uma "sapiência" que, segundo ele, a modernização estava fazendo desaparecer.

O primeiro passo de todas as várias vias rumo àquela "sapiência" era a meditação. Então o melhor era entender do que se tratava.

Eu observava John meditar, um pouco acima de mim, sobre o palanque, envolvido num grande cobertor branco, imóvel como uma estátua de gesso. Estava relaxado e concentrado. Seu rosto estava tranqüilo e seus lábios acenavam um levíssimo, quase irônico sorriso — me parecia —, como se com aqueles olhos fechados visse algo que a mim era negado, como se com aquelas grandes orelhas com longos lóbulos ouvisse algo a mais que o silêncio da natureza. John já tinha dado aquele passo. Não sei rumo a qual "sapiência", mas obviamente rumo a uma calma que pairava em torno dele como um halo.

Estranha história, a dele! Nasceu em 1930, na Pensilvânia, de uma família de mineradores pobres. Começou a trabalhar como mecânico e depois como fotógrafo. Como militar foi mandado ao Japão. Estava se encerrando em Tóquio o processo contra os criminosos de guerra, e John foi mandado para fotografar os acusados enquanto eram lidas as sentenças de morte. Dispensado, retornou aos Estados Unidos, estudou na universidade e foi admitido pela CIA. Foi treinado para fazer um trabalho muito particular: abrir e fechar, sem que se notasse, qualquer tipo de fechadura — de uma casa, de um escritório, de uma embaixada, de um cofre. Suas missões consistiam em chegar numa cidade, estudar durante semanas um edifício para poder depois entrar, fotocopiar documentos e partir novamente. Em 1950, com aquela incumbência, foi enviado a Trieste, depois a Roma. Em 1954 chegou à Tailândia para treinar a polícia de fronteira. Ficou impressionado com o budismo e começou a meditar. Passaram-se alguns anos. A CIA, pensando obviamente que aquele seu agente tivesse enlouquecido, deu-lhe uma pensão por invalidez: "doença profissional". Por algum tempo John dirigiu o Oriental Hotel de Bangkok. Depois se casou, teve dois filhos e, sempre meditando, acabou por fazer disso a sua missão.

No terceiro discurso do pôr-do-sol sobre o *dharma*, "a via da verdade, da purificação, da desintoxicação" (e meu estômago virava do avesso com aquela linguagem), John disse que a grande contribuição de Buda é ter entendido que a essência do mundo é a sua instabilidade, a sua não-permanência, *aniiccia*. Dali provém todo o sofrimento. Tomar consciência de *aniiccia* é a única via para sair da dor.

E assim, depois de três dias de *anapanaa*, de concentração no ponto situado logo abaixo das narinas onde a respiração toca a pele, para tomar consciência das sensações de contato, de calor, de movimento do ar, passou-se à verdadeira meditação, *vippasanaa*, a meditação interna. Tratava-se agora de dirigir aquela "lente de aumento, aquele facho de atenção da mente, afinada pela concentração", à contemplação do próprio corpo.

Cumpria então começar levando toda a mente àquele ponto debaixo das narinas, depois movê-la para cima, ao centro da cabeça — por fim entendi por que muitas estátuas de Buda têm exatamente ali uma chama —, e do ponto mais alto do corpo, lentíssimamente, sem perder o controle, deslocar a mente sobre a pele, debaixo da pele, no crânio, no interior do cérebro, nos olhos, no nariz e mais abaixo, de forma lenta, dentro do peito, nos pulmões, no coração, nas veias, nos ossos, nos órgãos ventrais, e ainda mais abaixo nas pernas, nos dedos dos pés, na sola, no ponto mais baixo do corpo, sem pensar em mais nada, com a mente apontada como uma lanterna contra as paredes de uma caverna, sempre tomando consciência de cada sensação e percebendo que todas elas são transitórias, que a dor, o prazer, o toque do vento, um som são sempre passageiros. "Conhecer *aniiccia*... continuem a conhecer *aniiccia*... *aniiccia* é tudo", repetia John com voz lenta e profunda. Conhecer *aniiccia*. Hora após hora, dia após dia. Sem trocar uma palavra com ninguém e assim, até mesmo fora da meditação, estar sempre consciente de cada gesto, de cada passo ao caminhar, de cada pedaço ao comer, de cada gole de água, que devia ser sentido escorrendo e se dissipando nas paredes do estômago.

John, alternando-se sobre o palanque com o general, começava suas horas de meditação com uma oração que aguardávamos com prazer:

*"Possam todos os seres ter paz e felicidade.
Possam todos os seres libertar-se
da ignorância, dos desejos, das aversões.
Possam todos os seres encher-se de infinita
amável gentileza e eqüidade.
Possam todos os seres alcançar
a completa iluminação."*

Eu, com ainda maior prazer, aguardava seu "amém" que punha fim à hora de tortura. Não fazia progresso algum. Conseguia, com grandes esforços e dores, estar mais quieto que no início, mas não era para isso que estava ali. O fim era aprender a meditar, e naquilo eu era um zero à esquerda. Valia para mim exatamente aquilo que, uma vez, um famoso monge-meditador disse a John: "Vi uma galinha ficar imóvel por três dias chocando seus ovos, mas nunca vi uma galinha iluminada".

Com o passar dos dias achava John sempre mais convincente. Não havia nele nada de falso, nenhuma pretensão. Era uma pessoa simples que acreditava ter entendido uma grande verdade. Era um leigo que fazia um exercício, um exercício que não era necessariamente religioso, mas espiritual.

Ao entrar e sair do terraço de meditação voltava-se ao Buda, saudando-o com as mãos juntas sobre o peito: apenas um sinal de agradecimento por ter indicado a estrada, o *dharma*. Não havia nele nenhum traço daquela ostentação fidelista de outros convertidos.

Era ele a "pessoa superior" que, de acordo com o jovem adivinho de Kengtung, eu estava para encontrar? Os fatos pareciam rimar perfeitamente com a profecia, e quando John, no seu discurso ao pôr-do-sol, falou de como no início, na Tailândia, ninguém queria ensiná-lo a meditar, e de como, finalmente, em Rangoon, encontrou seu grande mestre, um leve arrepio me percorreu. "Aprendi com U Ba Khin", disse ele. Sim, o mesmo nome! "Você deve seguir o método de U Ba Khin", tinha dito o jovem de Kengtung, "é o melhor para pessoas como você." E eu o estava seguindo!

U Ba Khin era birmanês. Nasceu em 1899, entrou na administração colonial inglesa, fez carreira e, em 1948, quando a União Birmanesa se tornou independente, foi nomeado diretor-geral do

Ministério das Finanças. Devoto budista, interessou-se desde jovem pela meditação e decidiu trazer ao alcance dos leigos esta prática espiritual que, durante séculos, os bonzos retiveram para si como um monopólio. Ou a pessoa se tornava um monge, ou não havia modo de meditar.

U Ba Khin começou oferecendo cursos para seus empregados no Ministério. Depois, em 1952, fundou o Centro Internacional de Meditação de Rangoon. Quando morreu, em 1971, a meditação se tornou um exercício espiritual acessível a qualquer um, como tinha sido 2.500 anos antes, nos tempos de Buda. Seu método consistia em concentrar todos os esforços em um curso de dez dias, de modo que o leigo pudesse retornar à vida normal e continuar a meditar sozinho.

Conforme uma das anedotas que John contava para tornar mais leves seus discursos vespertinos, o primeiro aluno de U Ba Khin tinha sido um ferroviário. Viajando como inspetor das estradas de ferro em uma zona remota da Birmânia, U Ba Khin, acompanhado pelo responsável da única estação da região, quis prestar homenagem a um famoso monge eremita, um *arahant*, um iluminado, que vivia meditando em meio à floresta. Quando chegaram, uma monja disse a eles que o mestre estava muito ocupado e que não receberia ninguém. "Mas nós viemos de longe e queremos apenas reverenciá-lo", disse U Ba Khin. Sobre um alto mastro havia uma espécie de ninho-cabana, feito com folhas e bambu, onde o monge meditava havia dias. Abriu-se uma portinhola, saiu um enxame de moscas e depois a cabeça do *arahant*.

"O que você busca?", perguntou simplesmente o monge.

"O Nirvana", rebateu U Ba Khin.

"E como espera chegar nele?"

"Entendendo *aniicccia*."

"Muito bem. Ensina-o também aos outros", disse o *arahant*, e fechou novamente a portinhola, voltando a meditar.

U Ba Khin ordenou ao ferroviário que se colocasse na posição de lótus e lhe disse para respirar concentrando sua atenção sobre o ponto no qual a respiração tocava a pele.

Ter posto a meditação ao alcance de todos deu nova vida à prática e facilitou sua difusão no Ocidente. John foi um dos primeiros alunos de U Ba Khin, e este o autorizou a ensinar, sobretudo na Europa.

"Então, mestre, você que conhece o Ocidente não se ofenderá", disse-lhe no único momento em que, chamado ao seu bangalô para relatar os progressos que fazia na meditação, era autorizado a romper o Nobre Silêncio, "não se ofenderá se eu disser que em todos esses dias não meditei um só minuto. Em vez de me concentrar no nariz, minha mente fez de tudo, desde passar mais uma mão de tinta na minha casa de campo até um projeto para aumentar a biblioteca. Em vez de pensar na respiração, pensei nas coisas que tenho de escrever e em como é absurdo estar aqui. Quando você diz para pensar na 'garganta', penso em apertar a sua por me forçar a esta tortura. Quando você diz 'pernas', penso naquelas que estão por baixo da saia de todas as tailandesas que estão à minha volta, até nas pernas das velhas e feias na última fila!"

John riu-se com gosto. "Não se desespere", disse. "Tudo o que você diz também é passageiro. Vai acabar. Talvez há séculos sua mente não era colocada sob controle. E agora, de repente, você pretende dominá-la? Em poucos dias? Espere. Agüente firme. Continue a conhecer *aniiccia*."

A idéia de que, "em todas as vidas precedentes", a minha mente nunca tivesse sido exercitada me fazia realmente rir. Mas quem sabe? Podia até ser assim.

O que sempre gostei no budismo é a sua tolerância, a ausência de pecado, a falta daquele peso surdo que nós ocidentais arrastamos sempre com a gente e que é, no fundo, a cola da nossa civilização: o sentimento de culpa. Nos países budistas nada é mais terrivelmente reprovável, ninguém nunca joga na sua cara coisa alguma, ninguém faz um sermão ou tenta dar uma lição a você. Por isso são países tão agradáveis e fazem com que se sintam à vontade tantos jovens viajantes ocidentais, que buscam exatamente liberdade.

O budismo deixa você em paz, nunca lhe pede nada, muito menos para virar budista. Os monges, entre as suas várias proibições — inclusive, diga-se de passagem, não contar vantagem de progressos feitos na meditação —, têm também aquela de não ensinar a própria religião a quem não peça especificamente para aprendê-la. O budismo deixa que você seja sempre aquilo que quiser. Diz para não matar, mas todos matam. E os assassinos? Problema deles. Serão mal reencarnados! Ninguém tenta fazer justiça aqui e agora. Aliás, isso não se deve mesmo fazer. Não cabe a nós. Por isso a caridade não é um dever moral. Ao contrário: ajudar os pobres impede que eles se libertem de um carma ruim; curar um leproso significa impedir que ele, com o sofrimento, se resgate a si mesmo e nasça melhor. A casa do vizinho pegou fogo? Deve ter algo a ver com a vida precedente dele!

Ainda mais que uma religião, o budismo é um modo de viver. É uma interpretação do mundo do ponto de vista de uma sociedade camponesa que, estando sempre próxima à natureza, costuma raciocinar em termos de absoluta crueldade. Na natureza não existe justiça, não existe acerto de contas. Então, como pretender que exista entre os homens, que também são parte da natureza?

O budismo também desconhece aspirações de conquista, não é missionário, não está à caça de almas. Quer ser budista? Desculpe, problema seu! Por isso, também, eles nunca ensinaram a meditação a ninguém. E não é certamente um acaso se a difusão do budismo, hoje, no mundo — à parte o fenômeno tibetano —, se deva sobretudo aos convertidos ocidentais que, não tendo perdido seu originário instinto de cruzados, abrem centros de difusão dessa religião em vários países.

No fundo o budismo, se fosse tomado a sério e levado às últimas conseqüências, significaria a negação da sociedade civil e obviamente do progresso. Se tudo é transitório, se não se pode escapar à lei de causa e efeito e a única salvação é possuir indiferença diante da vida, é meditar para sair do terrível ciclo de nascimento e morte, então tudo é irrelevante, tudo é inútil, tudo deveria ser abandonado. Uma visão de grande pessimismo e com conseqüências nihilistas.

Que sociedade seria esta na qual os membros aplicam tais idéias até suas últimas conseqüências? Uma sociedade verdadeiramente budista não poderia senão ser imóvel e inativa. Na prática, evidentemente, nunca existiu nada assim, e a civilização budista continuou a existir graças a uma fórmula de grande tolerância: deixaram meditar os monges (e entre estes geralmente os menos dotados, enquanto os mais inteligentes se dedicavam à doutrina) e deixaram que as pessoas adquirissem "méritos", fazendo doações para manter vivos os mosteiros. Os comuns mortais continuavam a viver segundo a própria natureza, enquanto os bonzos serviam, com seu exemplo, para lembrar todas as virtudes que os outros não podiam ter. Com isso era estabelecido um equilíbrio e a sociedade ia adiante, esquecendo o pessimismo.

Nas horas difíceis da meditação eu pensava em todos os ocidentais que conheci durante o ano e que — como dizem os budistas — tinham se "refugiado" no *dharma*: Karma Chang Choub, o Bikku holandês, e todos os que meditavam à minha volta, sentados sobre os próprios pés. Será que eu também era como eles? Vinte anos antes, vim para a Ásia para tentar entender Mao e Gandhi e agora aqui estou eu, tentando meditar com um ex-agente da CIA e com um general aposentado da polícia militar tailandesa! Ainda por cima sem sucesso...

A primeira hora de meditação, ainda antes que o sol se levantasse, era a mais bela. Um vento fresco, carregado de odores, soprava do vale, atravessava o terraço, resvalava aquelas massas triangulares, imóveis, de gente enrolada em cobertores e desaparecia na floresta ainda escura das colinas. John, no seu cobertor branco que lhe cobria metade do rosto, era uma presença encorajadora. A seus pés, o general provava que meditar era possível: imóvel, mas de algum modo parecendo estar muito longe dali. Sentado, eu olhava demoradamente esta muda cena de paz, antes de também fechar os olhos. Tive a sensação de que o grupo como um todo liberasse uma grande energia e que o esforço comum elevasse o esforço de cada um.

A manhã do oitavo dia elevou também o meu. As pernas doíam muito. Eu estava de novo para ceder, mas de repente o sofrimento aquietou-se. A dor não me dava mais medo, começou a se dissolver e desapareceu. Eu tinha conseguido. A mente não era mais um macaco que saltava de galho em galho. Estava ali. Era minha. Foi um grande prazer. Depois ouvi as palavras de John: "Deixa ir... Deixa ir... Não se apegue a nada... Não deseje nada". Mesmo aquele prazer de domar a mente, de dominar a dor, era passageiro, era *aniiccia*, e deixei que fosse embora. Retornei ao ponto no qual a respiração tocava a pele e era como me ver separado em dois: a mente, fora de mim, que olhava o corpo reduzido a um esqueleto insensível, através do qual eu sentia, via soprar a brisa da aurora. Uma sensação que não tinha provado antes. Ouvi a voz de John dizer seu "amém", ouvi o gongo anunciar o café-da-manhã, mas permanecia ainda imóvel, como se tivesse perdido um pouco da minha pesada materialidade.

As horas seguintes não foram assim tão belas, mas o tempo passava sem que eu esperasse com impaciência pelo fim. Meditar não era mais uma prova de resistência contra o relógio, como ficar debaixo da água até o limite para que os pulmões não estourassem. Meditar se transformou naquilo que devia ser: um exercício de concentração. A impressão era de ter "aprendido" algo, como nadar e ler. Agora cabia a mim. Tinha colocado rédeas naquela besta que era minha mente. Tratava-se de decidir em qual direção cavalgar.

Usei o intervalo do meio-dia para ir meditar sobre a cascata. Após o *anapanaa*, entrei na pele, me perdi numa célula e se abriu para mim o vazio. Vieram ao meu encontro imagens douradas com os rostos de gente que conhecia: minha mãe, meu pai, depois desconhecidos... Depois belíssimas cores. Consegui!

Tive de novo cãibras e dificuldades, mas agora sabia que podia passar, que era capaz de voltar para aquela porta e atravessá-la. Sobretudo tinha entendido a grandeza de John e de seu método: chegar à idéia da não-permanência, à consciência do *aniiccia*, usando aquela dor induzida da imobilidade. Uma vez tendo aceitado que também a dor, como todo o resto, era passageira, o grande passo estava dado.

Aquela experiência reforçou minha hipótese: a fé exclusiva na ciência tirou de nós ocidentais uma interessante bagagem de conhecimento. Tínhamos enveredado pela estrada do saber científico e esquecemos todos os outros caminhos que antigamente, com certeza, também conhecíamos. Aqui estava a prova: a dor não era apenas um fenômeno físico a ser posto sob controle com uma pílula. Adestrando a mente era possível chegar ao mesmo resultado.

Seria esta a resposta à pergunta de Leopold? Que fosse esta tarefa de aprender novamente o uso da mente algo a ser colocado na mala para não ter, ao voltar para a Europa, apenas velhas histórias de marinheiro para contar?

A última hora de meditação foi dedicada à prática da "amável gentileza". A idéia era que no final do curso, com a mente calma e purificada, devíamos nos dirigir a todos os outros seres para compartilhar os méritos adquiridos com a prática. Era um hino ao amor, e

John concluiu lendo a sempre magnífica epístola de são Paulo aos Coríntios: "Se eu tivesse a eloqüência dos homens ou dos anjos, mas falasse sem amor, seria como um gongo que ribomba ou um címbalo que tilinta. Se tivesse o dom da profecia, se entendesse todos os mistérios e conhecesse todas as coisas, e se tivesse fé para mover as montanhas, mas não tivesse amor, não teria nada...". E nada acrescentaram vinte séculos de pensamento.

Foi então recitada uma longa lista de pessoas para as quais iam os nossos agradecimentos e uma parte dos "méritos" por terem contribuído com o curso. Entre elas figurava até a proprietária de alguns dos mais famosos *massage-parlours* de Bangkok, que tinha oferecido todas as nossas refeições vegetarianas. Isso também era a Tailândia!

Fomos liberados dos votos e do compromisso do Nobre Silêncio. À noite aconteceria um jantar — não vegetariano e com vinho — para celebrar o fim do retiro e para permitir que os participantes se falassem e se conhecessem. Não era o que eu queria fazer! Peguei minha mochila e fui embora.

A casa de Dan Reid estava a uma hora e meia de carro de Pongyang e cheguei ao pôr-do-sol. Magnífica: construída no velho estilo tai, toda de madeira, na margem de um rio, com um grande terraço suspenso sobre as águas. Dan estudou chinês em Berkeley, viveu quinze anos em Taiwan, aprendeu tai chi chuan, kung fu e praticou várias religiões do taoísmo ao lamaísmo. Também Dan é um homem de busca. Está convencido de que no passado chinês e tibetano existia uma sapiência que se perdeu e ele usava seu grande conhecimento da língua como chave para abrir aquele cofre esquecido. Escreveu livros sobre métodos taoístas de se manter saudável, ativo sexualmente e longevo. Yuki, sua mulher, se ocupa também de ciências ocultas chinesas e é, como Dan, uma grande praticante de meditação.

O jantar foi à base de três diversos tipos de arroz e de minúsculos tutanos cozidos. Eram os primeiros "seres" que voltava a ver num prato e me deram certo nojo.

Falamos de gemas e de pedras que, se trazidas pelo indivíduo, servem para atrair energia e para afastar o perigo. Yuki disse acreditar na desmaterialização de certos objetos. Contou sobre dois braceletes de ouro que tinham sido colocados no seu braço, quando ainda era pequena, por uma mulher que chegara a entortar os ossos da mão para colocá-los à força. Um dia acordou e um daqueles braceletes tinha desaparecido. Era impossível que tivesse se destacado por conta própria. Procuraram-no, procuraram-no por toda parte, mas não havia meio de encontrá-lo. A única explicação era que tivesse se desmaterializado. Tinha se transformado em energia. Yuki disse que os velhos contos chineses estão repletos de histórias desse tipo.

Dan estava escrevendo um livro sobre a cozinha chinesa e contou da noite que passou num restaurante novo e muito especial em Cantão. As mesas eram distribuídas em três andares em torno de uma jaula de ferro dentro da qual, em várias divisórias, estavam à mostra os diversos animais incluídos no cardápio: cães, serpentes, macacos, ursos e outras "especialidades". Havia macacos aos quais faltavam as mãos porque um cliente quisera comer apenas as palmas. A ferida tinha sido cauterizada com ferro em brasa e o macaco foi devolvido à jaula para esperar, berrando, que outro cliente quisesse comer, ainda em vida, o seu cérebro. Os cozinheiros, vestindo uniformes brancos, entravam e saíam das jaulas com os espécimes que as pessoas pediam, e aquelas pobres criaturas, tendo entendido qual seria a própria sorte, toda vez que alguém vestido de branco se aproximava, talvez apenas para ir ao banheiro, punham-se a gritar como possessas.

"Na próxima vida", disse eu, "os macacos serão os cozinheiros e os cozinheiros serão macacos naquele restaurante."

"Viu, viu", rebateu Dan. "Você permanece ocidental e cristão, precisando acreditar que de algum jeito existirá justiça. Para um budista não é assim." Fui forçado a admitir que aqueles dez dias de meditação não tinham tirado minha ânsia de acertar as contas com os "maus".

Dormi muito bem no terraço. Acordei sem o gongo das cinco, fui colocar três bastões de incenso no quarto dos Budas, e meditei por mais de uma hora na frente do rio.

Sentia-me muito bem, forte, purificado. Era como se aqueles dez dias de silêncio, de abstinência, de esforços tivessem me afiado e tirado minhas rugas. Era o dia 23 de janeiro e, de acordo com o calendário chinês, faltavam ainda duas semanas para o verdadeiro fim de

1993 e do meu ano sem aviões. Mas senti uma grande vontade de reafirmar a minha *fiorentinità*,* de retomar em mão o meu destino e de desafiar aquela proibição com a qual tinha vivido por treze meses.

Ao café-da-manhã anunciei que voltaria para Bangkok de avião.

"Tem razão", disse Yuki. "Hoje é um dia extremamente propício para você." Ao se levantar, ela tinha ido meditar no quarto dos Budas e viu os meus três bastões de incenso. Observando o modo como tinham caído as cinzas, leu o meu futuro. "Não vi problema nenhum. Realmente nenhum", continuou a dizer. E me agradou saber disso. Acreditava nas mensagens das cinzas, então? E por que não!

Era domingo e, sem ter feito reservas, não foi fácil encontrar lugar nos vários vôos Chiang Mai–Bangkok. Esperei por horas no aeroporto. Depois finalmente fui chamado para o vôo TG 119. Número bom?, perguntei-me, como para respeitar um velho hábito.

Tudo de repente voltou ao normal: a musiquinha, os cintos de segurança, a decolagem, o anonimato dos passageiros. Fechei os olhos, pensei no ponto em que minha respiração tocava a pele e continuei a conhecer *aniiccia*, até que ouvi as rodas tocarem a pista do aeroporto de Bangkok.

Lembrei — assim tinha dito o general em um dos discursos do pôr-do-sol — que, se alguém morre meditando, e naquele último instante a mente está serena, a reencarnação acontece num lugar de grande paz e tranqüilidade.

Esta chance eu perdi.

* "Florentinidade", alusão ao proverbial caráter irônico e iconoclasta dos florentinos. (N. do T.)

E AGORA?

QUANDO RETORNEI À TURTLE HOUSE, nosso cão Baolí estava morrendo. Era como se tivesse me esperado para que fizéssemos juntos aquela última corrida. Agitava-se, tremia, se lamentava. Se eu colocava a mão sobre ele, se acalmava. Passei toda uma noite assim, e depois mais outra noite espantando os mosquitos que pousavam sobre seus olhos agora vazios. Era penoso vê-lo sofrer; e me lembrei do Prozac. Se uma pílula devia levantar meu moral, um pacote inteiro com certeza ajudaria Baolí! Dei a ele todo o conteúdo da caixa com um pouco de leite. E assim, até aquela mágica reserva que sempre viajou comigo, junto com tantos outros amuletos para me proteger em caso de necessidade, repentinamente se revelou muito útil.

Sepultamos Baolí no jardim, aos pés de uma estátua do deus Ganesh e à sombra de um bambuzal. Os empregados da Turtle House e os guardas da rua vieram depositar coroas de flores na cova e enfiar bastões de incenso na terra fresca. Com aquele cão partia uma grande constante na vida andarilha da família: treze anos, de Hong Kong à China, ao Japão, à Tailândia.

Quem sabe em qual corpo terá se reencarnado? Talvez no de um ser superior. Talvez num daqueles que, como contava o general de polícia-meditador, depois de tantas vidas bem vividas, chegam enfim aos umbrais do Nirvana, estão para entrar, e depois voltam para baixo a fim de passar aqui ainda mais uma vida. A última. Boa viagem, Baolí!

E eu? Para onde eu vou? O que devo me inventar agora que não preciso mais evitar os aviões? Claro, uma outra boa chance há de se apresentar. A vida está cheia delas.

Ouvi dizer que na Índia, próximo a Madras, existe um templo em cujo interior um grande sábio de 3 mil anos atrás escreveu, sobre folhas de palmeira, a vida e a morte de todos os homens de todos os tempos, do passado e do futuro. A pessoa chega — conta-se — e um monge se aproxima dizendo: "Estávamos esperando por você". E de algum lugar puxa uma daquelas folhas amareladas, com tudo o que aconteceu e tudo o que acontecerá ao visitante.

Quando for viver na Índia, procurarei esse templo. Afinal de contas, o sujeito sempre tem a curiosidade de conhecer o próprio destino.

Este livro, composto na fonte Fairfield
e paginado por Alves e Miranda Editorial,
foi impresso em pólen soft 70g na Cromosete.
São Paulo, Brasil, no outono de 2005.